Windows 7

Tipps und Tricks in Bildern

von
Jörg Hähnle

Vierfarben

Sie haben Fragen, Wünsche oder Anregungen zum Buch?
Gerne sind wir für Sie da:

Anmerkungen zum Inhalt des Buches: jan.watermann@vierfarben.de
Bestellungen und Reklamationen: service@vierfarben.de
Rezensions- und Schulungsexemplare: britta.behrens@vierfarben.de

An diesem Buch haben viele mitgewirkt, insbesondere:

Lektorat Jan Watermann
Korrektorat Petra Biedermann, Reken
Herstellung Iris Warkus
Einbandgestaltung Silke Braun
Coverentwurf Daniel Kratzke
Coverfotos Alle Bilder Fotolia, von links oben nach rechts unten: lina Isakovich, Bild Nr. 15263907; Eric Gevaert, Bild Nr. 4961355; Marzanna Syncerz, Bild Nr. 346751; Nikolai Sorokin, Bild Nr. 1376372; ChantalS, Bild Nr. 163604; Maurizio Di Donato, Bild Nr. 2832874
Typographie und Layout Vera Brauner
Satz Dirk Hemke, Krefeld
Druck Offizin Andersen Nexö Leipzig GmbH

Gesetzt wurde dieses Buch aus der Linotype Syntax (10,25 pt/14,25 pt) in Adobe InDesign CS5. Und gedruckt wurde es auf mattgestrichenem Bilderdruckpapier (115 g/m^2). Hergestellt in Deutschland.

Bibliografische Information der Deutschen Nationalbibliothek
Die Deutsche Nationalbibliothek verzeichnet diese Publikation in der Deutschen National-bibliografie; detaillierte bibliografische Daten sind im Internet über http://dnb.d-nb.de abrufbar.

ISBN 978-3-8421-0036-7

1. Auflage 2012
© Vierfarben, Bonn 2012
Vierfarben ist ein Verlag der Galileo Press GmbH
Rheinwerkallee 4, D-53227 Bonn
www.vierfarben.de

Der Verlagsname Vierfarben spielt an auf den Vierfarbdruck, eine Technik zur Erstellung farbiger Bücher. Der Name steht für die Kunst, die Dinge einfach zu machen, um aus dem Einfachen das Ganze lebendig zur Anschauung zu bringen.

Liebe Leserin, lieber Leser,

haben Sie sich auch schon über Windows geärgert? Oder funktioniert bei Ihnen immer alles reibungslos? Ganz ehrlich: Ich habe schon viele Momente erlebt, in denen ich richtig sauer auf Windows war. Ich hatte ein Programm nicht gefunden oder vergessen, wo man eine bestimmte Einstellung vornehmen kann. Die Interverbindung war mal wieder zusammengebrochen, die Bildschirmauflösung nicht richtig eingestellt oder etwas anderes wollte einfach nicht so funktionieren, wie es sollte. Ich bin mir sicher, Sie könnten zu dieser Liste auch einiges beisteuern.

Nun, ich kann Ihnen nicht versprechen, dass Sie sich in Zukunft nicht mehr ärgern werden. Aber ich kann Ihnen versprechen, dass Jörg Hähnle auf fast alle Fragen zu Windows 7 eine Antwort kennt. Außerdem hat der Betreiber von »Paules PC-Forum« noch viele Tipps parat, mit denen Sie sich das Leben leichter machen können. In diesem Buch sehen Sie, wie Sie sich besser in Windows 7 zurechtfinden, wie Sie geschickter mit Dateien umgehen, Programme schneller starten, Windows pflegen und warten und vieles mehr. Sie finden hier mehr als 150 Tipps für Ihre tägliche Arbeit, die Ihnen Bild für Bild zeigen, was zu tun ist.

Wir, Autor und Verlag, haben dieses Buch mit größter Sorgfalt geschrieben und hergestellt. Sollten Sie dennoch einmal einen Fehler finden oder sollten Sie inhaltliche Anregungen haben, nehmen Sie Kontakt mit mir auf. Ich freue mich über Kritik genauso wie über Lob. Und nun wünsche ich Ihnen viel Spaß beim Lesen!

Ihr Jan Watermann
Lektorat Vierfarben

jan.watermann@vierfarben.de

Inhalt

Teil I   Tipps für die tägliche Arbeit

Inhalt

3 Grafik und Schrift optimal einrichten 66

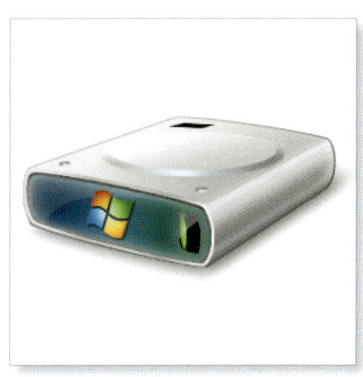

Teil II Tipps zu Windows-Programmen

4 Die Programme besser im Griff 80

Inhalt

Teil III   Tipps zu Internet und Netzwerk

Inhalt

8 Windows Live: E-Mail, Fotos und Speicherplatz

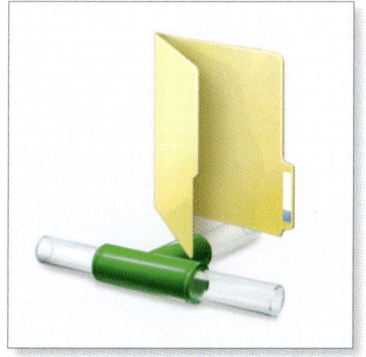

Inhalt

Teil IV   Tipps zur Verwaltung und Wartung

9 Windows für mehrere Benutzer einrichten

Inhalt

Teil V   Rat und Tat

Inhalt

Kapitel 1
Windows besser im Griff

Der Computer ist hochgefahren, der Windows-Start-Sound ertönt, und kurz danach wird der Arbeitsplatz – auch »Desktop« genannt – angezeigt. Aber was ist eigentlich der Arbeitsplatz? Welche Informationen sind dort zu finden? Wie passen Sie Maus und Tastatur Ihren Bedürfnissen an? In diesem Kapitel erfahren Sie, wie Sie nützliche Voreinstellungen für Ihr Windows-System vornehmen.

Die Windows-Aktivierung
Innerhalb von 30 Tagen nach der Installation muss Windows aktiviert werden ❶. Bei der Aktivierung wird der Produktschlüssel Ihrer Windows-Version an Microsoft übermittelt und geprüft, ob es sich um ein Original handelt oder ob der Produktschlüssel womöglich bereits auf mehreren Rechnern eingesetzt wird.

Tastatur und Maus auf Ihre Bedürfnisse einstellen
Mit Tastatur und Maus bedienen Sie Windows. Diese Eingabegeräte können Sie Ihren Bedürfnissen anpassen. Wie schnell die Maus auf Bewegungen und Doppelklicks reagiert ❷, was passiert, wenn Sie das Mausrädchen drehen, oder mit welcher Verzögerung die Tastatur auf Eingaben ansprechen soll, können Sie einzeln festlegen.

Arbeitsplatz, Taskleiste und Startmenü
Wie ist der Windows-Arbeitsplatz ❸ aufgebaut? Wie nutzen Sie am effektivsten das Startmenü? Erfahren Sie in diesem Kapitel, wie Sie die wichtigsten Bereiche der täglichen Arbeit nach Ihren Wünschen anpassen können.

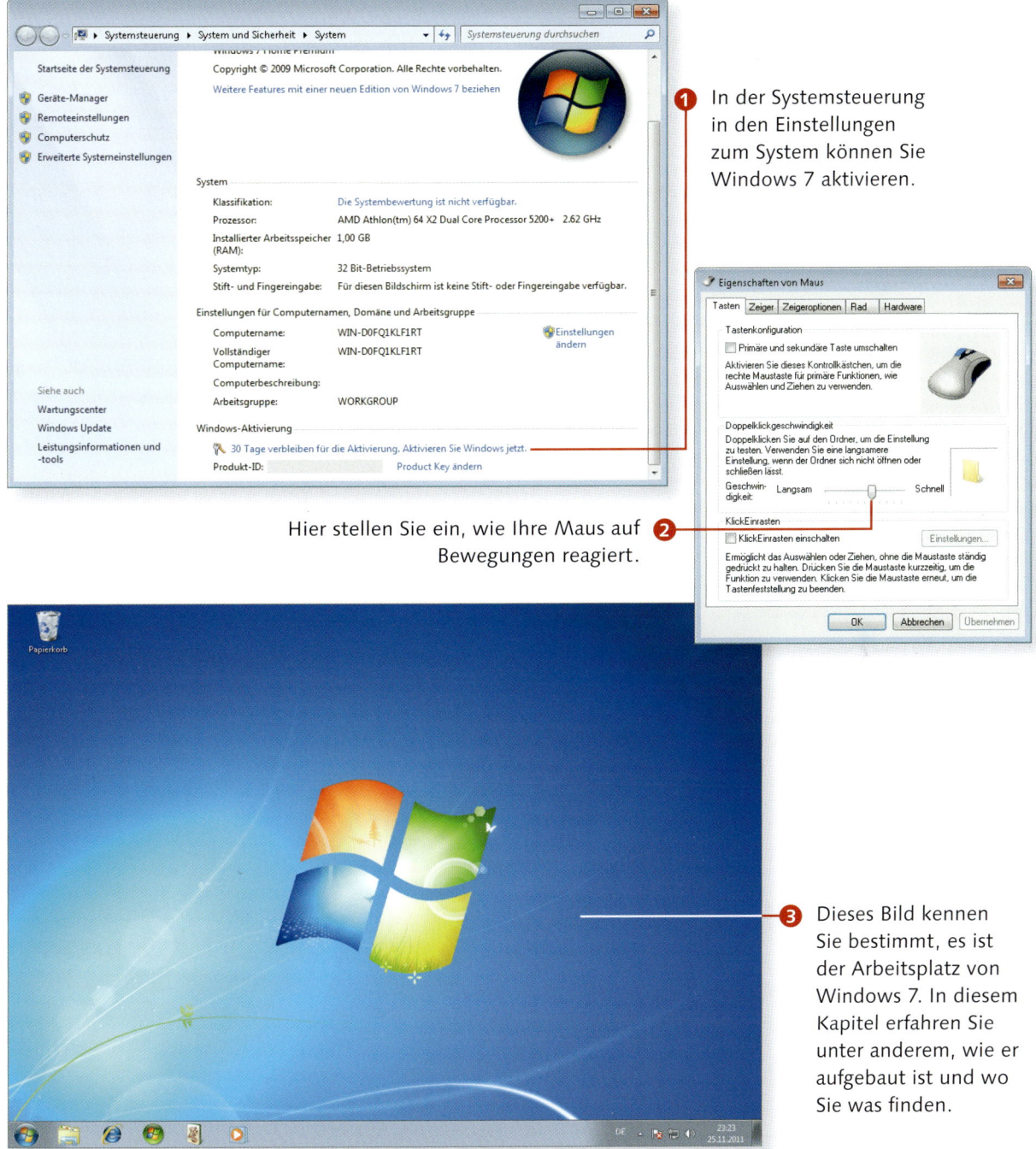

1 In der Systemsteuerung in den Einstellungen zum System können Sie Windows 7 aktivieren.

Hier stellen Sie ein, wie Ihre Maus auf Bewegungen reagiert. **2**

3 Dieses Bild kennen Sie bestimmt, es ist der Arbeitsplatz von Windows 7. In diesem Kapitel erfahren Sie unter anderem, wie er aufgebaut ist und wo Sie was finden.

Windows aktivieren

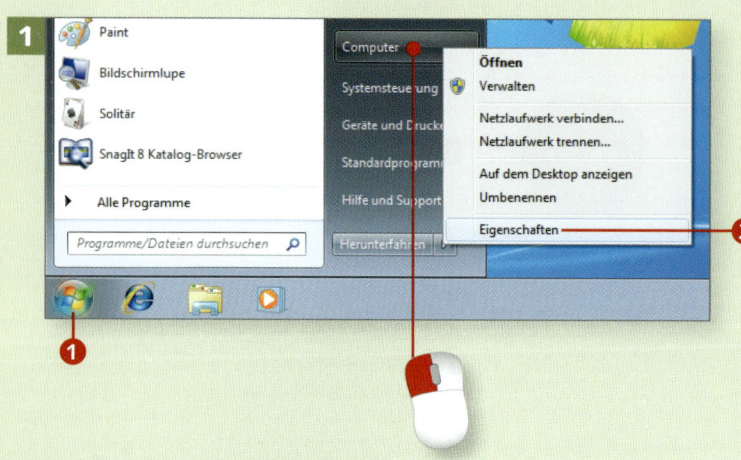

Überprüfen Sie den Status Ihrer Windows-Installation, und aktivieren Sie Ihr Windows innerhalb von 30 Tagen nach dem ersten Systemstart.

Schritt 1

Öffnen Sie das **Startmenü** ❶, führen Sie anschließend einen Rechtsklick auf den Eintrag **Computer** aus, und wählen Sie aus dem sich nun öffnenden Kontextmenü den Menüpunkt **Eigenschaften** ❷ aus.

Schritt 2

Klicken Sie im Abschnitt **Windows-Aktivierung** auf den Menüpunkt **Aktivieren Sie Windows jetzt**. Sollte hier der Hinweis **Windows ist aktiviert** stehen, brauchen Sie nichts weiter zu unternehmen und können den Vorgang an dieser Stelle abbrechen.

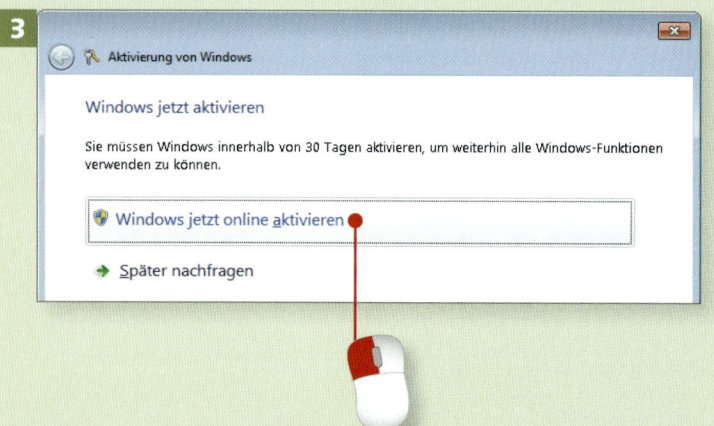

Schritt 3

Windows erkennt eine aktive Internetverbindung und bietet sogleich an, die Aktivierung online durchzuführen. Klicken Sie hierfür auf **Windows jetzt online aktivieren**.

Schritt 4

Haben Sie bei der Installation von Windows keinen Produkt Key eingetragen, werden Sie nun aufgefordert, diesen einzugeben. Über die Schaltfläche **Weiter** gelangen Sie zum nächsten Punkt der Aktivierung.

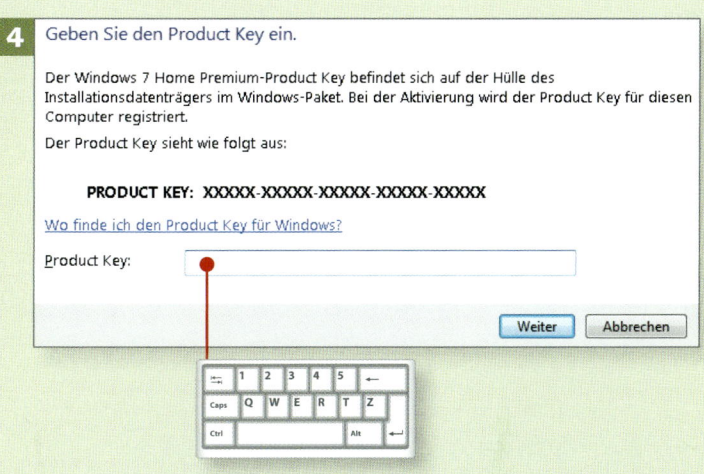

4 Geben Sie den Product Key ein.

Der Windows 7 Home Premium-Product Key befindet sich auf der Hülle des Installationsdatenträgers im Windows-Paket. Bei der Aktivierung wird der Product Key für diesen Computer registriert.

Der Product Key sieht wie folgt aus:

PRODUCT KEY: XXXXX-XXXXX-XXXXX-XXXXX-XXXXX

Wo finde ich den Product Key für Windows?

Product Key:

Weiter   Abbrechen

Schritt 5

Der Product Key wird nun an Microsoft übermittelt und geprüft. Dieser Vorgang kann einige Minuten dauern. War die Aktivierung erfolgreich, wird Ihnen das im Anschluss angezeigt.

5 Die Aktivierung war erfolgreich.

Die Aktivierung hilft dabei festzustellen, ob die Windows-Kopie eine Originalkopie ist. Mit einer Originalkopie von Windows 7 sind Sie berechtigt, alle verfügbaren Updates und Produktunterstützung von Microsoft zu erhalten.

Fragen Sie nach
Original-
Microsoft-
Software

Weitere Informationen über die Vorteile von Windows-Originalsoftware erhalten Sie online.

Schritt 6

Nun ist Ihr Windows aktiviert, und Sie können sicher sein, dass Sie eine Originalversion installiert haben, die sie ohne Einschränkungen nutzen können. Klicken Sie auf **Schließen**, um den Aktivierungsvorgang zu beenden.

6

Schließen

Probleme bei der Windows-Aktivierung?

Sollt es bei der Aktivierung zu einem Fehler kommen, wenden Sie sich telefonisch an die Microsoft-Hotline, deren Nummer eingeblendet wird. Es meldet sich zunächst ein Sprachcomputer. Sie können sich aber auch mit einem Mitarbeiter verbinden lassen und gemeinsam das Problem lösen.

Nützliche Tastaturkürzel

Es muss nicht immer die Maus sein. Zwar lässt sich Windows 7 meist bequem mit der Maus steuern, es gibt aber auch einige interessante und nützliche Tastenkombinationen, die die Arbeit am Computer beschleunigen und erleichtern.

Startmenü öffnen

Um das **Startmenü** zu öffnen, nutzen Sie einfach die ⊞-Taste und gelangen so mit nur einem Tastendruck ans Ziel.

Programme auf der Taskleiste starten

Die Tastenkombination ⊞ + eine Ziffer startet das Programm an der jeweiligen Position in der Taskleiste. Steht an zweiter Stelle z. B. das Symbol des Internet Explorers ❶, so öffnen Sie diesen mit den Tasten ⊞ + 2.

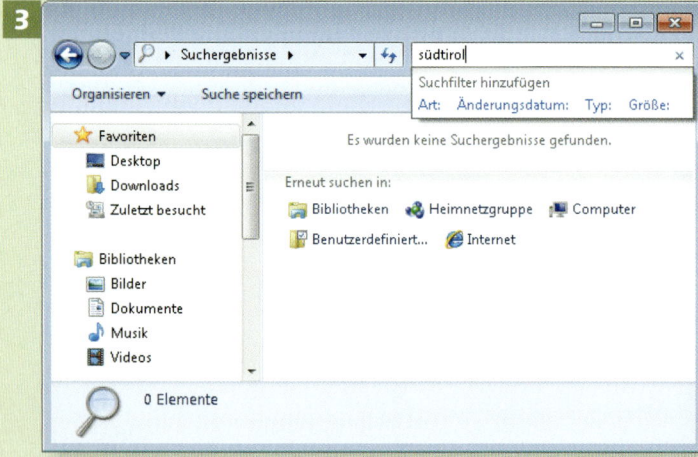

Dateien suchen

Immer wieder werden Sie auf Ihrem System nach bestimmten Dateien, Ordnern oder auch E-Mails suchen. Öffnen Sie die **Windows-Suche** zielsicher und schnell mit den Tasten ⊞ + F.

Die Hilfe aufrufen

Die **Windows-Hilfe** bietet Ihnen zahlreiche Informationen, Anleitungen und Hilfestellungen zu allen denkbaren Themen rund um Windows 7. Rufen Sie die Hilfe mit der Kombination ⊞ + F1 auf.

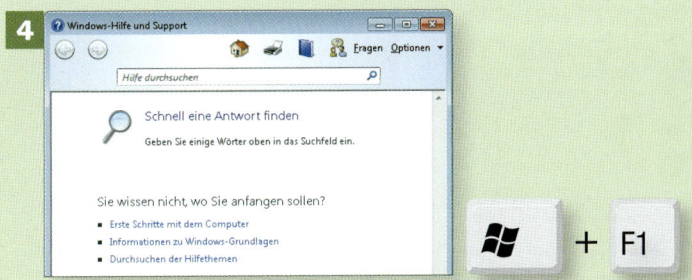

Fenster minimieren

Mit der Kombination ⊞ + M minimieren Sie auf einen Schlag alle zurzeit geöffneten Fenster, mit den Tasten ⊞ + ⇧ (Umschalt) + M stellen Sie alle Fenster wieder her.

Den Windows-Explorer öffnen

Um neue Ordner zu erstellen, Dateien zu kopieren oder zu löschen, öffnen Sie den **Windows-Explorer** schnell und bequem mit dem Tastenkürzel ⊞ + E.

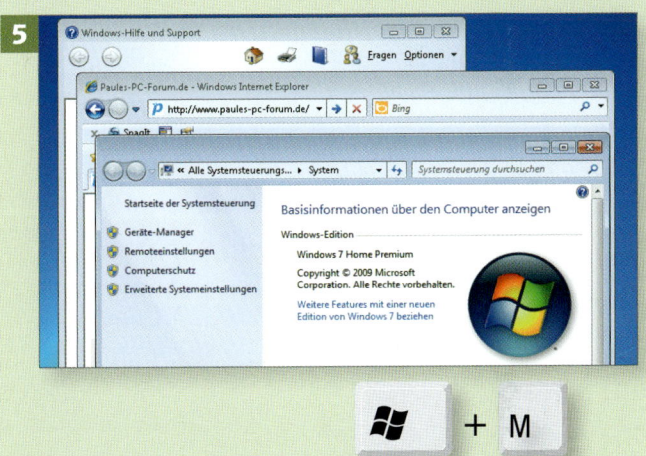

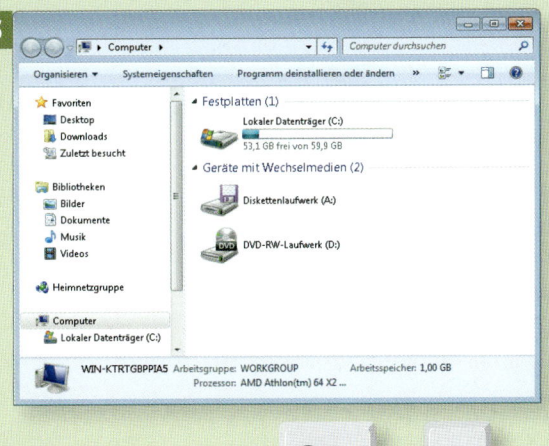

i

Weitere nützliche Tastenkombinationen

Zahlreiche weitere Tastenkombinationen für die tägliche Arbeit unter Windows finden Sie im Internet unter der Adresse *www.paules-pc-forum.de*.

Die Tastatur auf Ihre Bedürfnisse einstellen

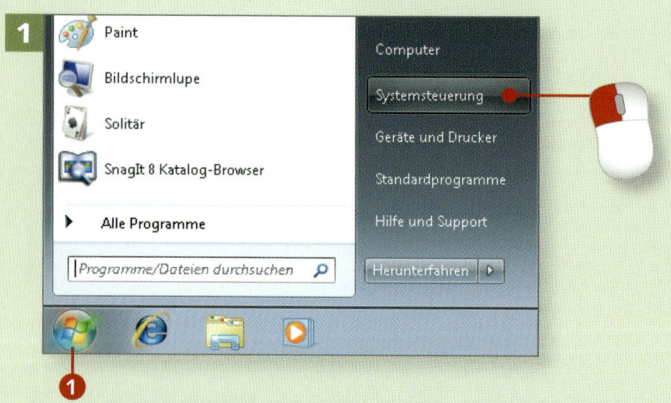

Damit die Arbeit am Computer leichter von der Hand geht, sollten Sie gleich zu Anfang die Tastatur konfigurieren und an Ihre individuellen Bedürfnisse anpassen. Sie werden überrascht sein, wie viele Möglichkeiten Sie haben, das Verhalten der Tastatur zu bestimmen.

Schritt 1

Öffnen Sie das Startmenü durch einen Klick auf die **Start**-Schaltfläche ❶ links unten auf Ihrem Arbeitsplatz, und klicken Sie anschließend auf den Eintrag **Systemsteuerung**.

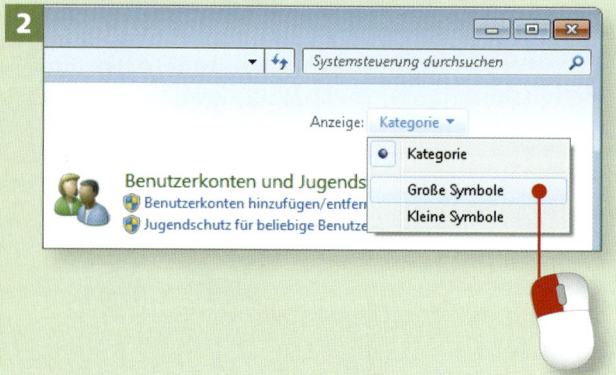

Schritt 2

Stellen Sie im Startfenster der Systemsteuerung die Ansicht auf **Große Symbole** um. Sie erleichtern sich mit dieser Einstellung das Auffinden der zahlreichen Systemoptionen.

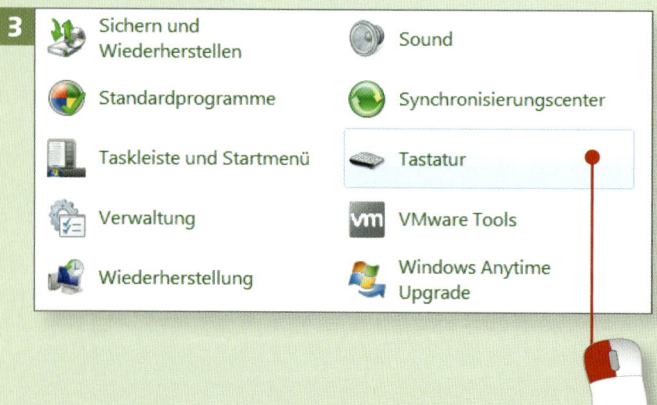

Schritt 3

In dieser Ansichtseinstellung sehen Sie das Symbol und die Schaltfläche für die Optionen für Tastatur sofort. Wählen Sie nun diese Option per Mausklick aus, um die Einstellungsmöglichkeiten der Tastatur zu öffnen.

Schritt 4

Über den Schieberegler im Abschnitt **Zeichenwiederholung** können Sie nun die Verzögerung der Tastaturanschläge einstellen.

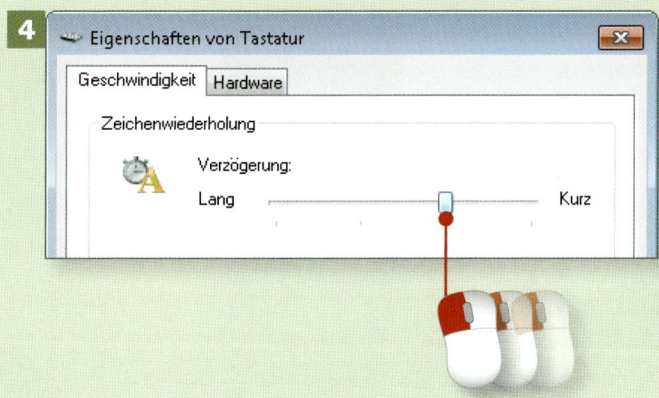

Schritt 5

Die **Wiederholrate** gibt an, wie häufig ein Zeichen ausgegeben wird, wenn Sie eine einzelne Taste länger drücken. Testen Sie Ihre Einstellung, indem Sie in das Textfeld klicken und eine beliebige Taste gedrückt halten.

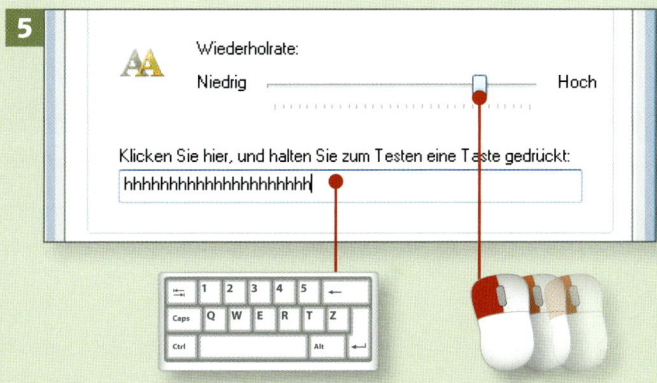

Schritt 6

Im letzten Abschnitt können Sie die Blinkrate der Schreibmarke, auch *Cursor* genannt, einstellen. Sind alle Einstellungen getroffen, klicken Sie auf die Schaltfläche **OK**.

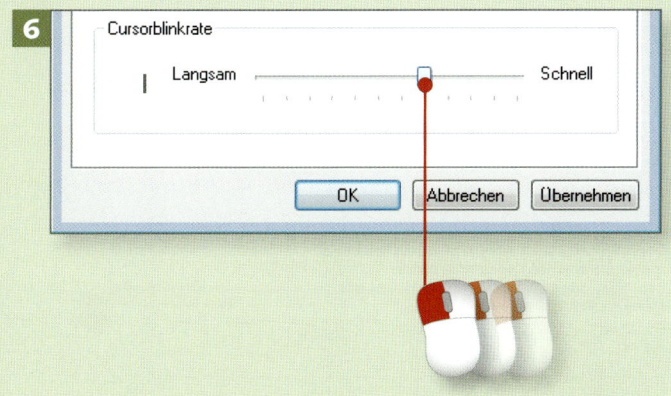

i

Erweiterte Einstellungsmöglichkeiten

Nutzen Sie eine Tastatur mit zusätzlichen und frei belegbaren Funktionstasten? Damit Sie diese Tasten und weitere Einstellungsmöglichkeiten nutzen können, müssen Sie die Software installieren, die mit der Tastatur auf CD oder DVD geliefert wurde.

Das Mausverhalten individuell anpassen

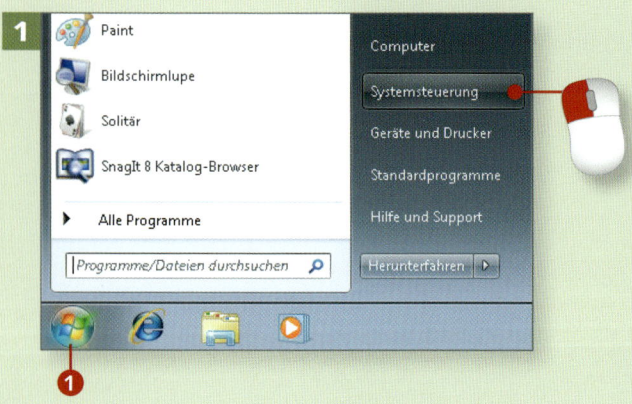

Nachdem Sie die Tastatur an Ihre Bedürfnisse angepasst haben, ist nun die Maus an der Reihe. Auch hier stehen zahlreiche Einstellungsmöglichkeiten zur Verfügung.

Schritt 1

Um zu den Konfigurationseinstellungen der Maus zu gelangen, klicken Sie zunächst auf **Start** ❶ und danach auf **Systemsteuerung**.

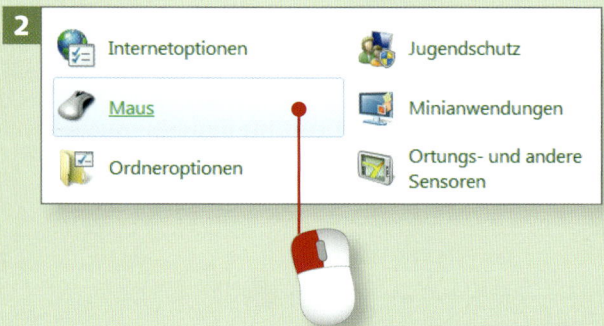

Schritt 2

Wählen Sie nun den Eintrag **Maus** aus den Optionen der Systemsteuerung.

Schritt 3

Mit dem Schieberegler unter **Doppelklickgeschwindigkeit** legen Sie die Zeitspanne fest, in der zwei aufeinanderfolgende Klicks als Doppelklick erkannt werden sollen ❷. Testen Sie Ihre Einstellung durch einen Doppelklick auf das Ordnersymbol.

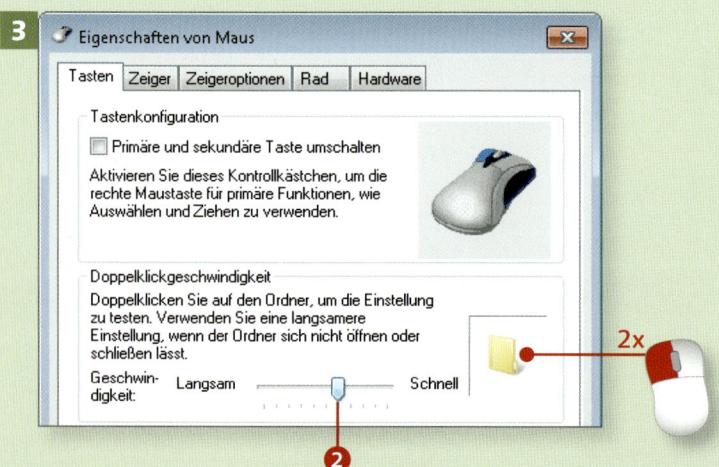

Wenn die Maus »ruckelt«

Läuft die Maus nicht sauber, liegt dies häufig daran, dass sie verschmutzt ist. Eine herkömmliche Maus mit Rollkugel lässt sich auf der Unterseite meist von Hand öffnen. Entnehmen Sie die Kugel, und reinigen Sie die Führungswalzen. Danach läuft die Maus wieder ruckelfrei.

Schritt 4

Wechseln Sie in das Register **Zeiger** ❸, und klicken Sie auf das Dropdown-Menü im Abschnitt **Schema.** Sie können hier die Optik des Mauszeigers verändern und beispielsweise einen größeren Mauszeiger auswählen.

Schritt 5

Wie schnell sich die Maus bewegen soll, lässt sich im Register **Zeigeroptionen** ❹ festlegen. Schieben Sie den Regler nach links, um den Mauszeiger zu verlangsamen, und nach rechts, um ihn zu beschleunigen.

Schritt 6

Im Register **Rad** ❺ definieren Sie, wie viele Zeilen sich der Fensterinhalt – z. B. einer Webseite – bei Verwendung des Mausrädchens nach oben oder unten bewegen soll. Schließen Sie den Dialog mit **OK**.

ℹ️ **Die Wahl der richtigen Unterlage**

Gerade bei optischen Mäusen ist die Wahl der Unterlage, auf der das Zeigegerät geführt wird, besonders wichtig. Wenn der Mauszeiger immer wieder hängenbleibt oder springt, sollten Sie eine andere Unterlage verwenden. Glänzende oder einfarbige Unterlagen sind für optische Mäuse eher nicht geeignet.

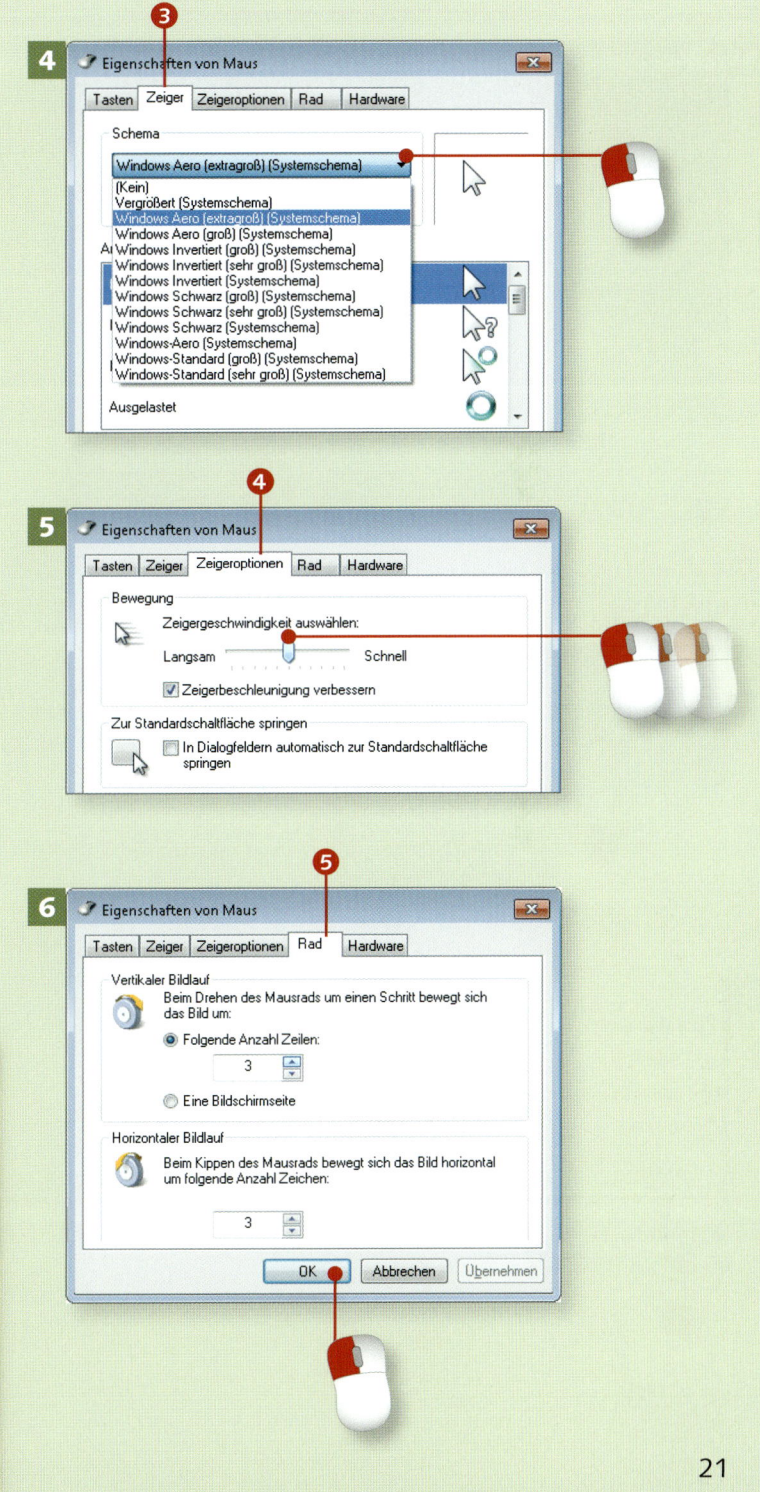

So ist der Windows-Desktop aufgebaut

Ist der Rechner hochgefahren und das Betriebssystem geladen, sehen Sie die sogenannte Arbeitsoberfläche oder den Desktop. Dort werden Datei- und Programmsymbole, Anwendungsfenster und Dialoge angezeigt.

Schritt 1

Bei einem frisch installierten Windows präsentiert sich der Desktop zu Anfang schlicht und aufgeräumt. Nur das Symbol des Papierkorbs ❶ ist zu sehen.

Schritt 2

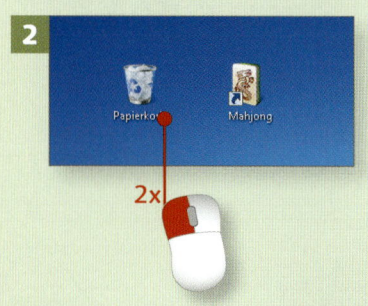

Zum Papierkorbsymbol werden sich im Laufe der Zeit durch Programminstallationen viele neue Symbole gesellen. Sie starten diese Anwendungen mit einem Doppelklick auf das gewünschte Element.

Schritt 3

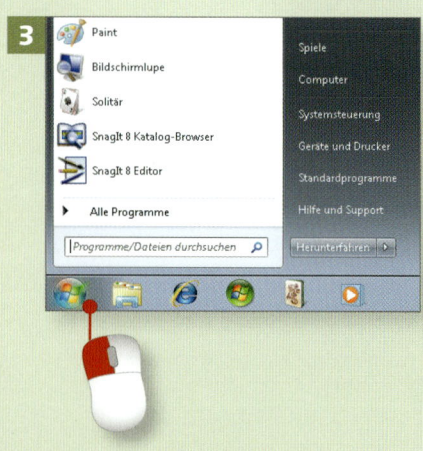

Am unteren Bildschirmrand befindet sich die sogenannte *Taskleiste*. Ganz links, fast wie eine Murmel aussehend, ist die **Start**-Schaltfläche zu finden. Ein Klick hierauf öffnet das Startmenü.

Schritt 4

Neben der **Start-Schaltfläche** werden verschiedene Programmsymbole angezeigt ❷. Es handelt sich hierbei um an die Taskleiste angeheftete Programme, die Sie mit einem einfachen Klick auf das entsprechende Symbol starten.

Schritt 5

Im mittleren Teil der Taskleiste werden minimierte Fenster der zurzeit ausgeführten Programme gezeigt ❸. Zeigen Sie mit der Maus darauf, wird ein Miniaturfenster ❹ der Anwendung eingeblendet. Ein Klick darauf öffnet das dazugehörige Programmfenster.

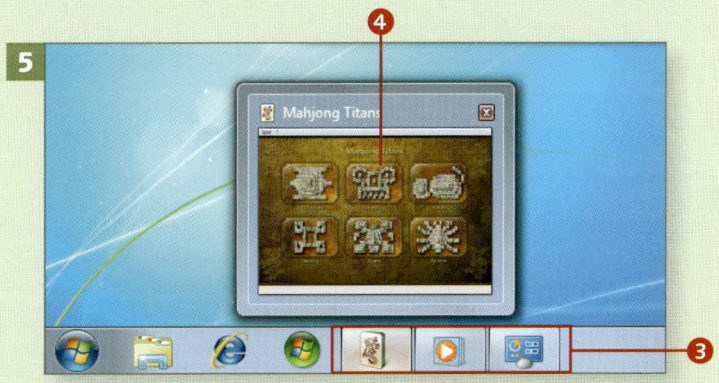

Schritt 6

Der rechte Bereich der Taskleiste wird als *Infoleiste* bezeichnet. Hier werden neben Uhrzeit und Datum Programm- und Systeminformationen angezeigt ❺.

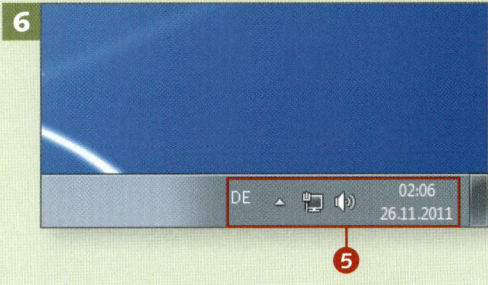

Die Infoleiste

Sie können selbst entscheiden, wie viele Programme in der Leiste zu sehen sind. Wie das geht, lesen Sie auf den folgenden Seiten.

So ist der Windows-Desktop aufgebaut (Forts.)

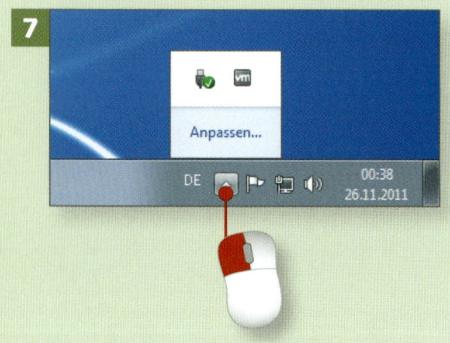

Schritt 7

Kaum zu sehen ist der kleine Pfeil in der Infoleiste. Ein Klick darauf öffnet ein Fenster. Angezeigt werden hier Programme, die im Hintergrund laufen, sowie aktuelle Systemereignisse.

Schritt 8

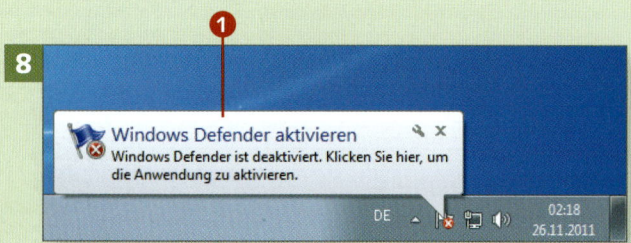

Sogenannte *Sprechblasen* ❶ informieren zusätzlich über wichtige und teils auch weniger wichtige Programm- und Systemereignisse. Diese Informationen werden meist nur wenige Sekunden lang angezeigt.

Schritt 9

Welche Symbole und Benachrichtigungen angezeigt werden, können Sie selbst bestimmen. Klicken Sie auf den Menüpunkt **Anpassen**, um das Einstellungsfenster zu öffnen.

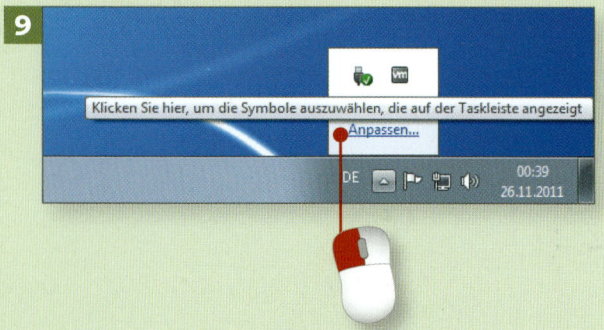

Benachrichtigungen

Über das Wartungscenter werden immer wieder auch wichtige Systeminformationen angezeigt, die Anzeige dieser Benachrichtigungen sollten Sie daher aus Sicherheitsgründen nicht deaktivieren.

Schritt 10

Klappen Sie das Dropdown-Menü einer Anwendung auf, um das gewünschte Verhalten festzulegen ❷. Um ein Symbol auszublenden, wählen Sie die Einstellung **Nur Benachrichtigungen anzeigen** ❸ und bestätigen dies mit **OK**.

Schritt 11

Am rechten Rand der Infoleiste werden die aktuelle Uhrzeit und das heutige Datum angezeigt. Dahinter verbirgt sich eine sehr praktische Einrichtung, auf die Sie sicherlich häufig zurückgreifen werden: Klicken Sie mit der Maus auf die Anzeige, öffnet sich ein kleiner Kalender.

Schritt 12

Schließlich findet sich ganz am äußersten rechten Rand eine unscheinbare Schaltfläche. Klicken Sie auf diese Schaltfläche, werden alle geöffneten Programmfenster minimiert, und der Desktop wird angezeigt.

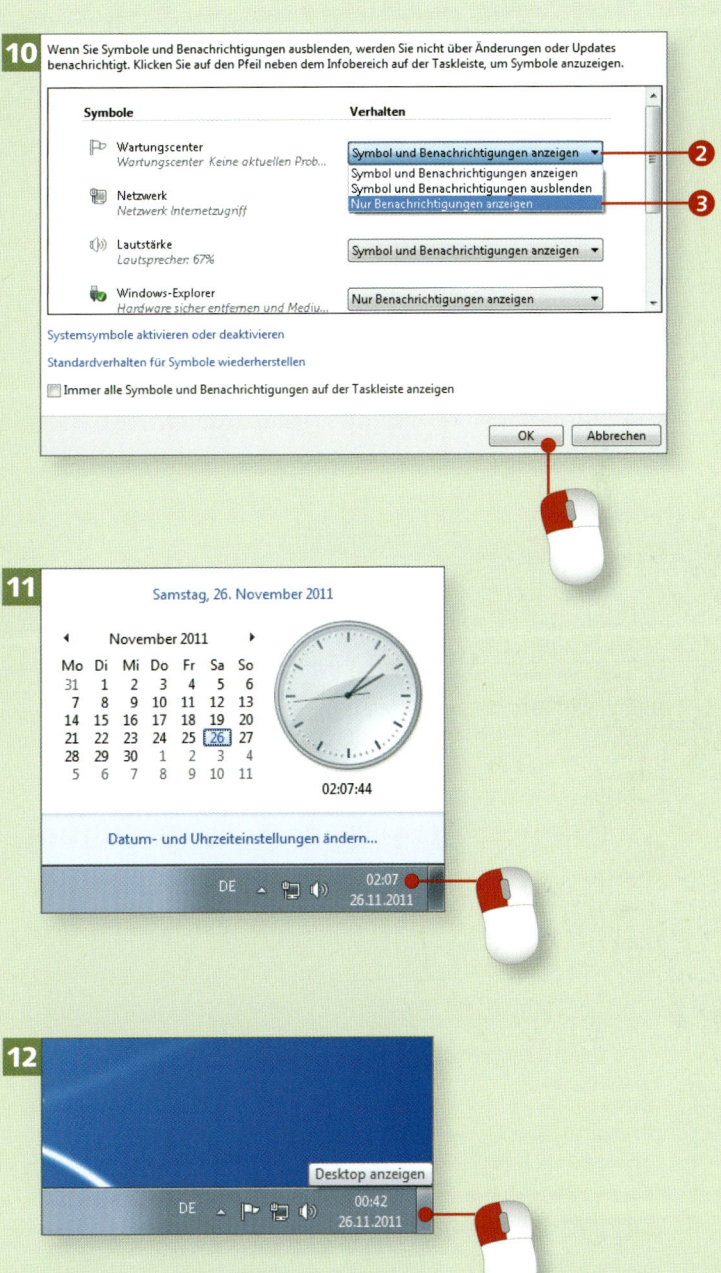

Die Taskleiste sinnvoll einrichten

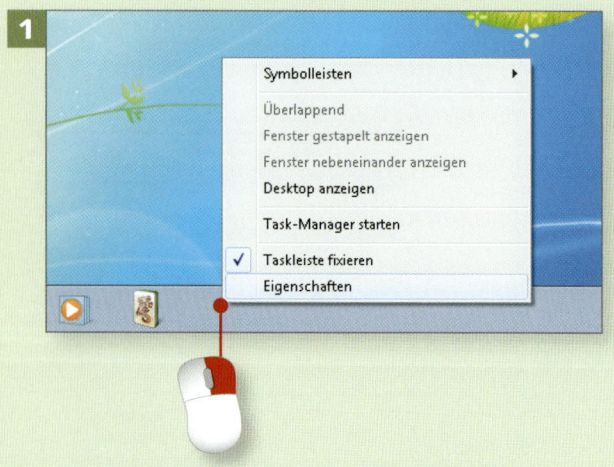

In der Taskleiste ist so einiges los; hier werden Systeminformationen und minimierte Fenster laufender Anwendungen angezeigt, und Sie öffnen über die Taskleiste das Startmenü, um Programme zu starten oder den Rechner wieder herunterzufahren.

Schritt 1

Öffnen Sie das Eigenschaftenfenster der Taskleiste, indem Sie zunächst mit der rechten Maustaste auf eine freie Stelle der Taskleiste klicken und anschließend den Menüpunkt **Eigenschaften** aus dem Kontextmenü auswählen.

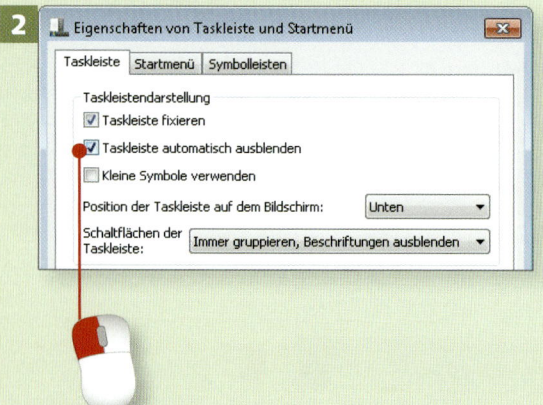

Schritt 2

Soll die Taskleiste ausgeblendet werden, sobald Sie mit der Maus den Bereich der Leiste verlassen, setzen Sie einfach das Häkchen vor dem Eintrag **Taskleiste automatisch ausblenden.**

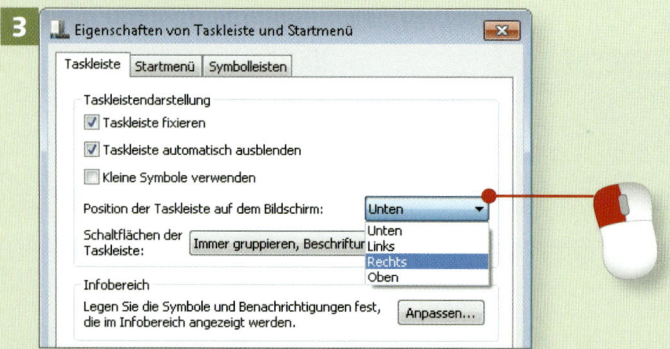

Schritt 3

Sogar die Position der Taskleiste können Sie bestimmen. Klicken Sie hierfür auf das kleine Menü neben dem Text **Position der Taskleiste auf dem Bildschirm**, und wählen Sie aus der Liste die gewünschte Position aus.

Schritt 4

Auch die Erweiterung der Taskleiste mit zusätzlichen Symbolleisten ist möglich. Wechseln Sie hierfür zunächst in das Register **Symbolleisten**.

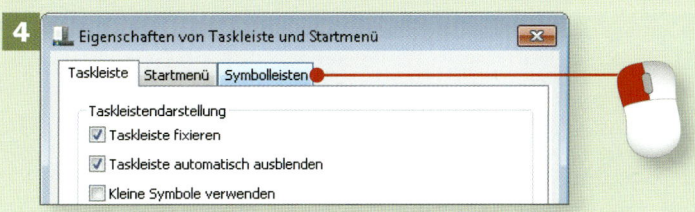

Schritt 5

Wählen Sie die gewünschte Symbolleiste aus der Liste aus, beispielsweise die Symbolleiste **Desktop**, und bestätigen Sie die getroffene Auswahl mit **OK**.

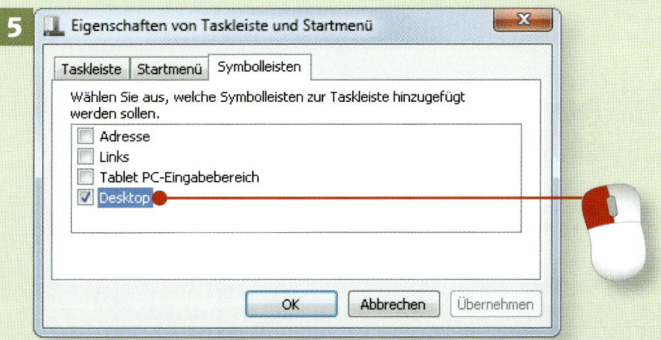

Schritt 6

Fortan können Sie über die neu hinzugefügte Symbolleiste auf alle Desktop-Elemente zugreifen. Bei Bedarf können Sie jederzeit weitere Symbolleisten hinzufügen oder wieder entfernen.

Wo ist die Schnellstartleiste?

Die unter Windows XP bekannte Schnellstartleiste steht unter Windows 7 standardmäßig nicht mehr zur Verfügung. Lesen Sie in Kapitel 4 in Abschnitt 4.1, »Programme schneller starten«, wie Sie die Schnellstartleiste zurückholen können.

Das Startmenü anpassen

Das Verhalten und die Darstellung von Symbolen und Menüs im Startmenü können Sie als Windows-Nutzer selbst festlegen. Sie werden sehen, dass schon ein paar einfache Anpassungen Ihnen das Leben erleichtern werden.

Schritt 1

Führen Sie einen Rechtsklick auf das Windows-Symbol in der linken unteren Ecke des Bildschirms aus, und wählen Sie aus dem Kontextmenü die Option **Eigenschaften**.

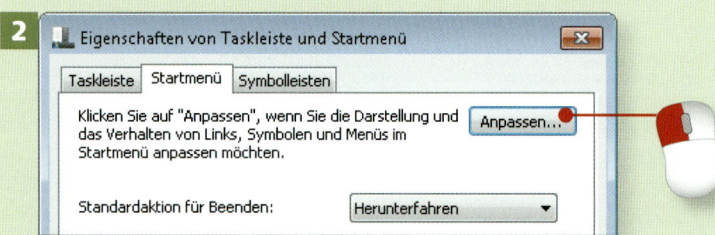

Schritt 2

Klicken Sie auf die Schaltfläche **Anpassen**. Es öffnet sich daraufhin eine Liste mit zahlreichen Einstellungsmöglichkeiten.

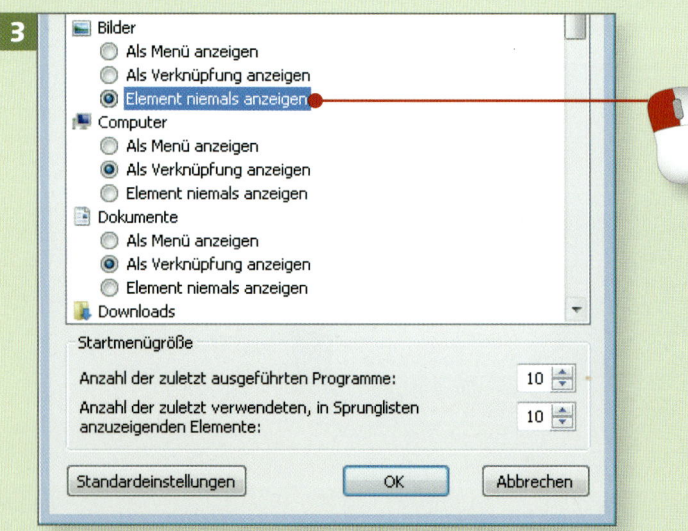

Schritt 3

Möchten Sie beispielsweise den Menüpunkt **Bilder** aus dem Startmenü entfernen, markieren Sie im Abschnitt **Bilder** die dazugehörige Option **Element niemals anzeigen**, und bestätigen Sie die Einstellung mit **OK**.

Die Ansicht mit dem Mausrad vergrößern

Viele Texte auf Internetseiten oder in Office-Dokumenten sind recht klein gehalten. Um die Darstellung der Schrift zu vergrößern, genügt ein kleiner, aber feiner Trick mit Tastatur und Maus.

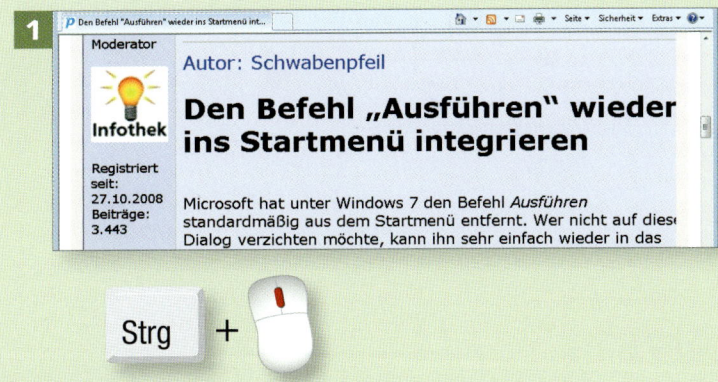

Schritt 1

Gerade auf Internetseiten ist die Schriftgröße häufig sehr klein gewählt. Um die Schrift zu vergrößern, drücken Sie die Strg -Taste, halten diese gedrückt und drehen gleichzeitig das Rädchen Ihrer Maus nach vorn.

Schritt 2

Der Trick funktioniert auch mit WordPad sowie Office-Dokumenten aus Programmen wie Microsoft Word oder Excel. Halten Sie auch hier die Strg -Taste gedrückt, und drehen Sie am Mausrad.

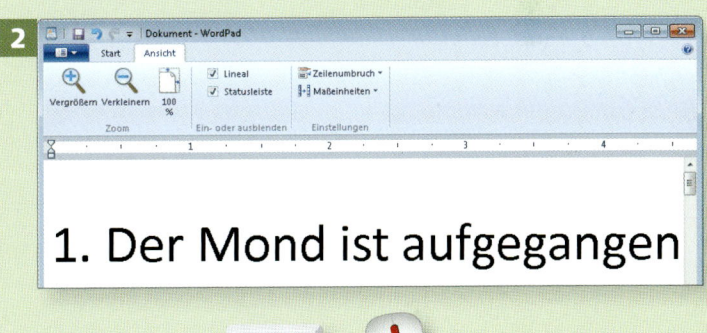

Schritt 3

Auch die Programmsymbole auf Ihrem Desktop können Sie auf diese Weise vergrößern: Strg + *Maus-rädchen nach vorn drehen* vergrößert die Darstellung, *Mausrädchen nach hinten* verkleinert sie.

Die Ansicht mit der Bildschirmlupe vergrößern

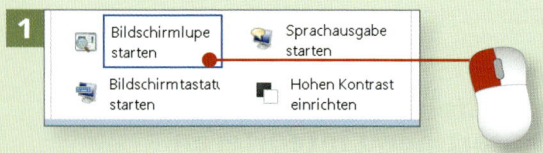

Auf Webseiten kann es aufgrund der großen Schrift zu Darstellungsfehlern im Layout kommen. Windows bietet daher eine weitere Möglichkeit, Schriften zu vergrößern: die Bildschirmlupe.

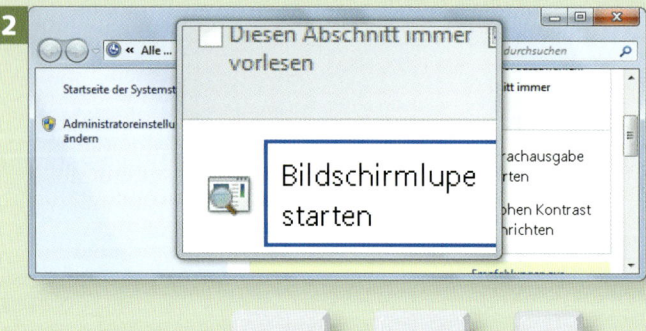

Schritt 1

Drücken Sie die Tastenkombination ⊞-Taste + U, um das **Center für erleichterte Bedienung** zu öffnen, und klicken Sie hier auf den Menüpunkt **Bildschirmlupe starten**.

Schritt 2

Nun wird die Lupe am oberen Bildrand eingeblendet. Drücken Sie gleichzeitig die Tasten Strg + Alt + L, um zu einer beweglichen Lupe umzuschalten. Führen Sie die Lupe auf die Stellen, die Sie vergrößern möchten.

Schritt 3

Mit den Tasten ⊞ + + und − erhöhen bzw. verringern Sie den Vergrößerungsfaktor der Lupe. Schließen Sie die Lupe mit den Tasten ⊞ + Esc.

> **Weitere Tastenkürzel für die Bildschirmlupe**
>
> Mit Strg + Alt + F schalten Sie in den Vollbildmodus, und mit Strg + Alt + D verankern Sie die Lupe auf dem Bildschirm. Eine Vorschau können Sie im Vollbildmodus mit den Tasten Strg + Alt + Leertaste einstellen.

Mit der Windows-Suche Zeit sparen

Im Laufe der Zeit sammelt sich auf jedem Computer eine Unmenge an Daten an wie Bilder oder verschiedene Dokumente. Mit Hilfe der Suchfunktion behalten Sie den Überblick.

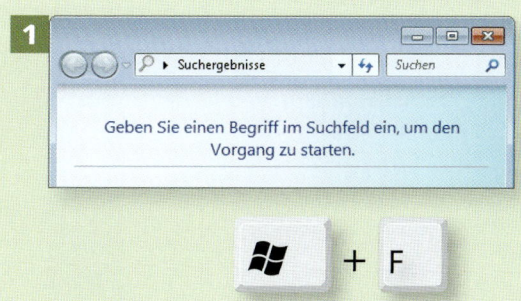

Schritt 1

Der schnellste Weg, die Windows-Suche zu öffnen, führt über die Tastenkombination ⊞ + F.

Schritt 2

Geben Sie oben rechts nun den Suchbegriff ein. Schon während der Eingabe beginnt Windows mit der Suche und listet nach wenigen Sekunden die ersten Ergebnisse auf.

Schritt 3

Wurde das gewünschte Dokument nicht gefunden? Um die Suche auf das ganze System auszuweiten, klicken Sie in der linken Spalte auf **Computer** und geben oben den Suchbegriff erneut ein.

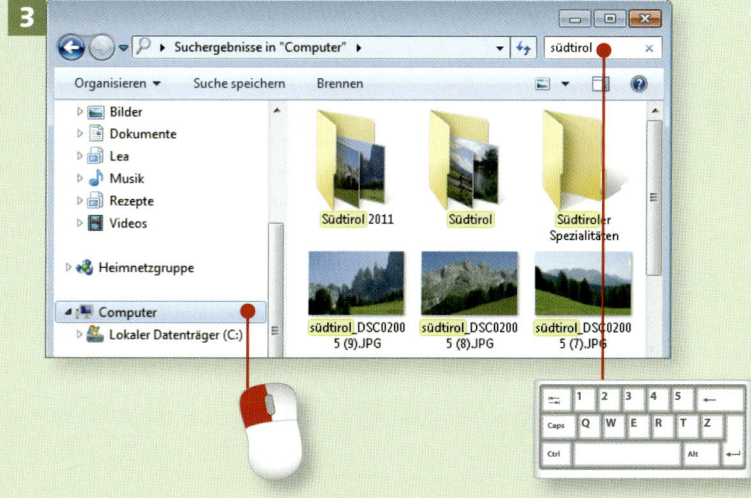

i

Manchmal dauert es ein wenig
Die besten Suchergebnisse erhalten Sie, wenn Sie das gesamte System durchsuchen lassen. Die Suche benötigt dann etwas mehr Zeit. Erst wenn der grüne Balken komplett nach rechts durchgelaufen ist, ist die Suche beendet.

Die »Beenden«-Schaltfläche individuell anpassen

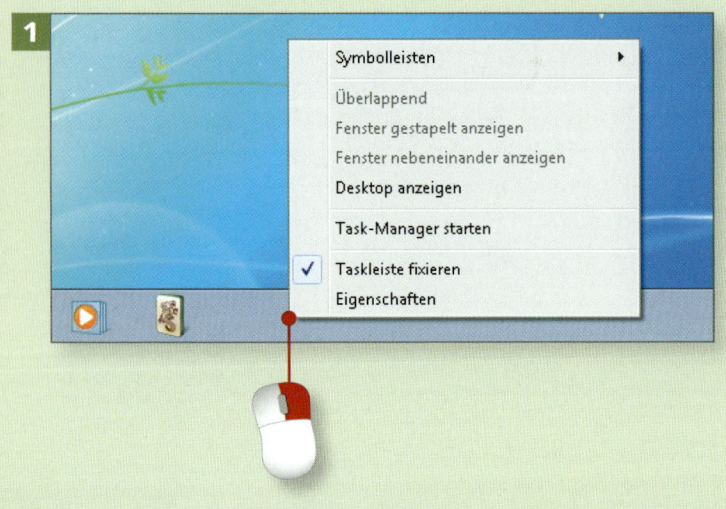

Klicken Sie im Startmenü auf die »Beenden«-Schaltfläche, wird der Rechner heruntergefahren und ausgeschaltet. Das muss aber nicht so sein – Sie können die Schaltfläche Ihren Wünschen anpassen.

Schritt 1

Führen Sie zunächst einen Rechtsklick auf eine freie Stelle der Taskleiste aus, um das Kontextmenü der Leiste zu öffnen.

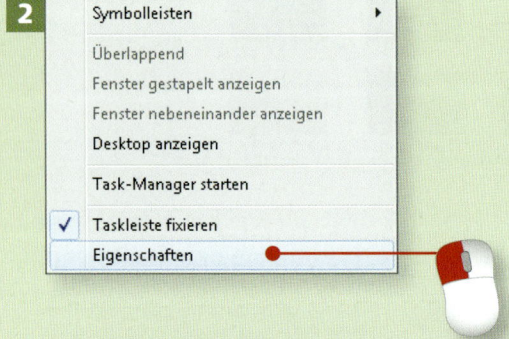

Schritt 2

Öffnen Sie die Eigenschaften von Taskleiste und Startmenü, indem Sie den Menüeintrag **Eigenschaften** auswählen.

Schritt 3

Die gesuchte Einstellung finden Sie im Register **Startmenü**. Klicken Sie auf den passenden Reiter, um zu den gewünschten Optionen zu gelangen.

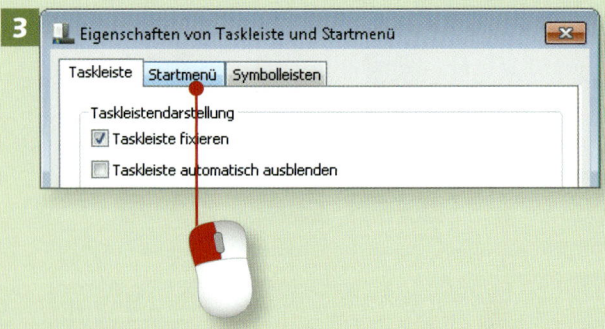

i

Energie sparen
Die Option **Energie sparen** bewirkt, dass die Anwendungen im Arbeitsspeicher zwischengespeichert werden. Der Computer wird nicht heruntergefahren, sondern nur in einen Standby-Modus versetzt. In diesem Zustand wird etwas Energie verbraucht. Das »Aufwecken« geht dafür schneller als beim Ruhezustand.

Schritt 4

Klicken Sie nun auf das Klappmenü neben dem Eintrag **Standard-aktionen für Beenden**, um es zu öffnen.

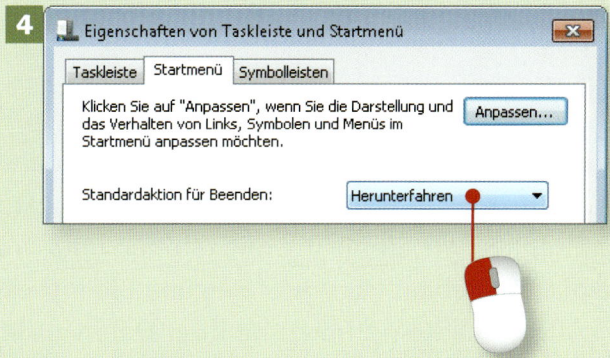

Schritt 5

Hier werden Ihnen mehrere Optionen zur Auswahl angeboten. Um den Computer beim Beenden in einen Standby-Modus zu verset-zen, wählen Sie die Option **Energie sparen** aus.

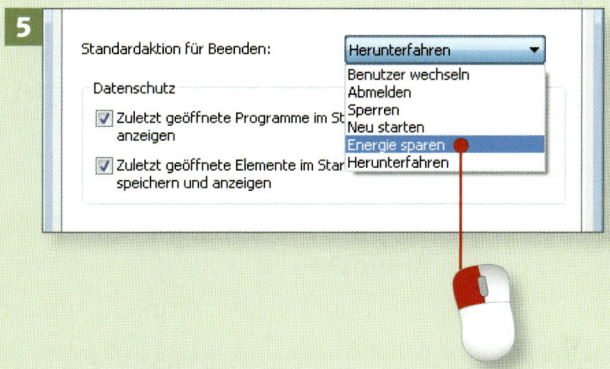

Schritt 6

Schließlich müssen Sie Ihre eben ge-troffene Auswahl noch übernehmen und speichern. Klicken Sie hierfür auf die Schaltfläche **OK**.

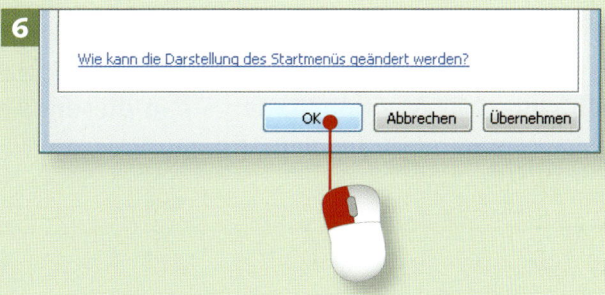

---

i

Ruhezustand

Bei der Option **Ruhezustand** wer-den beim Beenden alle Programme und Dokumente auf der Festplatte gespeichert, und der PC wird her-untergefahren und ausgeschaltet. Bei einem Neustart werden die zuletzt verwendeten Dokumente und Programme wieder geöffnet.

Kapitel 2
Schneller mit Dateien und Ordnern arbeiten

Was bedeutet eigentlich »Drag & Drop«? Wie erkenne ich das Format einer Datei, und wie lässt sich festlegen, mit welchem Programm eine Datei geöffnet werden soll? Erfahren Sie in diesem Kapitel, wie Sie richtig mit Dateien und Ordnern umgehen, wie zum Beispiel ein Dateipfad aufgebaut ist, wie Sie eigene Bibliotheken erstellen und wie Sie wertvollen Speicherplatz durch Komprimierung Ihrer Daten zurückgewinnen.

Der Windows-Explorer

Ob Sie nun Dateien kopieren, umbenennen, ausschneiden, löschen oder neue Ordner anlegen möchten – all diese Operationen führen Sie über den Windows-Explorer aus ❶. Anfangs erscheint der Explorer noch ein wenig unübersichtlich, aber mit ein wenig Übung haben Sie ihn schnell im Griff.

Erstellen Sie eigene Bibliotheken

Der großen Datenflut Herr zu werden, ist nicht immer einfach. Verwalten Sie Bilder, Kochrezepte, Dokumente oder Musik in eigens erstellen Bibliotheken ❷, und behalten Sie so den Überblick über Ihre wertvollen Daten.

Gelöschte Dateien wiederherstellen

Ein falscher Klick mit der Maus, und schon ist es passiert: Eine wichtige Datei wurde versehentlich gelöscht. Was nun? Lesen Sie in diesem Abschnitt, wie Sie gelöschte Dateien in wenigen Sekunden wieder aus dem Papierkorb ❸ fischen.

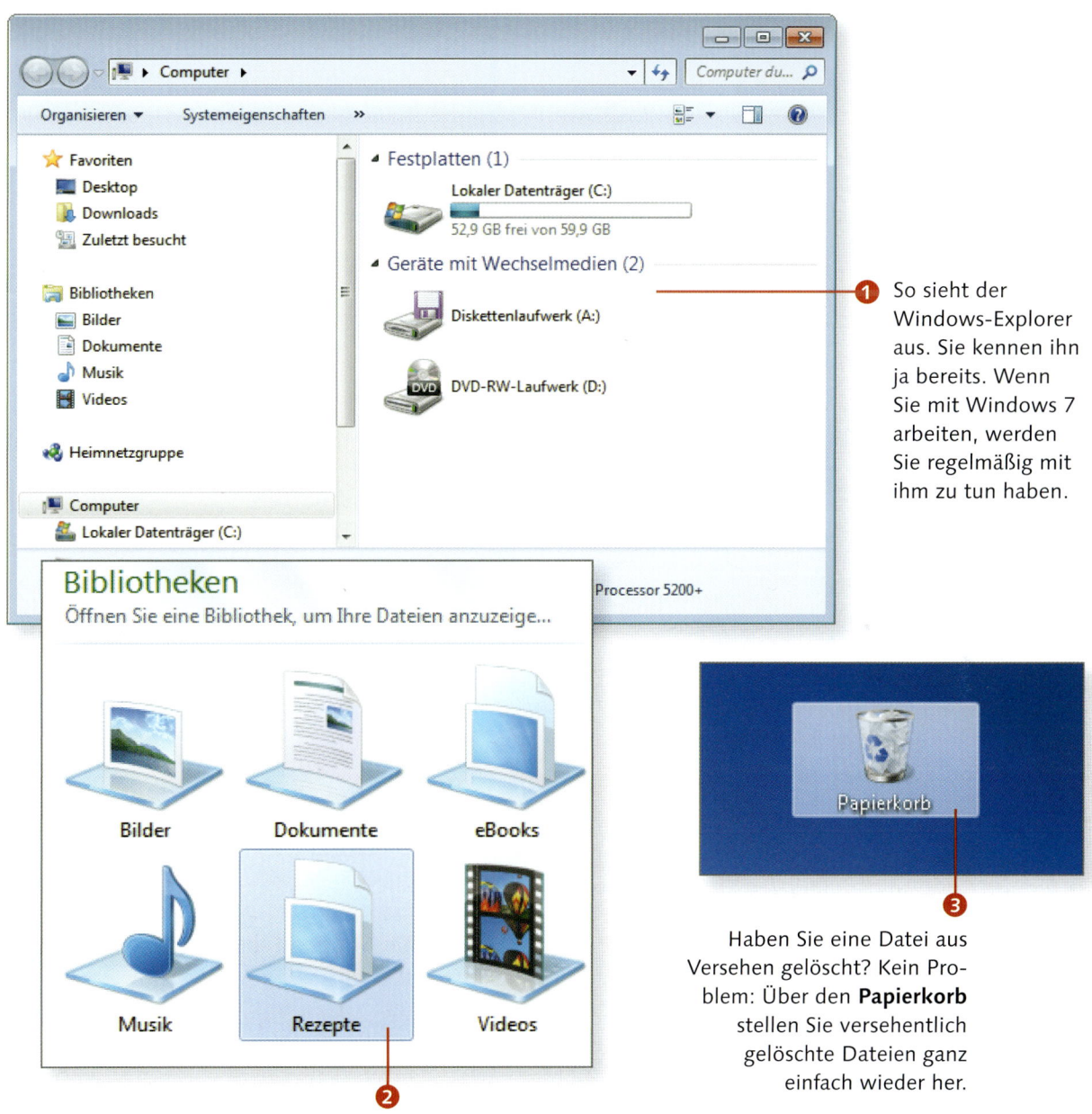

① So sieht der Windows-Explorer aus. Sie kennen ihn ja bereits. Wenn Sie mit Windows 7 arbeiten, werden Sie regelmäßig mit ihm zu tun haben.

Bibliotheken

Öffnen Sie eine Bibliothek, um Ihre Dateien anzuzeige...

Bilder   Dokumente   eBooks

Musik   Rezepte   Videos

② Im Handumdrehen können Sie eigene Bibliotheken erstellen.

Papierkorb

③ Haben Sie eine Datei aus Versehen gelöscht? Kein Problem: Über den **Papierkorb** stellen Sie versehentlich gelöschte Dateien ganz einfach wieder her.

Windows 7 einrichten wie ein Profi

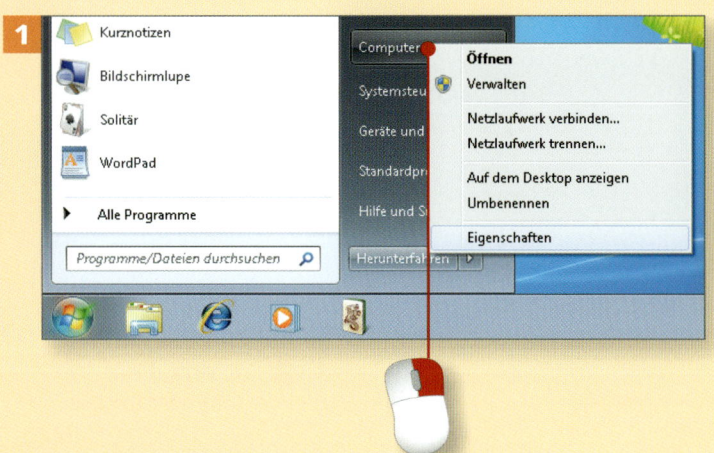

Ambitionierte Anwender schauen gerne auch mal hinter die Kulissen. Ein wenig Insider-Wissen ist auch bei Windows nicht zu unterschätzen. Natürlich ist das kein Muss, aber schon mit wenigen Mausklicks können Sie Optik und Leistung Ihres Systems optimieren.

Schritt 1

Öffnen Sie das Startmenü, führen Sie dann einen Rechtklick auf den Eintrag **Computer** aus, und wählen Sie aus dem Kontextmenü die Option **Eigenschaften**.

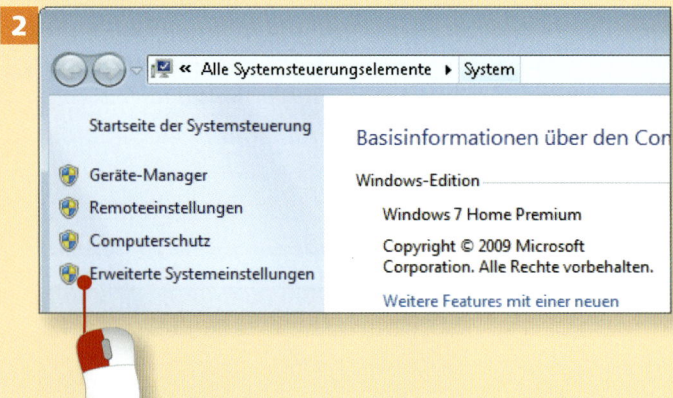

Schritt 2

Klicken Sie in der linken Spalte des Fensters auf den Menüpunkt **Erweiterte Systemeinstellungen**.

Schritt 3

Es öffnet sich das Fenster **Systemeigenschaften**. Die Einstellungen rufen Sie auf, indem Sie im Abschnitt **Leistung** auf die Schaltfläche **Einstellungen** klicken.

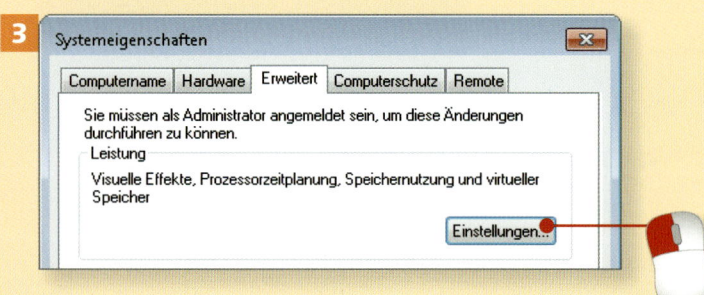

Schritt 4

Hier sehen Sie im Register **Visuelle Effekte** zahlreiche Einstellungsmöglichkeiten. Soll Windows selbst die optimalen Werte ermitteln, wählen Sie die Option **Optimale Einstellung automatisch auswählen**.

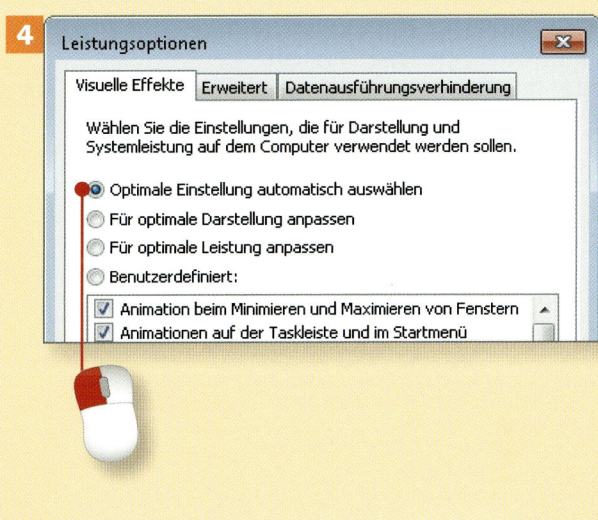

Schritt 5

Legen Sie mehr Wert auf die Optik und benötigen Sie weniger Rechenleistung, wählen Sie die Option **Für optimale Darstellung anpassen**.

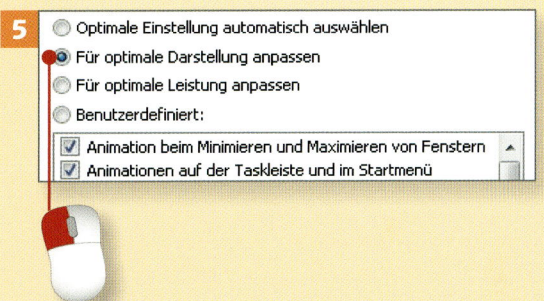

Schritt 6

Brauchen Sie hingegen mehr Rechenleistung und können Sie auf optische Spielereien verzichten, markieren Sie die Option **Für optimale Leistung anpassen**.

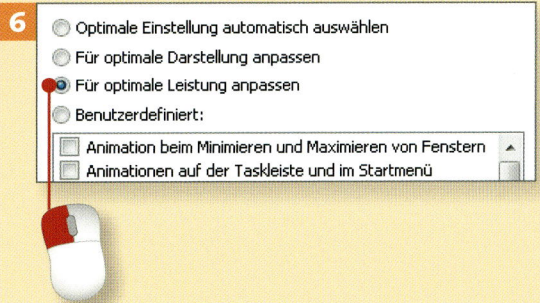

Die optimalen Einstellungen
Die vermeintlich optimalen Einstellungen für Darstellung und Leistung ermittelt Windows aus den Leistungsdaten Ihres Computers. Die Auswahl ist lediglich als Empfehlung anzusehen, und Sie können sie jederzeit verändern.

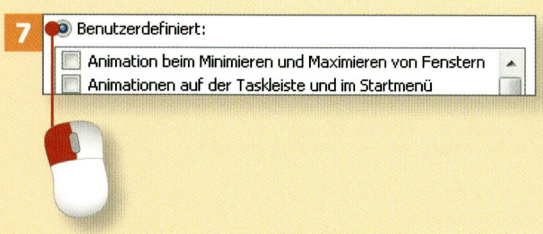

Schritt 7

Mit Auswahl der Option **Benutzerdefiniert** haben Sie darüber hinaus die Möglichkeit, alle Einstellungen individuell festzulegen.

Schritt 8

Das Maximieren und Minimieren von Fenstern wird animiert dargestellt. Möchten Sie dieses Verhalten ändern, deaktivieren Sie die Option **Animation beim Minimieren und Maximieren von Fenstern**.

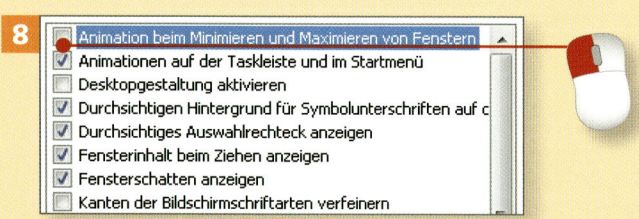

Schritt 9

Abhängig vom verwendeten Hintergrundbild kann es von Vorteil sein, die Beschriftung der Desktop-Symbole anzupassen. Wählen Sie hierfür die Option **Durchsichtigen Hintergrund für Symbolunterschriften auf dem Desktop**.

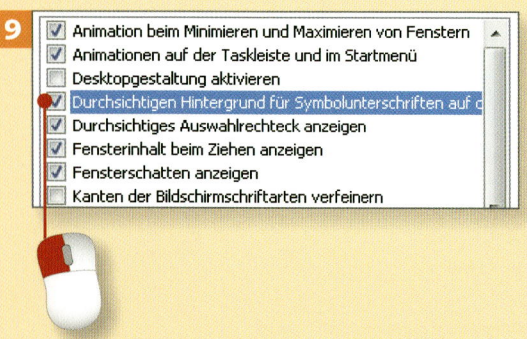

Experimentieren Sie ruhig

Experimentieren Sie ruhig ein wenig mit den Einstellungen. Wählen Sie eine Option aus, und klicken Sie dann auf **Übernehmen**. Die Änderung wird sogleich angezeigt, und Sie können entscheiden, ob Sie sie wieder rückgängig machen oder beibehalten möchten.

Schritt 10

Möchten Sie beim Ziehen eines
Fensters dessen Inhalt sehen? Falls
ja, aktivieren Sie die Option **Fenster-
inhalte beim Ziehen anzeigen**.

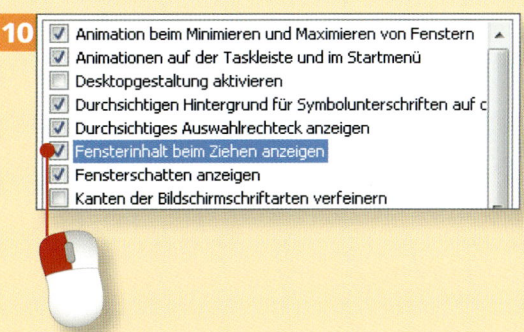

Schritt 11

Die oberen Ränder von Fenstern
und Dialogen können durchsichtig
angezeigt werden. Mit der Option
Transparentes Glas deaktivieren
schalten Sie diese Darstellung ab.

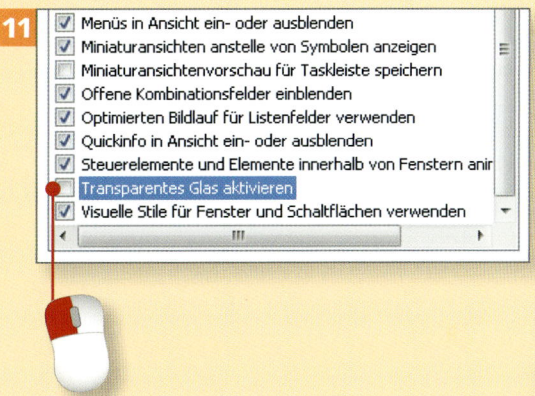

Schritt 12

Sie haben nun die Einstellungen von
Windows schon recht umfangreich
und professionell angepasst. Haben
Sie keine Sorge, Sie können jede
Änderung auch wieder rückgängig
machen. Sind alle Einstellungen
getroffen, übernehmen Sie sie durch
einen Klick auf die Schaltfläche **OK.**

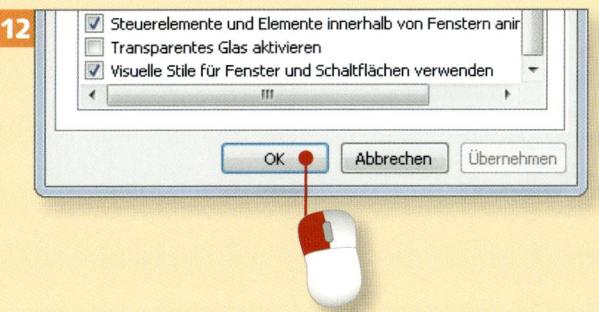

Der Windows-Explorer

Der Windows-Explorer ist eines der wichtigsten Programme überhaupt. Mit ihm verwalten Sie alle Dateien und Laufwerke.

Schritt 1

Starten Sie den Explorer über das Ordnersymbol in der Taskleiste.

Schritt 2

Klicken Sie in der linken Spalte des Fensters auf das kleine Pfeilsymbol vor dem Eintrag **Computer**, um alle Laufwerke (Festplatten und Wechseldatenträger) Ihres Systems anzuzeigen.

Schritt 3

Um alle Ordner eines einzelnen Laufwerkes aufzulisten, klicken Sie erneut auf den davorliegenden Pfeil.

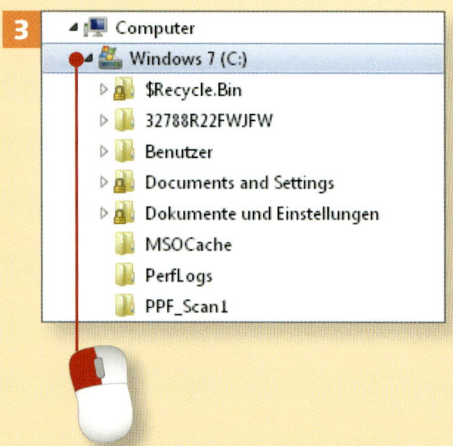

Häufige Verwechslungen

Mit dem Windows-Explorer verwalten Sie Daten auf Ihrem Computer und haben Zugriff auf angeschlossene Festplatten und Wechseldatenträger. Der Internet Explorer hingegen ist ein Programm, mit dessen Hilfe Sie Internetseiten betrachten können, ein sogenannter *Browser*.

Schritt 4

Wählen Sie einen beliebigen Ordner aus; alle darin enthaltenen Dateien und Unterordner werden daraufhin im rechten Teil des Fensters ❶ angezeigt.

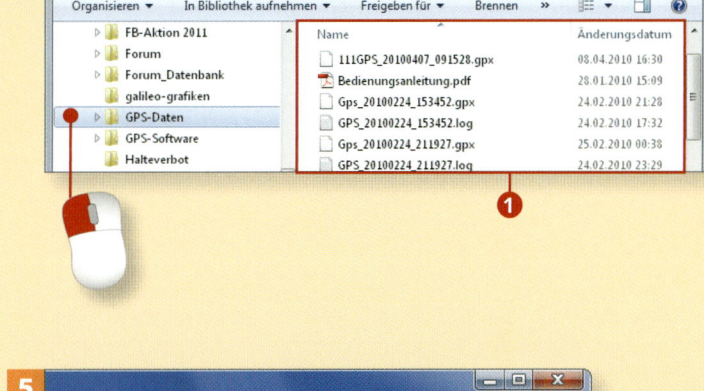

Schritt 5

Die Darstellung der Ordner und Dateien in der rechten Fensterhälfte können Sie verändern. Klicken Sie hierfür auf den kleinen Pfeil der Symbolschaltfläche **Ansicht ändern** oben rechts in der Menüleiste. Dort können Sie zwischen verschiedenen Darstellungen der Dateien im Fenster wählen. Am besten probieren Sie die verschiedenen Möglichkeiten einfach einmal aus.

Schritt 6

Enthält ein Ordner z. B. Fotos, stellen Sie die Darstellung auf **Große Symbole** um. Alle Bilder werden nun übersichtlich in einer Voransicht angezeigt.

Dateiendungen sichtbar machen

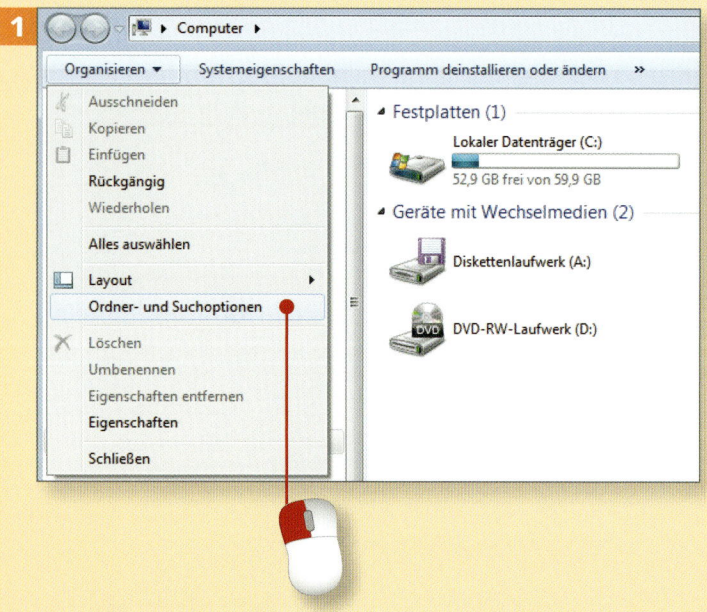

Jede Datei auf Ihrem PC verfügt über eine Endung, die durch einen Punkt getrennt an den Dateinamen ange-hängt wird und für gewöhnlich aus drei Zeichen besteht. Diese Endung kennzeichnet das Format einer Datei.

Schritt 1

Öffnen Sie den Explorer mit den Tasten ⊞ + E, und klicken Sie dann im Menü **Organisieren** ❶ auf **Ordner und Suchfunktionen**.

Schritt 2

Wechseln Sie im Dialogfenster **Ordneroptionen** in das Register **Ansicht**.

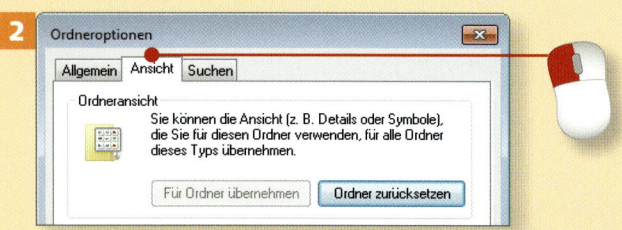

Schritt 3

Entfernen Sie das Häkchen vor der Option **Erweiterungen bei be-kannten Dateitypen ausblenden**, und bestätigen Sie die Auswahl mit einem Klick auf die Schaltfläche **OK**.

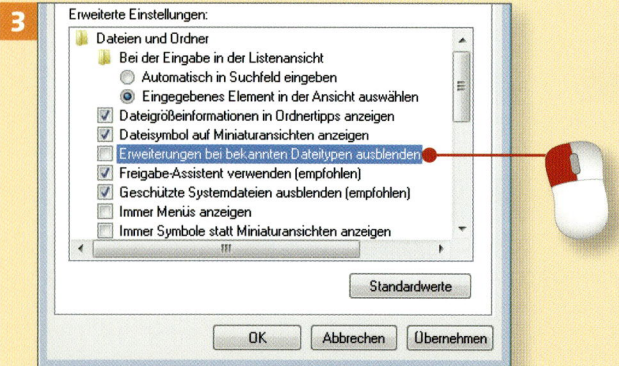

Für ein Mehr an Sicherheit!
Schadprogramme verbergen sich vielfach in ausführbaren Dateien z. B. mit der Endung *.exe*. Damit Sie Risiken besser einschätzen können, sollten die Dateiendungen daher auf jedem Computer ange-zeigt werden.

Standardmäßig werden Bilder z. B. mit der Endung ».jpg« mit der Windows-Bild- und Faxanzeige geöffnet. Durch die Installation neuer Programme kann sich diese Zuordnung ungewollt ändern. So stellen Sie die Ordnung wieder her.

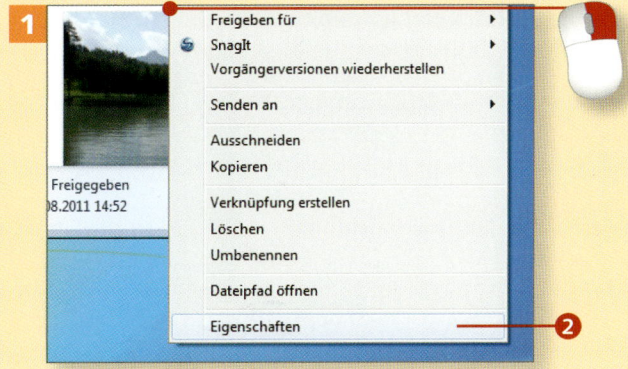

Schritt 1

Klicken Sie mit rechts auf die Datei, deren Zuordnung Sie ändern möchten, und wählen Sie aus dem Kontextmenü die **Eigenschaften** ❷ aus.

Schritt 2

Im Abschnitt **Öffnen mit:** wird das aktuell zugeordnete Programm angezeigt. Klicken Sie auf **Ändern**, um ein neues Programm festzulegen.

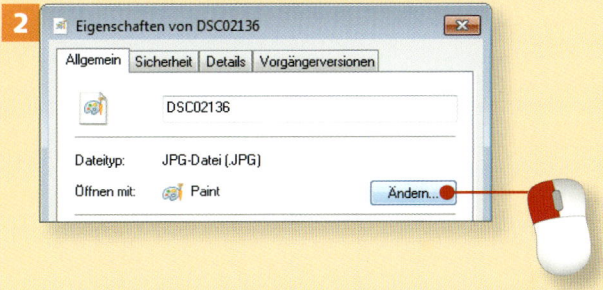

Schritt 3

Wählen Sie aus der Liste das Programm aus, das Sie zum Öffnen der Datei verwenden möchten, und bestätigen Sie die Auswahl durch einen Doppelklick.

i

Programm nicht aufgelistet?

Sollte das gewünschte Programm nicht aufgelistet sein, klicken Sie auf **Durchsuchen** und wählen dann die passende Anwendung aus.

So funktioniert »Drag & Drop«

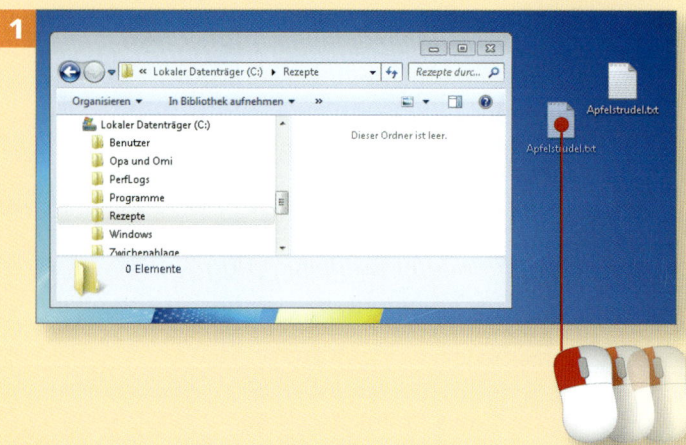

Zum schnellen Verschieben oder Kopieren von Elementen verwendet man häufig die Drag-and-Drop-Technik. »Drag & Drop« steht für »Ziehen und Ablegen«.

Schritt 1

Möchten Sie eine Datei von Ihrem Desktop in einen Ordner verschieben, klicken Sie sie zunächst mit der linken Maustaste an, halten die Taste gedrückt und verschieben das Objekt an die gewünschte Stelle.

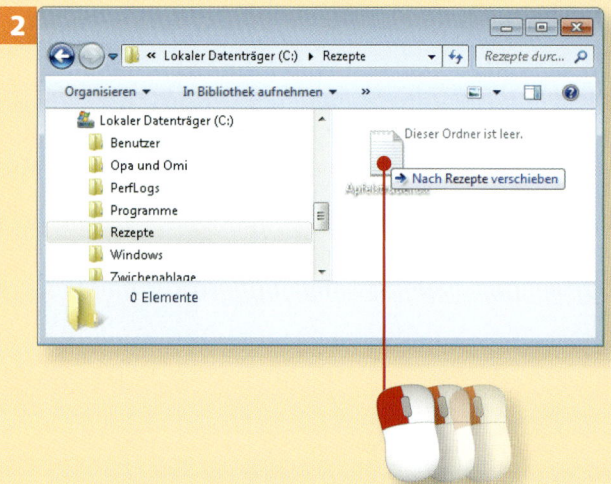

Schritt 2

Haben Sie das Ziel erreicht, lassen Sie einfach die Maustaste wieder los und legen damit das Objekt ab.

Schritt 3

Die per Drag & Drop verschobene Datei wird sogleich im Zielordner angezeigt.

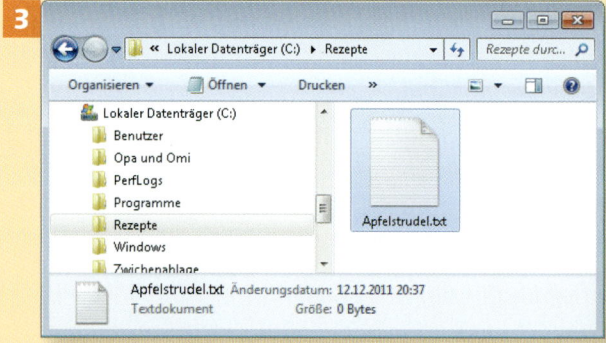

Fenster verschieben

Auch Programmfenster lassen sich per Drag & Drop verschieben. Klicken Sie hierzu ein Fenster in der Kopfleiste an, und verschieben Sie es beliebig auf dem Bildschirm.

Schritt 4

Drag & Drop funktioniert in vielen Anwendungen auch mit Textzeilen oder einzelnen Wörtern. Markieren Sie zuerst den gewünschten Text mit der Maus.

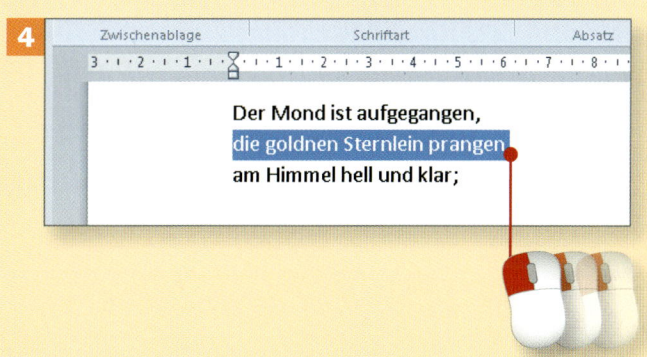

Schritt 5

Klicken Sie auf den markierten Text, und verschieben Sie ihn bei weiterhin gedrückter Maustaste an die gewünschte Position.

Schritt 6

Lassen Sie die Maustaste wieder los, wird der Text an der angezeigten Markierung eingefügt.

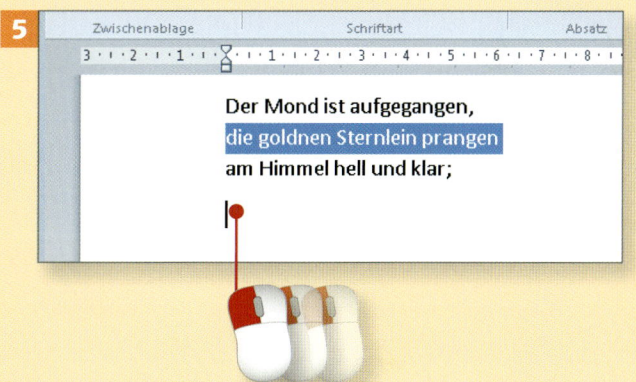

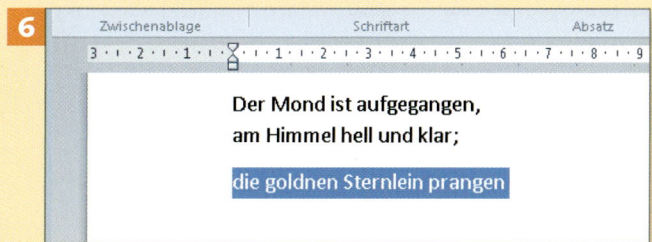

Grenzüberschreitend

Die Drag-and-Drop-Technik funktioniert oft auch zwischen zwei Anwendungen. So können Sie z. B. eine Grafikdatei aus dem Windows-Explorer direkt in das geöffnete Programmfenster Ihrer Bildbearbeitung verschieben und dort weiter bearbeiten.

Neuen Ordner zu den Favoriten hinzufügen

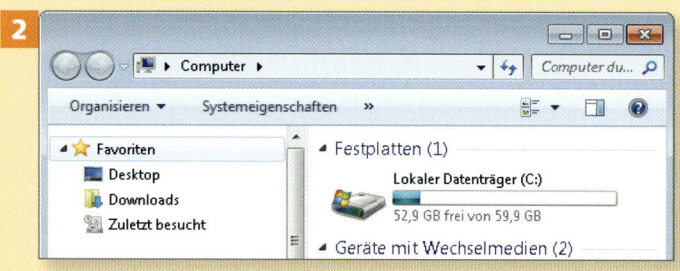

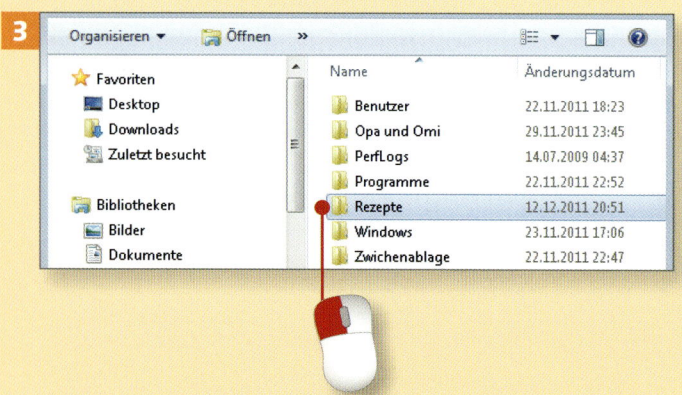

Statt sich durch die Untiefen der Ordnerstrukturen zu klicken, können Sie häufig benötigte Ordner auch in die Favoriten des Windows-Explorers legen. So geht's.

Schritt 1

Öffnen Sie den Windows-Explorer über das Ordnersymbol in der Taskleiste oder über die Tastenkombination ⊞ + E.

Schritt 2

In der linken Spalte des Fensters sehen Sie nun alle Verzeichnisse, die aktuell den Favoriten zugeordnet sind ❶.

Schritt 3

Wählen Sie einen neuen Ordner aus, den Sie zu den Favoriten hinzufügen möchten. Hier wähle ich den Ordner *Rezepte*.

Speicherort wird nicht geändert
Wenn Sie einen Ordner in die Favoriten ziehen, wird dieser nicht wirklich dorthin verschoben, sondern es wird lediglich eine Verknüpfung zum Ordner angelegt. Der ursprüngliche Speicherort wird also nicht verändert.

Schritt 4

Klicken Sie den ausgewählten Ordner mit der linken Maustaste an, lassen Sie diese gedrückt, und verschieben Sie den Ordner an die gewünschte Position innerhalb der Favoriten.

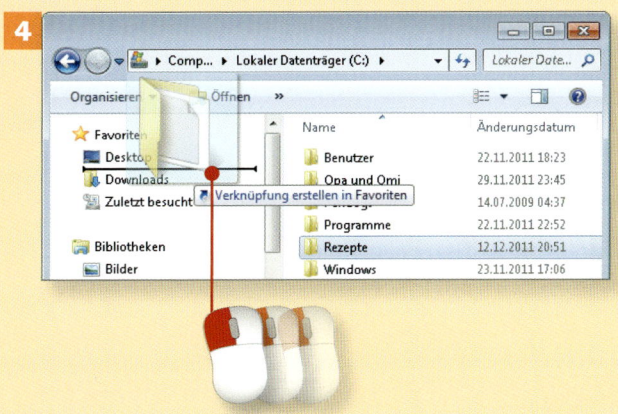

Schritt 5

Sobald Sie die Maustaste loslassen, wird der Ordner in die Favoritenliste ❷ gelegt.

Schritt 6

Möchten Sie einen Ordner wieder aus der Liste entfernen, klicken Sie ihn einfach mit der rechten Maustaste an und wählen aus dem Kontextmenü den Befehl **Entfernen** aus.

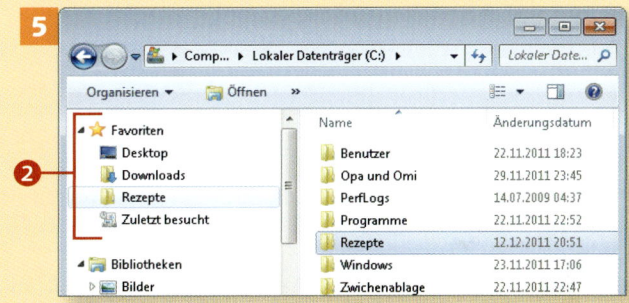

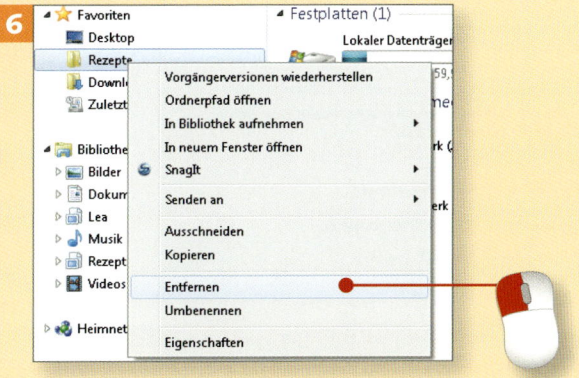

Beim Entfernen wird nichts gelöscht!

Entfernen Sie einen Ordner wie beschrieben aus der Favoritenliste, wird nur die Verknüpfung, nicht aber der Ordner selbst gelöscht. Es gehen hierbei also keine Daten verloren.

Ordner komprimieren, um Speicherplatz zu sparen

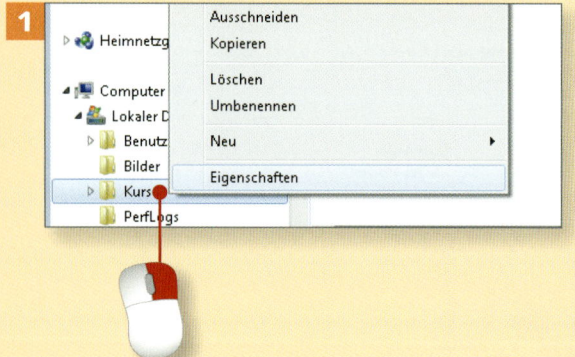

Wird die Speicherkapazität auf der Festplatte knapp, können Sie einfach einige Ordner komprimieren. So gewinnen Sie wertvollen Speicherplatz zurück.

Schritt 1

Führen Sie im Windows-Explorer einen Rechtsklick auf den Ordner aus, den Sie komprimieren möchten, und rufen Sie seine **Eigenschaften** aus dem Kontextmenü auf.

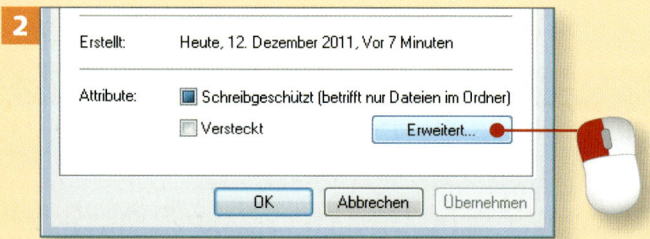

Schritt 2

Klicken Sie nun im Register **Allgemein** auf die Schaltfläche **Erweitert**, um die erweiterten Attribute des Ordners anzuzeigen.

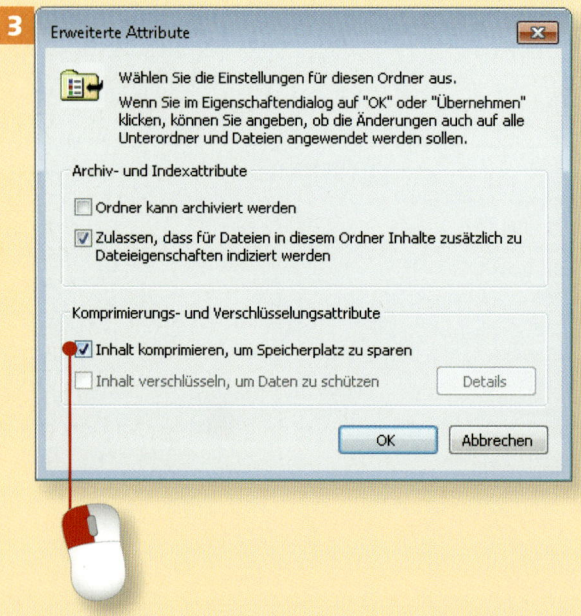

Schritt 3

Markieren Sie das Kästchen vor der Option **Inhalt komprimieren, um Speicherplatz zu sparen**, und schließen Sie das Dialogfenster über die Schaltfläche **OK**.

Voraussetzungen

Zur Erstellung komprimierter Ordner und Dateien benötigen Sie Administratorrechte. Die Echtzeitkomprimierung ist zudem nur auf NTFS-Dateisystemen möglich.

Schritt 4

Die Einstellung muss gespeichert werden; klicken Sie hierfür im weiterhin geöffneten Eigenschaftenfenster des Ordners auf **Übernehmen**.

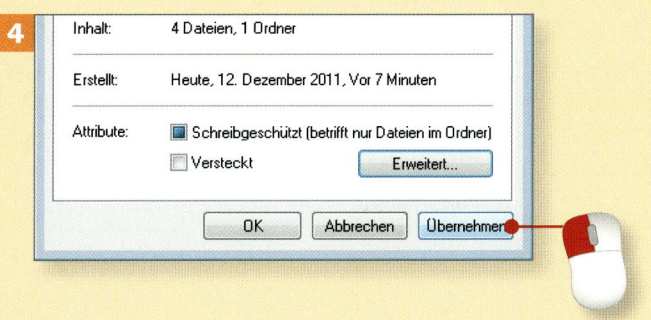

Schritt 5

Es öffnet sich ein weiteres Dialogfenster. Markieren Sie die Option **Änderungen für diesen Ordner, untergeordnete Ordner und Dateien übernehmen**, und bestätigen Sie erneut mit **OK**.

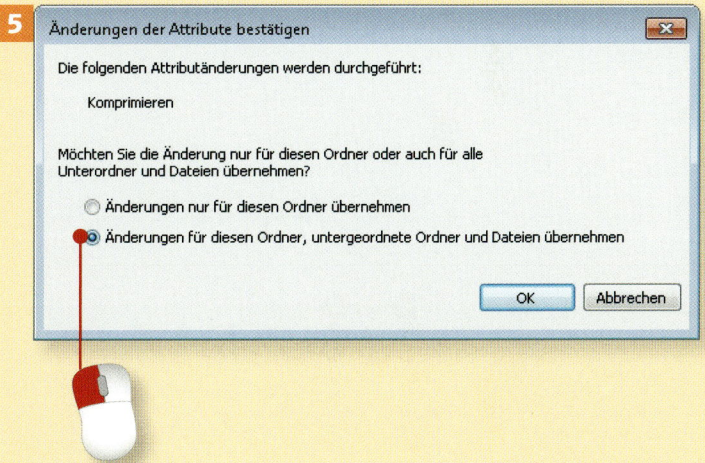

Schritt 6

Die Attributänderungen wurden nun übernommen; zum Schließen des Eigenschaftenfensters müssen Sie ein weiteres Mal auf **OK** klicken.

Komprimierungs- und Zugriffszeiten

Die Komprimierung sehr großer Datenmengen kann mehrere Stunden Zeit in Anspruch nehmen. Auf die komprimierten Daten können Sie später aber wie gewohnt zugreifen. Die Daten werden beim Öffnen blitzschnell dekomprimiert, ohne dass es hierbei zu nennenswerten Verzögerungen kommt.

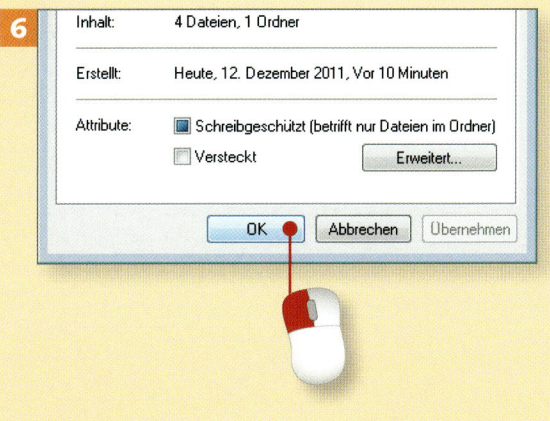

So ist der Dateipfad aufgebaut

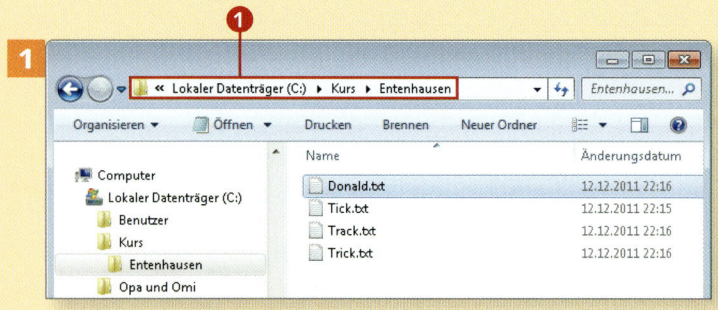

Der Pfad beschreibt den Weg zu einem Ordner oder zu einer Datei. Ausgangspunkt dieser Wegbeschreibung ist dabei immer das Laufwerk, auf dem das Objekt gespeichert ist.

Schritt 1

Oben in der **Adresszeile** ❶ zeigt der Windows-Explorer den Speicherort einer Datei in vereinfachter Form an.

Schritt 2

Erst wenn Sie mit der Maus in das **Adressfeld** klicken, wird Ihnen der vollständige Dateipfad angezeigt.

Schritt 3

Zuerst wird das Laufwerk angegeben, in diesem Fall *C:* ❷. Es folgen das Hauptverzeichnis (Ordner) ❸, eventuell vorhandene Unterverzeichnisse ❹ und schließlich der Dateiname ❺, komplett: *C:\Kurs\ Entenhausen\Donald.txt*.

Laufwerksbuchstaben

Jedes an den Computer angeschlossene Laufwerk – also jede Festplatte, jedes DVD-Laufwerk, jede externe Festplatte und jeder USB-Stick – verfügt über eine eigene Laufwerkskennung in Form eines einzelnen Buchstabens.

Dateien auf einen USB-Stick kopieren

USB-Sticks sind die idealen Wechseldatenträger – klein, handlich und meist ausgestattet mit mehreren Gigabyte Speicherkapazität. Wie Sie Daten auf einen solchen Stick kopieren, zeigt dieser Abschnitt.

Schritt 1

Schließen Sie Ihren Speicherstick an eine freie USB-Schnittstelle an, und beenden Sie den nach wenigen Sekunden erscheinenden Dialog zur automatischen Wiedergabe gleich wieder durch einen Klick auf das Kreuz rechts oben.

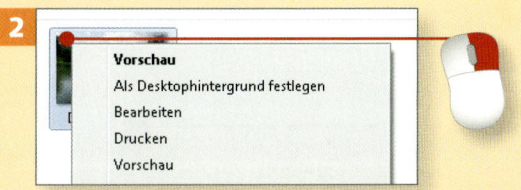

Schritt 2

Um Dateien zu kopieren, wählen Sie diese im Windows-Explorer aus und rufen anschließend das Kontextmenü auf, indem Sie mit der rechten Maustaste auf eine der Dateien klicken.

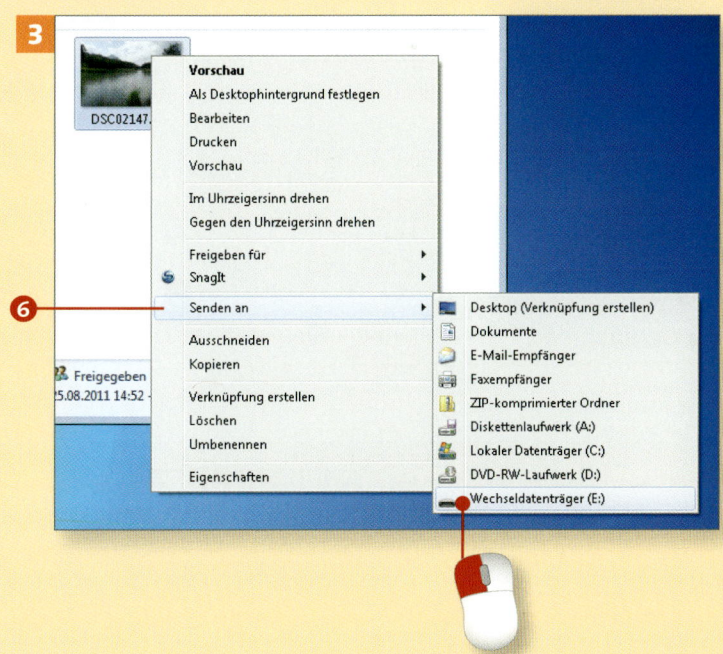

Schritt 3

Zeigen Sie nun auf den Befehl **Senden an** 6, und wählen Sie Ihren USB-Stick als Ziel aus. Der Kopiervorgang wird sogleich gestartet, und nach wenigen Sekunden stehen die Daten auf Ihrem USB-Stick bereit.

Eigene Bibliotheken erstellen

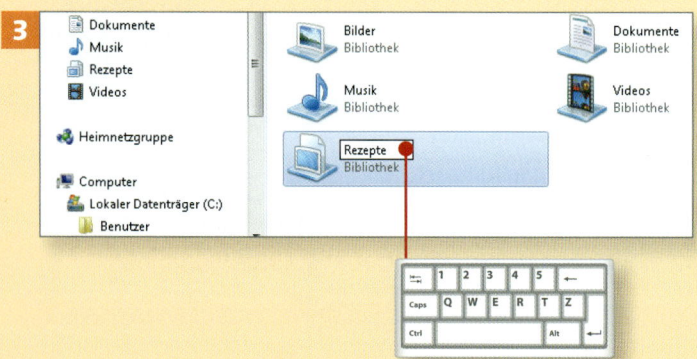

Ordner mit verschiedenen Speicherorten lassen sich unter Windows 7
bequem in eigenen Bibliotheken
zusammenfassen. Auf diese Weise
behalten Sie stets den Überblick über
Ihre Daten.

Schritt 1

Öffnen Sie den Windows-Explorer,
und wählen Sie in der linken Fensterhälfte den Eintrag **Bibliotheken**
aus.

Schritt 2

Eine neue Bibliothek erstellen Sie
nun über den Befehl **Neue Bibliothek** in der Menüleiste am oberen
Bildrand.

Schritt 3

Vergeben Sie einen aussagekräftigen Namen für Ihre Bibliothek, und
schließen Sie die Eingabe mit der
⏎-Taste ab.

Standardbibliotheken
Die Bibliotheken Bilder, Dokumente, Musik und Videos sind bereits
voreingerichtet. Sie können sie bei
Bedarf aber jederzeit umbenennen
oder löschen.

Schritt 4

Die Bibliothek ist noch leer; um Ihr Ordner zuzuweisen, führen Sie einen Doppelklick auf Ihre Bibliothek aus und klicken anschließend auf die Schaltfläche **Ordner hinzufügen**.

Schritt 5

Es öffnet sich ein neues Fenster. Wählen Sie hier einen passenden Ordner aus ❶, und fügen Sie ihn der Bibliothek über die Schaltfläche **Ordner aufnehmen** hinzu.

Schritt 6

Möchten Sie einen weiteren Ordner hinzufügen, klicken Sie ihn im Explorer mit der rechten Maustaste an, zeigen auf den Befehl **In Bibliothek aufnehmen** und wählen die gewünschte Bibliothek aus.

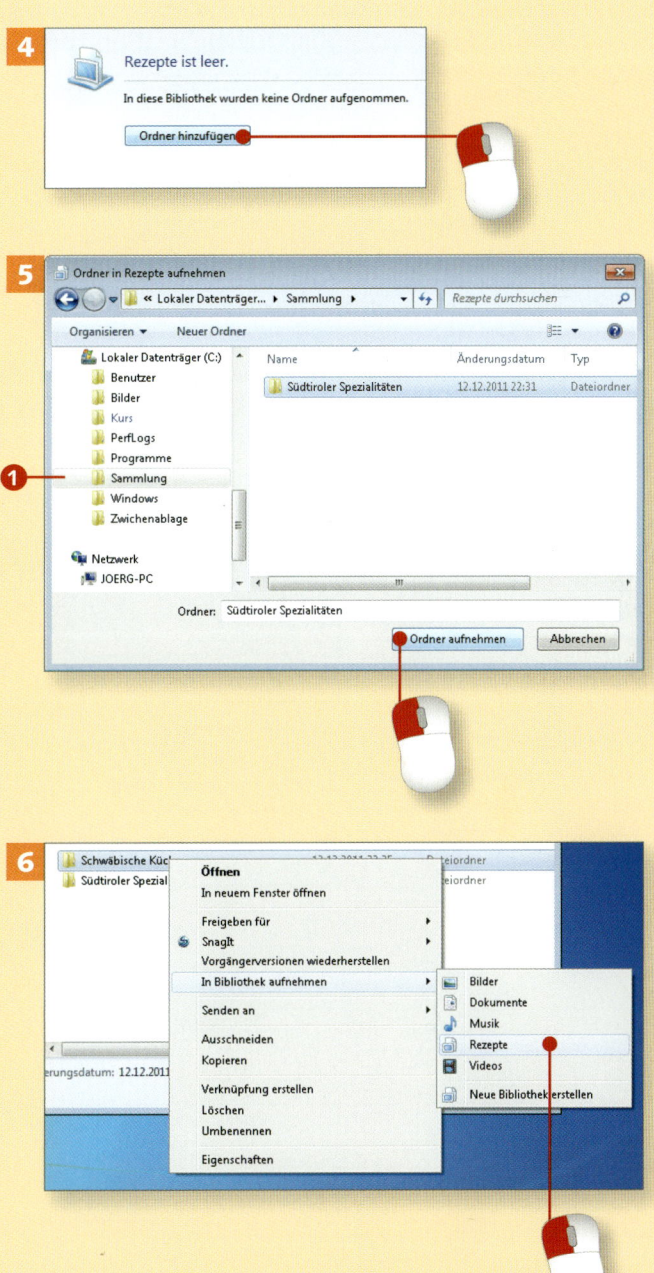

Löschen einer Bibliothek

Da die Daten in einer Bibliothek nicht in dieser selbst, sondern an verschiedenen Orten gespeichert sind, bleiben sie beim Löschen einer Bibliothek erhalten.

Dateien komprimieren und entpacken

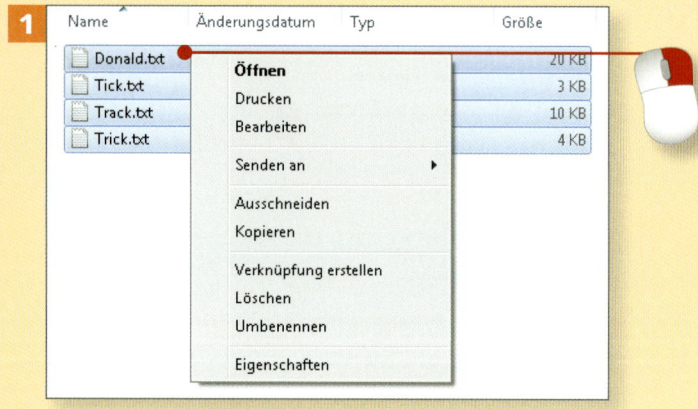

Wenn Sie Dateien per E-Mail versenden möchten, können Sie sie zuvor komprimieren und damit das Datenvolumen erheblich reduzieren. Das spart Zeit beim Senden und Empfangen der Daten.

Schritt 1

Wählen Sie eine oder mehrere Dateien aus, und klicken Sie eine der Dateien mit der rechten Maustaste an, um das Kontextmenü zu öffnen.

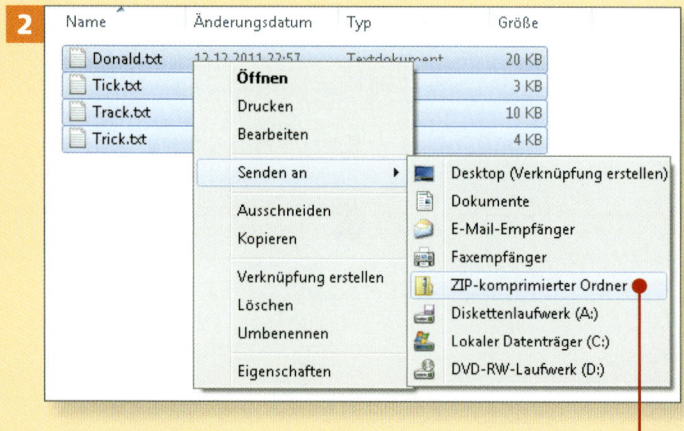

Schritt 2

Zeigen Sie im Kontextmenü auf **Senden an**, und wählen Sie anschließend den Befehl **ZIP-komprimierter Ordner** aus.

Schritt 3

Vergeben Sie einen Namen für Ihr ZIP-Archiv, und schließen Sie die Tastatureingabe mit der Taste ⏎-Taste ab.

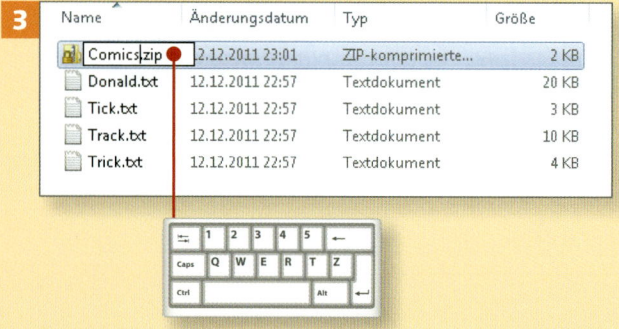

Packen und Löschen

Um tatsächlich Platz zu sparen, müssen Sie die komprimierten Daten natürlich auch löschen. Testen Sie aber vorher noch in Schritt 4 bis 6, ob alle Dateien im Archiv enthalten sind.

Schritt 4

Um einen komprimierten Ordner wieder zu dekomprimieren, klicken Sie ihn mit der rechten Maustaste an und wählen dann den Eintrag **Alle extrahieren** aus.

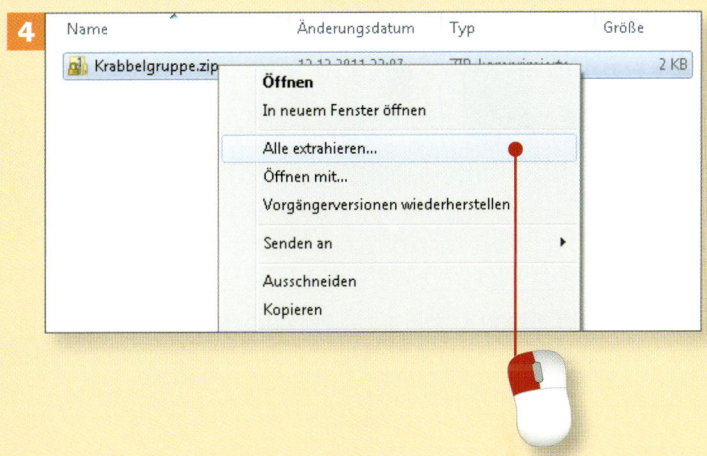

Schritt 5

Als Nächstes müssen Sie den Pfad angeben, wohin die Dateien entpackt werden sollen. Tragen Sie einen Pfad ein, oder klicken Sie auf **Durchsuchen**, um einen geeigneten Speicherort auszuwählen.

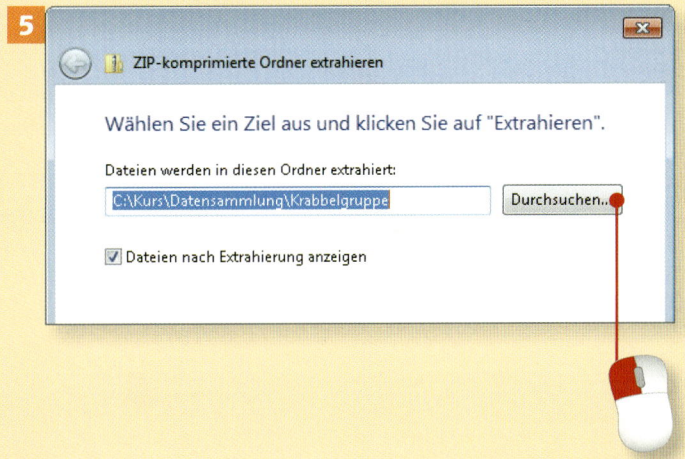

Schritt 6

Über die Schaltfläche **Extrahieren** starten Sie schließlich den Vorgang.

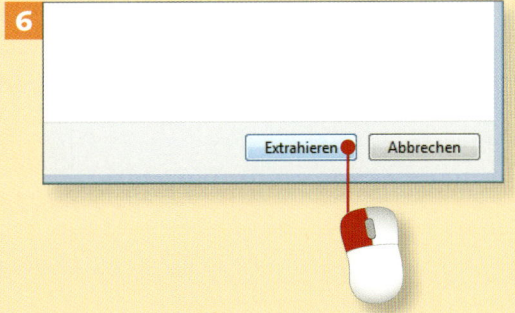

Externe Packprogramme …

… sind meist leistungsfähiger als die interne ZIP-Funktion unter Windows. Beachten Sie hierzu bitte Kapitel 6, »Nützliche Zusatzprogramme«, ab Seite 121.

Gelöschte Dateien wiederherstellen oder entfernen

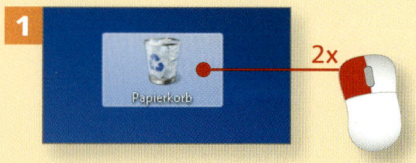

Wenn Sie unter Windows 7 eine Datei löschen, wird sie nicht sofort entfernt, sondern nur in den Papierkorb verschoben. Aus dem Papierkorb können Sie die Daten jederzeit wiederherstellen oder auch endgültig löschen.

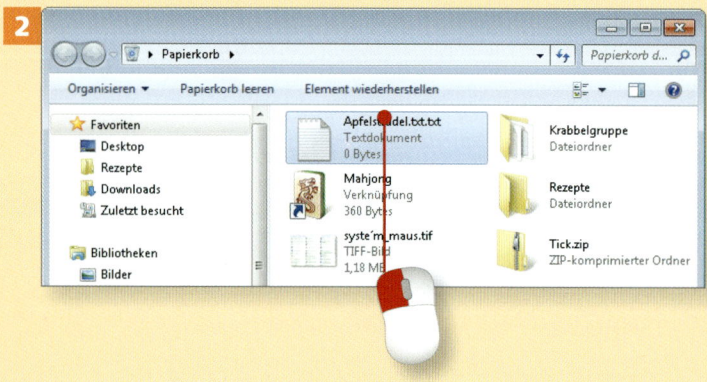

Schritt 1

Führen Sie einen Doppelklick auf das Papierkorbsymbol auf Ihrem Desktop aus, um den Papierkorb zu öffnen.

Schritt 2

Suchen Sie sich aus der Liste die Dateien oder Ordner aus, die Sie wiederherstellen möchten, und markieren Sie diese.

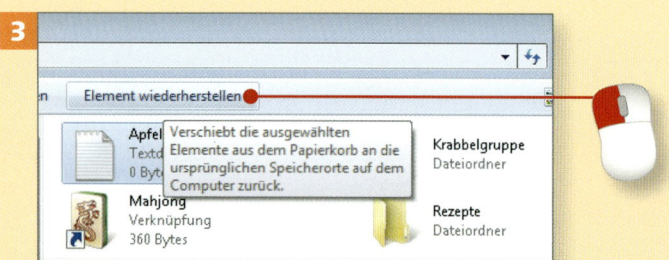

Schritt 3

Um die Daten nun wieder aus dem Papierkorb zu fischen, klicken Sie oben in der Menüleiste auf den Befehl **Element wiederherstellen**. Die Datei steht sogleich wieder am alten Speicherort zur Verfügung.

Schritt 4

Möchten Sie hingegen Dateien endgültig löschen, öffnen Sie erneut den
Papierkorb, und markieren Sie die zu
löschenden Dateien ❶.

Schritt 5

Führen Sie einen Rechtsklick auf
eine der markierten Dateien aus,
und wählen Sie aus dem sich öffnenden Kontextmenü den Befehl
Löschen aus.

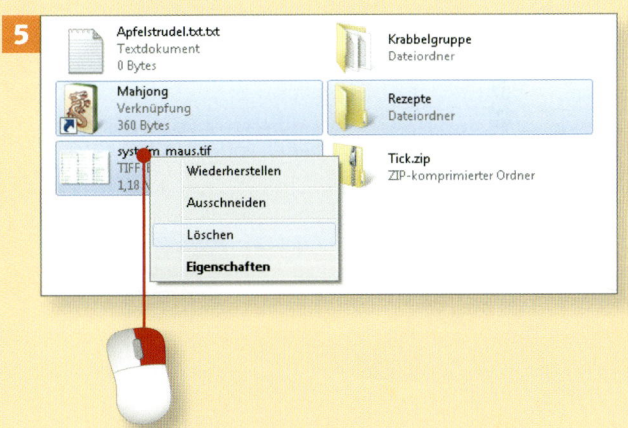

Schritt 6

Es folgt eine Sicherheitsabfrage.
Möchten Sie die ausgewählten
Dateien wirklich unwiderruflich
löschen? In dem Fall bestätigen
Sie die Abfrage mit **Ja**.

Papierkorb vollständig leeren

Statt Dateien oder Ordner einzeln
zu löschen, können Sie den Papierkorb auch vollständig leeren und
so alle darin enthaltenen Daten
unwiderruflich löschen. Klicken
Sie hierfür den Papierkorb mit der
rechten Maustaste an, und wählen
Sie aus dem Kontextmenü den
Befehl **Papierkorb leeren** aus.

Schnell zwischen Fenstern und Tabs umschalten

Haben Sie mehrere Programmfenster oder mehrere Tabs in Ihrem Browser geöffnet, geht schnell die Übersicht verloren. Hier helfen zwei clevere Tastenkombinationen weiter.

Schritt 1

E-Mail-Programm, Browser, Rechner oder Windows-Explorer – ehe man sichs versieht, stehen mehrere Programmfenster offen, und die Übersicht geht verloren.

Schritt 2

Drücken Sie die ⊞-Taste, halten Sie sie gedrückt, und drücken Sie zusätzlich die Taste ⇆. Mit jedem erneuten Druck auf ⇆ wird ein Fenster in seiner Position nach vorn gebracht. Ist das gewünschte Fenster erreicht, lassen Sie ⊞ wieder los.

Schritt 3

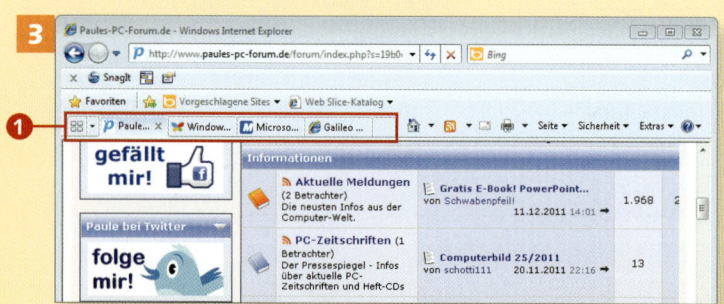

Auch beim Surfen im Internet hat man schnell viele Seiten geöffnet. Halten Sie die Taste [Strg], und wechseln Sie mit jedem Druck auf ⇆ schnell zwischen den einzelnen Tabs Ihres Browsers ❶.

Gruppierung von Fenstern konfigurieren

Mehrere geöffnete Fenster eines Programms werden unter Windows als Stapel in der Taskleiste angezeigt. Nicht immer dient dies der Übersichtlichkeit.

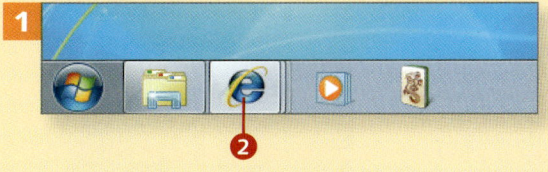

Schritt 1

In der Taskleiste werden standardmäßig mehrere geöffnete Fenster eines Programms, zum Beispiel des Internet Explorers, als Stapel angezeigt ❷ – platzsparend, aber für viele Anwender nicht unbedingt übersichtlicher.

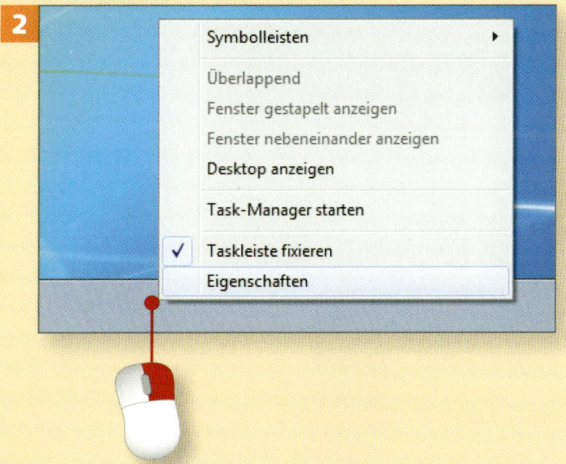

Schritt 2

Klicken Sie mit der rechten Maustaste auf eine freie Stelle der Taskleiste, und wählen Sie aus dem Kontextmenü den Eintrag **Eigenschaften** aus.

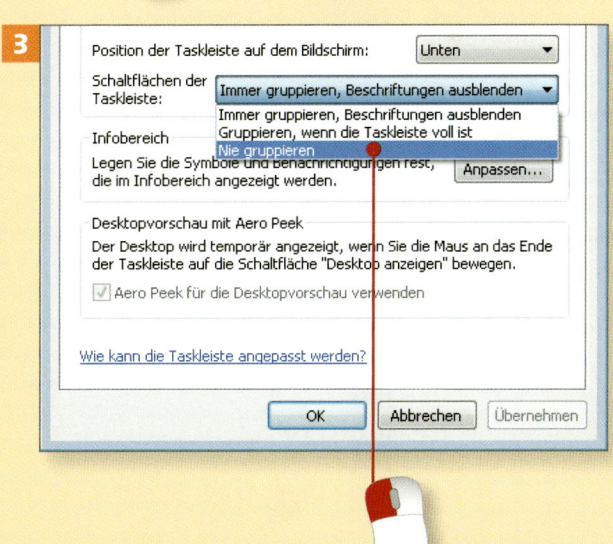

Schritt 3

Öffnen Sie im Abschnitt **Schaltflächen der Taskleiste** das Dropdown-Menü, und wählen Sie die Option **Nie Gruppieren** aus. Bestätigen Sie schließlich die Einstellung über die Schaltfläche **OK**.

So erstellen Sie eine Kurznotiz

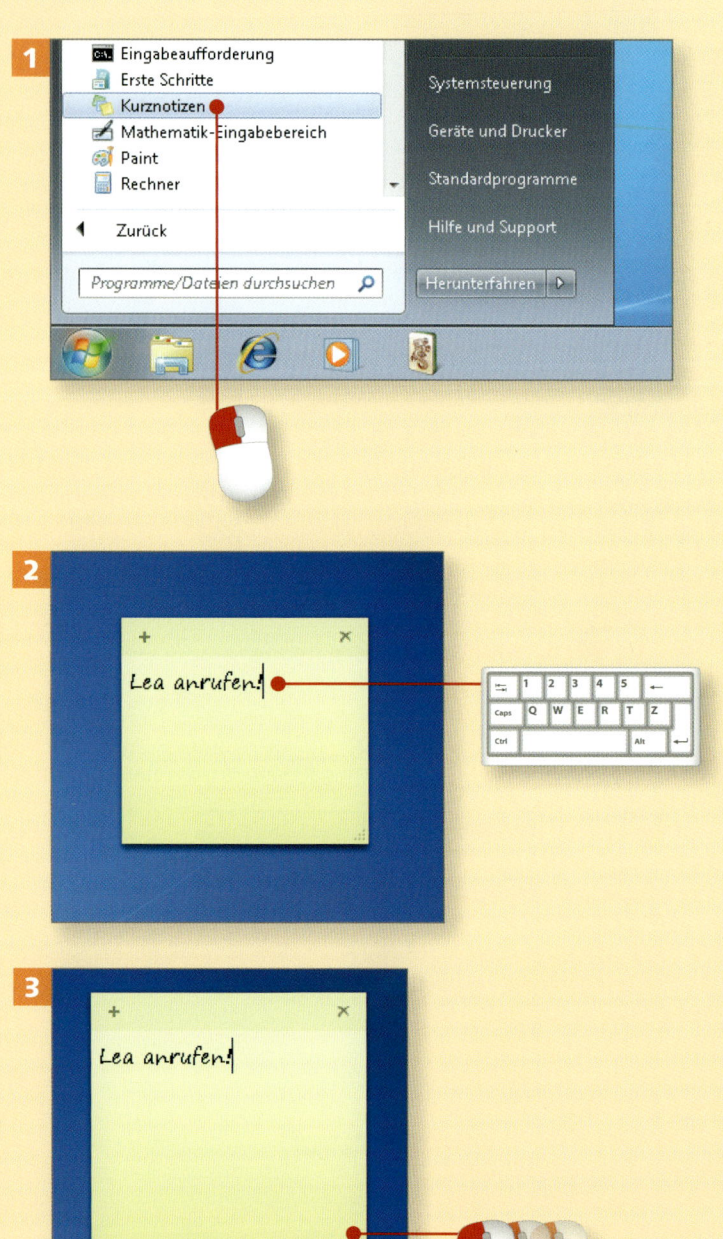

Die kleinen gelben Zettel in Büro und Haushalt kennt wohl jeder. Unter Windows 7 gibt es sogar eine elektronische Form der kleinen Helferlein. Vielleicht ist das ja auch etwas für Sie.

Schritt 1

Öffnen Sie das Startmenü, und klicken Sie sich über die Menüpunkte **Alle Programme** und **Zubehör** bis zu den **Kurznotizen** vor.

Schritt 2

Ein gelber Notizzettel wird angezeigt. Schreiben Sie Ihre Notiz auf. Klicken Sie hierfür einmal auf den Zettel, und tippen Sie einen Text ein. Mit ⏎-Taste können Sie einen Zeilensprung durchführen.

Schritt 3

Die Größe eines Notizzettels können Sie verändern, in dem Sie mit der Maus an die rechte untere Ecke fahren. Der Mauszeiger wird zu einem Doppelpfeil. Ziehen Sie das Fenster mit gedrückter Maustaste auf die gewünschte Größe.

Schritt 4

Möchte Sie eine neue Notiz erstellen, klicken Sie auf das kleine Pluszeichen in der linken oberen Ecke des Zettels. Es öffnet sich daraufhin ein neuer Zettel, den Sie mit weiteren Texten füllen können.

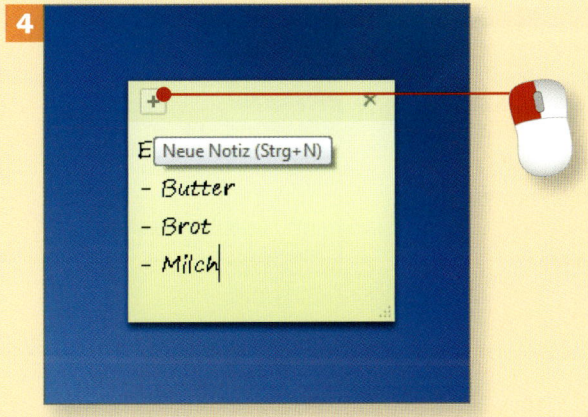

Schritt 5

Nur gelbe Zettel wären auf Dauer langweilig; um die Farbe einer Notiz zu ändern, klicken Sie mit der rechten Maustaste auf den Notizzettel und wählen aus dem Kontextmenü eine neue Farbe aus ❶.

Schritt 6

Möchten Sie eine Kurznotiz wieder löschen, klicken Sie rechts oben auf das kleine Kreuz. Die Nachricht wird nach kurzer Rückfrage entfernt.

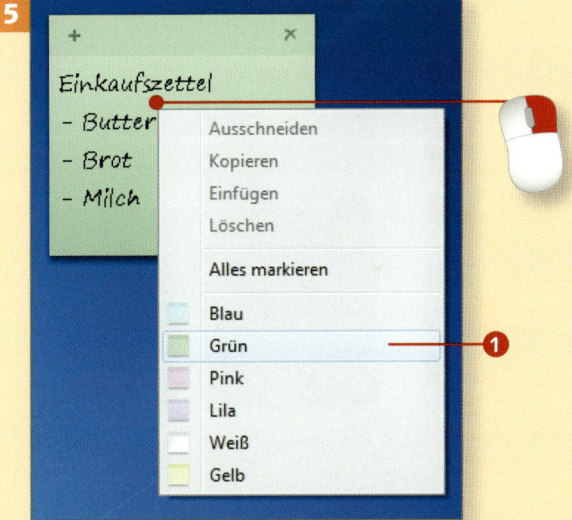

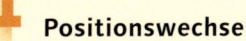

Positionswechsel

Natürlich können Sie die Position der Notizzettel auf Ihrem Desktop auch verändern. Klicken Sie hierfür einen Zettel in der Kopfleiste an, und verschieben Sie ihn mit gedrückter Maustaste an die gewünschte Position.

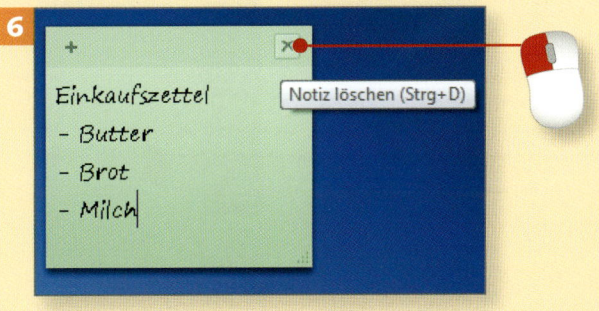

Zwei Fenster nebeneinander anordnen

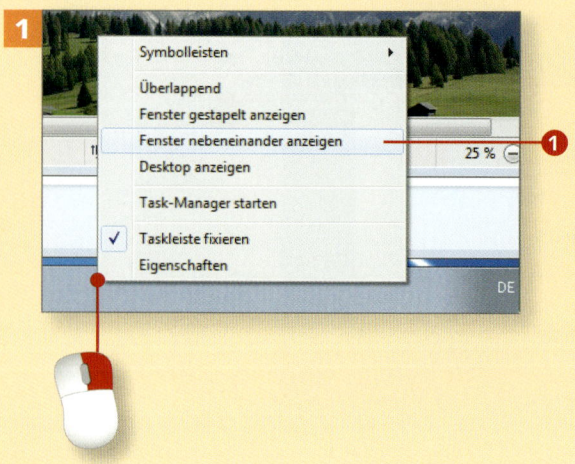

Um beispielsweise Dokumente miteinander zu vergleichen oder Daten zwischen zwei Programmen auszutauschen, können Sie unter Windows 7 mit nur zwei Klicks Fenster nebeneinander anordnen lassen.

Schritt 1

Minimieren Sie zunächst alle Fenster, außer den beiden, die Sie nebeneinander anordnen möchten. Führen Sie einen Rechtklick auf eine freie Stelle der Taskleiste aus, und wählen Sie den Eintrag **Fenster nebeneinander anzeigen** aus ❶.

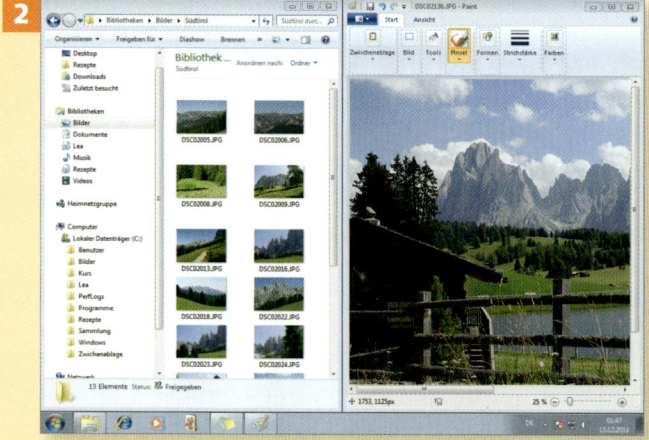

Schritt 2

Beide Programmfenster werden nun nebeneinander dargestellt, und Sie können in beiden Fenstern arbeiten.

Schritt 3

Möchten Sie die Fenster wieder voneinander lösen, klicken Sie erneut mit der rechten Maustaste auf die Taskleiste und wählen **Nebeneinander anzeigen rückgängig machen**.

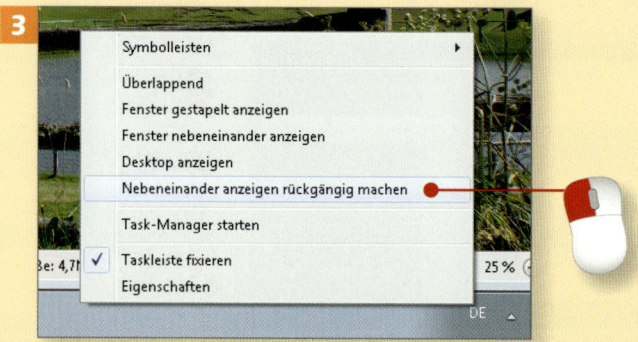

Mehrere Fenster anordnen
Haben Sie vier Fenster geöffnet, werden diese im Quadrat angeordnet.

Fenster vom Bildschirm »schütteln«

Ein Geheimtipp: Sie haben mehrere Fenster geöffnet, aber nur eines ist gerade interessant. Statt störende Fenster zu schließen oder zu minimieren, schütteln Sie sie einfach ab.

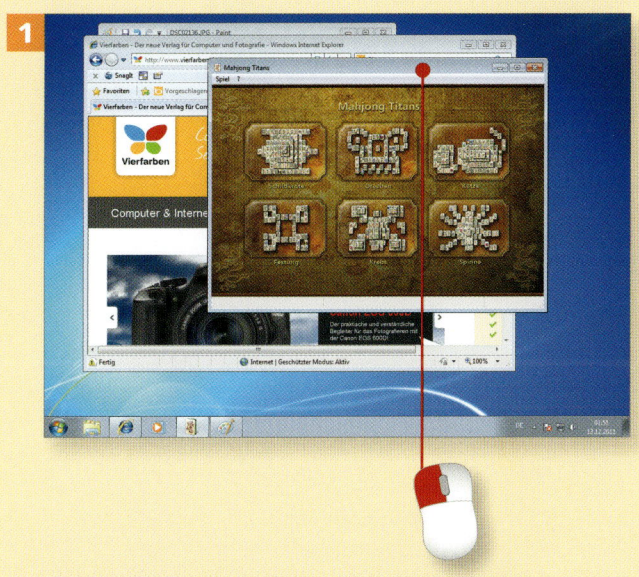

Schritt 1

Klicken Sie auf den oberen Rand des Fensters, das Sie geöffnet halten wollen, und halten Sie die Maustaste gedrückt.

Schritt 2

Bewegen Sie die Maus bei weiterhin gedrückter Taste mehrfach horizontal hin und her.

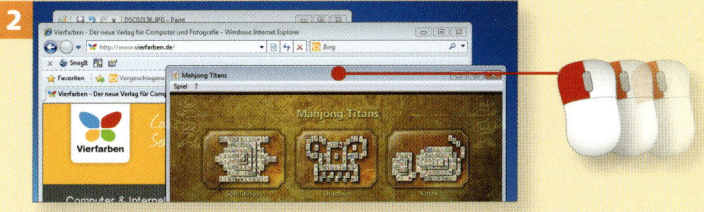

Schritt 3

Nach wenigen Schüttelbewegungen werden alle geöffneten Fenster minimiert, bis auf jenes, das Sie mit der Maus festhielten.

ℹ Auch andersherum funktioniert es

Schütteln Sie das Fenster nochmals, werden alle minimierten Fenster wieder geöffnet und gesellen sich wieder dazu.

Mehr Übersicht im Windows-Explorer

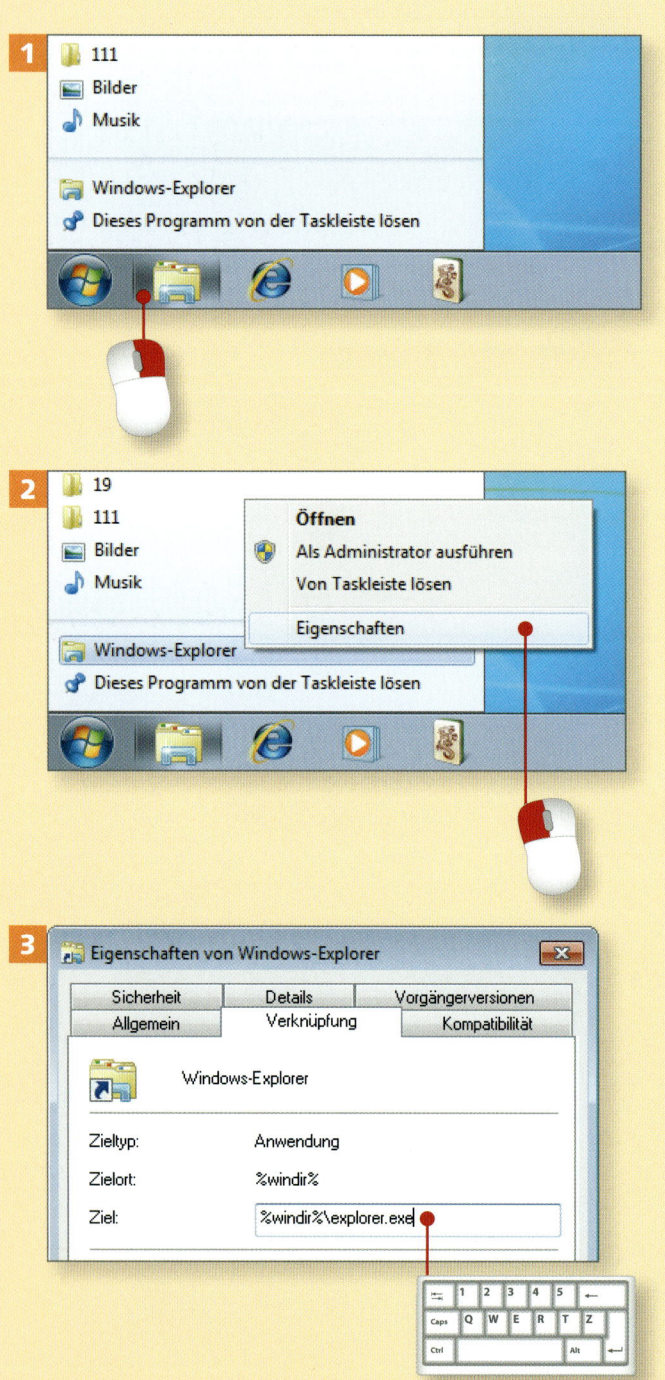

Beim Aufrufen des Explorers über die Taskleiste wird dieser in der Ansicht »Bibliotheken« gestartet. Für viele Anwender ist jedoch der Start in der Ansicht »Computer« mit der Auflistung aller Laufwerke vorteilhafter. Hier erfahren Sie deshalb, wie Sie das ändern können.

Schritt 1

Führen Sie zunächst einen Rechtklick auf das Ordnersymbol in der Taskleiste aus, um das Kontextmenü des Windows-Explorers zu öffnen.

Schritt 2

Führen Sie einen weiteren Rechtsklick auf den Menüeintrag **Windows-Explorer** aus, und wählen Sie aus dem erscheinenden Menü die Option **Eigenschaften** aus.

Schritt 3

Klicken Sie in das Textfeld **Ziel**, und drücken Sie die Taste ⌈Ende⌉, um an das Ende der Zeile zu gelangen.

Schritt 4

Geben Sie nun ein Leerzeichen ein, gefolgt von der Zeichenfolge *::{20D04FE0-3AEA-1069-A2D8-08002B30309D}*.

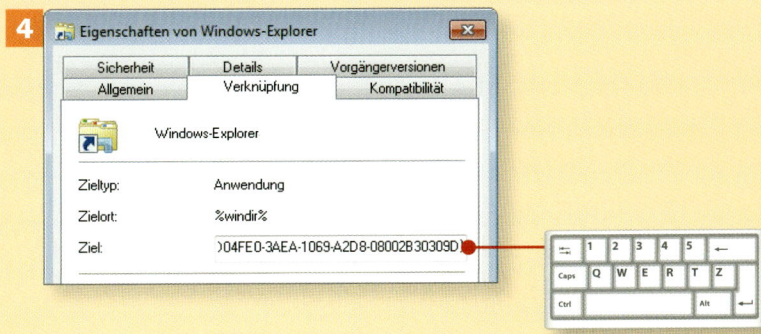

Schritt 5

Ist die Zeichenfolge korrekt eingegeben, schließen Sie das Dialogfenster über die Schaltfläche **OK**.

Schritt 6

Künftig startet der Windows-Explorer bei jedem Klick auf das Ordnersymbol in der Taskleiste in der Ansicht **Computer** und listet gleich alle Festplatten und Laufwerke auf.

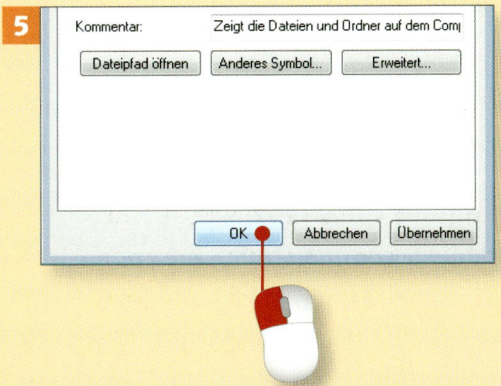

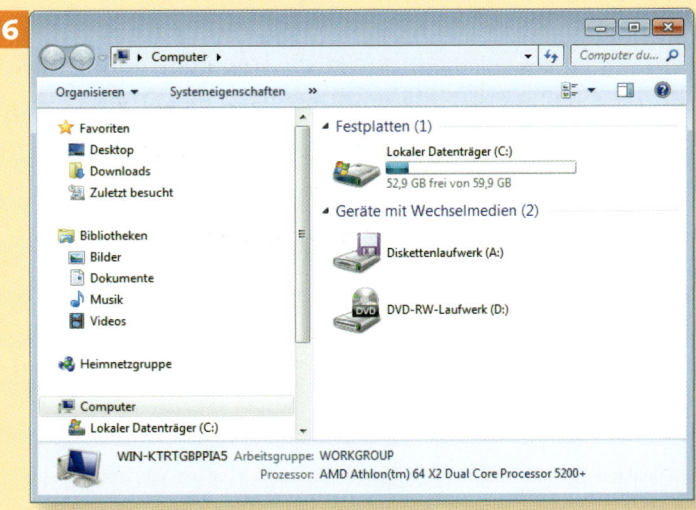

Geschweifte Klammern und Doppelpunkte

Die geschweiften Klammern erzeugen Sie mit den Tasten Alt Gr + 7 sowie Alt Gr + 0. Vergessen Sie nicht, die beiden Doppelpunkte vor der ersten Klammer mit einzugeben.

Kapitel 3
Grafik und Schrift optimal einrichten

Windows ist eingerichtet, nun geht es an die Feinabstimmung. Verkleinern Sie die Task-leiste, um mehr Platz für Ihre Anwendungen zu erhalten. Optimieren Sie die Schriftdar-stellung, vergrößern Sie die Schrift bei Bedarf, und erfahren Sie in diesem Kapitel, wie Sie sogar Ihren Bildschirm perfekt für den Betrieb unter Windows konfigurieren.

Die Farbkalibrierung
Was nützt der beste Bildschirm, wenn er die Farben nicht naturgetreu wiedergeben kann? Gerade wenn Sie Ihre Urlaubsfotos oder Videos am Computer bearbeiten und archivieren möchten, sollten Sie Ihren Bildschirm mit Hilfe der Windows-Farbkalibrierung ❶ für die Nutzung optimieren.

Schriftoptimierung mit ClearType
Der Bildschirm ist perfekt eingestellt, aber irgendetwas scheint mit der Darstellung der Schrift nicht zu stimmen. Einige Texte wirken unscharf oder zu blass? Hier sorgt das Win-dows-interne Programm ClearType ❷ für mehr Durchblick.

Darf's ein bisschen größer sein?
Wer viel am Computer arbeitet, hat sich sicherlich schon einmal gefragt, ob es denn nicht möglich ist, die Schrift auf dem Bildschirm ein wenig zu vergrößern. Ja, das geht! Erleich-tern Sie sich die Arbeit, und erhöhen Sie mit wenigen Klicks die Schriftgröße ❸.

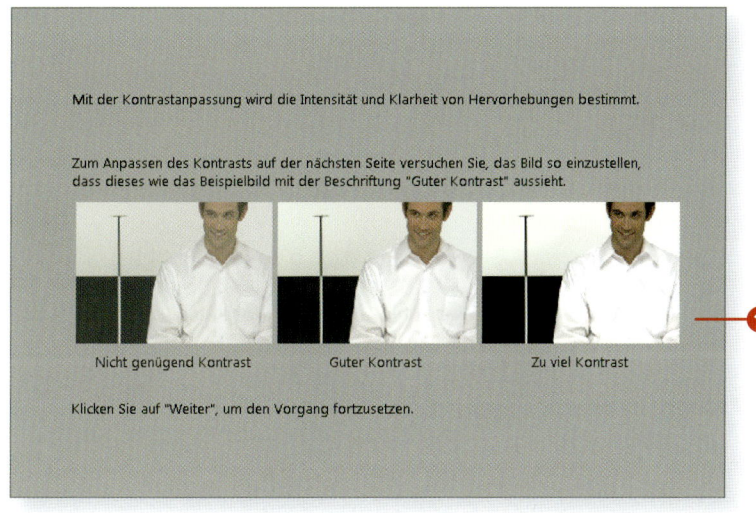

Mit der Kontrastanpassung wird die Intensität und Klarheit von Hervorhebungen bestimmt.

Zum Anpassen des Kontrasts auf der nächsten Seite versuchen Sie, das Bild so einzustellen, dass dieses wie das Beispielbild mit der Beschriftung "Guter Kontrast" aussieht.

Nicht genügend Kontrast   Guter Kontrast   Zu viel Kontrast

Klicken Sie auf "Weiter", um den Vorgang fortzusetzen.

1 Stellen Sie Ihren Monitor perfekt ein. Sie werden sehen, es lohnt sich. Hier wird der Kontrast gerade angepasst.

Schärfen Sie Ihren Blick, und optimieren Sie die Schriftdarstellung.

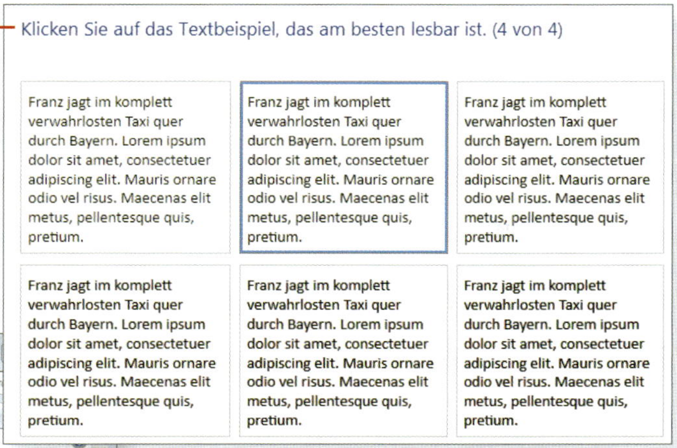

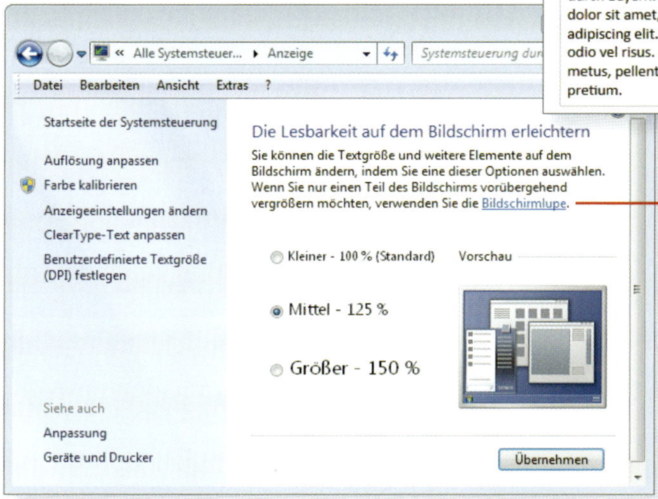

2 Klicken Sie auf das Textbeispiel, das am besten lesbar ist. (4 von 4)

Franz jagt im komplett verwahrlosten Taxi quer durch Bayern. Lorem ipsum dolor sit amet, consectetuer adipiscing elit. Mauris ornare odio vel risus. Maecenas elit metus, pellentesque quis, pretium.

Franz jagt im komplett verwahrlosten Taxi quer durch Bayern. Lorem ipsum dolor sit amet, consectetuer adipiscing elit. Mauris ornare odio vel risus. Maecenas elit metus, pellentesque quis, pretium.

Franz jagt im komplett verwahrlosten Taxi quer durch Bayern. Lorem ipsum dolor sit amet, consectetuer adipiscing elit. Mauris ornare odio vel risus. Maecenas elit metus, pellentesque quis, pretium.

Franz jagt im komplett verwahrlosten Taxi quer durch Bayern. Lorem ipsum dolor sit amet, consectetuer adipiscing elit. Mauris ornare odio vel risus. Maecenas elit metus, pellentesque quis, pretium.

Franz jagt im komplett verwahrlosten Taxi quer durch Bayern. Lorem ipsum dolor sit amet, consectetuer adipiscing elit. Mauris ornare odio vel risus. Maecenas elit metus, pellentesque quis, pretium.

Franz jagt im komplett verwahrlosten Taxi quer durch Bayern. Lorem ipsum dolor sit amet, consectetuer adipiscing elit. Mauris ornare odio vel risus. Maecenas elit metus, pellentesque quis, pretium.

◄ ► ▼ 🖥 « Alle Systemsteuer... ▸ Anzeige ▾ ᵗ↕ | Systemsteuerung dur

Datei   Bearbeiten   Ansicht   Extras   ?

Startseite der Systemsteuerung

Auflösung anpassen

🔧 Farbe kalibrieren

Anzeigeeinstellungen ändern

ClearType-Text anpassen

Benutzerdefinierte Textgröße (DPI) festlegen

Siehe auch

Anpassung

Geräte und Drucker

Die Lesbarkeit auf dem Bildschirm erleichtern

Sie können die Textgröße und weitere Elemente auf dem Bildschirm ändern, indem Sie eine dieser Optionen auswählen. Wenn Sie nur einen Teil des Bildschirms vorübergehend vergrößern möchten, verwenden Sie die Bildschirmlupe.

○ Kleiner - 100 % (Standard)   Vorschau

● Mittel - 125 %

○ Größer - 150 %

Übernehmen

3 Auch die Schriftgröße können Sie problemlos ändern und Ihren Bedürfnissen anpassen.

Die Taskleiste verkleinern

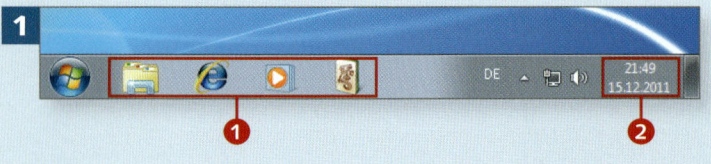

Gerade auf etwas kleineren Bildschirmen nimmt die Taskleiste etwas zu viel Platz in Anspruch. Verkleinern Sie bei Bedarf einfach die Symbole und somit auch die Darstellung der Taskleiste.

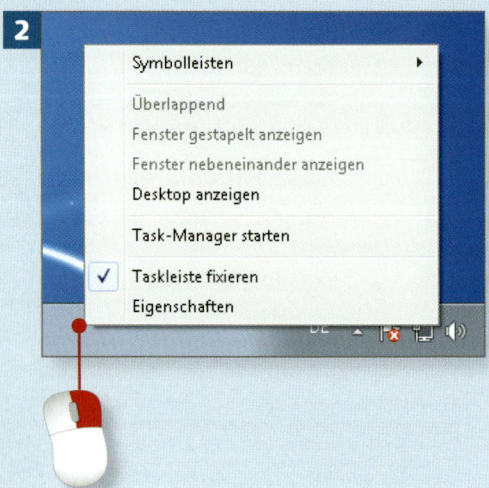

Schritt 1

In der Standardeinstellung zeigt die Taskleiste große Symbole ❶ und zweizeilig Datum und Uhrzeit am rechten Rand ❷.

Schritt 2

Nun wollen wir diese Darstellung ein wenig anpassen, um die Anzeige komfortabler zu machen. Öffnen Sie dazu das Kontextmenü der Taskleiste; klicken Sie hierfür mit der rechten Maustaste auf eine freie Stelle der Leiste.

Schritt 3

Die Einstellungsmöglichkeiten der Taskleiste erreichen Sie über den Menüpunkt **Eigenschaften**.

Schritt 4

Setzen Sie ein Häkchen vor dem Eintrag **Kleine Symbole verwenden** im Abschnitt **Taskleistendarstellung**, indem Sie auf das kleine Kästchen klicken.

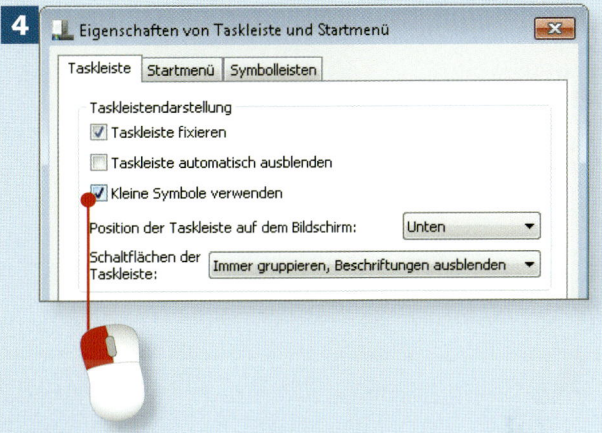

Schritt 5

Sobald Sie die Schaltfläche **Übernehmen** betätigen, werden die Symbole in der Taskleiste verkleinert.

Schritt 6

Sind Sie mit der Einstellung zufrieden, schließen Sie das Fenster über die Schaltfläche **OK**. Andernfalls entfernen Sie das Häkchen einfach wieder (siehe Schritt 4) und bestätigen mit **OK**.

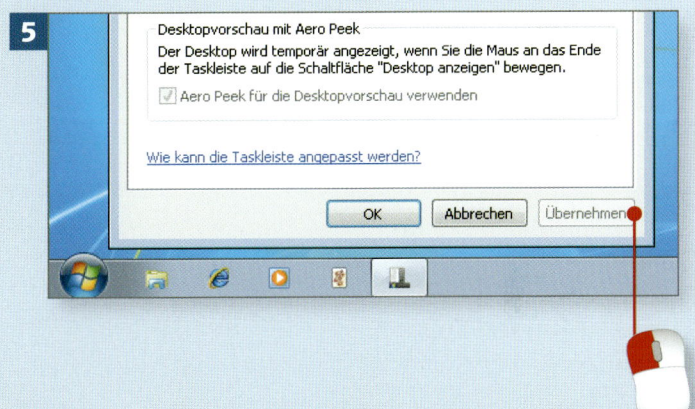

Größe und Auflösung

Welche Größe Sie wählen, hängt natürlich nicht unerheblich von der Bildschirmauflösung Ihres Monitors ab. Ist die ohnehin schon sehr hoch, werden Sie genug »Platz« auf dem Monitor haben. Probieren Sie es einfach einmal aus. Vieles ist auch hier wieder schlicht »Geschmackssache«.

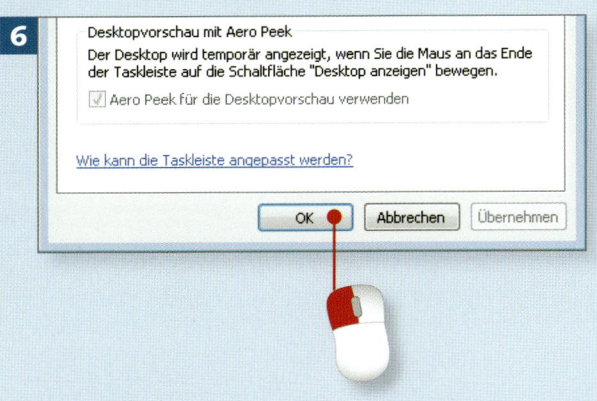

Anwendungen in die Taskleiste verschieben

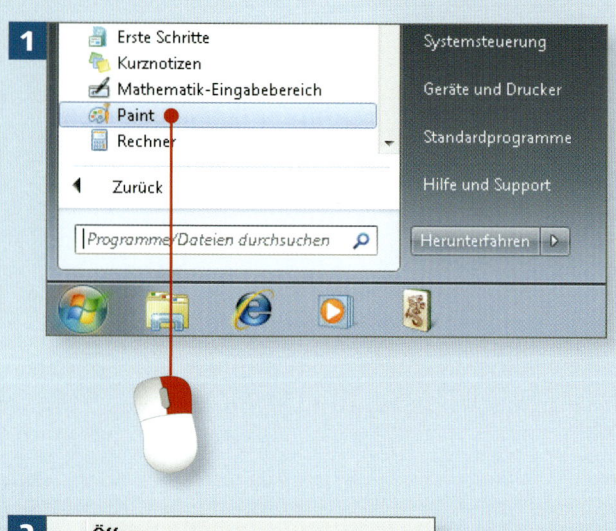

Statt sich umständlich durch das Startmenü zu klicken, können Sie Programme, die Sie häufig verwenden, auch an die Taskleiste anheften und fortan mit nur einem Mausklick starten.

Schritt 1

Öffnen Sie das Startmenü, und wählen Sie ein Programm aus, das Sie an die Taskleiste heften möchten. Hier im Beispiel das Programm **Paint**. Klicken Sie das Programmsymbol mit der rechten Maustaste an.

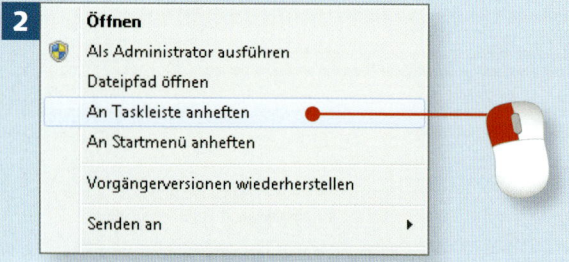

Schritt 2

Wählen Sie aus dem sich öffnenden Menü den Befehl **An Taskleiste anheften** aus.

Schritt 3

Möchten Sie die Position des Symbols verändern, klicken Sie es mit der Maus an und verschieben es mit gedrückter Maustaste an die gewünschte Stelle.

Schritt 4

Natürlich lassen sich Programme auch wieder aus der Taskleiste entfernen. Hierfür klicken Sie das Programmsymbol mit der rechten Maustaste an und öffnen sein Kontextmenü.

Schritt 5

Wählen Sie nun den Befehl **Dieses Programm von der Taskleiste lösen** aus, wird das entsprechende Programm sogleich entfernt.

Schritt 6

Das Symbol ist verschwunden. Bei dieser Aktion wird nur eine Verknüpfung zum Programm, nicht aber das Programm selbst gelöscht.

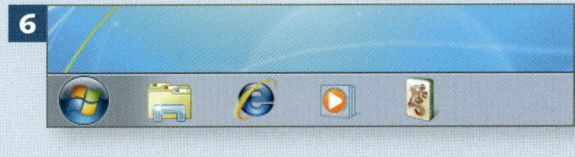

Dateien und Ordner

An die Taskleiste können leider nur Programme, nicht aber Dateien oder Ordner angeheftet werden. Wenn Sie einen schnellen Zugriff auf Ordner und Dateien haben möchten, können Sie sie als Verknüpfungen auf den Desktop legen. Das geht über einen Rechtsklick auf die Datei und den Menüpunkt **Senden an ▸ Desktop (Verknüpfung erstellen)**.

Den Bildschirm perfekt einstellen

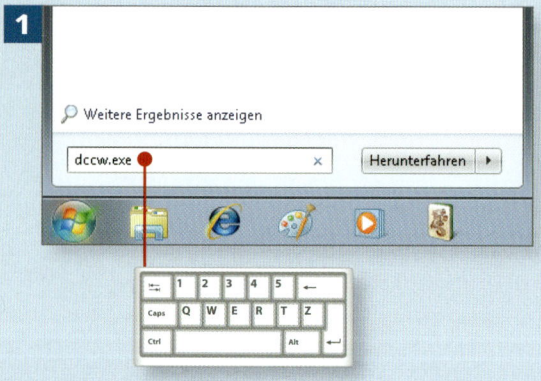

Arbeiten Sie viel mit Fotos oder Videos, sollten Sie Ihren Bildschirm kalibrieren. Ein Assistent führt Sie Schritt für Schritt durch alle Einstellungen.

Schritt 1

Starten Sie die Farbkalibrierung. Öffnen Sie hierfür das Startmenü über **Start** ❶, tippen Sie in das Suchfeld den Programmnamen *dccw.exe* ein, und schließen Sie die Eingabe mit der Taste ⏎ ab.

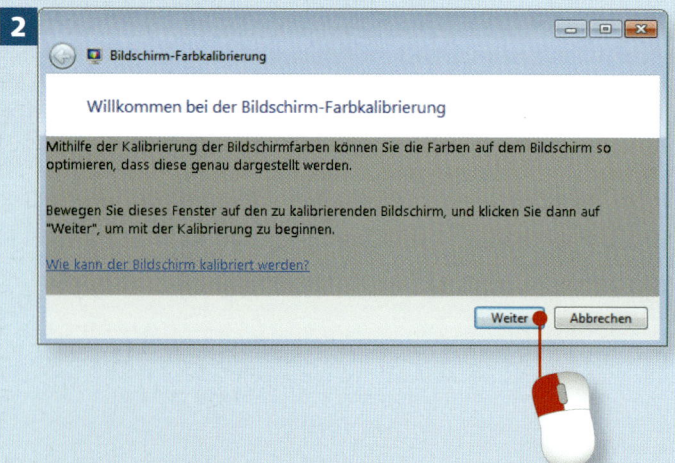

Schritt 2

Es öffnet sich eine Willkommen-Seite. Über die Schaltfläche **Weiter** gelangen Sie jeweils zum nächsten Schritt. Klicken Sie also auf **Weiter**, und lesen Sie die allgemeinen Informationen zur Farbkalibrierung.

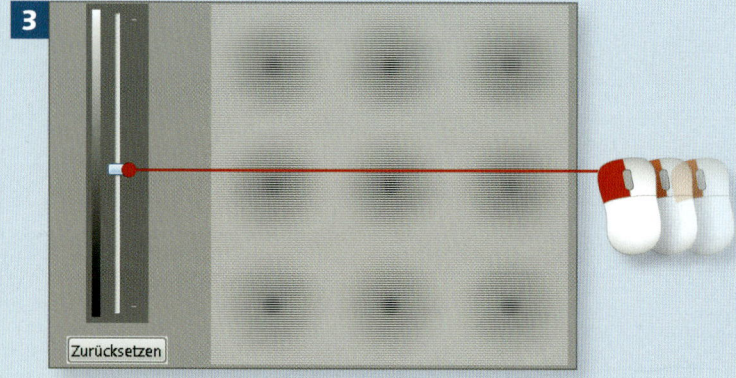

Schritt 3

Nun gelangen Sie zu den Hinweisen zur Gamma-Einstellung. Rufen Sie mit einem Klick auf **Weiter** die Optionen auf, und stellen Sie die Gamma-Werte mit Hilfe des Schiebereglers ein.

Schritt 4

Es folgen Einstellungsmöglichkeiten zu Helligkeit und Kontrast, die Sie direkt an Ihrem Bildschirm anpassen müssen. Folgen Sie hierfür einfach den Anweisungen auf dem Bildschirm.

Schritt 5

Nun geht es an die Anpassung des Farbausgleichs. Entfernen Sie mit Hilfe der drei Schieberegler einen möglichen Farbstich aus den Graustufen. Wieder führt ein Klick auf **Weiter** zum nächsten Schritt.

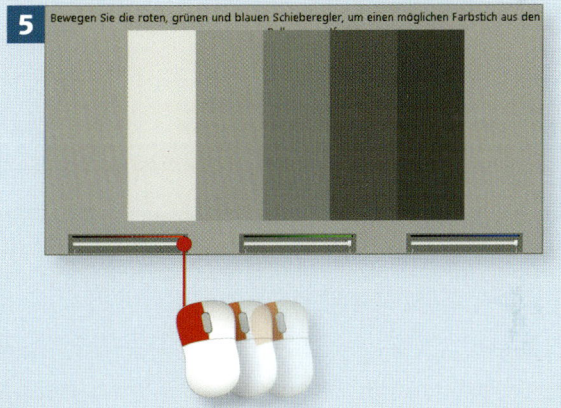

Schritt 6

Über **Vorherige** und **Aktuelle Kalibrierung** ❷ können Sie die Einstellungen vergleichen. Lassen Sie das Häkchen zum Start des ClearType-Tuners stehen ❸, und beenden Sie die Kalibrierung mit **Fertig stellen**.

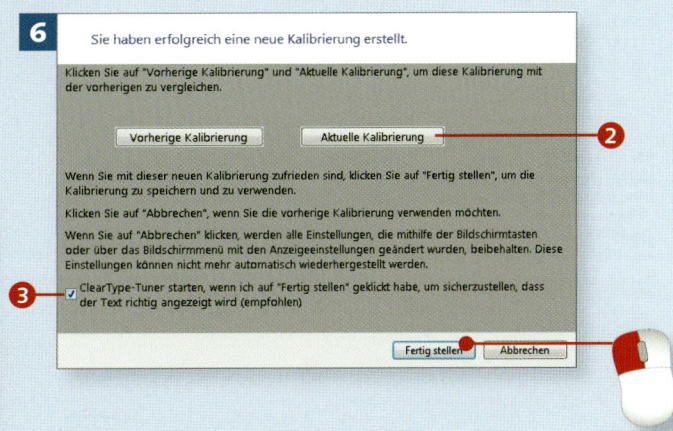

ClearType

Nach Fertigstellung der Kalibrierung startet das Programm ClearType. Erfahren Sie im nächsten Abschnitt ab Seite 74, wie Sie mit diesem Programm die Bildschirmschriften verbessern können.

Schriftdarstellung mit ClearType optimieren

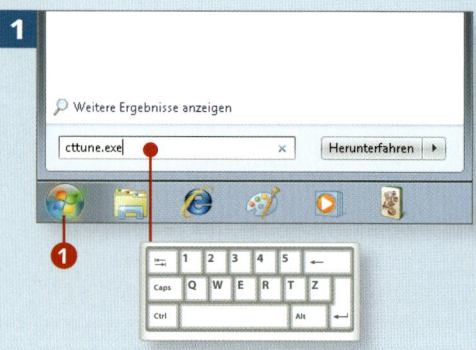

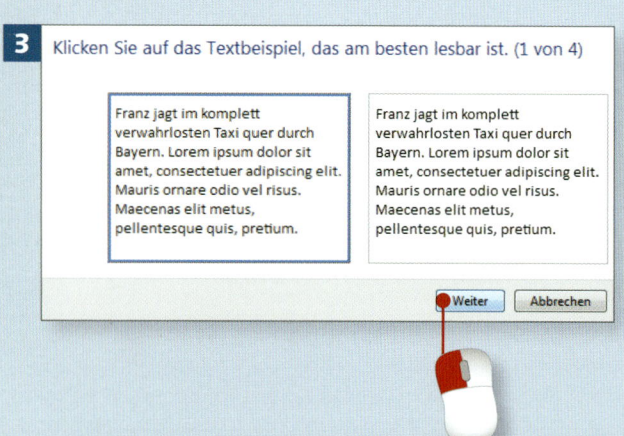

Mit Hilfe des Dienstprogrammes *ClearType* können Sie die Lesbarkeit von Schriften auf Ihrem PC- oder Laptop-Bildschirm deutlich verbessern. In dieser Anleitung möchte ich Ihnen deshalb kurz zeigen, wie Sie es aufrufen und die nötigen Einstellungen festlegen.

Schritt 1

Starten Sie das Programm über **Start** ❶ und Eingabe des Befehls *cttune.exe* in das Suchfeld. Schließen Sie die Eingabe mit ⏎ ab.

Schritt 2

Setzen Sie im ersten Fenster das Häkchen vor dem Eintrag **ClearType aktivieren**, und fahren Sie mit einem Klick auf die Schaltfläche **Weiter** fort.

Schritt 3

Es werden Ihnen nun zwei Beispieltexte angezeigt. Klicken Sie auf den Text, der am besten lesbar ist, und bestätigen Sie die Auswahl mit **Weiter**.

Schritt 4

Es folgen sechs weitere Beispieltexte. Wählen Sie auch hier wieder
den Text, der am besten zu lesen
ist, und klicken Sie anschließend auf
Weiter.

Schritt 5

Weiter geht es mit drei Textfeldern.
Welcher Text ist hier am deutlich-
sten zu erkennen? Treffen Sie Ihre
Wahl, und bestätigen Sie erneut mit
Weiter.

Schritt 6

Zum Schluss haben Sie die Wahl aus
sechs Textbeispielen. Markieren Sie
auch hier Ihren Favoriten, klicken
Sie auf **Weiter** und nachfolgend auf
Fertig stellen, um die Optimierung
abzuschließen.

Bildschirm reinigen
Vor der Schriftoptimierung sollten
Sie den Bildschirm reinigen und
von eventuell vorhandenem Staub
befreien. Staub kann die Darstellung stark beeinträchtigen.

Die Bildschirmauflösung optimal einstellen

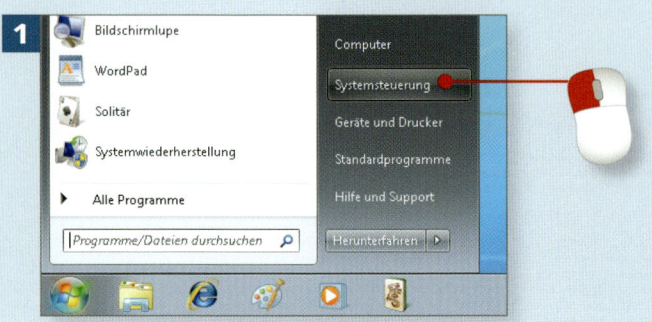

Brennende Augen oder Kopfschmerzen nach längerer Arbeit vor dem PC können ihre Ursache in einer falsch eingestellten Bildschirmauflösung haben. Solche Symptome sollten Sie ernst nehmen. Kontrollieren Sie deshalb bitte unbedingt Ihre Einstellungen.

Schritt 1

Öffnen Sie die Systemsteuerung über **Start** oder die Taste ⊞ und Auswahl von **Systemsteuerung** im Startmenü.

Schritt 2

Öffnen Sie die Anzeigeoptionen durch einen Klick auf den Eintrag **Anzeige**.

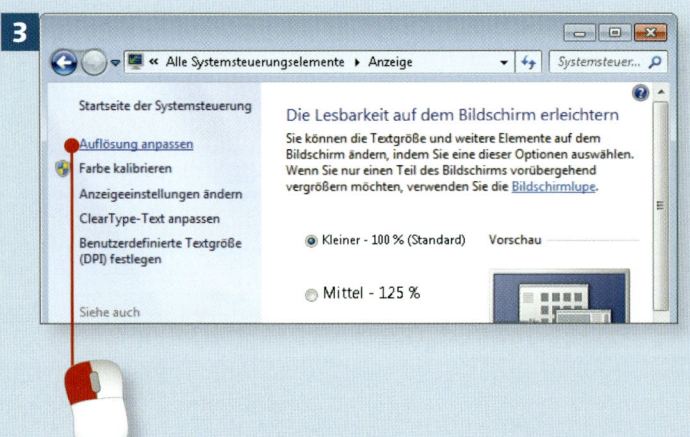

Schritt 3

Noch ist das eigentliche Ziel nicht ganz erreicht. Klicken Sie im sich nun öffnenden Fenster auf den Eintrag **Auflösung anpassen** in der linken Fensterhälfte.

Schritt 4

Klicken Sie auf das Dropdown-Menü neben dem Eintrag **Auflösung** ❶, und stellen Sie mit Hilfe des Schiebereglers die optimale Auflösung für Ihren Bildschirm nach Herstellerangabe ein.

Schritt 5

Ob die Einstellung passt, testen Sie durch einen Klick auf **Übernehmen** ❷. Die Anzeige wird umgestellt. Sind Sie damit zufrieden, bestätigen Sie die Abfrage mit **Änderungen beibehalten**.

Schritt 6

Sind Sie mit der Änderung nicht zufrieden, klicken Sie auf **Wiederherstellen** und wiederholen Schritt 4. Andernfalls schließen Sie das Einstellungsfenster mit einem Klick auf die Schaltfläche **OK**.

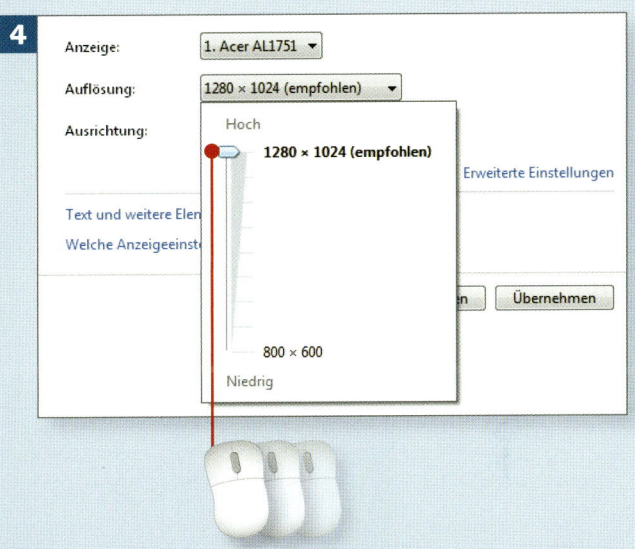

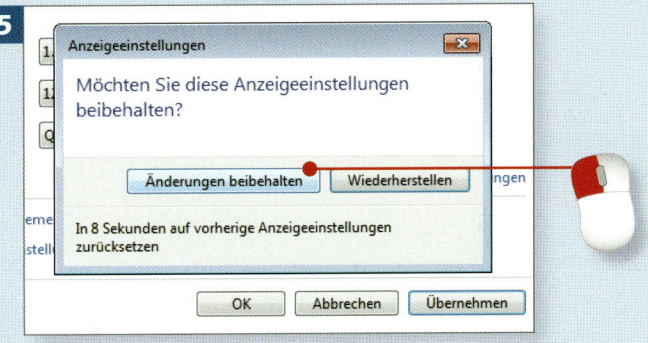

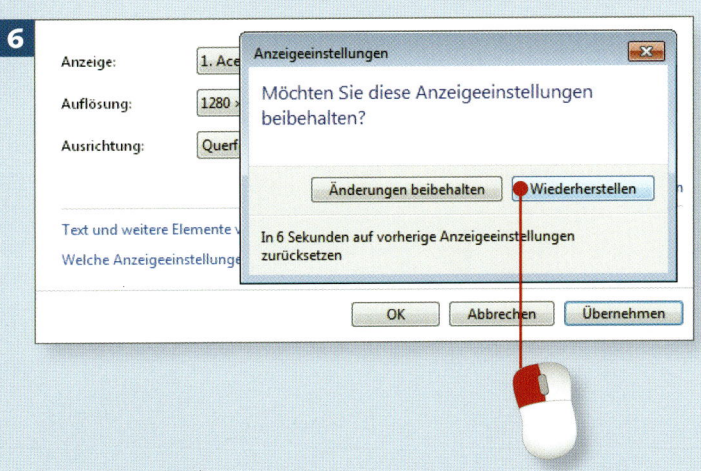

Optimale Auflösung

Die empfohlene Auflösung für Ihren Bildschirm entnehmen Sie bitte der Anleitung zum Gerät, oder erfragen Sie sie bei dem Hersteller oder bei Ihrem Händler.

Die Schriftgröße ändern

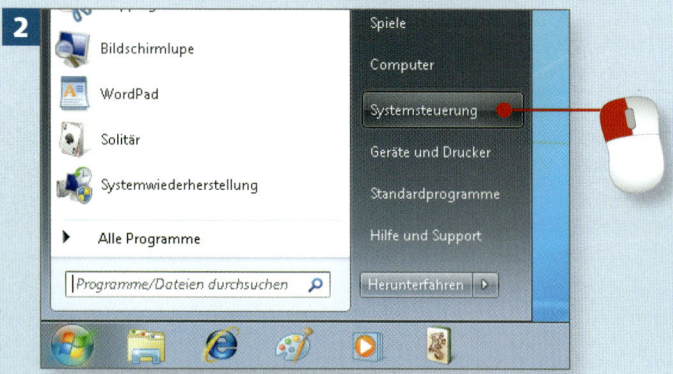

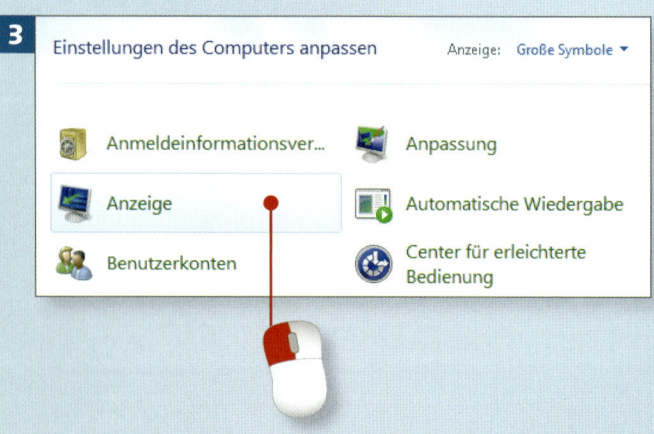

Auch die Schriftgröße beispielsweise für Symbolunterschriften, Ordner, Dateien und Menüs lässt sich unter Windows 7 für ein angenehmeres und Augen schonenderes Arbeiten am PC ändern. Sollten Sie Schwierigkeiten haben, die Schriften auf Ihrem Computer zu lesen, können Sie dem Problem mit einigen Klicks Abhilfe schaffen.

Schritt 1

Öffnen Sie im ersten Schritt mit der Taste ⊞ das Startmenü, oder klicken Sie alternativ auf die **Start**-Schaltfläche.

Schritt 2

Öffnen Sie die **Systemsteuerung** durch einen Klick auf den gleichnamigen Menüpunkt.

Schritt 3

Weiter geht es zu den Anzeigeoptionen, die Sie über den Menüpunkt **Anzeige** erreichen.

Schritt 4

Standardmäßig ist die Schriftgröße auf 100 % eingestellt. Zum Vergrößern der Schrift aktivieren Sie die Option **Mittel – 125 %**.

Schritt 5

Die getätigte Einstellung muss nun gespeichert werden. Klicken Sie hierfür auf die Schaltfläche **Übernehmen**.

Schritt 6

Es folgt ein Hinweis. Damit die Änderungen wirksam werden, müssen Sie sich einmal kurz am System ab- und wieder neu anmelden. Klicken Sie hierfür auf **Jetzt abmelden**.

Schrift nicht zu groß wählen

Zwar können Sie die Schriftgröße auch auf 150 % stellen, in einigen Fällen kommt es dann aber zu Darstellungsfehlern wie abgeschnittenen Schriften in Programmen, Menüs oder Dialogfenstern.

4

Die Lesbarkeit auf dem Bildschirm erleichtern

Sie können die Textgröße und weitere Elemente auf dem Bildschirm ändern, indem Sie eine dieser Optionen auswählen. Wenn Sie nur einen Teil des Bildschirms vorübergehend vergrößern möchten, verwenden Sie die Bildschirmlupe.

- Kleiner - 100 % (Standard)   Vorschau
- Mittel - 125 %
- Größer - 150 %

⚠ Wenn Sie diese Einstellung auswählen und die Anzeige auf diese Auflösung festgelegt ist, passen einige Elemente möglicherweise nicht auf den Bildschirm.

[Übernehmen]

5

⚠ Wenn Sie diese Einstellung auswählen und die Anzeige auf diese Auflösung festgelegt ist, passen einige Elemente möglicherweise nicht auf den Bildschirm.

[Übernehmen]

6

Microsoft Windows

⚠ Sie müssen sich am Computer abmelden, damit die Änderungen wirksam werden.

Speichern Sie alle geöffneten Dateien, und schließen Sie alle Programme, bevor Sie sich abmelden.

[Jetzt abmelden]   [Später abmelden]

Kapitel 4
Die Programme besser im Griff

Wie lassen sich ältere Programme, die nicht für Windows 7 geschrieben wurden, dennoch unter dem neuen Betriebssystem nutzen? Wie starten Sie ein Programm mit Administratorrechten, und wie entfernen Sie eigentlich nicht mehr benötigte Programme sauber und ohne Rückstände aus dem System?

Der Kompatibilitätsmodus ❶

Viele Programme aus früheren Windows-Tagen laufen auch unter Windows 7 problemlos. Wie aber lassen sich ältere Programme nutzen, deren Installation schon scheitert oder die Sie zwar installieren konnten, deren Funktionsumfang aber stark eingeschränkt ist oder die immer wieder abstürzen?

So deinstallieren Sie Programme richtig

Bei jeder Installation werden zahlreiche Daten in das Windows-Verzeichnis sowie die Registrierungsdatenbank geschrieben. Damit nun beim Entfernen einer Anwendung auch wirklich alle Daten gelöscht werden und kein Datenmüll zurückbleibt, müssen Programme sauber über die Systemsteuerung deinstalliert werden ❷.

Der Windows-Taschenrechner – klein, aber oho!

Der Windows-Taschenrechner ❸ führt schon fast ein Schattendasein und wird von vielen Anwendern kaum beachtet. Zu Unrecht! Lesen Sie in diesem Abschnitt, wie Sie mit wenigen Mausklicks interessante Umrechnungen verschiedener Maßeinheiten oder die Berechnung einer Differenz zweier Datumsangaben durchführen können.

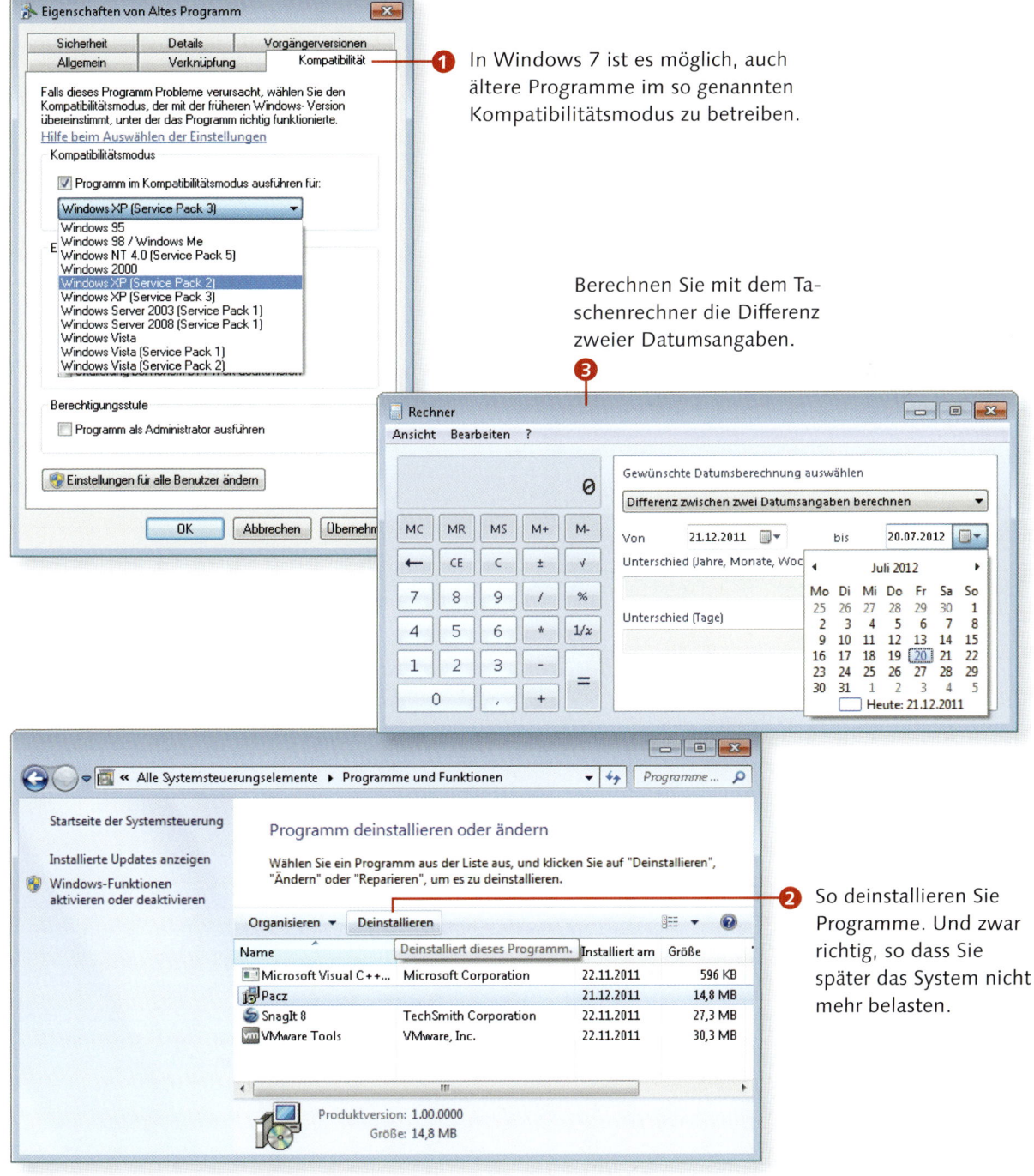

① In Windows 7 ist es möglich, auch ältere Programme im so genannten Kompatibilitätsmodus zu betreiben.

Berechnen Sie mit dem Taschenrechner die Differenz zweier Datumsangaben.

② So deinstallieren Sie Programme. Und zwar richtig, so dass Sie später das System nicht mehr belasten.

Programme schneller starten

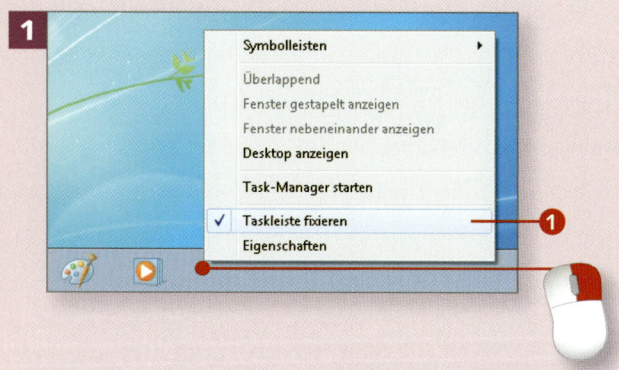

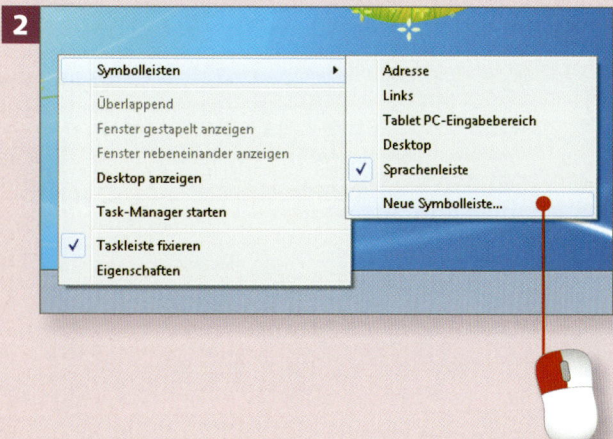

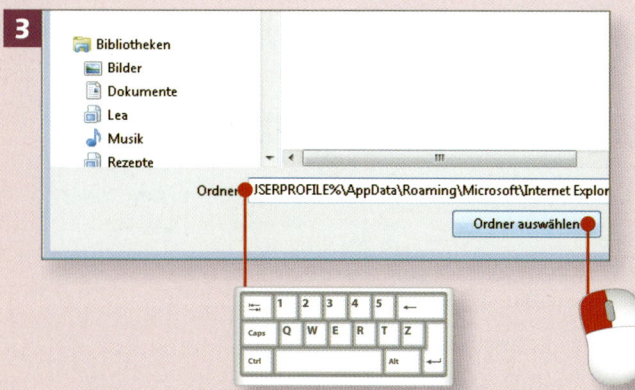

Microsoft hat unter Windows 7 die Schnellstartleiste deaktiviert. Zwar können Sie an die neue Taskleiste Programme anheften, nicht aber Ordner oder Dateien. Holen Sie sich die bewährte Schnellstartleiste zurück.

Schritt 1

Heben Sie zunächst die Fixierung der Taskleiste auf. Führen Sie hierfür einen Rechtsklick auf die Taskleiste aus, und klicken Sie auf den Eintrag **Taskleiste fixieren ❶**, um das Häkchen davor zu entfernen.

Schritt 2

Führen Sie erneut einen Rechtsklick auf die Taskleiste aus, zeigen Sie im Kontextmenü auf die Option **Symbolleisten**, und wählen Sie schließlich den Befehl **Neue Symbolleiste** aus.

Schritt 3

Tragen Sie im Feld **Ordner** den folgenden Pfad vollständig ein, und klicken Sie anschließend auf **Ordner auswählen**: *%USERPROFILE%\AppData\Roaming\Microsoft\Internet Explorer\Quick Launch*.

Schritt 4

Die neue Symbolleiste wird sogleich in der Taskleiste angezeigt. Führen Sie einen Rechtsklick auf den Eintrag **Quick Launch** aus, und entfernen Sie das Häkchen vor der Option **Text anzeigen** ❷.

Schritt 5

Wiederholen Sie Schritt 4, und entfernen Sie diesmal das Häkchen vor dem Eintrag **Titel anzeigen**.

Schritt 6

Links neben der neuen Symbolleiste erkennen Sie eine gepunktete Markierung. Klicken Sie hierauf, und ziehen Sie die Leiste mit gedrückter Maustaste auf eine für Sie angenehme Breite.

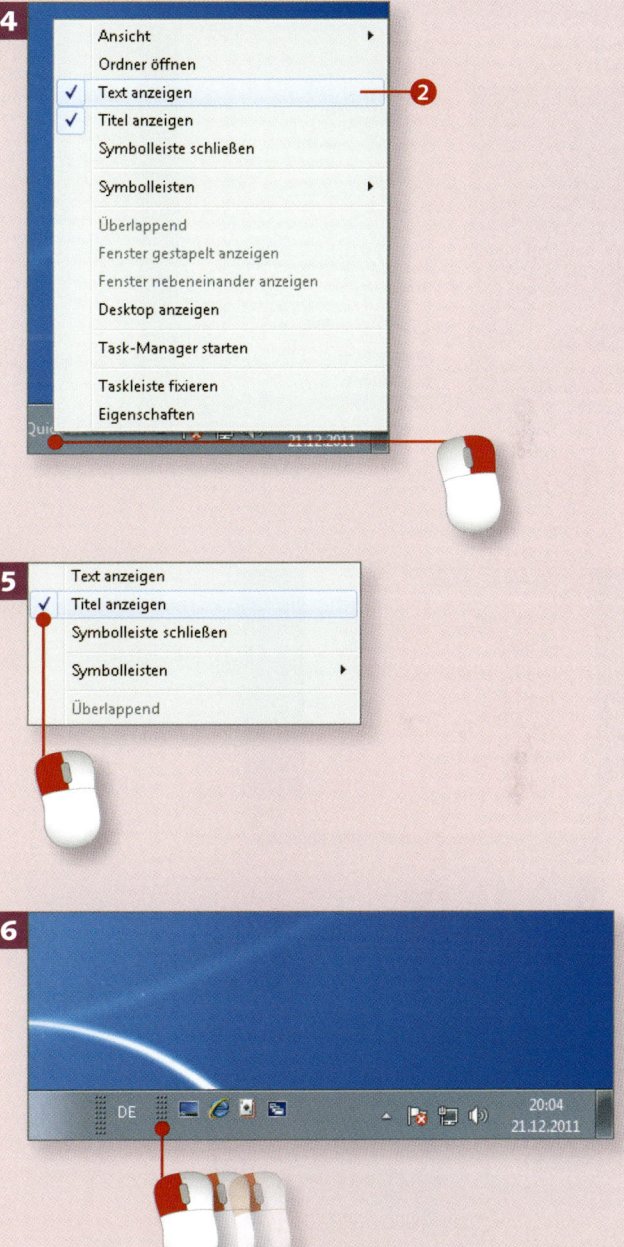

Pfadangabe

Achten Sie bei der Angabe des Pfades auf die korrekte Schreibweise, inklusive der angegebenen Leerzeichen.

Programme schneller starten (Forts.)

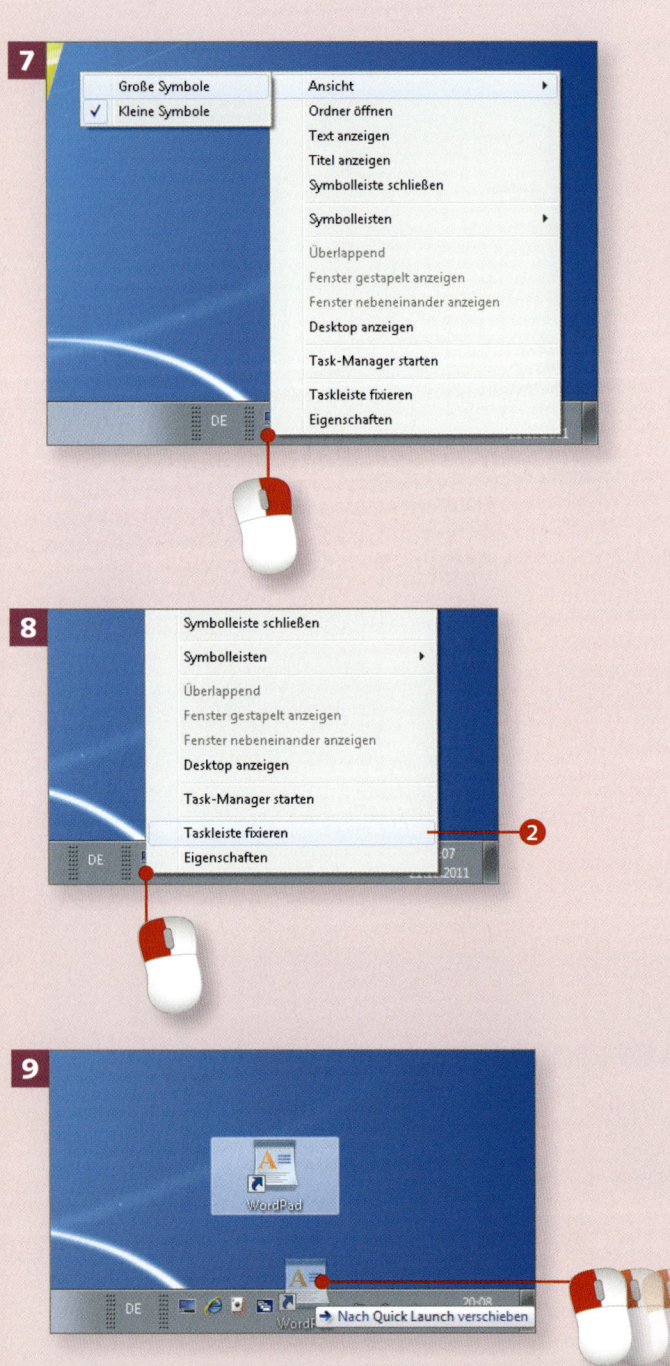

Schritt 7

Die Symbole in der neuen Leiste sind recht klein. Um Sie zu vergrößern, öffnen Sie erneut das Kontextmenü, zeigen auf den Befehl **Ansicht** und klicken schließlich auf den Menüpunkt **Große Symbole** ❶.

Schritt 8

Sichern Sie die Taskleiste wieder gegen unbeabsichtigtes Verschieben. Öffnen Sie hierfür wieder das Kontextmenü mit einem Rechtsklick. Wählen Sie danach den Befehl **Taskleiste fixieren** ❷ aus.

Schritt 9

Um eine Datei, einen Ordner oder ein Programm in die neue Schnellstartleiste zu verschieben, klicken Sie das gewünschte Symbol mit der Maus an und verschieben es mit gedrückter Maustaste in die Leiste. Wählen Sie hierfür Programme aus, die Sie wirklich häufig benutzen. Nur dann ist es sinnvoll, sie auch in die Schnellstartleiste aufzunehmen.

Schritt 10

Möchten Sie ein Element wieder aus der Symbolleiste entfernen, klicken Sie das gewünschte Objekt mit der rechten Maustaste an und wählen den Befehl **Löschen** ❸ aus dem Menü aus.

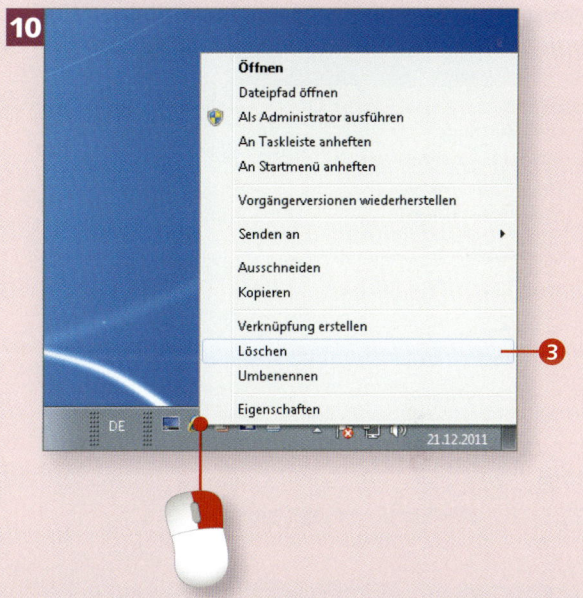

Schritt 11

Bestätigen Sie die anschließende Abfrage, ob Sie das Objekt wirklich löschen möchten, mit **Ja**.

Schritt 12

Sollten nicht alle Symbole angezeigt werden, klappen Sie die Leiste durch einen Klick auf den kleinen Doppelpfeil auf.

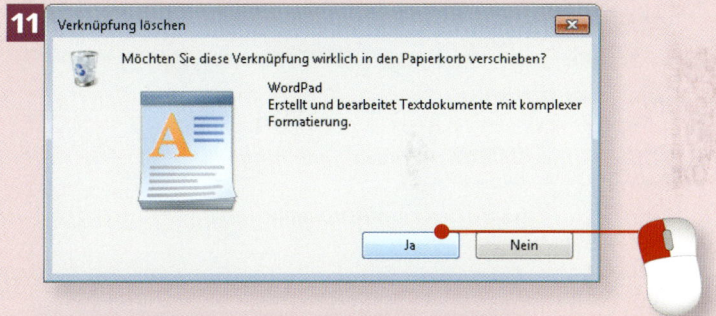

Elemente entfernen

Beim Löschen eines Elementes auf der Schnellstartleiste wird nicht das dazugehörige Programm, die Datei oder der Ordner gelöscht, sondern lediglich die Verknüpfung zur Schnellstartleiste.

Ältere Programme unter Windows 7 verwenden

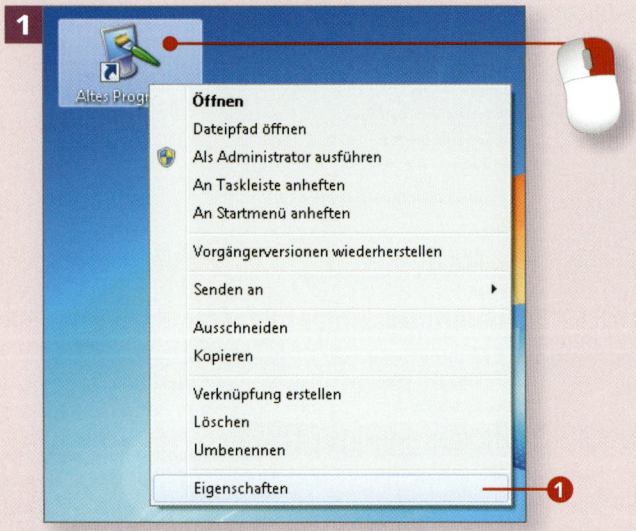

Anwendungen, die unter Windows Vista liefen, können Sie meist auch problemlos unter Windows 7 verwenden. Bei älteren Programmen kann es hingegen zu Schwierigkeiten kommen. Hier hilft der Kompatibilitätsmodus.

Schritt 1

Klicken Sie das Programmsymbol auf dem Desktop oder im Windows-Explorer mit der rechten Maustaste an, und wählen Sie den Befehl **Eigenschaften** ❶ aus.

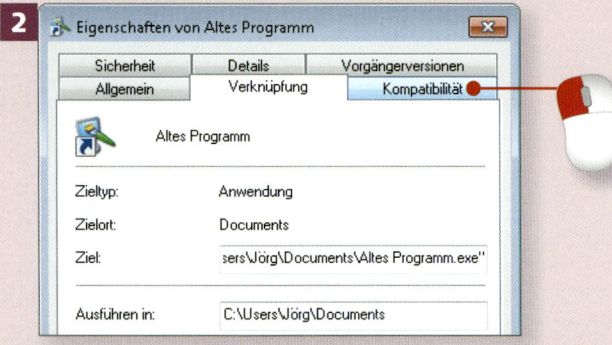

Schritt 2

Die benötigten Einstellungen verbergen sich im Register **Kompatibilität**. Öffnen Sie das Register durch einen Klick darauf.

Schritt 3

Klicken Sie auf das Kontrollkästchen vor dem Eintrag **Programm im Kompatibilitätsmodus ausführen für:**, um die Option zu aktivieren.

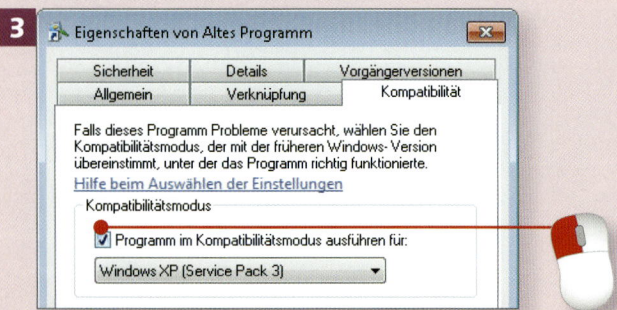

! Wichtige Ausnahmen

Verwenden Sie den Kompatibilitätsmodus nicht in Verbindung mit alten Antiviren-Programmen oder anderen Systemprogrammen, da dies unter Umständen zu Datenverlust führt.

Schritt 4

Öffnen Sie das Dropdown-Menü, und wählen Sie aus der Liste das Betriebssystem aus, unter dem die Software einstmals ohne Probleme eingesetzt wurde.

Schritt 5

Sollte es bei der Ausführung der Anwendung zu grafischen Fehlern kommen, testen Sie ein oder mehrere Optionen im Abschnitt **Einstellungen 2**.

Schritt 6

Bestätigen Sie Ihre Einstellungen mit **OK**, und starten Sie das Programm für einen Testlauf. Sollte das Programm nicht laufen, experimentieren Sie ein wenig mit den Einstellungsmöglichkeiten.

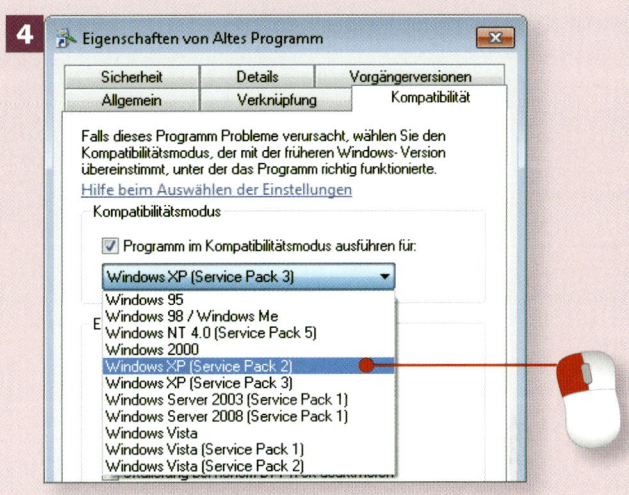

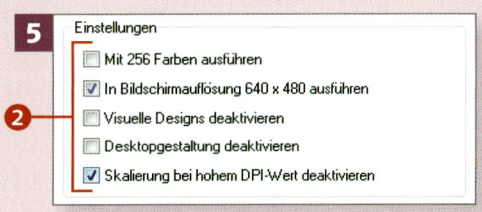

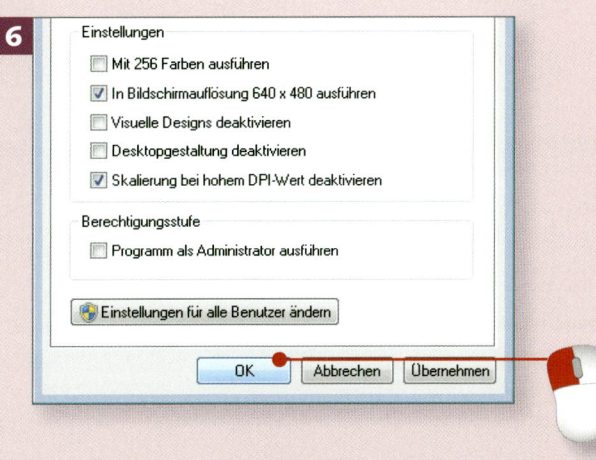

Fehlende Berechtigung

Möglicherweise benötigt das Programm zur fehlerfreien Ausführung erweiterte Berechtigungen. Lesen Sie hierzu auch den Abschnitt »Programme als Administrator starten« auf der nächsten Seite.

Programme als Administrator starten

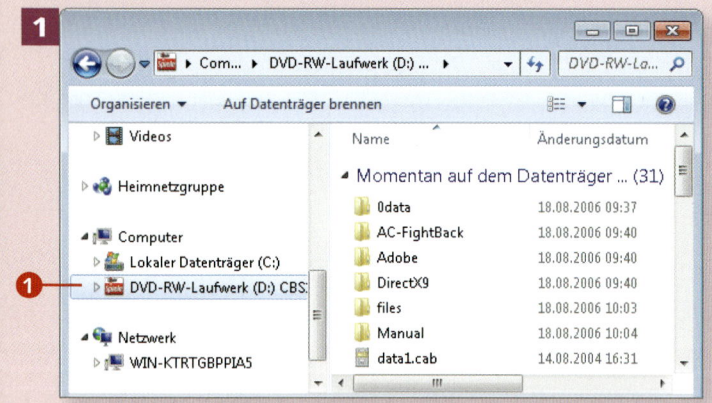

Nicht nur ältere Programme, auch aktuellere Anwendungen benötigen häufig erweiterte Rechte um alle Funktionen und Aufgaben ausführen zu können. Teilweise müssen Sie schon die Installation mit Administratorrechten durchführen.

Schritt 1

Zur Installation einer Anwendung mit Administratorrechten starten Sie den Windows-Explorer mit den Tasten ⊞ + E und öffnen das Laufwerk, in dem die CD/DVD des zu installierenden Programms liegt ❶.

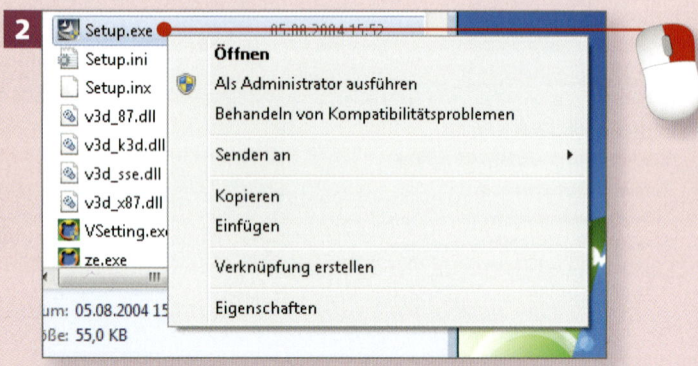

Schritt 2

Das Installationsprogramm trägt meiste den Namen **Setup.exe** oder **Start.exe**. Führen Sie einen Rechtsklick auf diese Datei aus, um deren Kontextmenü zu öffnen.

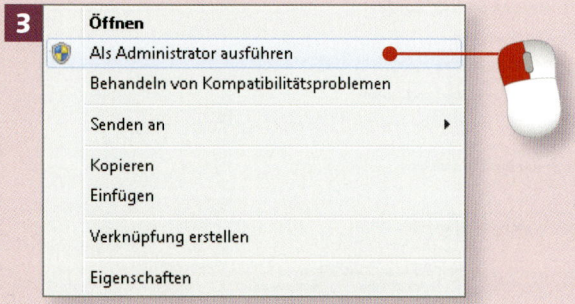

Schritt 3

Wählen Sie aus dem Menü den Befehl **Als Administrator ausführen**. Mit einem anschließenden Doppelklick auf das Installationsprogramm wird dieses mit erweiterten Rechten gestartet.

Schritt 4

Kommt es nach der Installation beim Aufruf der Anwendung zu Problemen, benötigt sie vermutlich dauerhaft Administratorrechte. Klicken Sie die Programmdatei mit rechts an, und rufen Sie die **Eigenschaften** auf.

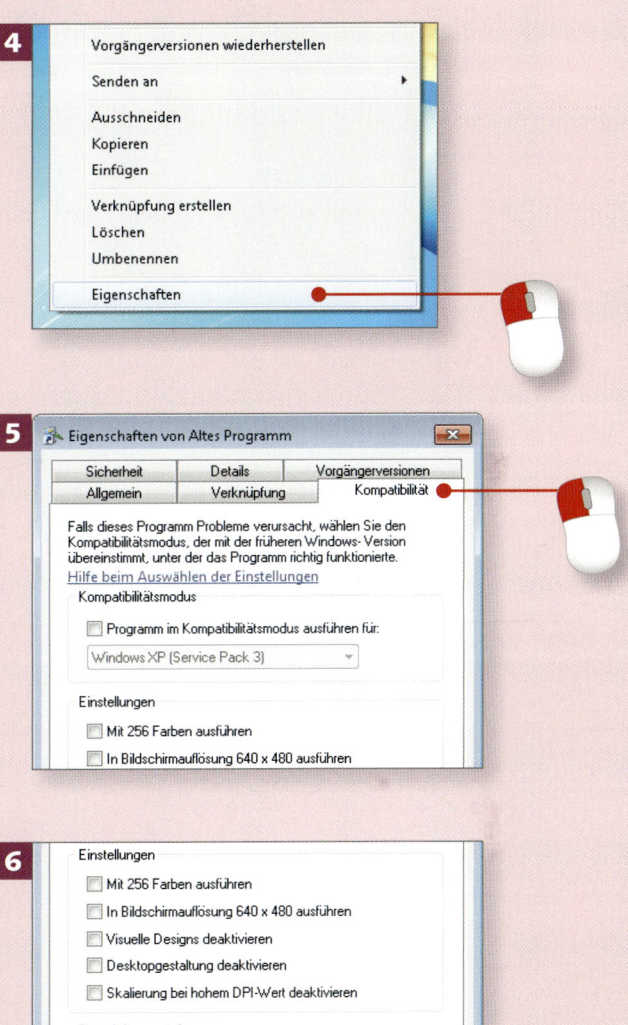

Schritt 5

Sie sehen ein Dialogfenster mit mehreren Registern. Wechseln Sie in das Register **Kompatibilität**.

Schritt 6

Setzen Sie im Abschnitt **Berechtigungsstufe** das Häkchen vor dem Eintrag **Programm als Administrator ausführen**, und bestätigen Sie anschließend mit **OK**.

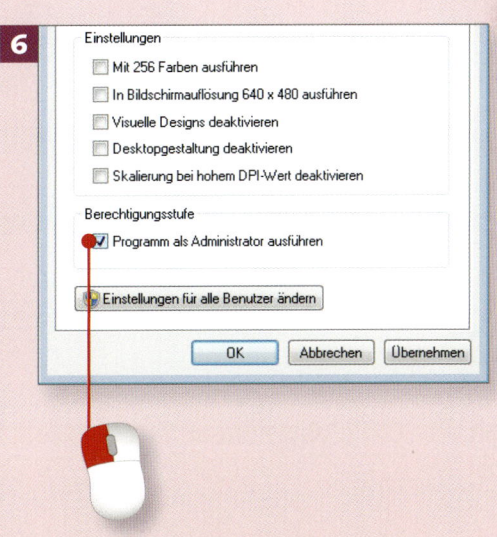

Administrator

Zum Ausführen dieses Verfahrens müssen Sie als Administrator am System angemeldet sein (siehe den Abschnitt »Das geheime Administratorkonto aktivieren«, ab Seite 236).

Programme sauber deinstallieren

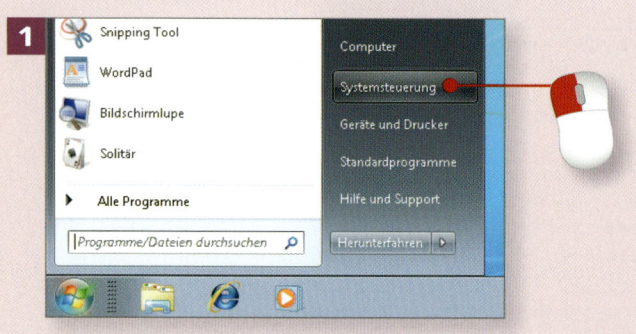

Um ein Programm wieder zu entfernen, reicht es nicht aus, nur die Programmdatei und gegebenenfalls das Verzeichnis zu löschen. Nutzen Sie stets den Weg über die Systemsteuerung.

Schritt 1

Öffnen Sie das Startmenü mit der Tastenkombination ⊞ + E oder einem Klick auf die Startschaltfläche, und klicken Sie anschließend auf den Menüeintrag **Systemsteuerung**.

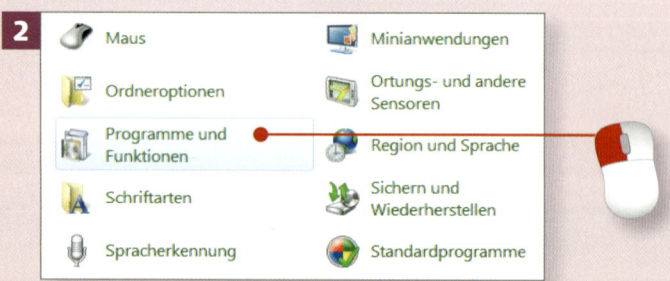

Schritt 2

Unter den aufgeführten Menüpunkten finden Sie auch den Punkt Programme und Funktionen. Klicken Sie auf diesen Eintrag, um zum nächsten Schritt zu gelangen.

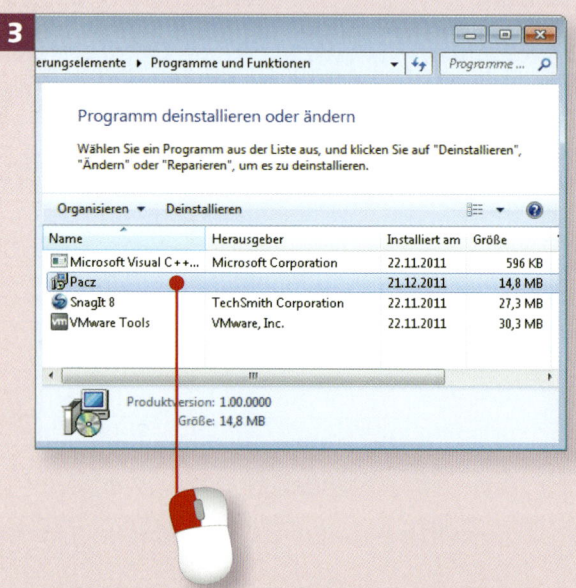

Schritt 3

Es öffnet sich eine Liste mit allen Programmen, die aktuell auf Ihrem Computer installiert sind. Wählen Sie das Programm mit einem Mausklick aus, das Sie deinstallieren möchten.

Schritt 4

Nach erfolgter Auswahl des Programms klicken Sie oben in der Menüleiste auf die Schaltfläche **Deinstallieren**.

Schritt 5

Bestätigen Sie die nachfolgende Sicherheitsabfrage, ob Sie das Programm wirklich deinstallieren möchten, mit **Ja**.

Schritt 6

Falls Sie die Benutzerkontensteuerung auffordert, den Vorgang zu bestätigen, kommen Sie dieser Anfrage mit einem Klick auf **Ja** nach. Die Deinstallation wird nun durchgeführt.

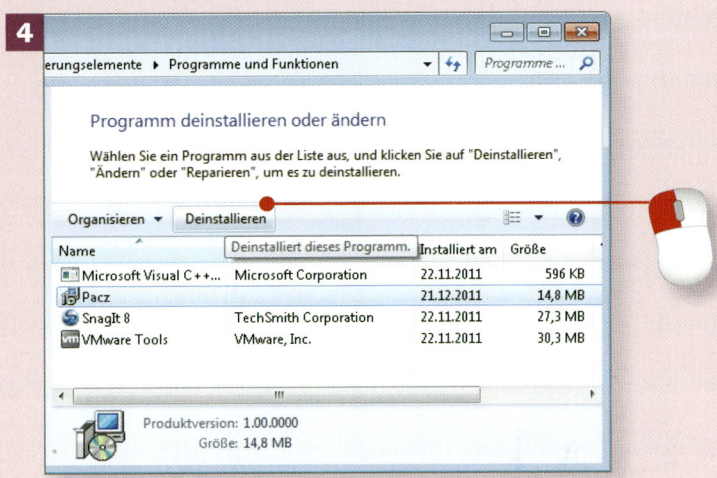

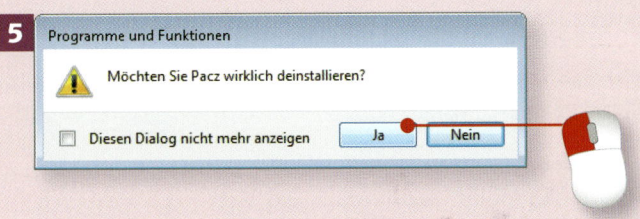

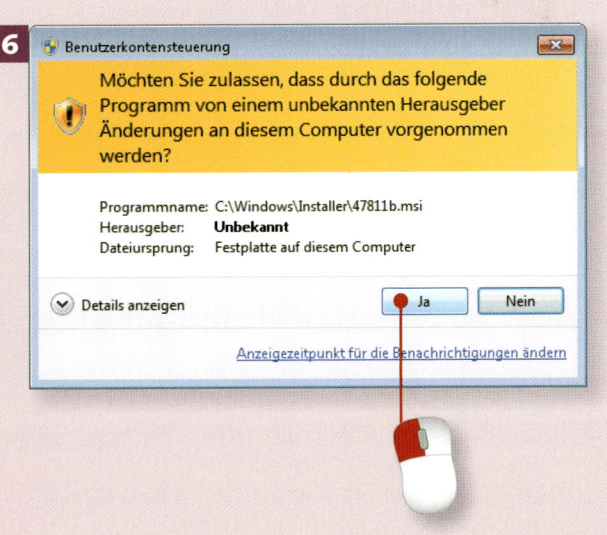

ℹ Externe Deinstallationsprogramme

Es gibt auf dem Markt zahlreiche Deinstallations-Tools, die eine saubere und mühelose Deinstallation versprechen. Auf diese Programme können Sie gut verzichten. Windows selbst erfüllt die Aufgabe absolut ausreichend.

Mit dem Task-Manager arbeiten

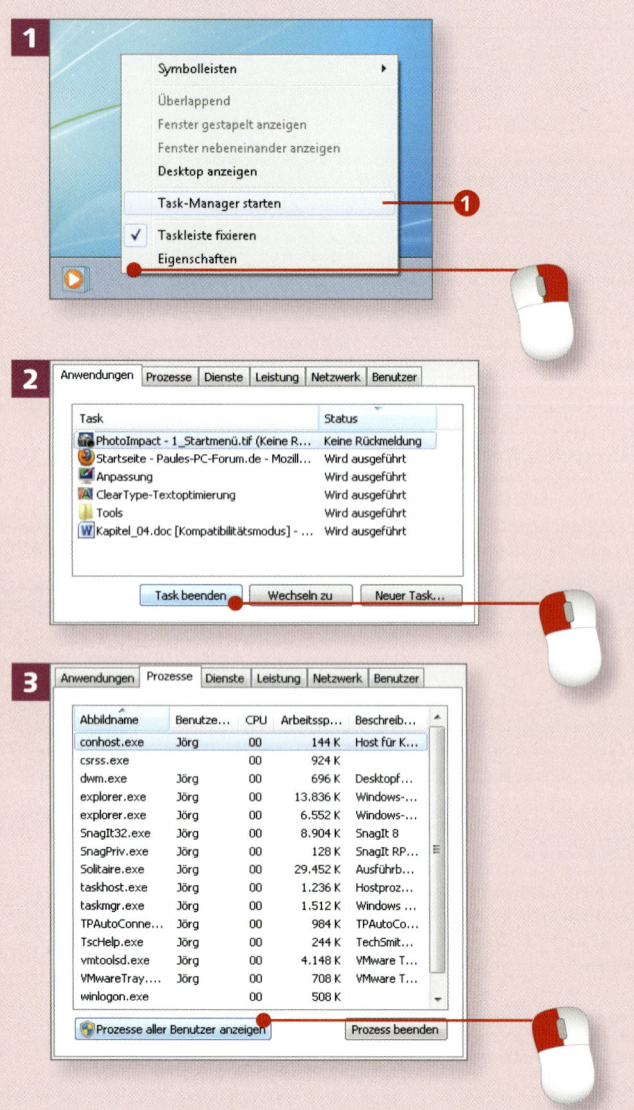

Über den Task-Manager können Sie sehen, welche Programme und Dienste gerade auf Ihrem PC ausgeführt werden. Ermitteln Sie so Speicherfresser und Programme mit hohem Speicherplatzbedarf.

Schritt 1

Um den Task-Manager zu starten, klicken Sie mit der rechten Maustaste auf eine freie Stelle der Taskleiste und wählen aus dem sich öffnenden Menü den Befehl **Task-Manager starten** ❶.

Schritt 2

Im Register **Anwendungen** werden alle Programme gelistet, die auf Ihrem PC ausgeführt werden. Abgestürzte Programme (**Keine Rückmeldung**) können Sie über die Schaltfläche **Task beenden** schließen.

Schritt 3

Das Register **Prozesse** listet alle aktiven Prozesse auf Ihrem Rechner auf. Um wirklich alle anzuzeigen, klicken Sie auf die Schaltfläche **Prozesse aller Benutzer anzeigen**.

Dienste deaktivieren

Kommen Sie den Empfehlungen im Internet zur Deaktivierung unnötiger Dienste lieber nicht nach. Deaktivieren Sie die falschen Dienste, kann dies im System zu massiven Störungen und Fehlern führen.

Schritt 4

Klicken Sie auf den Spaltenkopf **CPU**, um sich sortiert anzeigen zu lassen, welcher Prozess im Moment die höchste CPU-Auslastung verursacht. Die Anzeige wechselt dabei ständig.

Schritt 5

Durch einen Klick auf den Spaltenkopf **Arbeitsspeicher** können Sie sich anzeigen lassen, welcher Prozess den meisten Speicherhunger hat, und so Speicherfresser identifizieren.

Schritt 6

Das Register **Dienste** listet alle verfügbaren Dienste auf. Führen Sie einen Rechtsklick auf einen Dienst aus, können sie diesen über das Kontextmenü bei Bedarf manuell starten oder beenden.

＋

Hohe Auslastungen
Programme, die häufig hohe Prozessor- oder Speicherauslastungen verursachen und damit das System beeinträchtigen, sollten Sie sich einmal näher anschauen und gegebenenfalls nach Alternativen suchen.

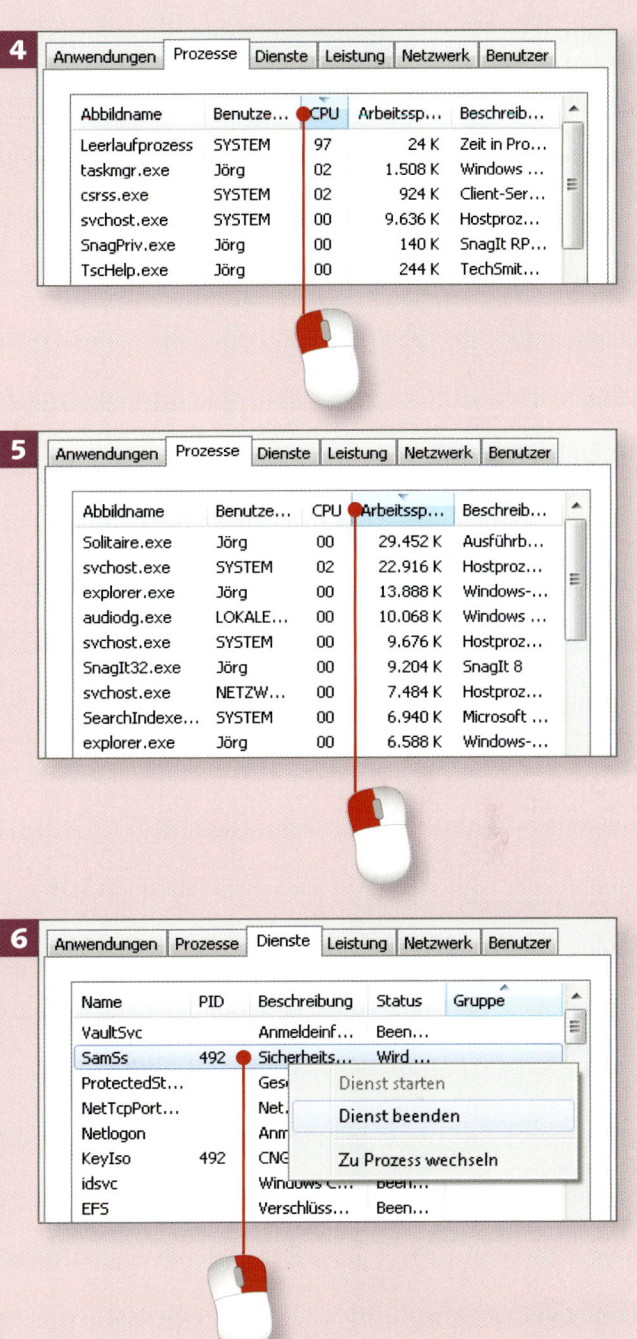

Den Windows-Taschenrechner voll ausnutzen

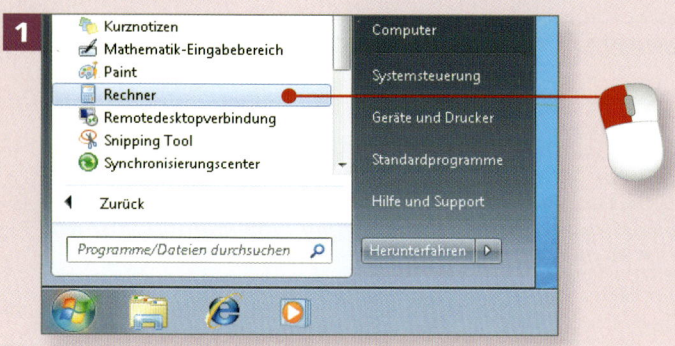

Auf den ersten Blick scheint ein Taschenrechner ja nicht sehr spektakulär, aber der Windows-Taschenrechner kann weit mehr, als man denken mag.

Schritt 1

Den Windows-Taschenrechner starten Sie über das Startmenü **Start ▸ Alle Programme ▸ Zubehör ▸ Rechner**.

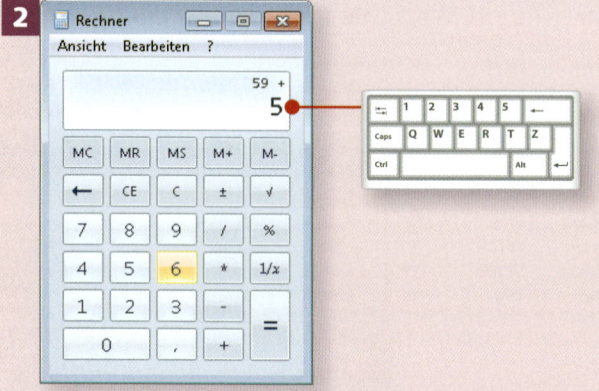

Schritt 2

Bedienen Sie den Rechner entweder über die Tastatur oder mit der Maus. Klicken Sie hierfür einfach auf die gewünschten Taschenrechnertaste. Welche Eingabemethode für Sie am bequemsten ist, müssen Sie selbst entscheiden. Probieren Sie es einfach einmal aus.

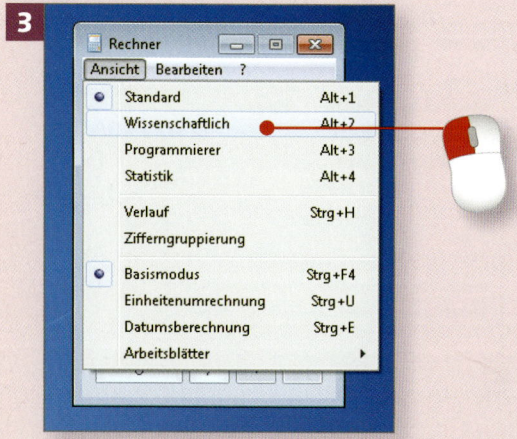

Schritt 3

Um von einem normalen Rechner auf einen wissenschaftlichen Rechner zu wechseln, klicken Sie im Menü **Ansicht** auf **Wissenschaftlich**. Wieder zur Normalansicht geht es über **Ansicht ▸ Standard**.

Schritt 4

Äußerst nützlich ist die Einheiten-umrechnung. Sie aktivieren sie durch einen Klick auf das Menü **Ansicht** und Auswahl der Option **Einheiten-umrechnung**.

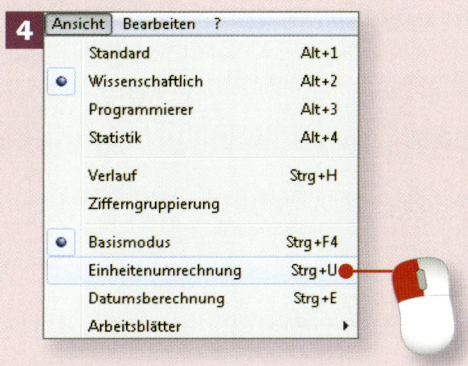

Schritt 5

Möchten Sie beispielsweise Seemei-len in Kilometer umrechnen, öffnen Sie das erste Dropdown-Menü und wählen dort die Einheit **Länge** aus.

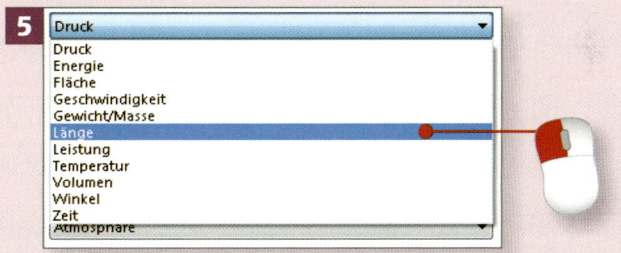

Schritt 6

Tragen Sie nun den Ausgangswert in das Feld **Von** ein, und wählen Sie aus dem zweiten Dropdown-Menü die Längeneinheit **Seemeilen** aus, in diesem Beispiel 100 Seemeilen.

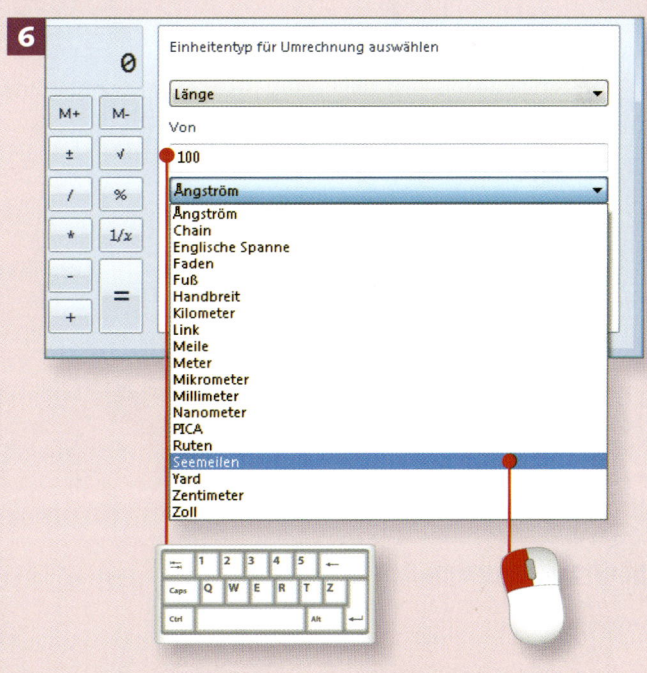

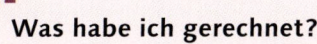

Was habe ich gerechnet?

Der Rechner speichert alle Re-chenoperationen innerhalb einer Sitzung. Über den Menüpunkt **Ansicht ▸ Verlauf** können Sie den kompletten Verlauf einsehen. Beim Beenden des Rechners wird der Verlauf gelöscht.

Den Windows-Taschenrechner voll ausnutzen (Forts.)

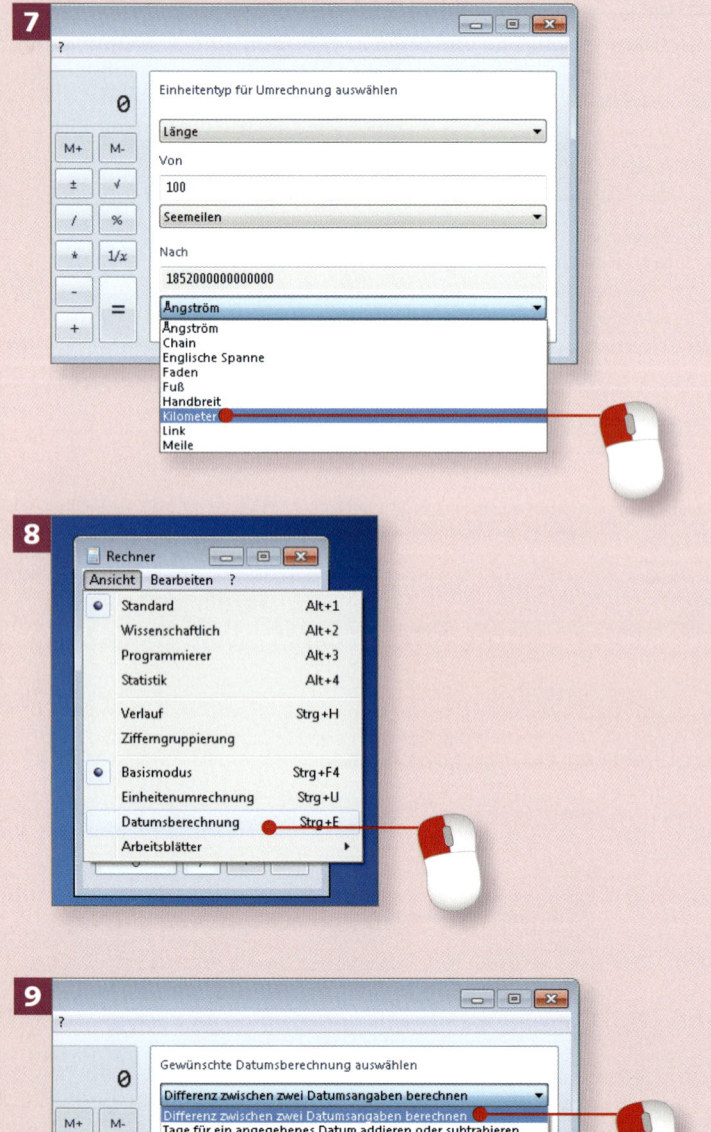

Schritt 7

Wählen Sie schließlich aus dem dritten Dropdown-Menü die gewünschte Zieleinheit **Kilometer** aus. Der Rechner zeigt daraufhin sofort das Ergebnis: 100 Seemeilen entsprechen 185,2 Kilometern.

Schritt 8

Ebenfalls häufig benötigt wird die Datumsberechnung. Sie ist sehr nützlich, wenn es z.B. darum geht, zeitliche Abstände oder Daten in der Zukunft zu berechnen. Solche Berechnungen kommen sicherlich auch in Ihrem Alltag häufiger einmal vor. Starten Sie sie über das Menü **Ansicht** und die Auswahl des Punktes **Datumsberechnung**.

Schritt 9

Über das Dropdown-Menü können Sie zwischen zwei Berechnungen wählen. Wählen Sie für unser Beispiel die erste Option zur Berechnung einer Differenz zwischen zwei Datumsangaben.

Schritt 10

Wählen Sie das Startdatum aus. Klicken Sie hierfür auf das kleine Kalendersymbol und anschließend auf den gewünschten Tag. Wiederholen Sie den Vorgang mit dem Enddatum. Die entsprechenden Auswahlfelder finden Sie rechts im Dialogfenster.

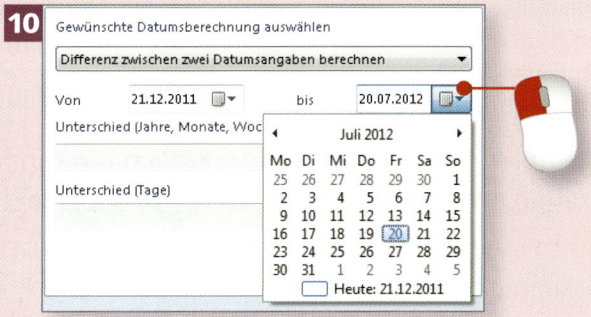

Schritt 11

Über die kleinen Pfeile links und rechts des Monatsnamens können Sie monatsweise im Kalender blättern. Klicken Sie auf den Monatsnamen selbst, können Sie über die Pfeile auch ein anderes Jahr auswählen.

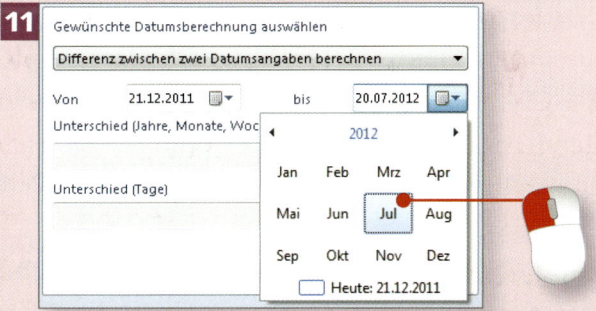

Schritt 12

Wie viele Tage liegen also noch vor dem sehnsüchtig erwarteten ersten Urlaubstag? Führen Sie die Berechnung schließlich über die Schaltfläche **Berechnen** aus.

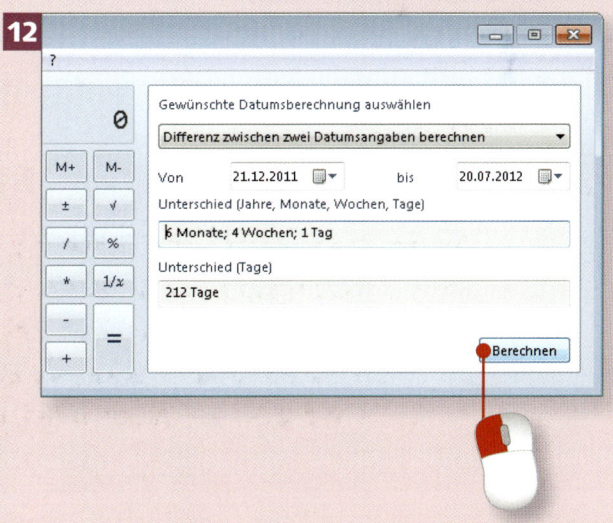

Kapitel 5
Musik und Filme abspielen

Musik-CDs hören, Lieder kopieren, sammeln und archivieren, das alles ist mit Windows 7 und dem Media Player kein Problem. Erstellen Sie im Handumdrehen eigene Wiedergabelisten, und brennen Sie eigene Musik-CDs. Oder möchten Sie mal wieder einen guten Film schauen? Auch das ist möglich.

Musik-CDs kopieren und eigene CDs erstellen

Nutzen Sie Ihren Windows-Rechner doch einfach mal als moderne Jukebox. Kopieren Sie Ihre Musik-CDs mit wenigen Mausklicks auf die Festplatte, erstellen Sie für jeden Anlass eine passende Wiedergabeliste, oder brennen Sie sich gleich eine neue Musik-CD mit Ihren Lieblingstiteln ❶.

Großes Kino – Filme schauen am PC und direkt übers Internet

Knabbersachen und kühle Getränke stehen bereit? Dann kann es ja losgehen. Mit dem Windows Media Center ❷ haben Sie schon beinahe alles, was Sie für einen gelungenen Filmeabend benötigen. Fehlt nur noch der Film, und falls Sie nicht mehr aus dem Haus wollen, um einen Film auszuleihen, klicken Sie sich einfach ins Internet. Über die Videoportale von MSN oder MyVideo haben Sie Zugriff auf zahlreiche kostenlose Spielfilme und spannende Dokumentationen.

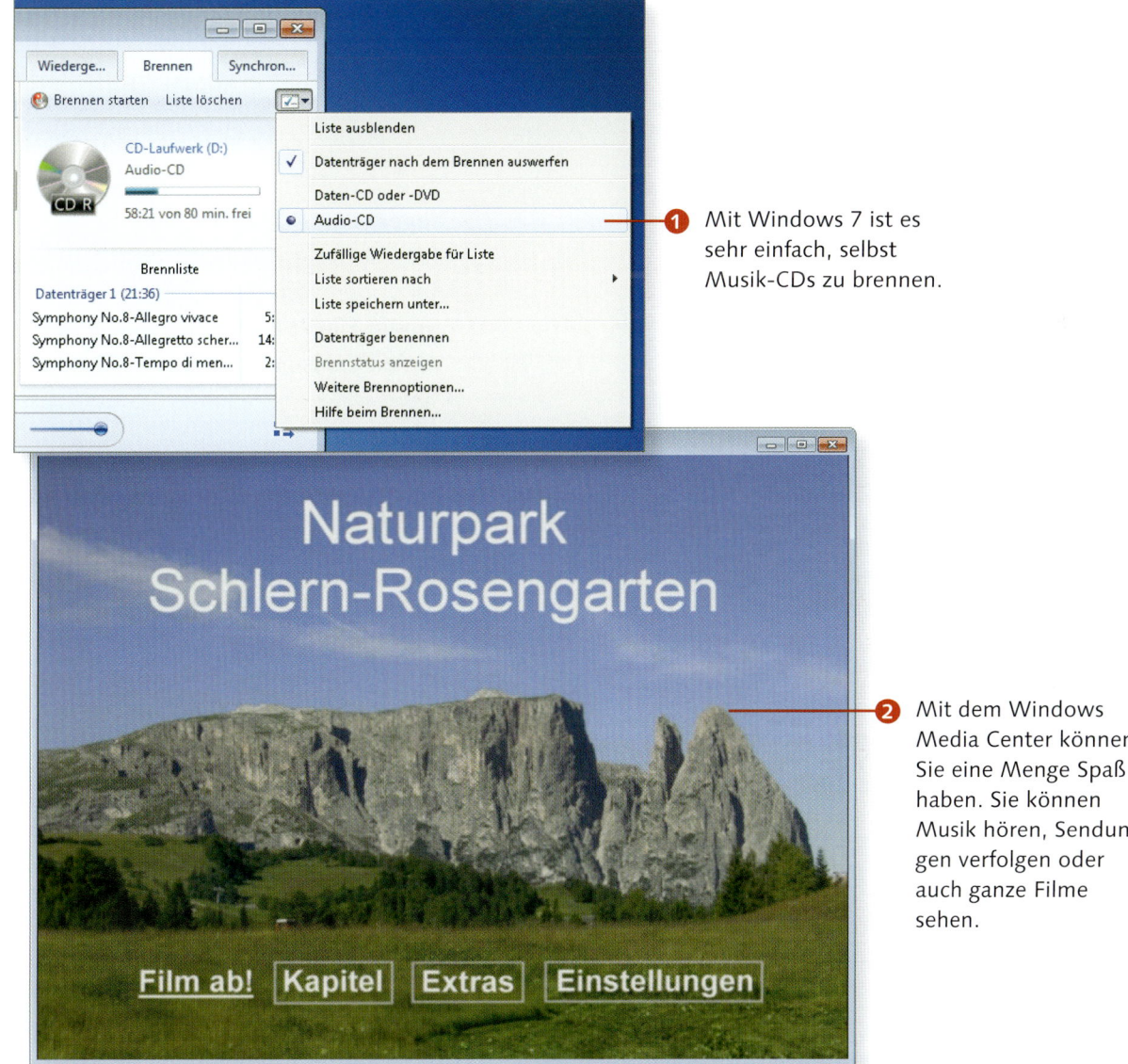

1 Mit Windows 7 ist es sehr einfach, selbst Musik-CDs zu brennen.

2 Mit dem Windows Media Center können Sie eine Menge Spaß haben. Sie können Musik hören, Sendungen verfolgen oder auch ganze Filme sehen.

Eine Musik-CD abspielen

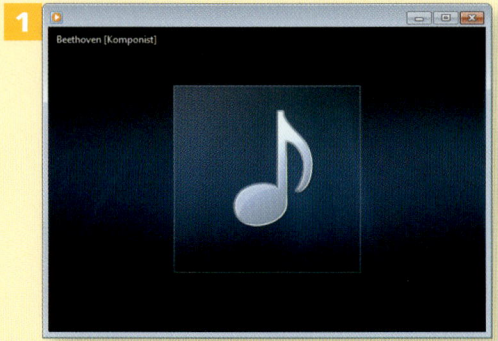

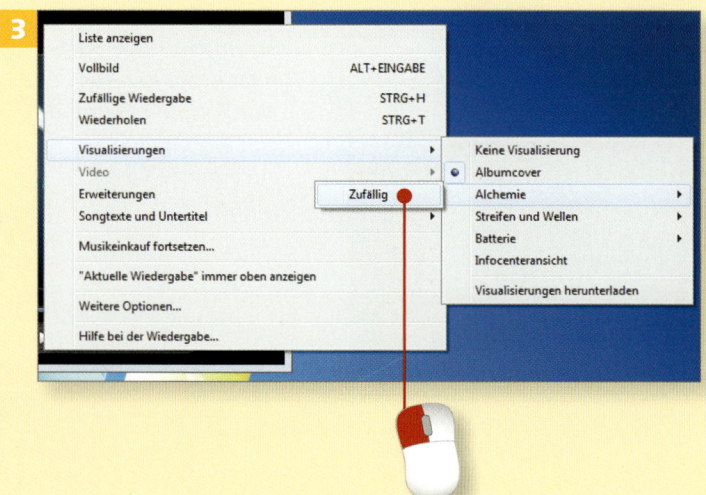

Mit Musik geht alles besser. Warum also nicht mal am Computer ein paar schöne Musikstücke anhören? CD einlegen, Lautsprecher einschalten, und los geht's.

Schritt 1

Legen Sie die Musik-CD in Ihr CD-Laufwerk ein. Nach wenigen Sekunden startet der Windows Media Player automatisch und spielt sogleich das erste Lied der CD ab.

Schritt 2

Sobald Sie mit der Maus über das Programmfenster fahren, werden die Bedienelemente eingeblendet. Hierüber können Sie unter anderem die CD stoppen ❶, wieder starten ❷, vor- und zurückspulen ❸ sowie die Lautstärke ❹ regeln.

Schritt 3

Die Ansicht ist ein bisschen nüchtern. Führen Sie einen Rechtsklick auf das Fenster aus, zeigen Sie auf **Visualisierungen ▸ Alchemie**, und klicken Sie schließlich auf **Zufällig**, um die Musik mit optischen Effekten zu untermalen.

Schritt 4

Wechseln Sie nun die Ansicht des Players. Führen Sie die Maus auf das Programmfenster, um die Bedienelemente einzublenden, und klicken Sie dann rechts oben auf das Symbol **Zur Bibliothek wechseln**.

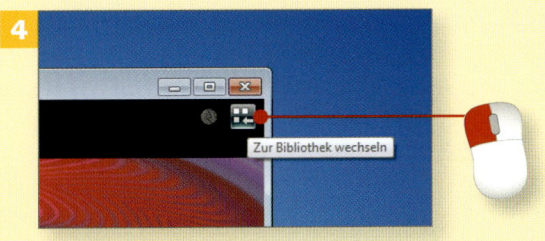

Schritt 5

Der Media Player listet in der Bibliotheksansicht den Namen der CD sowie alle darauf verfügbaren Titel auf. Führen Sie einen Doppelklick auf einen Titel aus, um das ausgewählte Stück zu starten.

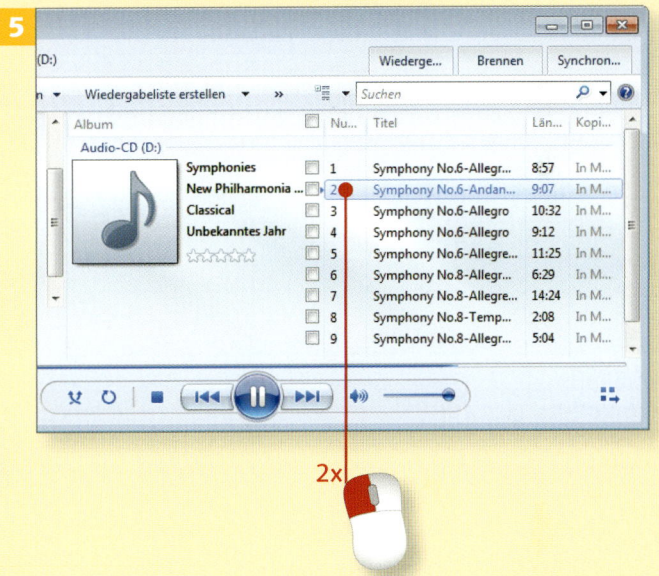

Schritt 6

Nicht immer kann der Media Player die Namen der einzelnen Titel anzeigen. Klicken Sie einen Eintrag mit rechts an, können Sie über den Befehl **Bearbeiten** eine Bezeichnung eintippen und die Eingabe mit ⏎ abschließen.

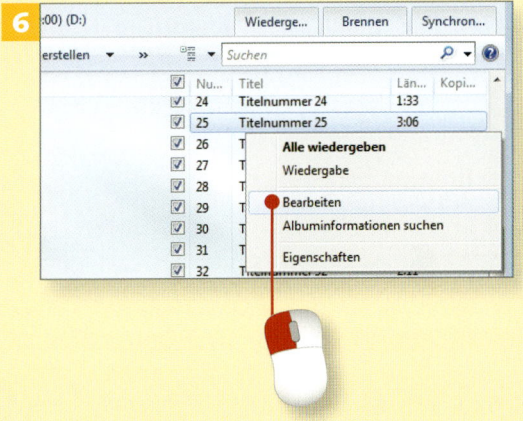

ℹ️ Selbstgebrannte CDs

Gerade bei selbsterstellten CDs fehlen oft die Informationen zur Anzeige der Titelbezeichnungen. In diesen Fällen müssen Sie die Titel bei Bedarf manuell festlegen.

Eigene Wiedergabelisten erstellen

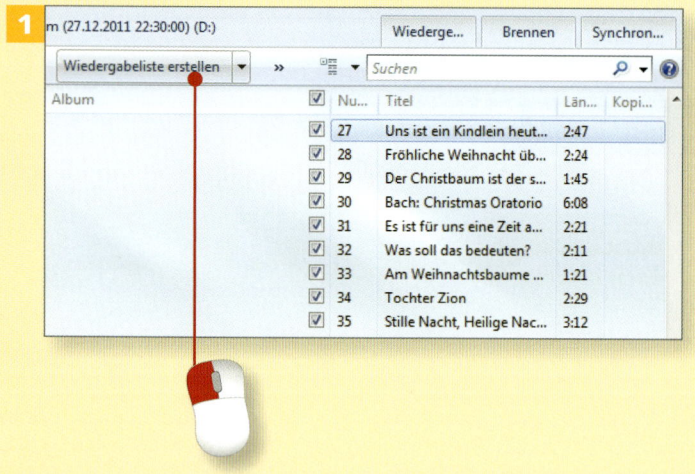

Mit Hilfe von Wiedergabelisten behalten Sie den Überblick über Ihre Musiksammlungen. Legen Sie je nach Genre, Stimmung oder Einsatzzweck verschiedene Listen an, und weisen Sie diesen einzelne Musikstücke oder gleiche ganze CDs zu.

Schritt 1

Klicken Sie in der Bibliotheksansicht des Media Players oben in der Menüleiste auf den Menüpunkt **Wiedergabeliste erstellen**.

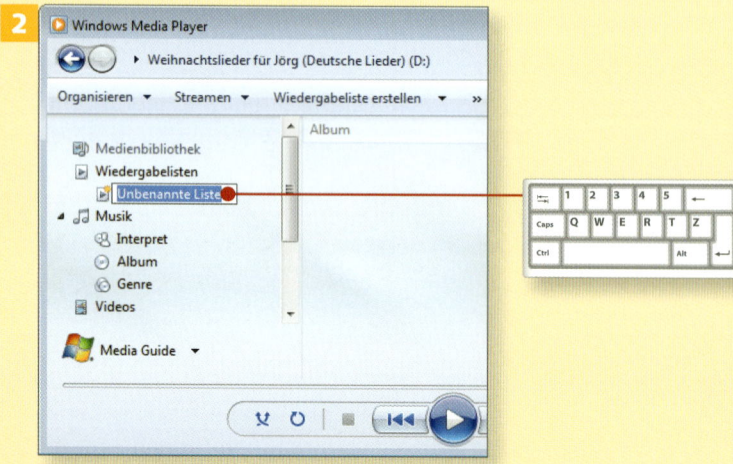

Schritt 2

In der linken Spalte wird nun eine neue Liste angelegt. Der Name **Unbekannte Liste** ist bereits markiert; tippen Sie nun einfach eine Bezeichnung ein, z. B. *Weihnachten*, und schließen Sie die Eingabe mit ⏎ ab.

Schritt 3

Markieren Sie in der linken Spalte den Menüpunkt **Musik**, um sich alle Alben und Titel anzeigen zu lassen, die in Ihrer Medienbibliothek vorhanden sind.

Schritt 4

Befinden sich die gewünschten Titel noch nicht in der Bibliothek, führen Sie in der linken Fensterhälfte einen Rechtsklick auf das CD-Laufwerk mit eingelegter CD aus und wählen den Befehl **CD in Bibliothek kopieren** ❶.

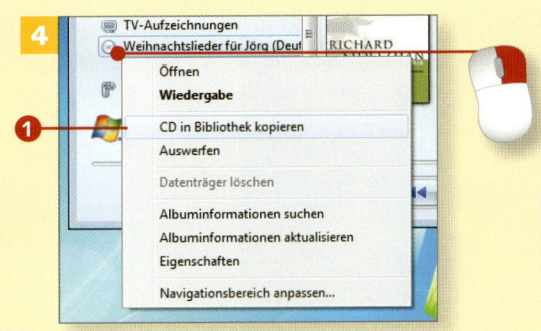

Schritt 5

Markieren Sie nun einen Titel, und ziehen Sie sie mit gedrückter Maustaste nach links auf die gewünschte Wiedergabeliste. Am Ziel angekommen, lassen Sie die Taste einfach wieder los. Denselben Vorgang wiederholen Sie nun mehrmals, je nachdem, wie viele Musiktitel Sie der Wiedergabeliste hinzufügen möchten. Die Titel werden dabei nicht wirklich kopiert, Sie können sie also aus der Liste auch wieder löschen, ohne dass sie von der Festplatte gelöscht werden.

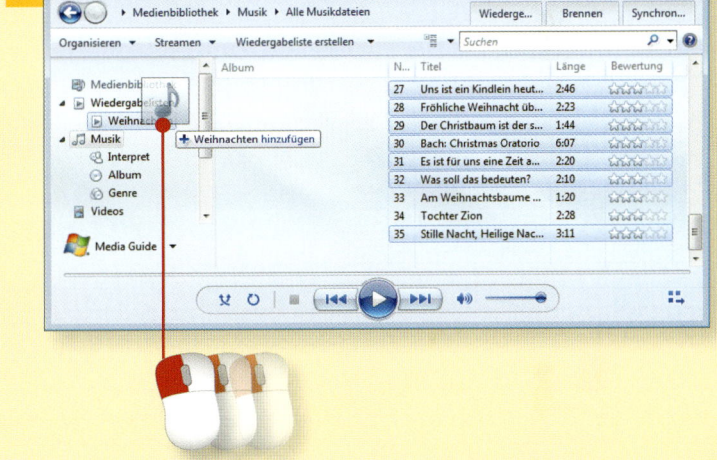

Schritt 6

Zum Sortieren der Titel klicken Sie einen Titel in der Wiedergabeliste an und verschieben ihn mit gedrückter Maustaste an die neue Position. Lassen Sie die Taste los, wird der Titel dort einsortiert.

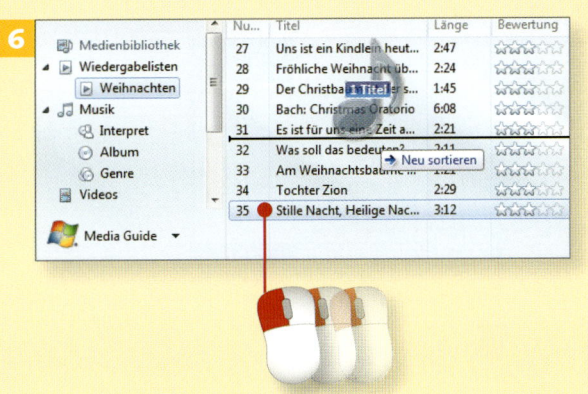

Titel von einer Musik-CD kopieren

Kopieren Sie Musik-CDs auf Ihre Festplatte, und übertragen Sie sie auf portable Geräte wie Smartphone oder MP3-Player.

Schritt 1

Legen Sie eine Audio-CD ein, warten Sie einen Moment, bis der Media Player gestartet ist, und wechseln Sie dann über den Menüpunkt **Zur Bibliothek wechseln** in die Bibliotheksansicht.

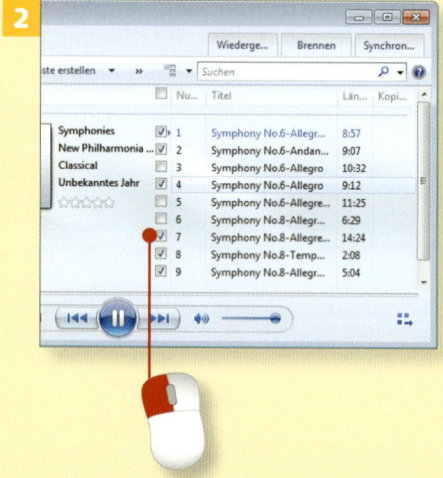

Schritt 2

Entfernen Sie nun die Häkchen vor allen Titeln, die Sie nicht kopieren möchten. Klicken Sie hierfür einfach auf die Kästchen vor den entsprechenden Einträgen.

Schritt 3

Die Kopiereinstellungen sind etwas versteckt. Um Sie zu erreichen, klicken Sie in der Menüleiste auf den kleinen Doppelpfeil ❶, zeigen auf **Kopiereinstellungen ▸ Format** und wählen das gewünschte Format aus.

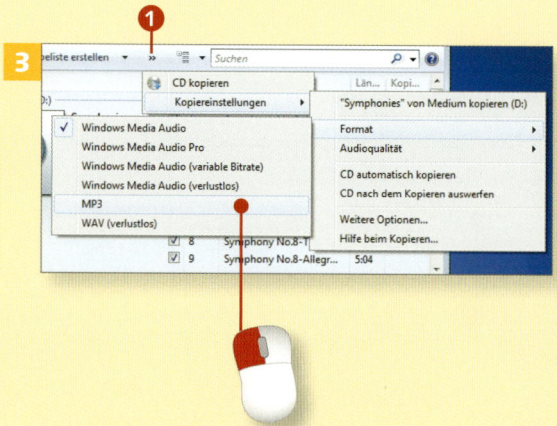

Schritt 4

Wählen Sie bei Bedarf auf dem gleichen Weg die Audioqualität aus. Zeigen Sie erneut auf **Kopiereinstellungen**, dann auf **Audioqualität**, und wählen Sie schließlich die benötigte Qualität aus.

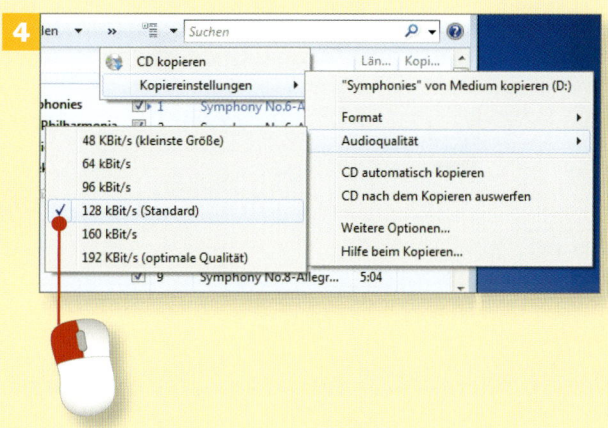

Schritt 5

Sind alle Einstellungen getroffen, starten Sie den Kopiervorgang. Klicken Sie hierfür erneut auf den kleinen Doppelpfeil ❷, und wählen Sie den Befehl **CD kopieren**.

Schritt 6

Die Musikstücke werden auf die Festplatte kopiert und sind dort über den Windows-Explorer in der Standard-Bibliothek **Musik** zu erreichen.

Tragbare Geräte

Prüfen Sie am besten vor dem Kopieren der CD, welches Dateiformat Ihr tragbares Gerät abspielen kann, und wählen Sie dieses dann entsprechend aus.

Eine eigene Musik-CD erstellen und brennen

Da heute praktisch jeder Rechner über einen eingebauten CD/DVD-Brenner verfügt, liegt es natürlich nahe, die schönsten Lieder auf eine eigene CD zu brennen. Auch hier hilft der Media Player weiter.

Schritt 1

Legen Sie zunächst eine leere CD in das CD-Laufwerk ein, und klicken Sie dann in der Bibliotheksansicht des Media Players auf das Register **Brennen** in der rechten Fensterhälfte.

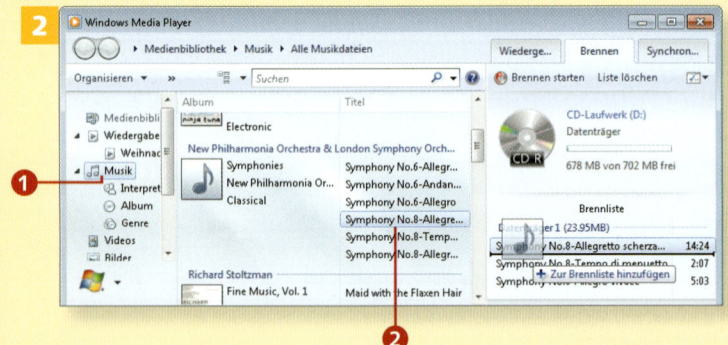

Schritt 2

Nun gilt es, die Inhalte der CD zusammenzustellen. Klicken Sie auf den Eintrag **Musik** ❶, und ziehen Sie per Drag & Drop nach und nach alle gewünschten Titel aus der mittleren Spalte ❷ nach rechts in die Brennliste.

Schritt 3

Die Reihenfolge der Lieder in der Brennliste können Sie verändern. Klicken Sie einen Titel an, und verschieben Sie ihn mit gedrückter Maustaste. Lassen Sie die Taste an der gewünschten Position wieder los.

Schritt 4

Klicken Sie auf die Schaltfläche **Brennoptionen**, und markieren Sie dort den Eintrag **Audio-CD**; eine Daten-CD wäre nämlich nur auf dem Computer und nicht auf einem normalen CD-Player abspielbar.

Schritt 5

Klicken Sie auf die Bezeichnung **Brennliste**, und tragen Sie über die Tastatur eine passende Bezeichnung für die CD ein, wie z. B. *Klassik*. Schließen Sie die Eingabe wie gewohnt mit ⏎ ab.

Schritt 6

Nun geht's los. Alle Einstellungen sind getroffen, alle Titel in die Brennliste gezogen. Starten Sie den Kopiervorgang mit einem Klick auf den Menüpunkt **Brennen starten**.

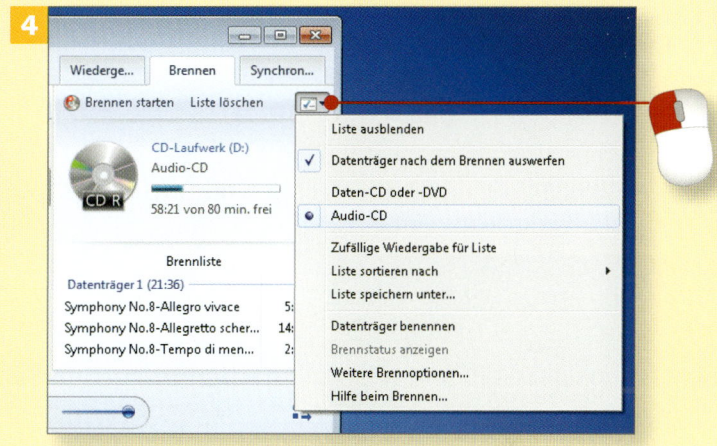

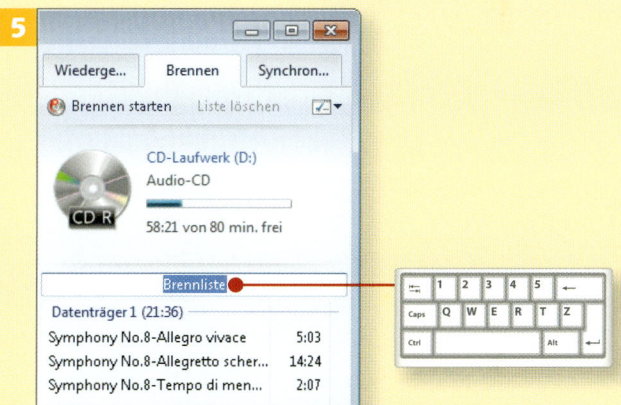

i **Die CD startet nicht**

Manche alten CD-Player haben bisweilen Schwierigkeiten mit gebrannten CDs. Sollte das bei Ihnen der Fall sein, prüfen Sie zunächst, ob sie auch als Audio-CD gebrannt wurde und versuchen Sie als zweiten Schritt vielleicht einmal, einen anderen Rohling zu benutzen.

Einen Spielfilm auf DVD am Computer anschauen

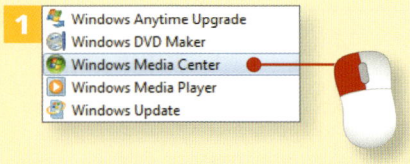

Prinzipiell können Sie DVDs auch über den Media Player anschauen, in diesem Tipp möchte ich Ihnen aber einmal das umfangreiche und leistungsstarke Windows Media Center vorstellen.

Schritt 1

Starten Sie das Media Center über das **Startmenü**, klicken Sie auf **Alle Programme** und schließlich auf **Windows Media Center**.

Schritt 2

Die Menüs innerhalb des Media Centers erreichen Sie am einfachsten über die Pfeiltasten Ihrer Tastatur. Navigieren Sie zum Menüpunkt **Filme** und weiter zu **DVD wiedergeben**. Starten Sie die Wiedergabe mit ⏎.

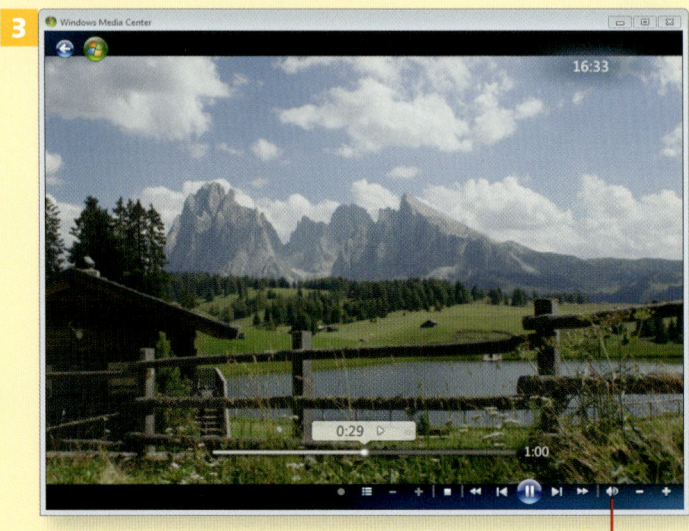

Schritt 3

Sobald Sie die Maus über das Bild bewegen, werden die Bedienelemente eingeblendet. Per Mausklick auf die Schaltflächen können Sie den Film starten/stoppen, vor- und zurückspulen und die Lautstärke ❶ einstellen.

Schritt 4

Die meisten DVDs verfügen über ein eigenes Menü, das beim Start auf dem Bildschirm angezeigt wird. Klicken Sie mit der Maus in unserem Beispiel auf **Extras** oder **Kapitel**, um die jeweiligen Aktionen auszuführen.

Schritt 5

Um in den Vollbildmodus zu wechseln, drücken Sie die Tastenkombination Alt + ↵. Mit der gleichen Tastenkombination schalten Sie wieder zurück in den Fenstermodus. Der Vollbildmodus ist sicherlich die angenehmste Art, eine DVD zu schauen. Die anderen Programme brauchen Sie während des Films ja nicht, sie können ruhig im Hintergrund bleiben.

Schritt 6

Zum Schließen des Media Centers klicken Sie entweder auf das kleine Kreuz der rechten Fensterschaltfläche, oder verwenden Sie die Kombination der Tasten Alt + F4.

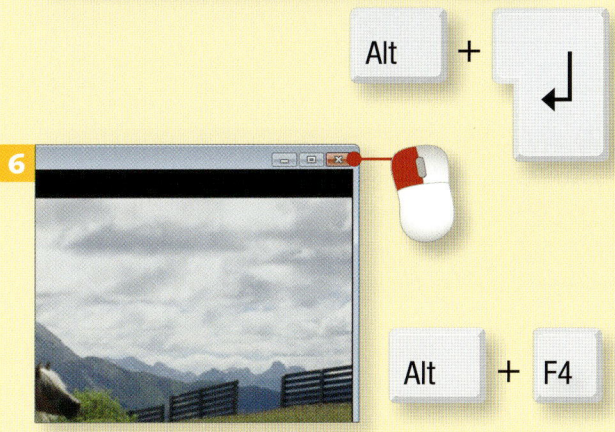

Kostenlose Spielfilme über das Internet anschauen

Das Wetter ist schlecht, es regnet, und im Fernsehen werden wieder nur Wiederholungen gezeigt – was nun? Schauen Sie doch mal auf den Portalen von MyVideo und MSN vorbei.

Schritt 1

Öffnen Sie Ihren Webbrowser und tragen Sie in die Adresszeile die URL *www.myvideo.de* gefolgt von ⏎ ein.

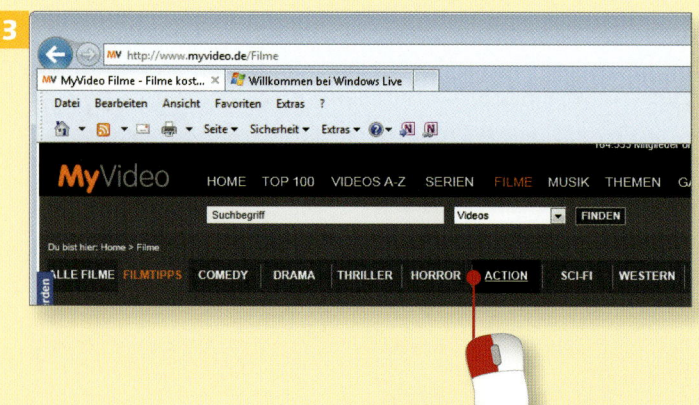

Schritt 2

Klicken Sie oben in der Navigationsleiste der Seite auf den Eintrag **Filme**.

Schritt 3

Wählen Sie ein Genre aus, aus dem Sie gerne einen Film sehen würden, beispielsweise **Action**.

Adobe Flash und Silverlight

Um die Angebote der Videoportale nutzen zu können, benötigen Sie die Browser-Erweiterungen Adobe Flash Player oder Silverlight. Haben Sie diese Programme nicht installiert, werden Sie beim Aufruf der Seiten darauf hingewiesen. Zur Installation folgen Sie einfach den Anweisungen auf dem Bildschirm.

Schritt 4

Über die Pfeilsymbole an den Rändern ❶ blättern Sie durch das Angebot. Zeigen Sie mit der Maus auf einen Film, werden Ihnen Details wie Sprache und Laufzeit angezeigt. Sobald Sie auf einen Film klicken, wird dieser gestartet.

Schritt 5

Nutzen Sie die Bedienelemente unterhalb des Fensters, um den Film anzuhalten, die Lautstärke ❷ zu regeln oder in den Vollbildmodus ❸ zu wechseln. Mit Esc schalten Sie wieder zurück in den Fenstermodus.

Schritt 6

Sie haben keinen passenden Film gefunden? Weitere Spielfilme gibt es auf dem MSN-Videoportal unter der Adresse *video.de.msn.com/browse/ filme-und-serien*.

Jugendschutz

Filme mit einer FSK-Freigabe ab 16 Jahren können auf dem MSN-Videoportal erst ab 22 Uhr gestartet werden. Auf MyVideo.de müssen Sie lediglich per Mausklick bestätigen, schon 16 Jahre oder älter zu sein.

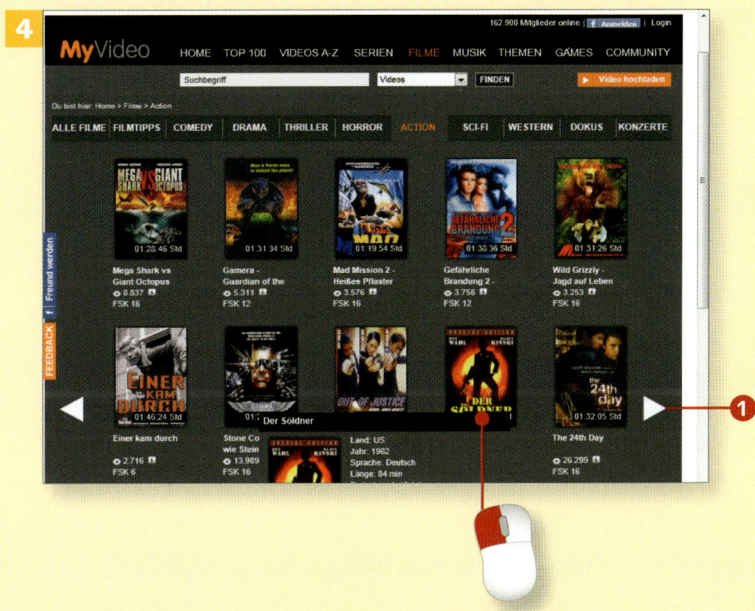

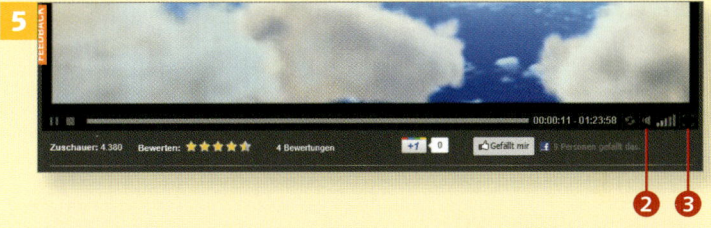

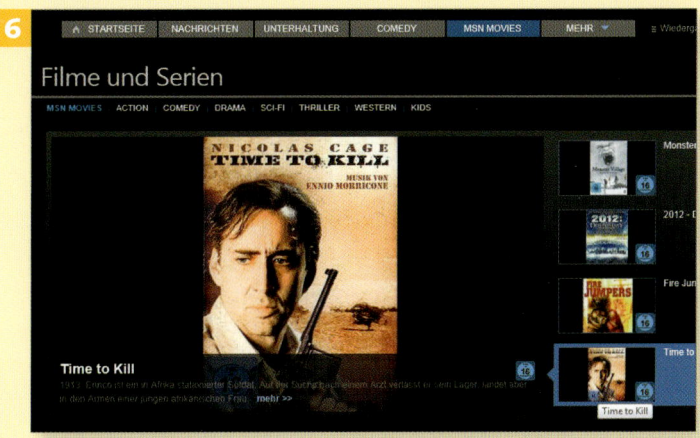

Kapitel 6
Nützliche Zusatzprogramme

Windows bietet von Haus aus viele nützliche Funktionen, doch alles kann es natürlich nicht; und so gibt es immer wieder Aufgaben, die Sie besser von einem Zusatzprogramm erledigen lassen. Im Internet finden Sie zahlreiche sehr gute und dennoch kostenlose Zusatzprogramme und Minianwendungen für Ihren Desktop.

PDF-Dokumente mit dem Foxit Reader lesen und bearbeiten

Das PDF-Format hat sich im Laufe der Jahre zu einem Standardformat für den Austausch von Dokumenten zwischen mehreren Rechnern entwickelt. Windows selbst kann PDF-Dokumente aber nicht öffnen; um sie dennoch lesen zu können, benötigen Sie einen sogenannten *PDF-Reader* wie beispielsweise den Foxit Reader ❶.

Schützen Sie Ihren PC vor Viren, Würmern und Trojanern

Ein Pflichtprogramm auf jedem Computer ist ohne Zweifel die Antiviren-Software. Schützen Sie sich und Ihre Daten vor heimtückischen Viren, schnüffelnden Trojanern oder fiesen Computerwürmern. Ein falscher Klick im Netz oder einmal versehentlich eine infizierte E-Mail geöffnet, und schon ist es passiert. Mit der Antiviren-Software avast! ❷ sorgen Sie für mehr Sicherheit.

Systemanalyse mit Sandra Lite

Wissen Sie, welches Mainboard in Ihrem Computer verbaut ist, wie viel Arbeitsspeicher das System hat oder welcher Prozessor im Inneren des PCs seinen Dienst verrichtet? Mit Sandra Lite ❸ werfen Sie einen Blick auf die verbaute Hardware, ohne den PC öffnen zu müssen. Möchten Sie beispielsweise Ihren Computer mit zusätzlichem Arbeitsspeicher aufrüsten, benötigen Sie genau diese Hardwareinformationen

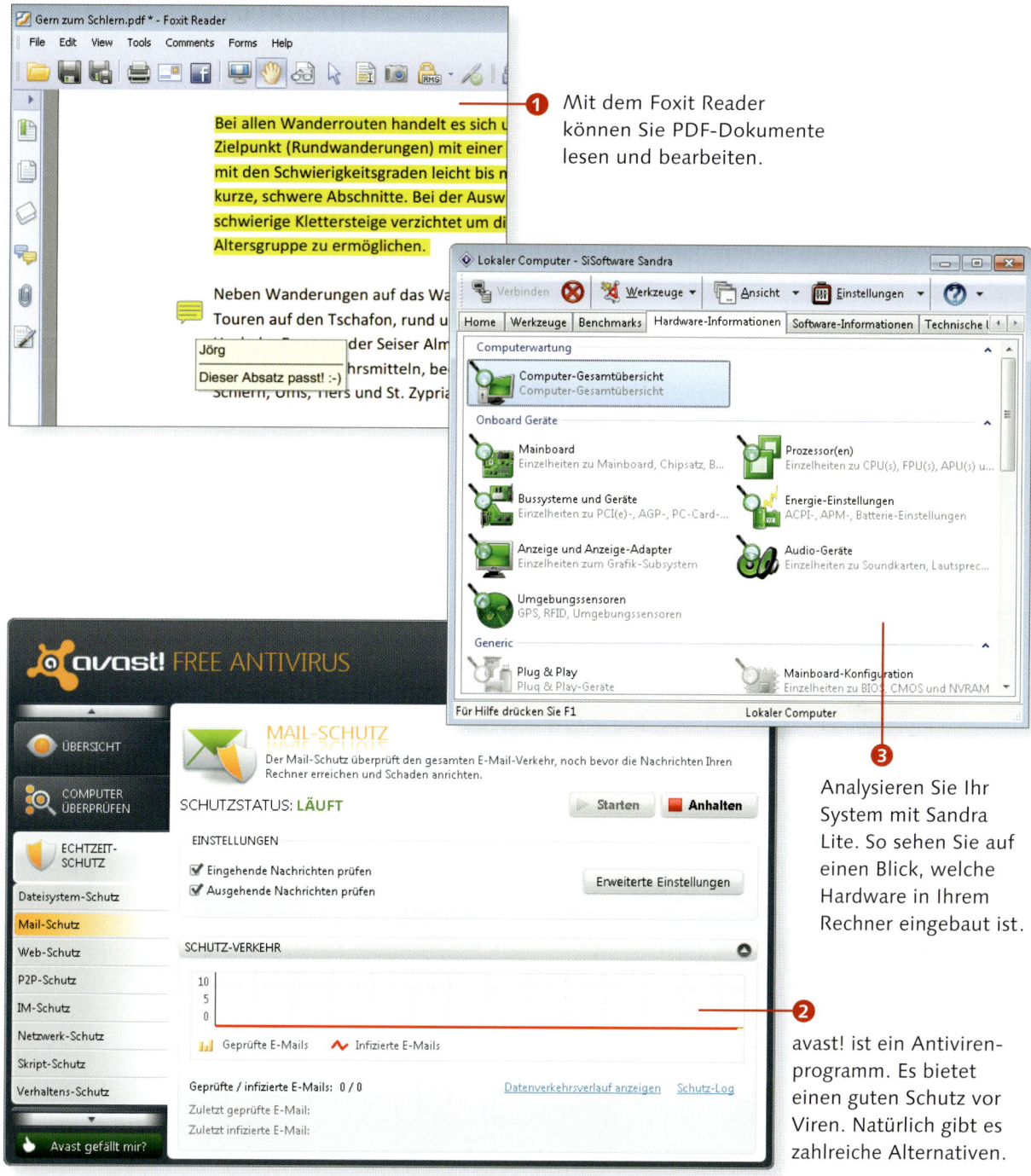

1 Mit dem Foxit Reader können Sie PDF-Dokumente lesen und bearbeiten.

3 Analysieren Sie Ihr System mit Sandra Lite. So sehen Sie auf einen Blick, welche Hardware in Ihrem Rechner eingebaut ist.

2 avast! ist ein Antivirenprogramm. Es bietet einen guten Schutz vor Viren. Natürlich gibt es zahlreiche Alternativen.

Nützliche Minianwendungen installieren

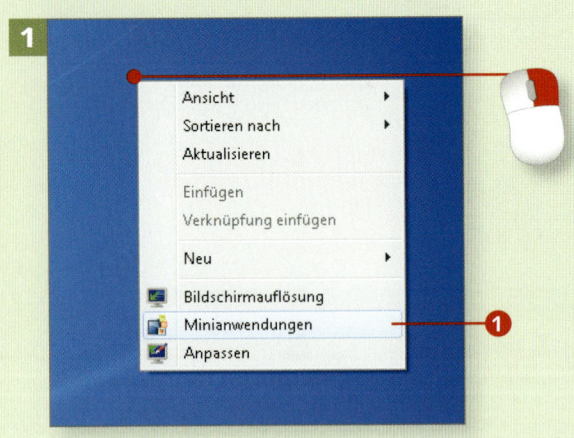

Minianwendungen, auch Gadgets genannt, sind kleine Programme für Ihren Desktop. Im Internet finden Sie Minianwendungen für nahezu jeden erdenklichen Einsatzzweck.

Schritt 1

Führen Sie einen Rechtklick auf eine freie Stelle des Desktops aus, und wählen Sie aus dem Kontextmenü den Eintrag **Minianwendungen** ❶.

Schritt 2

Windows zeigt Ihnen nun alle auf dem Rechner vorinstallierten Minianwendungen an. Um eine der Anwendungen zu nutzen, klicken Sie sie einfach mit einem Doppelklick an. Klicken Sie z. B. auf **Wetter**.

Schritt 3

Die Anwendung wird sogleich auf dem Desktop platziert. Zeigen Sie mit der Maus auf die Anwendung, werden Bedienelemente eingeblendet. Klicken Sie auf das zweite Symbol von oben, um die Anwendung zu vergrößern.

Schritt 4

Standardmäßig zeigt die Anwendung das Wetter in Berlin an. Möchten Sie den Standort ändern, rufen Sie mit einem Klick auf das kleine Schraubenschlüsselsymbol die Optionen der Wetteranwendung auf.

Schritt 5

Tragen Sie in das Textfeld Ihren Wohnort ❷ ein, und klicken Sie anschließend auf das danebenliegende Lupensymbol.

Schritt 6

Die Anwendung zeigt nun alle Orte an, die zu Ihrem Eintrag passen könnten. Wählen Sie aus der Liste per Mausklick den korrekten Ort aus, und bestätigen Sie die Auswahl mit **OK**.

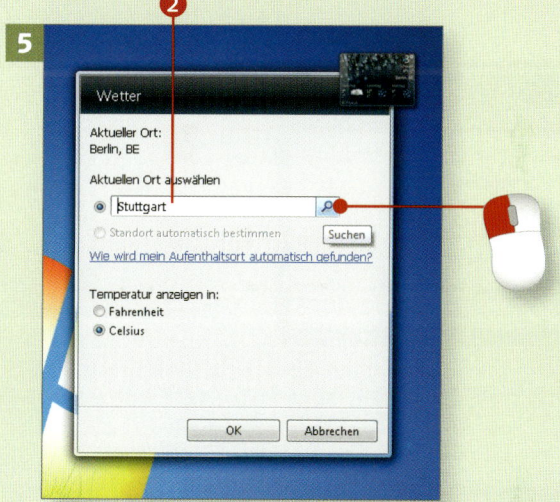

Wählen Sie die Anwendungen mit Bedacht aus

Es gibt viele nützliche Minianwendungen und nichts spricht dagegen, viele davon auszuprobieren. Denken Sie aber auch immer daran, dass viele dieser Anwendungen Daten aus dem Internet beziehen und dass bei zu vielen installierten Anwendungen Ihre Verbindung verlangsamen könnte.

Nützliche Minianwendungen installieren (Forts.)

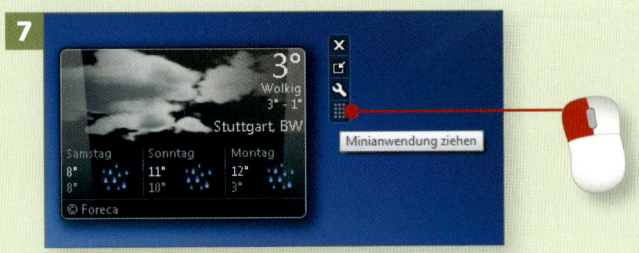

Schritt 7

Möchten Sie die Position der Minianwendung ändern, klicken Sie auf
das unterste Symbol und verschieben die Anwendung mit gedrückter Taste an eine neue Position auf
Ihrem Desktop.

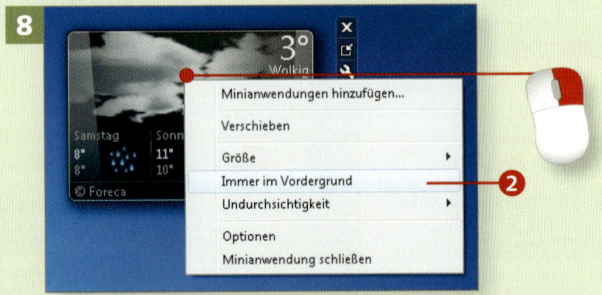

Schritt 8

Weitere Einstellungen rufen Sie
durch einen Rechtsklick auf die Anwendung auf. Wählen Sie die Option
Immer im Vordergrund ❷, wenn
Sie nicht möchten, dass die Anwendung durch andere Programmfenster
überlagert wird.

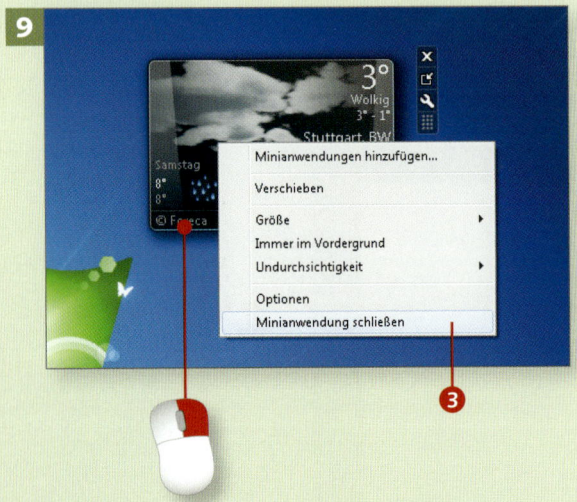

Schritt 9

Möchten Sie die Minianwendung
wieder vom Desktop entfernen,
klicken Sie sie mit der rechten
Maustaste an und wählen den Befehl **Minianwendung schließen** aus
dem Kontextmenü ❸.

Ein besonderer Service

Einige Webseiten bieten für Ihre
Leser eigene Minianwendungen
an. So finden Sie z. B. auf den
Seiten von T-Online ein Fußball-
Gadget, über das Sie sich die
aktuellen Ergebnisse der 1. und
2. Bundesliga anzeigen lassen
können.

Schritt 10

Der Kalender stellt eine weitere nützliche Anwendung dar. Aktivieren Sie auch ihn mit einem Doppelklick.

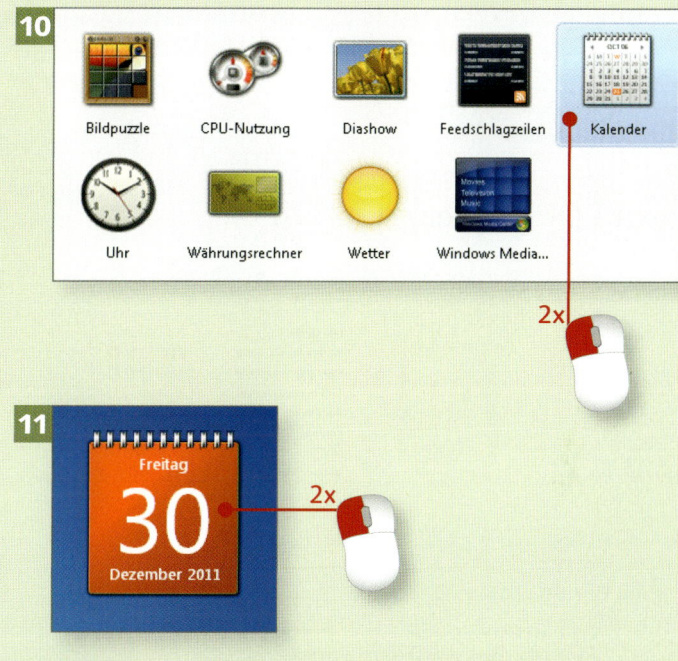

Schritt 11

Doppelklicken Sie auf die Minianwendung auf Ihrem Desktop, ändert sich die Ansicht von einem Tageskalenderblatt in eine Monatsansicht.

Schritt 12

Vergrößern Sie die Anwendung über das entsprechende Symbol, verändert sich die Ansicht erneut, und es werden ein Tageskalenderblatt und eine Monatsübersicht angezeigt.

Weitere Minianwendungen
Über den Link **Weitere Minianwendungen online beziehen** im Fenster **Minianwendungen**, werden Sie auf eine Microsoft-Webseite geleitet. Folgen Sie dort dem Link zur **Microsoft App Gallery**, um Zugriff auf weitere Anwendungen zu erlangen.

Der Foxit Reader

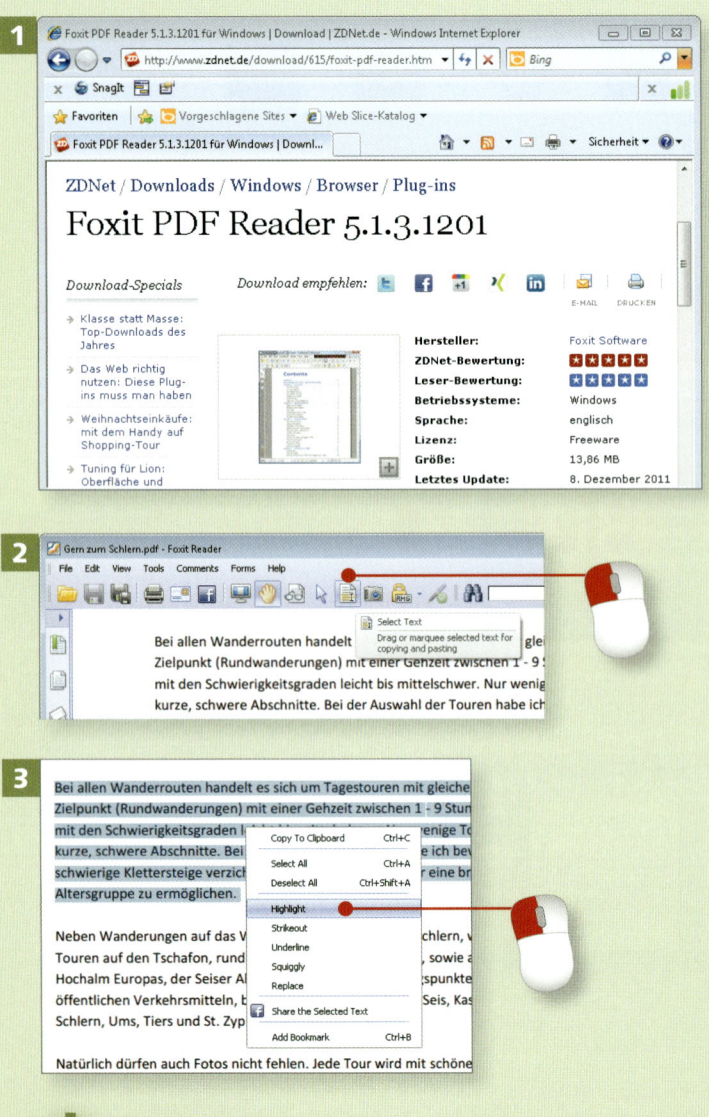

Zum Betrachten von PDF-Dokumenten benötigen Sie eine entsprechende Software, beispielsweise den Foxit Reader. Der Foxit Reader kann aber weit mehr, als nur einfach PDF-Dokumente anzuzeigen.

Schritt 1

Den Foxit Reader können Sie unter Anderem unter *www.zdnet.de/download/615/foxit-pdf-reader.htm* herunterladen (**Jetzt herunterladen** unten auf der Seite) und anschließend installieren.

Schritt 2

Ein Doppelklick auf eine PDF-Datei öffnet diese. Um einzelne Wörter oder Textpassagen zu markieren, klicken Sie zunächst oben in der Menüleiste auf das Symbol **Select Text**, um die entsprechende Funktion zu aktivieren.

Schritt 3

Markieren Sie mit der Maus den gewünschten Text, und klicken Sie anschließend mit der rechten Maustaste auf den Text, um das Kontextmenü zu öffnen. Wählen Sie den Befehl **Highlight** aus.

Toolbar abwählen

Bei der Installation wird Ihnen angeboten, zusätzlich eine Toolbar mit integrierter Ask-Suchfunktion zu installieren. Ich empfehle, die unnötige Toolbar abzuwählen und nicht mit zu installieren.

Schritt 4

Textmarkierungen allein reichen nicht immer aus, manchmal möchte man auch selbst etwas kommentieren. Öffnen Sie das Menü **Comments**, und klicken Sie anschließend auf **Note**, um die Kommentarfunktion zu aktivieren.

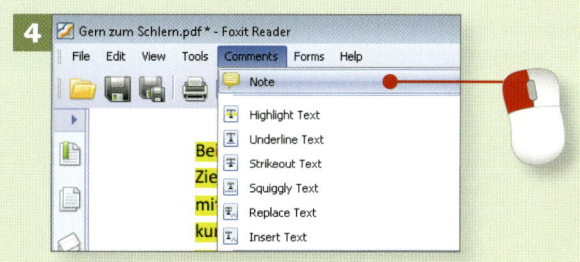

Schritt 5

Wählen Sie mit einem Mausklick eine geeignete Stelle für Ihren Kommentar aus, und tragen Sie Ihre Notiz in das sich öffnende Textfeld ein. Zum Schließen des Feldes klicken Sie auf das kleine Kreuz ❶ am rechten Rand.

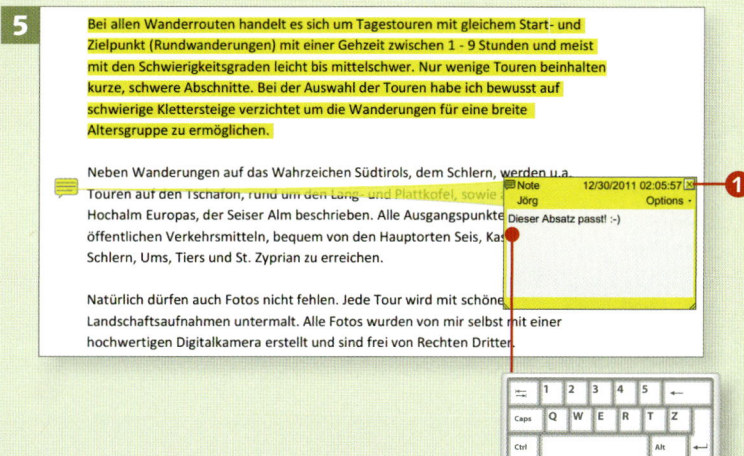

Schritt 6

Sobald Sie mit der Maus auf ein Kommentarsymbol zeigen, wird der dazugehörige Text angezeigt. Mit einem Doppelklick öffnen Sie das Textfenster zur weiteren Bearbeitung.

> **Deutsches Sprachpaket**
>
> Erfahrene Anwender können sich über die Webseite des Herstellers unter *www.foxitsoftware.com* auch ein deutsches Sprachpaket laden und installieren. Alle Menüs im PDF-Reader sind anschließend in deutscher Sprache verfügbar.

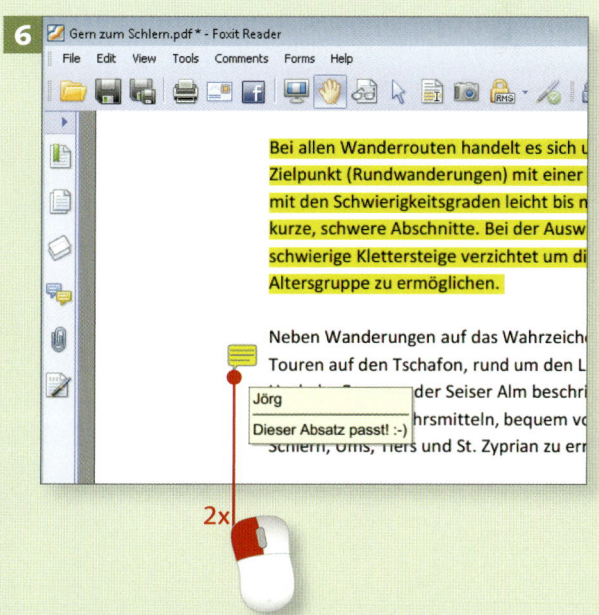

avast! Free Anti-Virus

Zum Schutz vor Computerschädlingen sollte auf jedem PC eine Anti-Viren-Software installiert sein. Es muss aber nicht immer ein teures Produkt sein.

Schritt 1

avast! Free Anti-Virus können Sie unter *www.avast.de/produkte/ freeware/avast-free-antivirus.html* herunterladen.

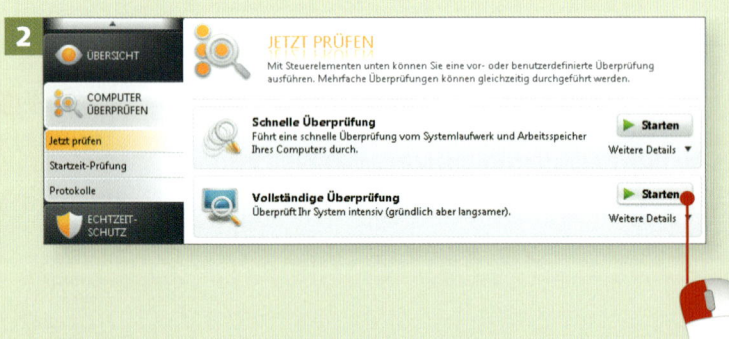

Schritt 2

Nach der Installation sollten Sie zunächst Ihr System überprüfen. Klicken Sie hierfür im Menü **Computer überprüfen** auf **Starten** neben dem Eintrag **Vollständige Überprüfung**.

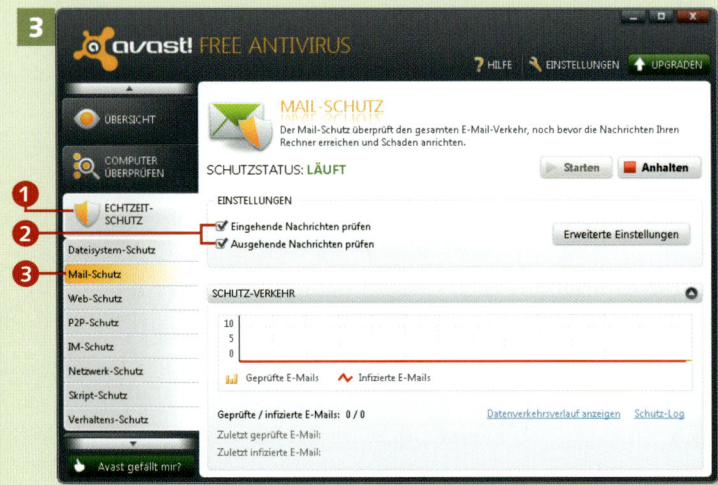

Schritt 3

Prüfen Sie den Status aller Schutzoptionen im Bereich **Echtzeitschutz ❶**. Alle Modi sollten aktiviert sein und ausgeführt werden ❷. Der Mail-Schutz ❸ prüft z. B. alle ein- und ausgehenden Nachrichten.

i

Registrierung notwendig

Um die kostenlose Version nutzen zu können, müssen Sie sich nach der Installation innerhalb von 30 Tagen registrieren. Wählen Sie bei der Registrierung den kostenlosen Grundschutz.

Windows kann ZIP-Archive erstellen und öffnen. Mit dem kostenlosen 7-Zip erreichen Sie nicht nur eine deutlich höhere Komprimierungsrate, Sie können überdies mehrere Dateiformate nutzen und Ihre Archive mit einem Kennwort schützen.

Schritt 1

Das Programm 7-Zip steht zum kostenlosen Herunterladen auf der Seite www.7-zip.de bereit.

Schritt 2

Markieren Sie im Explorer die zu komprimierenden Dateien, klicken Sie eine der markierten Dateien mit der rechten Maustaste an ❹, zeigen Sie auf **7-Zip**, und wählen Sie schließlich die Option **Zu einem Archiv hinzufügen**.

Schritt 3

Geben Sie eine Bezeichnung für das Archiv ein ❺, und wählen Sie das gewünschte Archivformat ❻. Legen Sie optional im Abschnitt **Verschlüsselung** ein Passwort ❼ fest, und starten Sie die Komprimierung mit **OK**.

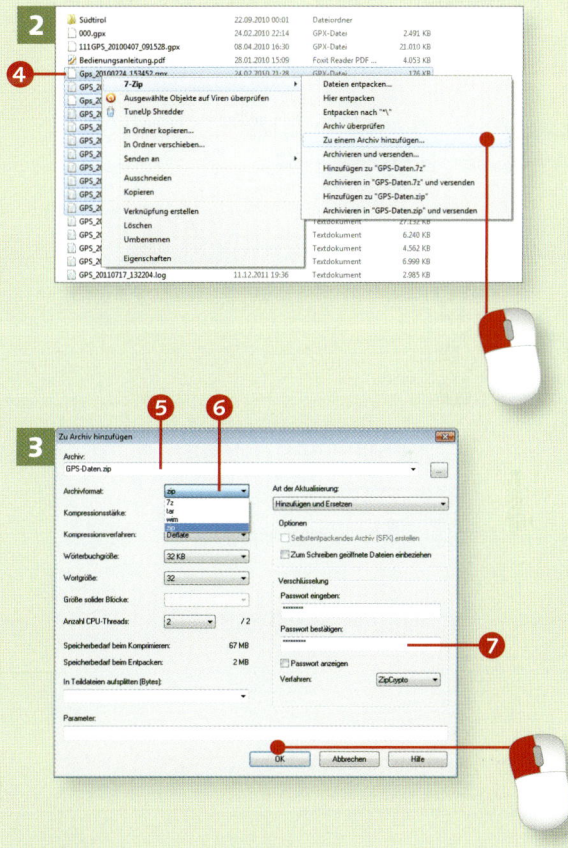

.zip oder .tar

Möchten Sie Archive per E-Mail versenden, wählen Sie am besten die gängigen Formate ZIP oder TAR.

Sandra hilft

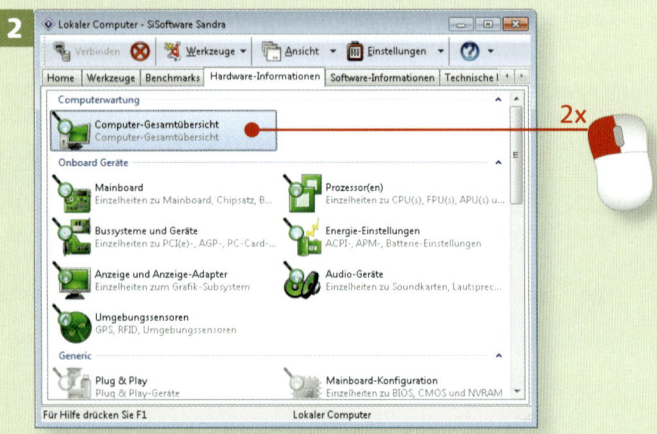

Schauen Sie mit dem Systemdiagnose-Programm Sandra Lite hinter die Kulissen. Welche Hardware ist in Ihrem Rechner verbaut? Ist auf dem Mainboard noch Platz für eine Speichererweiterung?

Schritt 1

Steuern Sie mit Ihrem Browser die Seite *www.zdnet.de/download/ 20430/sisoftware-sandra-lite-2012. htm* an. Dort können Sie das Programm herunterladen.

Schritt 2

Nach erfolgter Installation starten Sie das Programm. Öffnen Sie das Register **Hardware-Informationen**, und führen Sie dort einen Doppelklick auf den Menüpunkt **Computer-Gesamtübersicht** aus.

Schritt 3

Das Programm listet nun zahlreiche Informationen zu Ihrem Computer auf, z. B. die verbaute CPU, die Bezeichnung des Mainboards oder die Kapazität und Bezeichnung Ihres Arbeitsspeichers.

Schritt 4

Ein Ausdruck der Daten aus dem Programm heraus ist nicht möglich. Zum Sichern der Informationen klicken Sie in der Menüleiste unten auf das zweite Symbol von links, **In Zwischenablage kopieren.**

Schritt 5

Öffnen Sie WordPad, und fügen Sie die Daten aus der Zwischenablage in ein neues Dokument ein. Klicken Sie hierfür mit der rechten Maustaste in das Dokument, und wählen Sie den Befehl **Einfügen** aus.

Schritt 6

Drucken Sie nun die Daten aus, und legen Sie den Ausdruck am besten zu den Unterlagen Ihres Rechners. So haben Sie alle Systeminformationen bei Bedarf stets schnell zur Hand.

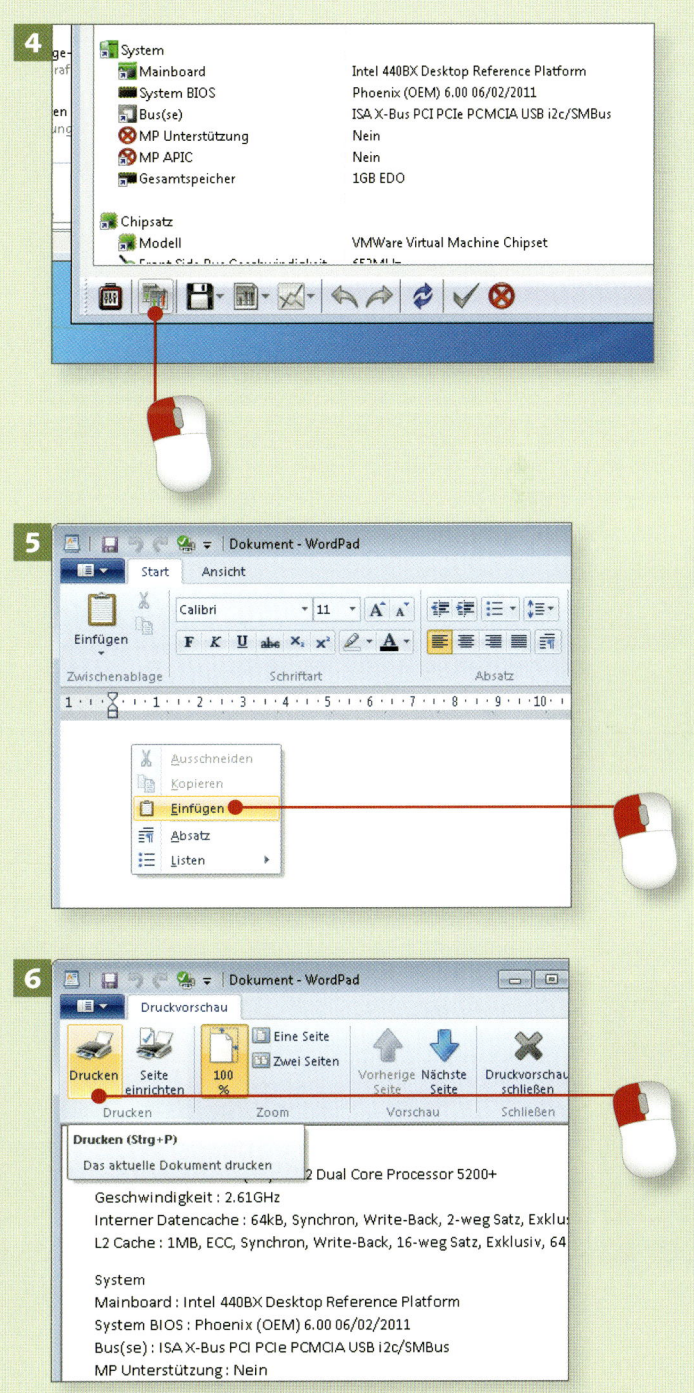

i Leistungstests

Über den Menüpunkt **Benchmarks** können Sie die Leistung Ihrer Hardware testen und mit den in einer Datenbank gespeicherten Leistungsdaten anderer Computer vergleichen.

Der CCleaner

Starten Sie mit dem CCleaner einen Frühjahrsputz, und entfernen Sie unnützen Datenmüll aus Ihrem System.

Schritt 1

Den CCleaner finden Sie zum kostenlosen Download unter *www.heise.de/software/download/ ccleaner/36380*.

Schritt 2

Nach dem Start ist sofort die Option **Cleaner** aktiv. Legen Sie im Register **Windows** ❶ die Bereiche fest, aus denen Sie Daten löschen möchten. Sie können aber auch bedenkenlos die Vorauswahl belassen.

Schritt 3

Wechseln Sie in das Register **Anwendungen**. Auch hier können Sie die Vorauswahl belassen oder eine eigene Auswahl treffen.

Die richtige Auswahl

Aktivieren Sie ausgegraute Optionen nur, wenn Sie wirklich genau wissen, welche Daten hierbei gelöscht werden.

Schritt 4

Sind alle Einstellungen getroffen, klicken Sie auf die Schaltfläche **Analysieren**. Bleiben Sie geduldig: Der Analysevorgang nimmt je nach getroffener Auswahl einige Minuten Zeit in Anspruch.

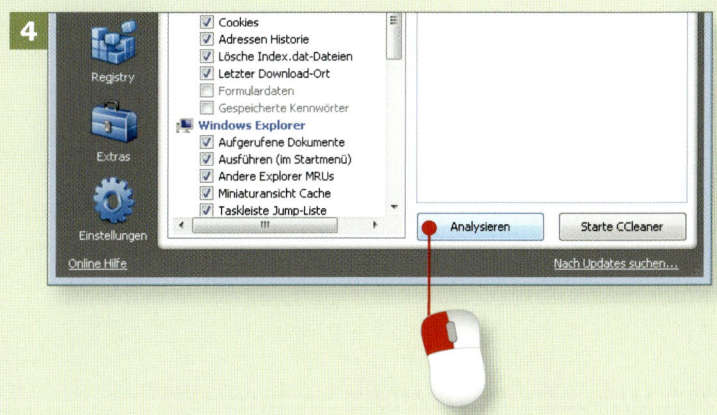

Schritt 5

Ist die Analyse abgeschlossen, starten Sie die Bereinigung schließlich über die Schaltfläche **Starte CCleaner**.

Schritt 6

Eine letzte Abfrage: Möchten Sie die ausgewählten Dateien wirklich löschen? Bestätigen Sie die Abfrage mit **OK**.

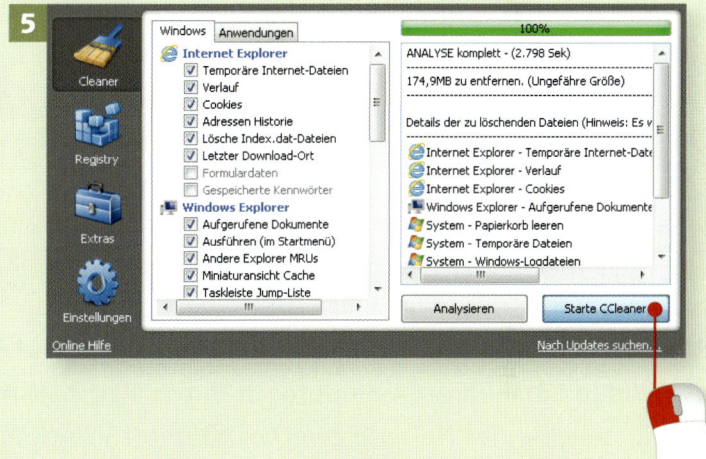

Registry säubern

Falls Sie über den Menüpunkt **Registry** auch die Registrierung säubern möchten, nutzen Sie unbedingt die vom Programm vorgeschlagene Sicherungsoption. Ohne vorherige Sicherung sollten Sie keine Änderung an der Registrierung durchführen!

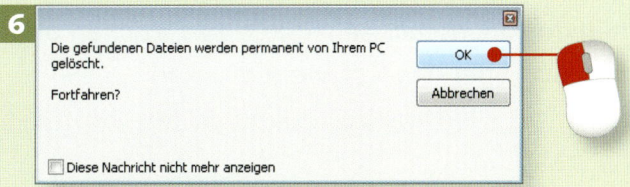

Kapitel 7
Internet und Netzwerk einrichten

Einkaufen, Reisen buchen, Eintrittskarten bestellen – es scheint fast nichts mehr zu geben, was man nicht über das Internet machen kann. Aber welches ist der richtige Browser für Sie? Bringen Sie Ihren Computer per WLAN ins Netz, und vereinen Sie mehrere PCs in einer Heimnetzgruppe.

Mit Windows 7 per WLAN ins Internet
Vorbei sind die Zeiten, als ein Computer orts- und kabelgebunden nur in einem Raum genutzt werden konnte. Verbinden Sie Ihren Rechner per WLAN ❶, und surfen Sie auf der Terrasse, im Garten oder in jedem anderen Raum in Ihrer Wohnung bequem im Internet.

Die Browserauswahl
Der Internet Explorer darf aus Wettbewerbsgründen nicht mehr fest im Betriebssystem verankert. Sie haben eine ungeheure Mange an Auswahlmöglichkeiten. Welcher Browser soll es sein? Firefox, Opera, Safari oder Google Chrome? Wählen Sie Ihren Favoriten ❷.

Mehrere Computer über eine Heimnetzgruppe verbinden
Verbinden Sie mehrere Computer in Ihrem Haushalt miteinander, z. B. kabellos per WLAN. Das Erstellen eines Heimnetzwerkes ❸ unter Windows 7 ist so einfach geworden wie nie zuvor. Statt langer, umständlicher und fehleranfälliger Konfigurationen genügen nun wenige Mausklicks für ein stabiles Netzwerk. So können Sie auf einfachem Wege Daten zwischen den angeschlossenen PCs austauschen und sogar gemeinsam auf einen Drucker zugreifen und über das Netzwerk drucken.

Per WLAN im Internet zu surfen ist der bequemste Weg. **1**

Welcher Browser darf's denn sein? – Sie haben die Wahl. **2**

Wollen Sie mehrere Rechner innerhalb Ihres WLANs verbinden, erstellen Sie eine Heimnetzgruppe. Sie lesen in diesem Kapitel, wie es geht. **3**

Mit Windows 7 per WLAN ins Internet

Bei schönem Wetter auf dem Balkon oder draußen im Garten sitzen und nebenher mit dem Laptop ins Internet gehen zu können, hat schon was. Unter Windows 7 ist die Verbindung mit einem WLAN zum Glück sehr einfach.

Schritt 1

Klicken Sie rechts unten neben der Uhr auf das Netzwerksymbol in der Taskleiste, um sich alle Drahtlosnetzwerke anzeigen zu lassen, die sich in Ihrer Nähe befinden.

Schritt 2

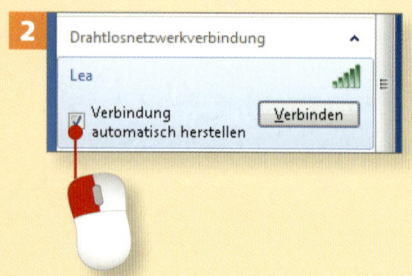

Wählen Sie Ihre Verbindung mit einem Mausklick aus. Aktivieren Sie die Option **Verbindung automatisch herstellen**, wenn Sie sich nicht bei jedem Windows-Start manuell anmelden möchten.

Schritt 3

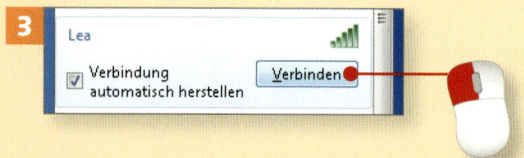

Betätigen Sie schließlich die Schaltfläche **Verbinden**, um eine Verbindung aufzubauen.

Schritt 4

Geben Sie zur Authentifizierung Ihren **Netzwerksicherheitsschlüssel** ein, und bestätigen Sie mit **OK**. Dieses Kennwort wurde bei der Einrichtung der WLAN-Verbindung im Router eingetragen.

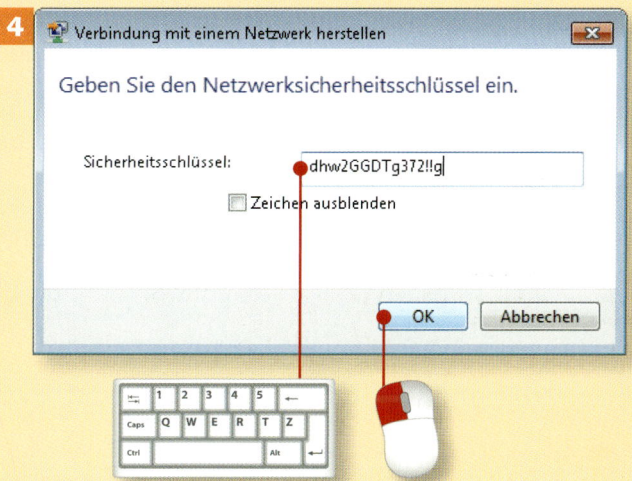

Schritt 5

Klicken Sie erneut auf das Netzwerksymbol in der Taskleiste, um zu prüfen, ob der Verbindungsaufbau geklappt hat. Neben Ihrer WLAN-Bezeichnung sollte der Hinweis **Verbunden** ❶ stehen. Schon im kleinen Symbol sehen Sie, wenn es Schwierigkeiten gibt.

Schritt 6

Sollten Sie die Verbindung ins Internet wieder trennen wollen, klicken Sie Ihr WLAN mit der rechten Maustaste an und wählen die Option **Trennen** aus dem Menü.

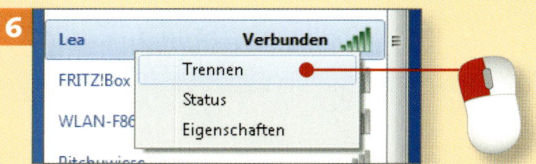

Kein WLAN?

Wird keine Verbindung angezeigt? Bei manchen Laptops muss die WLAN-Funktion erst über eine spezielle Taste oder eine Tastenkombination eingeschaltet werden!

WLAN sicher verschlüsseln

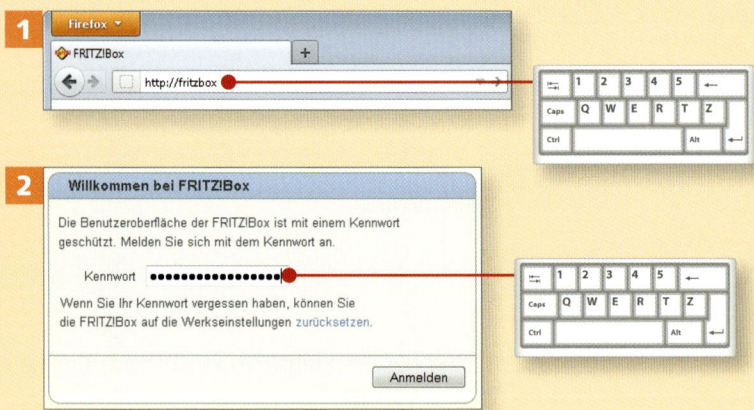

Viele WLAN-Verbindungen sind nicht ausreichend abgesichert. Kontrollieren Sie Ihre Einstellungen, und sichern Sie sich ab. Beschrieben werden die Menüeinstellungen anhand einer FRITZ!Box.

Schritt 1

Starten Sie Ihren Browser, und geben Sie die Adresse zum Konfigurationsmenü Ihres Routers ein. Diese Information finden Sie in Ihrem Handbuch. Bei einer FRITZ!Box lautet die Adresse: *http://fritz.box*.

Schritt 2

Der Zugang ist mit einem Kennwort oder einem zusätzlichen Benutzernamen geschützt. Geben Sie die korrekten Daten ein. Im Auslieferungszustand lautet das Passwort oft »123456« mit dem Benutzernamen »root«.

Schritt 3

Sollte Ihr Router noch über die Werkseinstellungen erreichbar sein, ändern Sie dies unbedingt! Klicken Sie auf **System ▸ FRITZ!Box-Kennwort**, und vergeben Sie ein neues Kennwort.

Zugang zum Router

Gelangt ein Angreifer auf Ihren Router, kann er Ihre Zugangsdaten auslesen und über Ihren Anschluss im Internet surfen. Verübt er im Netz eine Straftat, tragen Sie nach aktueller Rechtsprechung eine Mitschuld!

Schritt 4

Prüfen Sie nun das eingestellte Verschlüsselungsverfahren. Öffnen Sie hierfür, abhängig von Ihrem Router-Modell, den Punkt **WLAN- Sicherheit**, **Einstellungen** oder **Konfiguration**.

Schritt 5

Die derzeit sicherste Verschlüsselungstechnik lautet **WPA/WPA2**. Wählen Sie diese Option aus. Unterstützt Ihr Router nur das veraltete WEP-Verfahren, sollten Sie einen Austausch Ihres Routers in Erwägung ziehen.

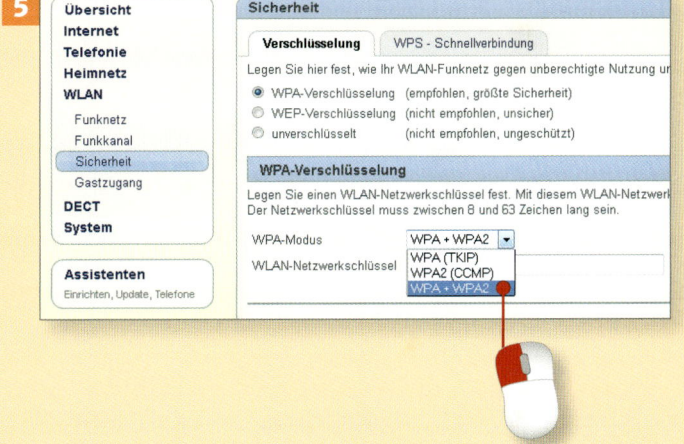

Schritt 6

Auch der verwendete Netzwerkschlüssel muss sicher sein. Wählen Sie eine nicht zu erratende Kombination aus Buchstaben, Ziffern und Sonderzeichen, und klicken Sie anschließend auf **Übernehmen**.

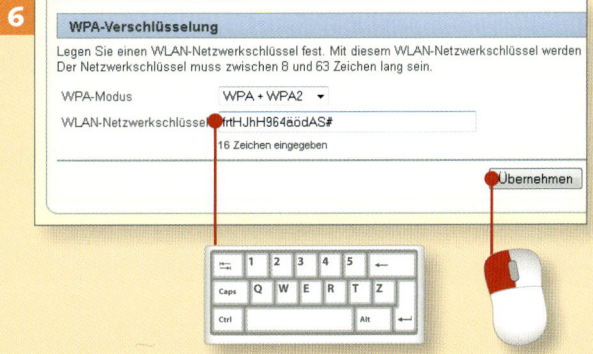

Die Menübezeichnungen

Die Menübezeichnungen unterscheiden sich von Modell zu Modell und können von den hier genannten abweichen.

WLAN-Schlüssel auslesen

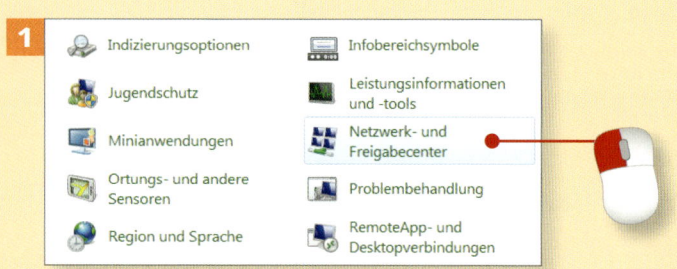

Sie möchten einen neuen Laptop über Ihre vorhandene WLAN-Verbindung ins Netz bringen, haben aber den dazu benötigten Netzwerkschlüssel gerade nicht zur Hand? Lesen Sie den Schlüssel einfach an einem bereits angeschlossenen System aus.

Schritt 1

Öffnen Sie das Netzwerk- und Freigabecenter über **Start ▸ System-steuerung** und einen Klick auf den gleichnamigen Menüpunkt, **Netz-werk- und Freigabecenter**.

Schritt 2

Wählen Sie als Nächstes auf der linken Seite den Eintrag **Drahtlos-netzwerke verwalten** aus.

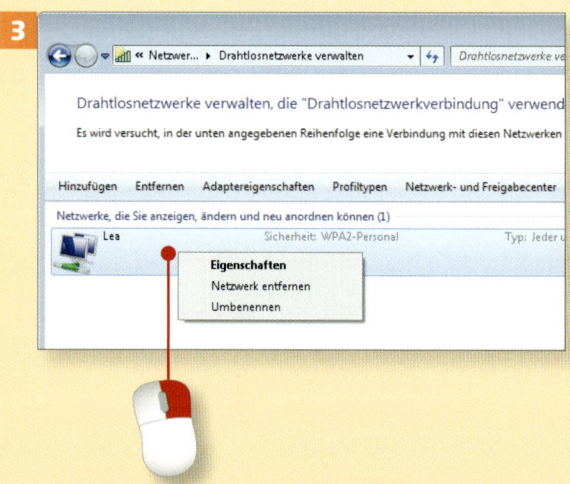

Schritt 3

Führen Sie einen einfachen Klick auf den Namen Ihrer WLAN-Verbindung aus, um diese zu markieren, und anschließend einen Rechtsklick, um das Kontextmenü zu öffnen. Wählen Sie hier den Eintrag **Eigenschaften**.

Schritt 4

Wechseln Sie im sich nun öffnenden Eigenschaftenfenster in das Register **Sicherheit**.

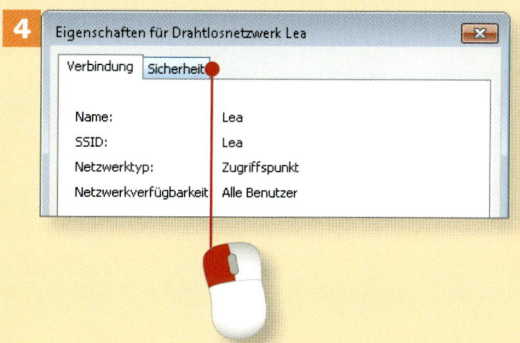

Schritt 5

Markieren Sie schließlich im Abschnitt **Sicherheitsschlüssel** das kleine Kästchen vor dem Eintrag **Zeichen anzeigen**.

Schritt 6

Der Schlüssel wird nun im Klartext angezeigt, und Sie können ihn notieren. Entfernen Sie das Häkchen wieder, und schließen Sie das Fenster über die Schaltfläche **OK**.

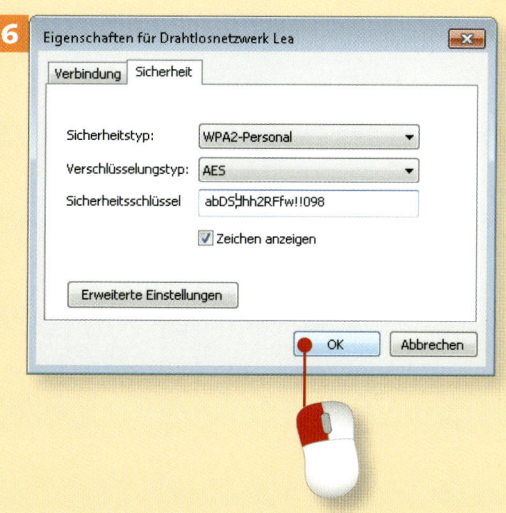

Auch hier gilt: Vorsicht!

Sie sollten den notierten Schlüssel so wie auch alle anderen Passwörter nicht einfach so herumliegen lassen. Am besten sammeln Sie alle wichtigen Kennwörter und Notizen an einem sicheren Ort.

So ändern Sie den Funkkanal in Ihrem Router

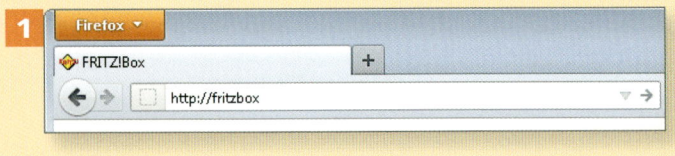

Wenn zu viele WLANs aus der Nachbarschaft über den gleichen Funkkanal betrieben werden, kann dies den Betrieb massiv stören. Häufige Verbindungsabbrüche können die Folge sein.

Schritt 1

Den Funkkanal können Sie in Ihrem Router ändern. Starten Sie Ihren Browser, und geben Sie die Adresse zum Konfigurationsmenü Ihres Routers ein, z. B. *fritz.box* oder *http://192.168.2.1*.

Schritt 2

Tragen Sie die benötigten Zugangsdaten ein. Erst dann öffnet sich das Konfigurationsmenü.

Schritt 3

Öffnen Sie den Menüpunkt **Wireless ▸ Channel** oder **WLAN ▸ Funkkanal**. Die genaue Bezeichnung hängt auch hier wieder vom Router ab.

Signal verstärken
Verbindungsabbrüche können auch die Folge einer zu schwachen Funkleistung sein. Mit einem im Fachhandel erhältlichen Repeater können Sie die Signalstärke erhöhen.

Schritt 4

Häufig ist Kanal 9 voreingestellt. Wählen Sie, soweit vorhanden, den Eintrag **Autokanal**. Der Router sucht sich dann selbst den geeignetsten Kanal. Steht dieser Punkt nicht zur Verfügung, wählen Sie **Kanal 6**.

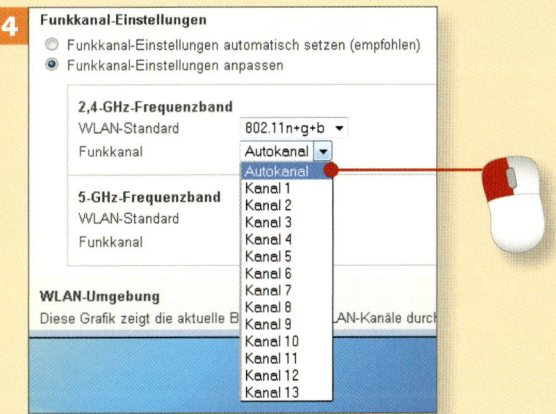

Schritt 5

Speichern Sie die Einstellung ab. Je nach Modell müssen Sie den Router kurz aus- und wieder einschalten, damit eine neue Verbindung mit dem neu eingestellten Kanal aufgebaut werden kann.

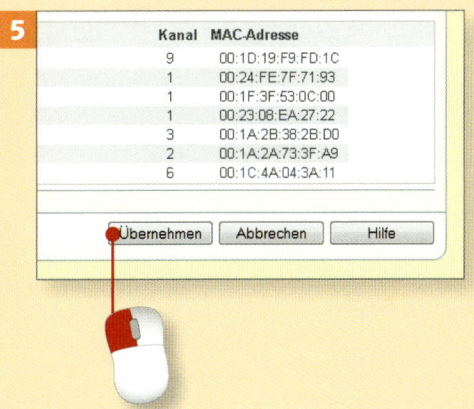

Schritt 6

Brachte der Kanalwechsel keinen Erfolg, wiederholen Sie die ersten Schritte und ändern den Kanal nach oben ab, z. B. in **Kanal 12**.

Kanalwahl und Frequenz

Auch Netze auf benachbarten Kanälen können stören. Ändern Sie daher den Kanal jeweils um mindestens 2–3 Kanalnummern ab. Verfügt Ihr Router auch über die Möglichkeit eines Frequenzwechsels, ändern Sie diese von 2,4 GHz auf 5 GHz. Das mindert die Störwahrscheinlichkeit.

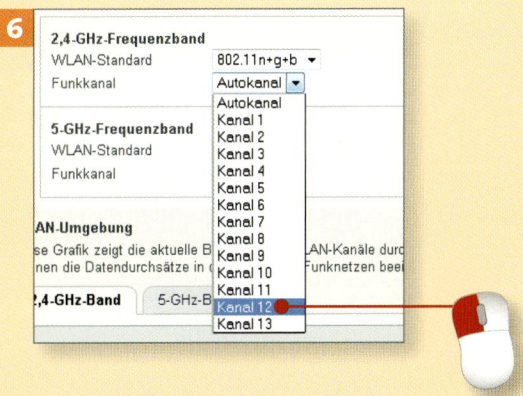

Drucker über WLAN nutzen

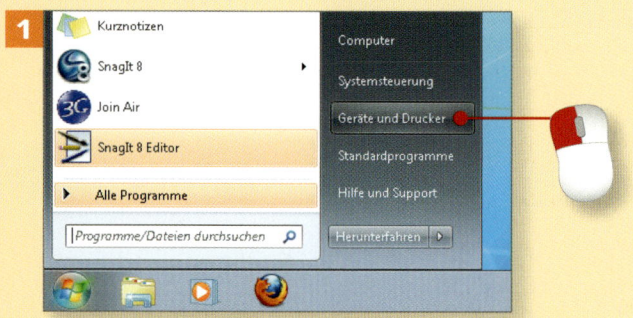

Fügen Sie Ihren Zweitcomputer einer Heimnetzgruppe hinzu, und nutzen Sie so via WLAN den am Hauptrechner angeschlossenen Drucker. Hierfür benötigen Sie weder einen WLAN-fähigen Drucker noch einen speziellen Router.

Schritt 1

Nehmen wir an, Sie möchten den Drucker Ihres Desktop-PCs auch über den Laptop nutzen. Öffnen Sie auf dem Laptop die Druckerverwaltung über das **Startmenü** und die Auswahl der Option **Geräte und Drucker**.

Schritt 2

Nun gilt es, den Drucker im System hinzuzufügen. Klicken Sie oben in der Menüleiste der Druckerverwaltung auf die Schaltfläche **Drucker hinzufügen.**

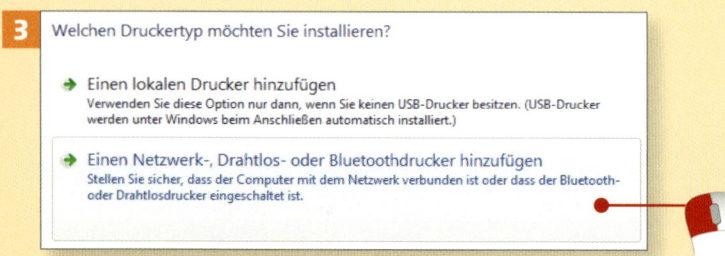

Schritt 3

Im folgenden Dialog wählen Sie per Mausklick die Option **Einen Netzwerk-, Drahtlos-, oder Bluetoothdrucker hinzufügen**.

Heimnetzgruppe

Um den Drucker über das Netzwerk zu nutzen, müssen die angeschlossenen Computer Mitglied einer Heimnetzgruppe sein. Wie Sie ein Heimnetzwerk erstellen und Rechner hinzufügen, lesen Sie in Abschnitt »So richten Sie eine Heimnetzwerkgruppe ein«, ab Seite 156.

Schritt 4

Hauptrechner und der dort angeschlossene Drucker müssen eingeschaltet sein, damit dieser gefunden werden kann. Wählen Sie den
passenden Drucker aus der Liste aus,
und klicken Sie auf **Weiter**.

Schritt 5

Nach einigen Sekunden erscheint
die Meldung, dass der Drucker
erfolgreich hinzugefügt wurde. Über
die gleichnamige Schaltfläche geht
es **Weiter**.

Schritt 6

Wenn Sie möchten, können Sie über
den Menüpunkt **Testseite drucken**
eine Testseite ausdrucken lassen.
Schließen Sie den Vorgang mit einem Klick auf **Fertig stellen** ab.

! Druckerverbindung kann nicht hergestellt werden

Damit der Drucker verwendet
werden kann, muss der passende
Treiber auf Ihrem Laptop installiert
sein. Installieren Sie im Fehlerfall
zunächst den Drucker, und fügen
Sie ihn dann erst als Netzwerkdru-
cker gemäß dieser Anleitung hinzu.

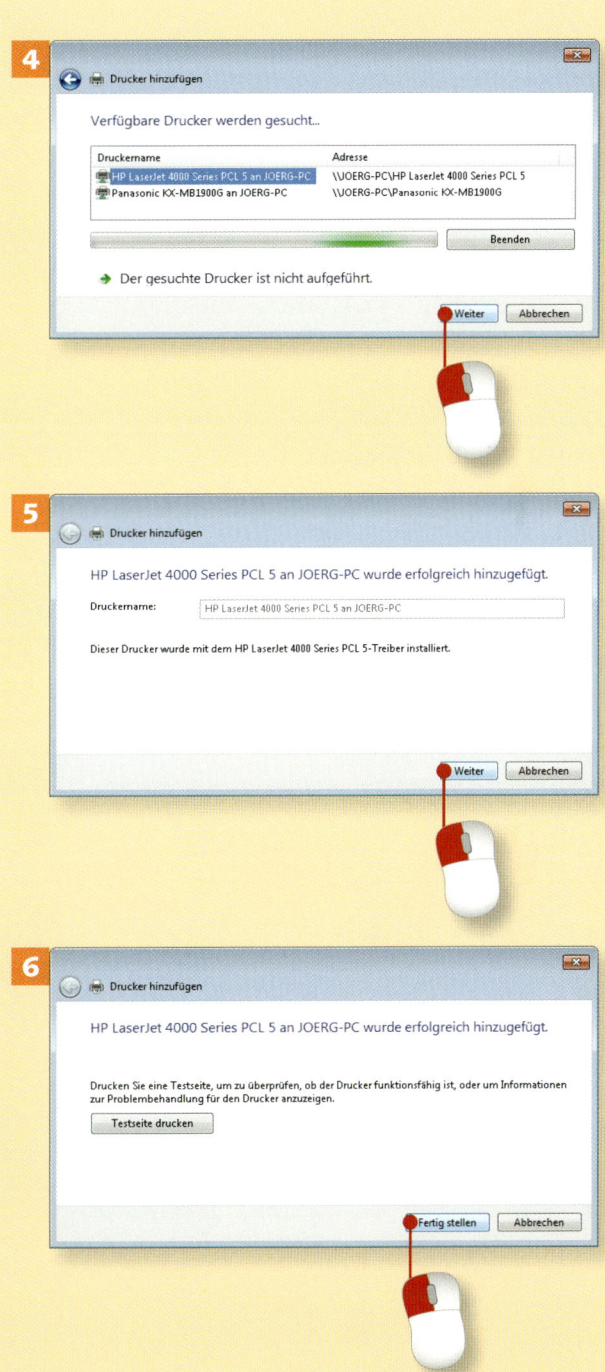

Den richtigen Browser finden

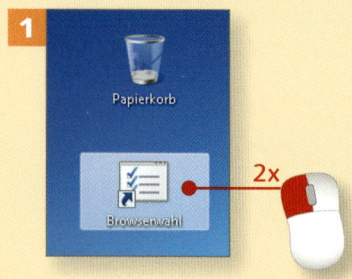

Lange Jahre war der Internet Explorer der Standardbrowser unter Windows und nahezu ohne Konkurrenz. Die Zeiten ändern sich, und heute gibt es einige Browser mehr. Wer die Wahl hat, hat die Qual.

Schritt 1

Öffnen Sie die **Browserauswahl** mit einem Doppelklick auf das entsprechende Symbol auf Ihrem Desktop.

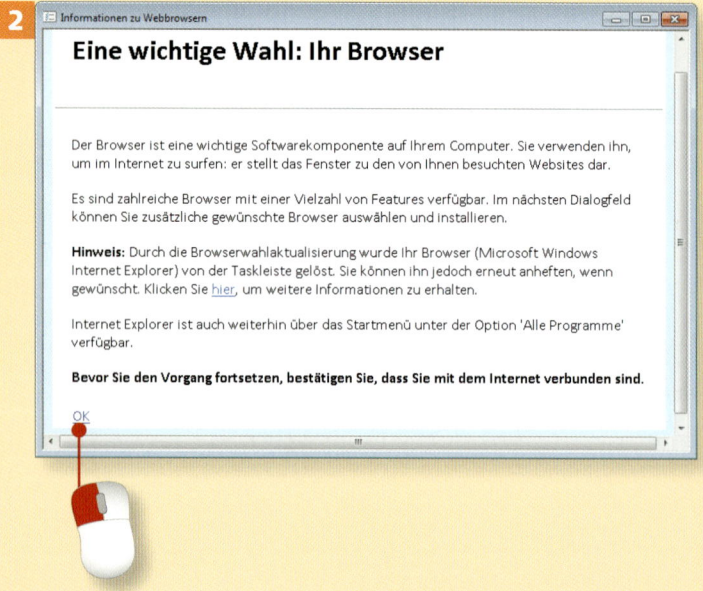

Schritt 2

Eine Informationsseite zur Browserauswahl wird angezeigt. Setzen Sie den Vorgang mit einem Klick auf **OK** fort.

Schritt 3

Nun werden einige Browser angezeigt. Mit Hilfe des Schiebereglers können Sie den Fensterinhalt verschieben, um weitere Vorschläge einzusehen. Ein Klick auf **Weitere Informationen** führt auf die jeweilige Herstellerseite des Browsers.

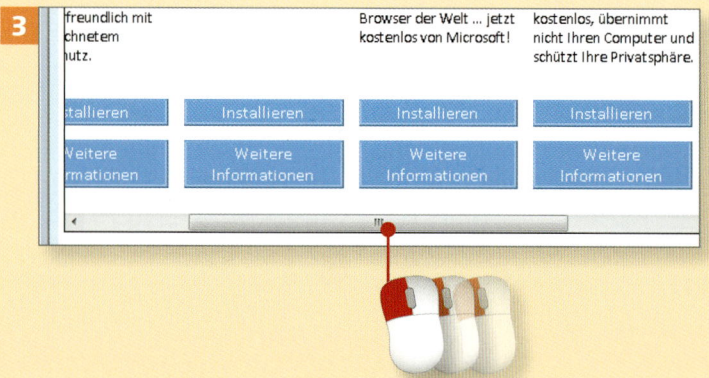

Schritt 4

Wählen Sie einen Browser aus, den Sie gerne installieren möchten, z. B. **Mozilla Firefox,** und klicken Sie auf **Installieren**. Sie können jederzeit weitere Browser installieren und zwischen ihnen wechseln.

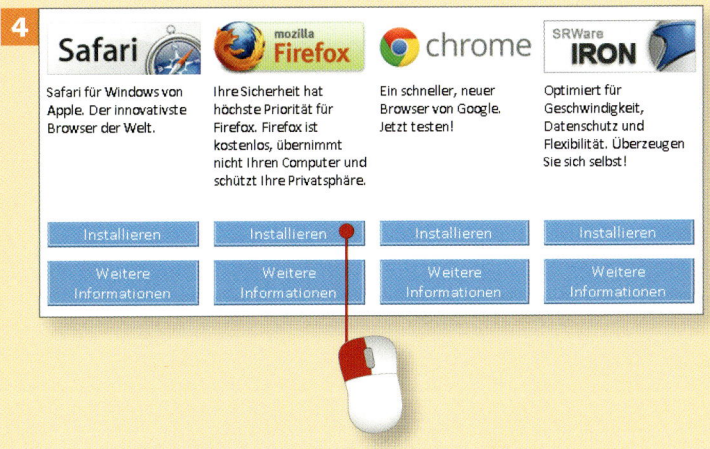

Schritt 5

Klicken Sie im folgenden Dialog auf **Ausführen**, um die Installationsroutine nach dem Download automatisch zu starten.

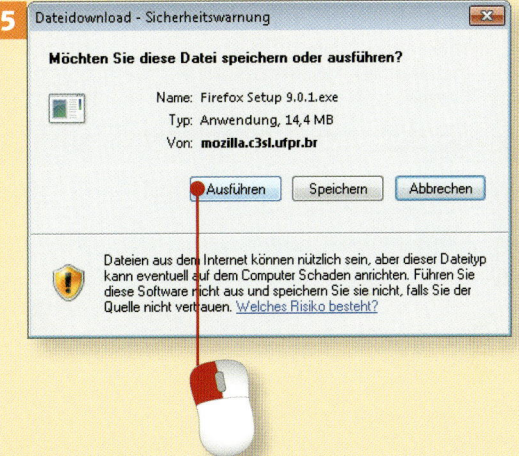

Schritt 6

Nach dem Download erscheint eine Sicherheitsabfrage. Setzen Sie auch in diesem Dialog mit einem Klick auf **Ausführen** den Vorgang fort.

Die Reihenfolge der Browser

In Fenster der Browserwahl werden alle Programme in einer willkürlichen Reihenfolge dargestellt. So soll Chancengleichheit geschaffen und Sie nicht in Ihrer Wahl beeinflusst werden.

Den richtigen Browser finden (Forts.)

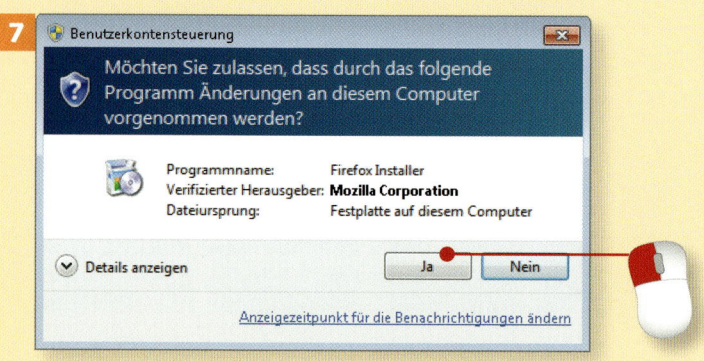

Schritt 7

Nun fordert Sie die Benutzerkontensteuerung auf, den Vorgang zu genehmigen. Klicken Sie hierfür auf **Ja**.

Schritt 8

Endlich startet das eigentliche Installationsprogramm. Bestätigen Sie den Willkommen-Dialog durch Klick auf **Weiter**, um die Installation durchzuführen.

Schritt 9

Wählen Sie anschließend die Option **Standard**, und klicken Sie erneut auf **Weiter**.

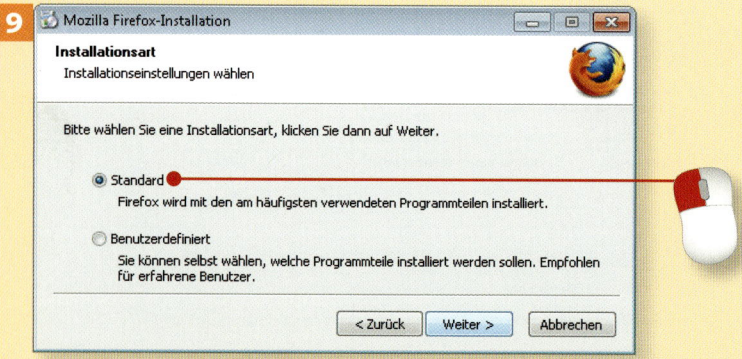

i Welcher Browser ist der beste?
Diese Frage kann man natürlich nicht so einfach beantworten. Es kommt ganz auf Ihre Bedürfnisse an. Sollten Sie unsicher sein, ist einer der »Großen«, wie z.B. Google Chrome, Internet Explorer, Firefox oder Safari aber immer eine gute Wahl. Probieren Sie ruhig mehrere Browser aus.

Schritt 10

Belassen Sie im folgenden Dialog das gesetzte Häkchen vor dem Eintrag **Firefox als Standard-Webbrowser einrichten**, und klicken Sie auf **Installieren**.

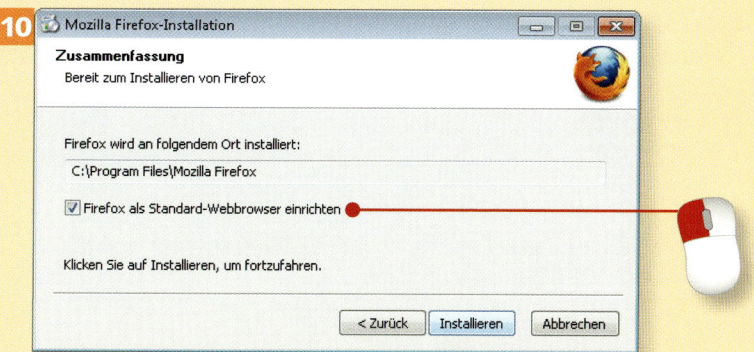

Schritt 11

Nun ist die Installation abgeschlossen. Markieren Sie das Kontrollkästchen vor der Option **Firefox jetzt starten**, und klicken Sie anschließend auf **Fertig stellen**.

Schritt 12

Firefox startet und bietet sogleich an, alle Einstellungen und Favoriten aus dem Internet Explorer zu übernehmen. Treffen Sie Ihre Wahl, und klicken Sie danach auf **Weiter** und **OK**.

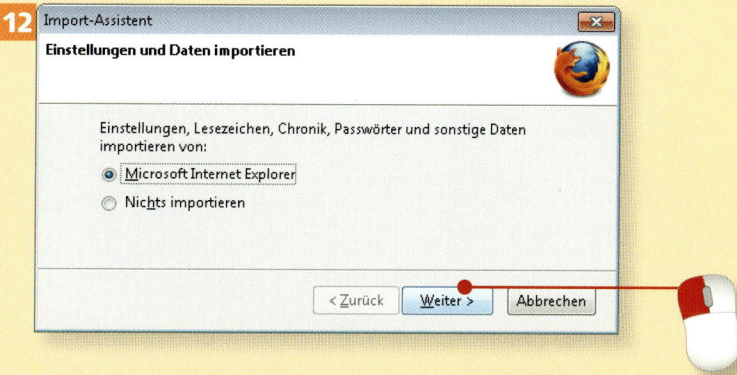

Mehrere Browser

Sie können problemlos mehrere Browser auf Ihrem System installieren. Einen Browser müssen Sie allerdings als Standardbrowser festlegen.

InPrivate-Browsen aktivieren

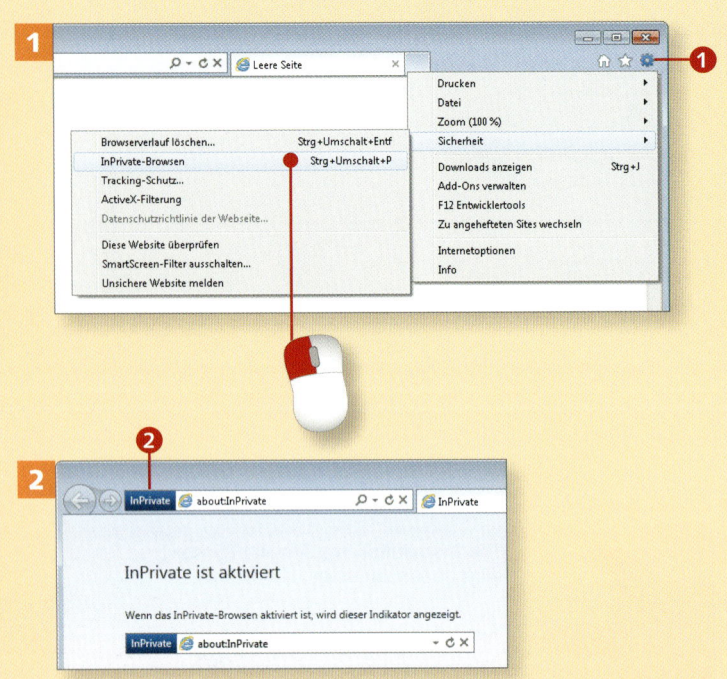

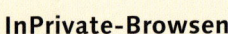

In manchen Situationen möchte man gerne im Internet surfen, ohne dabei verräterische Spuren auf dem Computer zu hinterlassen, beispielsweise wenn mehrere Benutzer auf den gleichen PC zugreifen.

Schritt 1

Klicken Sie rechts oben auf das kleine Zahnradsymbol ❶, zeigen Sie auf **Sicherheit**, und wählen Sie schließlich den Menüeintrag **InPrivate-Browsen** aus.

Schritt 2

Es öffnet sich sogleich ein neues Fenster und zeigt Ihnen Informationen zum InPrivate-Browsen an. Solange vor der Adresszeile das blaue InPrivate-Symbol ❷ zu sehen ist, surfen Sie, ohne Spuren auf dem PC zu hinterlassen.

Schritt 3

Steuern Sie nun wie gewohnt die gewünschten Seiten im Internet an. Der InPrivate-Browsen-Modus ist nur für die aktuelle Sitzung aktiv; sobald Sie den Internet Explorer schließen, wird der Modus wieder beendet.

InPrivate-Browsen

Der Internet Explorer speichert im aktivierten Modus keine Daten wie z. B. temporäre Internetdateien, Verläufe oder Cookies auf dem PC. Mit dieser Funktion sind Sie aber nicht anonym im Internet unterwegs!

Webseiten übersetzen lassen

Sehr viele Informationen im Internet stehen nur in englischer Sprache zur Verfügung. Oder möchten Sie vielleicht einmal eine finnische Zeitung im Internet lesen? Dazu müssen Sie keine Fremdsprache beherrschen.

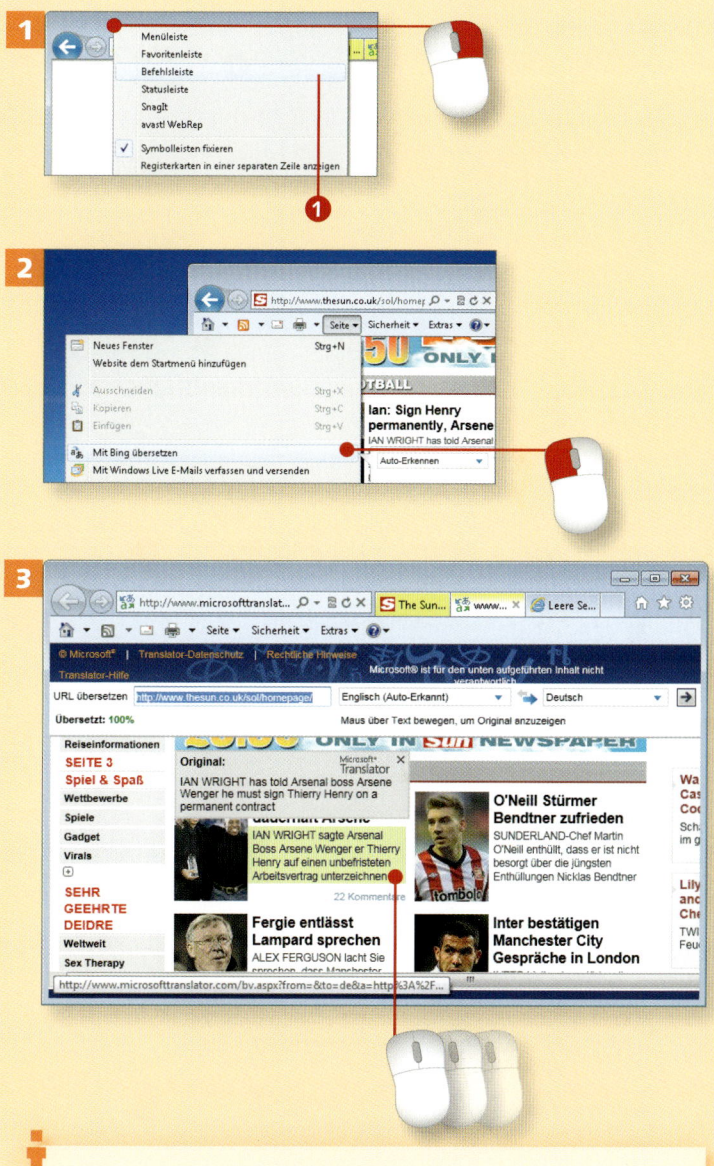

Schritt 1

Klicken Sie mit der rechten Maustaste auf eine freie Stelle in der Kopfleiste des Browsers, und wählen Sie aus dem Kontextmenü die Option **Befehlsleiste** ❶ aus, um diese Leiste einzublenden.

Schritt 2

Öffnen Sie nun die Seite, die Sie sich übersetzen lassen möchten, und klicken Sie dann in der Befehlsleiste auf **Seite** und anschließend auf **Mit Bing übersetzen.**

Schritt 3

Die Webseite wird nun automatisch übersetzt. Zeigen Sie mit der Maus auf eine beliebige Textpassage, wird Ihnen in einem kleinen Fenster der Text im Original angezeigt.

i **Übersetzungsschwierigkeiten?**
Meistens fällt die automatische Übersetzung etwas holprig aus. In den meisten Fällen sollte das Ergebnis aber ausreichen, um dem Text die wichtigsten Informationen zu entnehmen.

Auf Werkseinstellung zurücksetzen

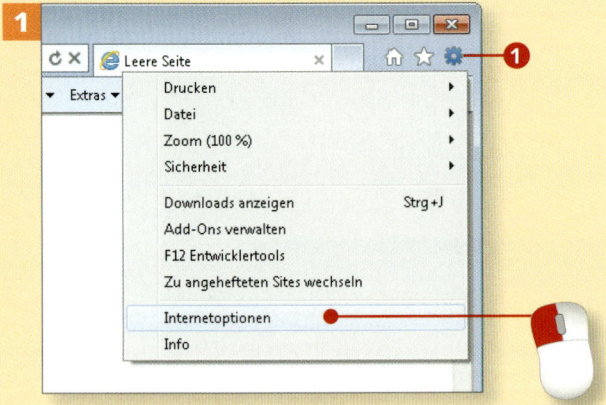

Wird das Surfen im Internet immer langsamer? Reagiert der Internet Explorer häufig träge oder stürzt immer mal wieder ab? Abhilfe schafft häufig das Zurücksetzen des Browsers in den Werkszustand.

Schritt 1

Öffnen Sie die Internetoptionen durch einen Klick auf das Zahnradsymbol ❶ und anschließende Auswahl des Eintrags **Internetoptionen**.

Schritt 2

Die gesuchte Option finden Sie im Register **Erweitert**. Wechseln Sie in dieses Register.

Schritt 3

Hier finden Sie nun viele erweiterte Internetoptionen, die Sie vielleicht im Laufe Ihrer Online-Ausflüge geändert haben. Klicken Sie im unteren Teil des Fensters schließlich auf die Schaltfläche **Zurücksetzen**.

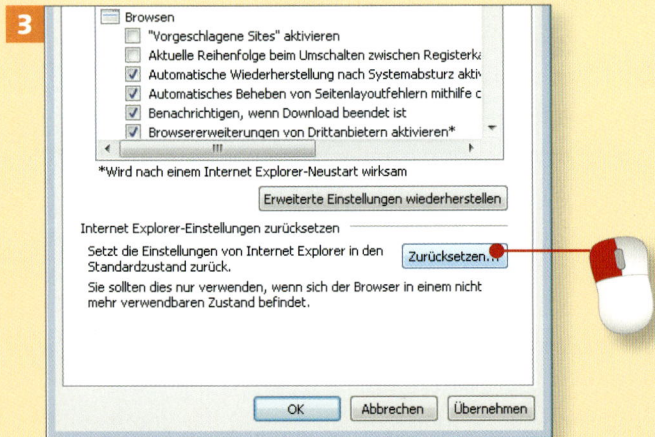

Schritt 4

Ein Hinweisdialog öffnet sich und gibt an, welche Daten gelöscht werden. Bestätigen Sie den Hinweis mit einem erneuten Klick auf **Zurücksetzen**.

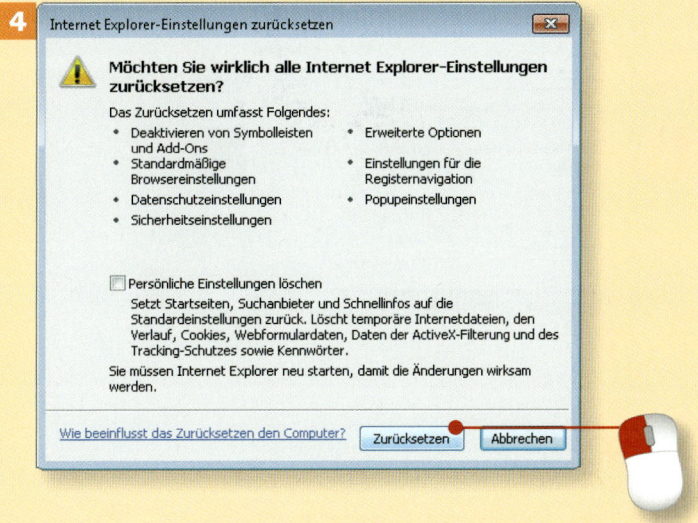

Schritt 5

Die Internet-Explorer-Einstellungen werden nun auf die Standardeinstellungen zurückgesetzt. Schließen Sie das Dialogfenster über die Schaltfläche **Schließen**.

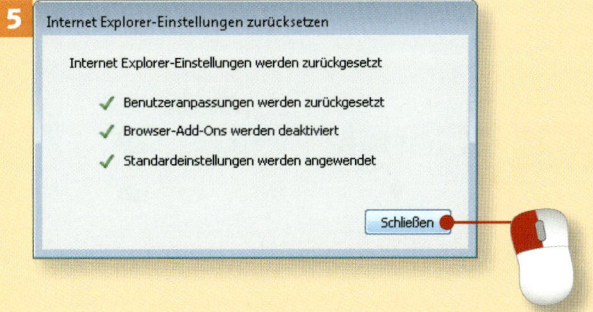

Schritt 6

Damit die Änderungen wirksam werden, müssen Sie den Browser beenden und anschließend wieder neu starten.

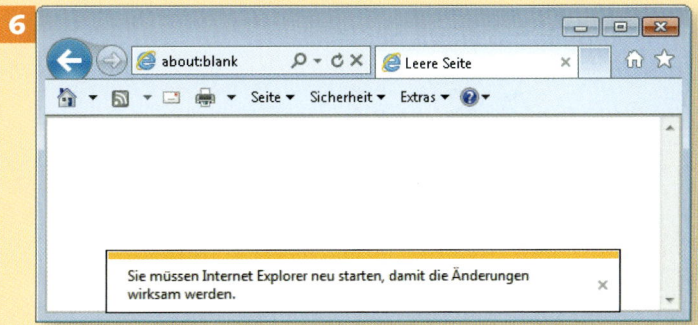

!

Persönliche Einstellungen sichern
Aktivieren Sie die Option **Persönliche Einstellungen löschen** nur, wenn Sie zuvor Ihre Daten, wie z. B. die Favoriten sowie Kennwörter und Benutzernamen, gesichert haben. Sind die persönlichen Daten gelöscht, sind sie nicht wiederherstellbar.

So legen Sie einen neuen Suchanbieter fest

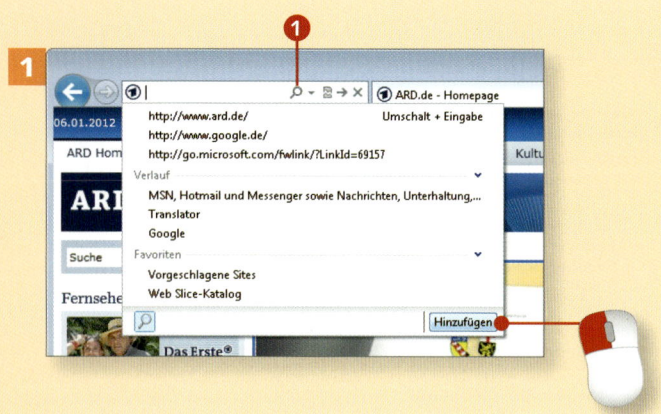

Standardmäßig nutzt der Internet Explorer den Microsoft-eigenen Suchdienst Bing. Wer lieber Google oder einen anderen Anbieter nutzen möchte, kann dies schnell und einfach ändern.

Schritt 1

Klicken Sie im Internet Explorer rechts oben auf das kleine Lupensymbol ❶ am Ende der Adresszeile und anschließend auf den Befehl **Hinzufügen**.

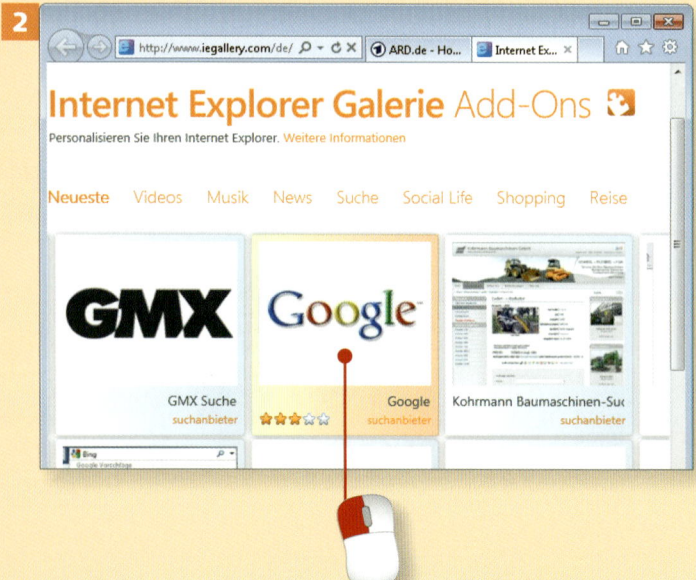

Schritt 2

Der Browser lädt nun eine Seite, auf der weitere Suchanbieter aufgelistet werden. Zeigen Sie mit der Maus auf den rechten Bildrand, um nach rechts zu scrollen, und wählen Sie einen Suchanbieter – z. B. Google – per Mausklick aus.

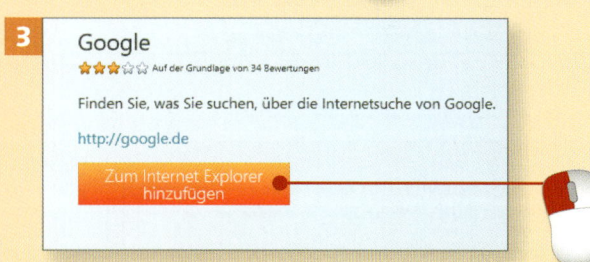

Schritt 3

Eine neue Seite wird geladen. Klicken Sie hier auf **Zum Internet Explorer hinzufügen**.

Schritt 4

Setzen Sie, falls gewünscht, das Häkchen vor dem Eintrag **Als Standardsuchanbieter festlegen**, und betätigen Sie schließlich die Schaltfläche **Hinzufügen**.

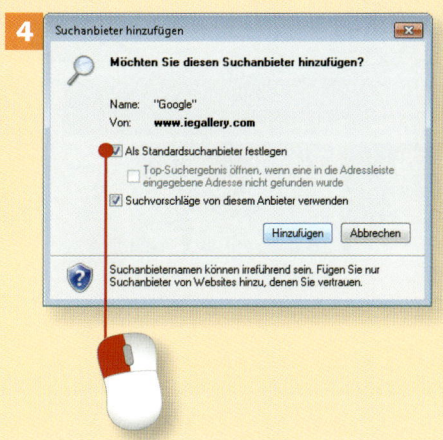

Schritt 5

Wenn Sie nun einen Suchbegriff in die kombinierte Such- und Adressleiste des Browser eingeben und mit ⏎ die Suche starten, werden Ihnen sogleich Ergebnisse der neuen Suchmaschine angezeigt.

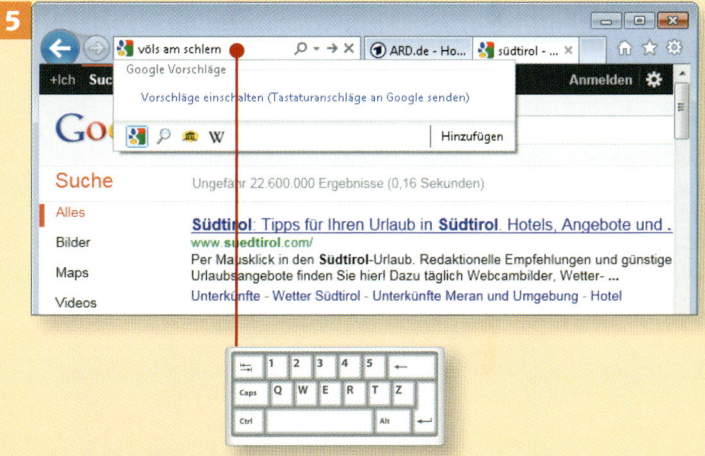

Schritt 6

Haben Sie weitere Suchanbieter installiert, können Sie durch einen Klick auf das entsprechende Anbieterlogo den Suchdienst wechseln. Drücken Sie dann die ⏎-Taste, werden Treffer des neu gewählten Anbieters aufgelistet.

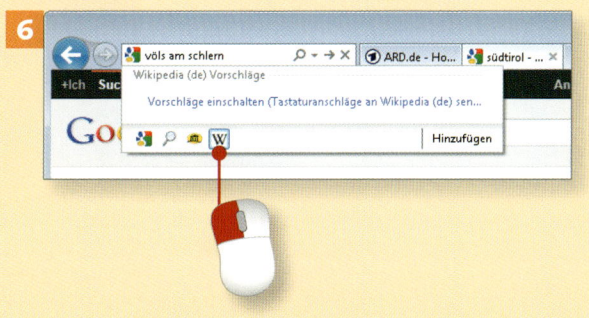

Vorschläge einschalten

Sobald Sie beginnen, einen Suchbegriff einzutippen, öffnet sich das Suchfeld und zeigt, wenn Sie es wünschen, erste Ergebnisse der Suche an. Aktivieren Sie diese Option durch einen Klick auf **Vorschläge einschalten** ❶ im Suchfeld.

Mehrere Seiten als Gruppe abspeichern

Statt Webseiten einzeln in den Favoriten abzuspeichern, bietet der Internet Explorer auch die Möglichkeit, mehrere Seiten auf einmal als Gruppe zu speichern. Das kann nützlich sein, wenn Sie regelmäßig zu einem ganz bestimmten Thema mehrere Seiten gleichzeitig aufrufen. Es kann aber auch als Gruppierung hilfreich sein.

Schritt 1

Öffnen Sie zunächst alle Webseiten, die Sie zusammen als Gruppe ❶ abspeichern möchten.

Schritt 2

Klicken Sie auf das Sternsymbol rechts oben im Internet Explorer, um das **Favoriten**-Menü des Browsers zu öffnen.

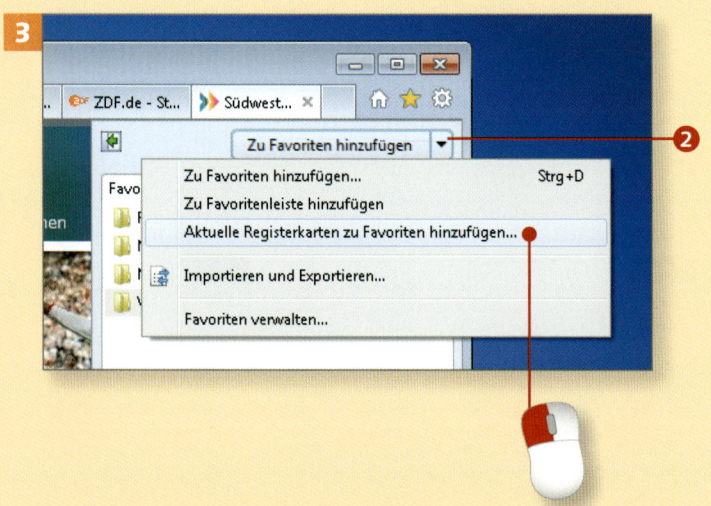

Schritt 3

Weiter geht es mit einem Klick auf den kleinen Pfeil neben der Schaltfläche **Zu Favoriten hinzufügen** ❷ und Auswahl der Option **Alle Registerkarten zu Favoriten hinzufügen**.

Schritt 4

Vergeben Sie jetzt einen geeigneten Namen für den Ordner, in den die Seiten gespeichert werden.

Schritt 5

Über das Dropdown-Menü können Sie zusätzlich festlegen, ob der neue Ordner in einem bereits vorhandenen Ordner angelegt werden soll. Haben Sie die Auswahl getroffen, klicken Sie auf **Hinzufügen**.

Schritt 6

Im neu angelegten Favoriten-Ordner sind nun die Seiten abgelegt. Sie müssen nun aber nicht jedes Mal die ganze Gruppe aufrufen, wenn Sie eigentlich nur eine der gespeicherten Seiten öffnen wollen. Sie können die Seiten einzeln öffnen, oder Sie klicken auf den Pfeil neben dem Ordnernamen, um alle darin befindlichen Seiten gleichzeitig zu öffnen.

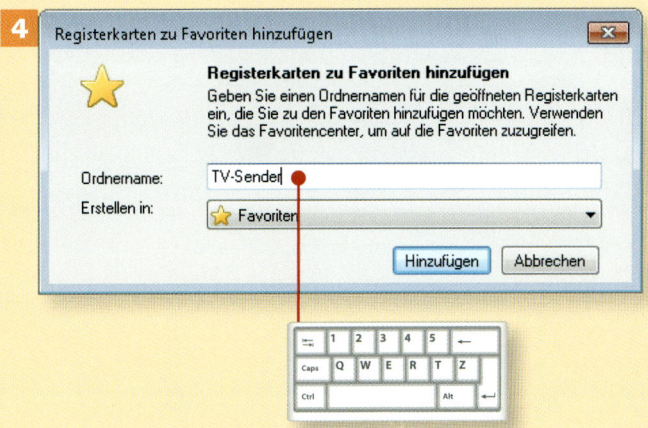

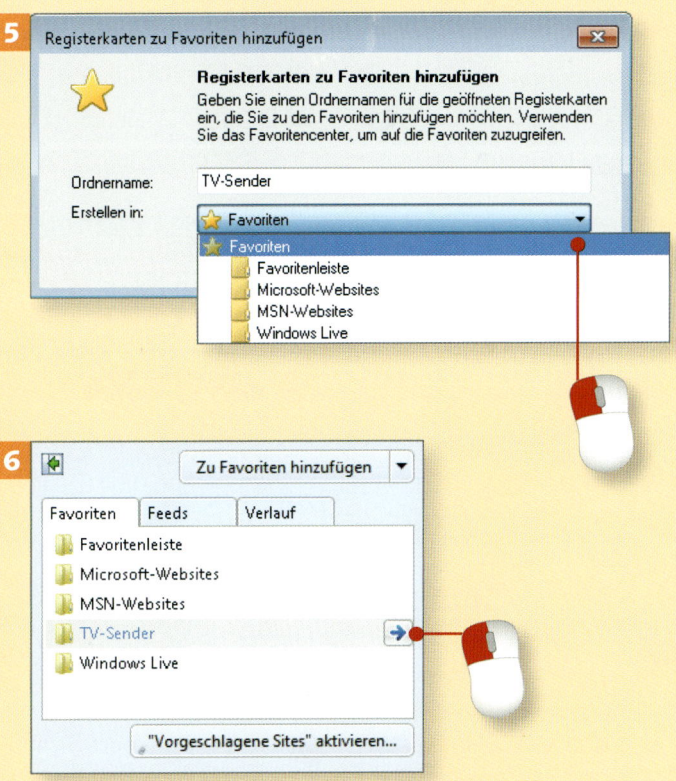

Werbefrei im Internet surfen

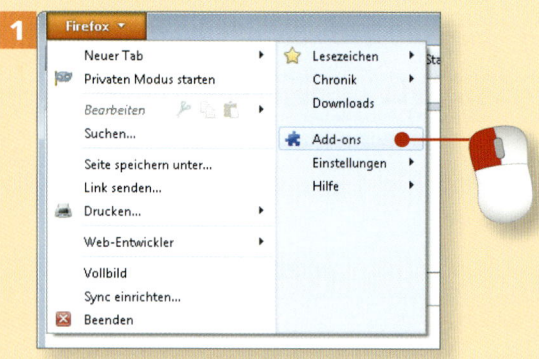

Ganz ohne Werbung geht es nicht; darüber werden viele Dienste finanziert und bleiben so für den Leser kostenlos. Auf manchen Seiten wird man allerdings mit Werbung nahezu überschüttet. Hier hilft ein kleines Add-on weiter.

Schritt 1

Starten Sie Ihren Firefox-Browser, und klicken Sie im Firefox-Startmenü auf **Add-ons**.

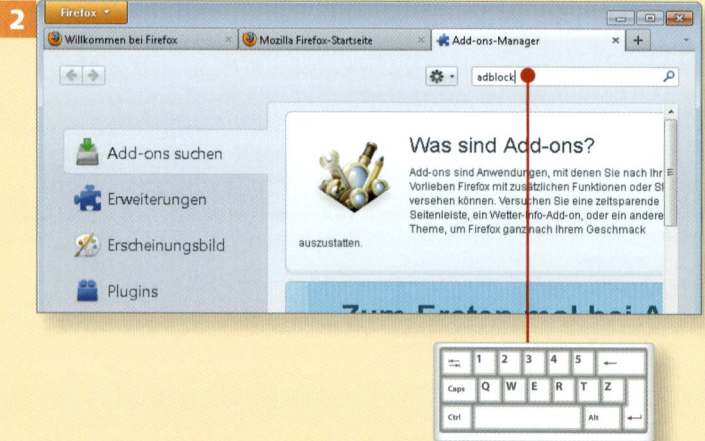

Schritt 2

Geben Sie auf der sich nun geöffneten Seite den Suchbegriff *adblock* ein, und schließen Sie die Eingabe mit der ⏎-Taste ab.

Schritt 3

Ganz oben in der Trefferliste sollte nun der Eintrag **Adblock Plus** zu finden sein. Klicken Sie hinter diesem Eintrag auf **Installieren**.

Erfolgsquote

Jede Werbung kann das Add-on nicht erkennen und blockieren, die Erkennungsquote ist aber hoch. So macht das Surfen im Netz wieder deutlich mehr Spaß!

Schritt 4

Der Download erfolgt automatisch und ist nach wenigen Sekunden abgeschlossen. Klicken Sie auf **Jetzt neu starten**, damit die Installation des Add-ons abgeschlossen werden kann.

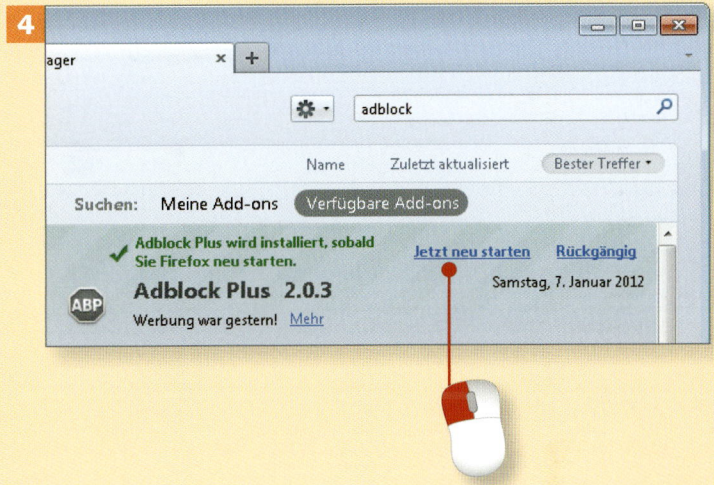

Schritt 5

Rufen Sie eine beliebige Internet-seite auf. Sie sehen links unten im Browser ein kleines Stoppschild. Zeigen Sie mit der Maus darauf, wird Ihnen angezeigt, wie viele Elemente auf dieser Seite blockiert wurden.

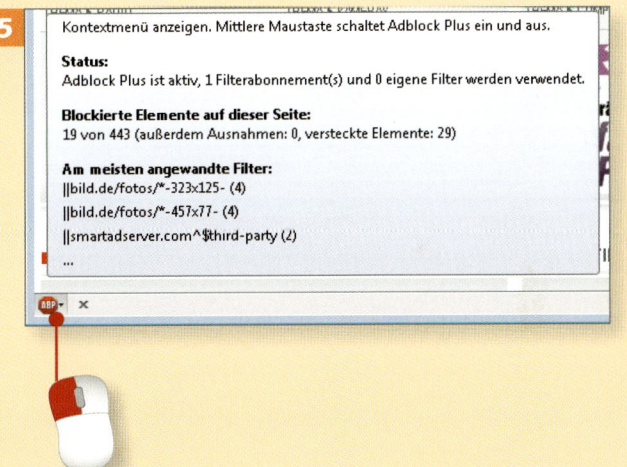

Schritt 6

Möchten Sie auf einer Seite den Werbeblocker abschalten, klicken Sie auf das kleine Stoppschild im Fuß der Seite und wählen die Option **Deaktivieren auf: [Name der Seite]**.

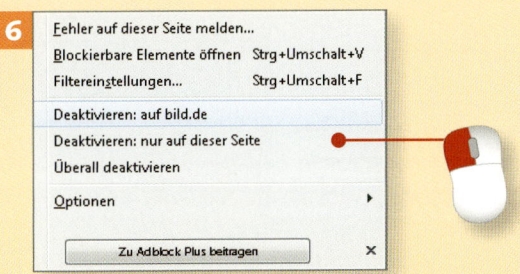

Pop-ups blockieren

Auf vielen Internet-Seiten öffnen sich beim Besuch unerwünschte Werbefenster im Hintergrund. Um auch diese zu reduzieren, instal-lieren Sie zusätzlich das Add-on **Adblock Plus Pop-up**.

Kennwörter mit Master-Kennwort schützen

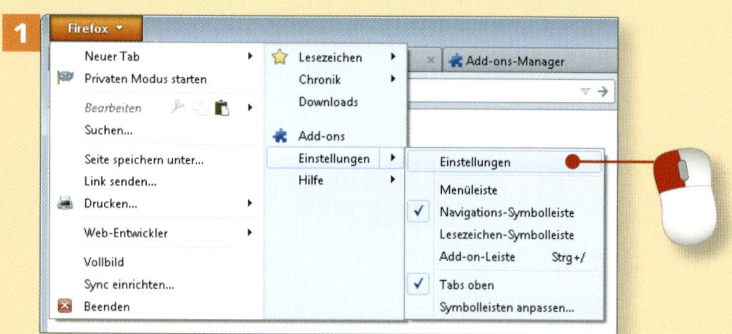

Auf vielen Webseiten wird eine Anmeldung mit Benutzername und Passwort verlangt. Firefox speichert diese Daten und stellt sie bei Bedarf wieder bereit. Eine dritte Person könnte sich an Ihrem PC nun aber auch unter Ihrem Namen anmelden. Schützen Sie also Ihre Zugänge.

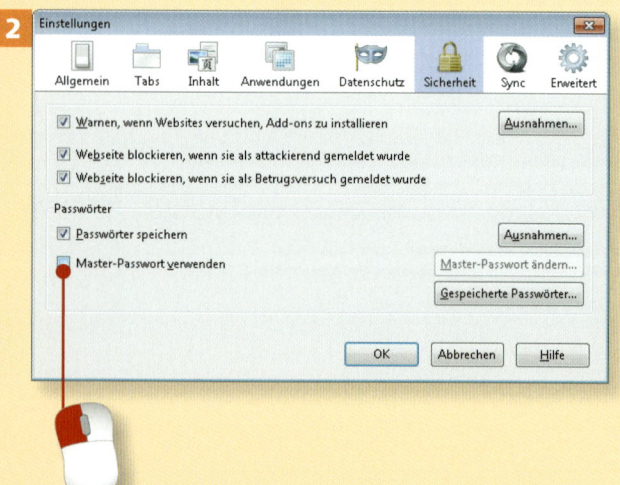

Schritt 1

Zeigen Sie im Firefox-Menü auf **Einstellungen**, und klicken Sie danach auf den zweiten Eintrag **Einstellungen**.

Schritt 2

Wechseln Sie in das Register **Sicherheit**, und aktivieren Sie das Kontrollkästchen vor der Option **Master-Passwort verwenden**.

Schritt 3

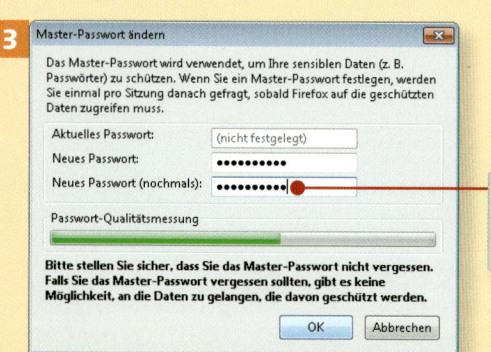

Tragen Sie ein möglichst starkes Passwort ein, bestätigen Sie es durch eine erneute Eingabe, und klicken Sie zweimal auf **OK**, um den Vorgang abzuschließen.

So funktioniert es

Wenn Sie eine Seite aufrufen, auf der gespeicherte Daten zur Anmeldung benötigt werden, öffnet sich die Sicherheitsfrage, und Sie müssen zuerst Ihr Master-Kennwort eingeben.

Text auf einer Webseite durchsuchen

Manchmal sucht man auf einer Webseite nach einem bestimmten Begriff. Um nicht den ganzen Text durchlesen zu müssen, bietet Firefox eine praktische Suchfunktion an. In anderen Browsern funktioniert die Suche ähnlich.

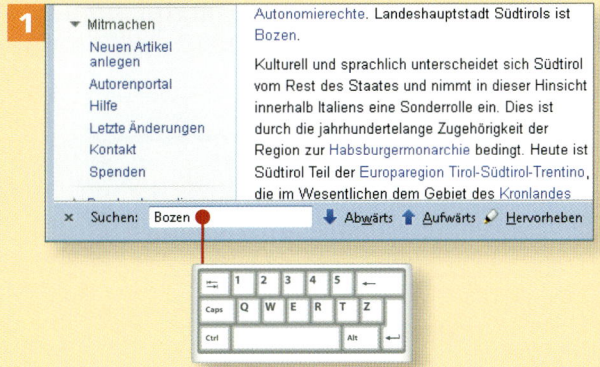

Schritt 1

Öffnen Sie die betreffende Webseite. Öffnen Sie die Suchfunktion mit der Tastenkombination Strg + F, und tippen Sie den gesuchten Begriff in das Suchfeld am unteren Rand ein.

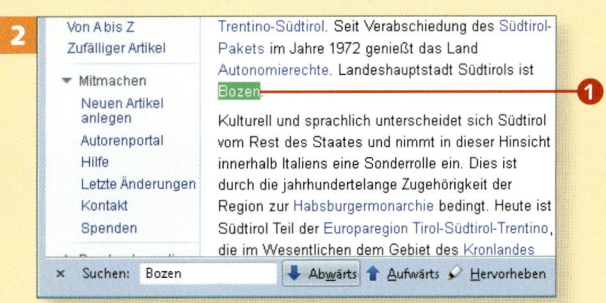

Schritt 2

Bereits während der Eingabe wird der erste Treffer angezeigt ❶. Mit den Pfeiltasten springen Sie jeweils zur nächsten beziehungsweise vorherigen Fundstelle im Text.

Schritt 3

Klicken Sie auf die Schaltfläche **Hervorheben**, werden alle Treffer auf der Seite markiert und angezeigt.

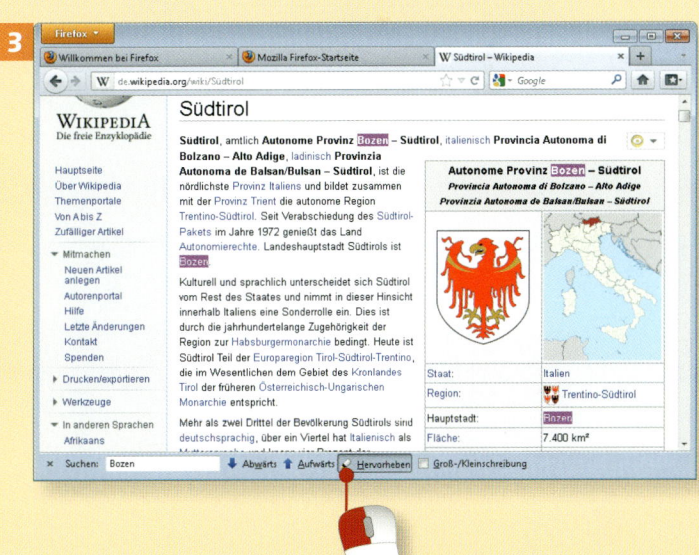

Mehrere Tabs als Startseite festlegen

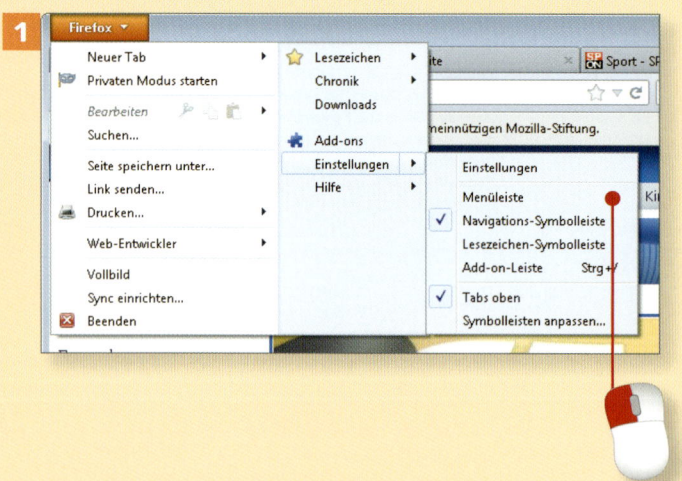

Speichern Sie Ihre Lieblingsseiten zusammen in einer Gruppe, und öffnen Sie sie bei Bedarf wieder mit wenigen Klicks.

Schritt 1

Öffnen Sie zunächst alle Seiten, die Sie als Startseiten festlegen möchten, und klicken Sie dann im **Firefox-Menü** auf **Einstellungen**.

Schritt 2

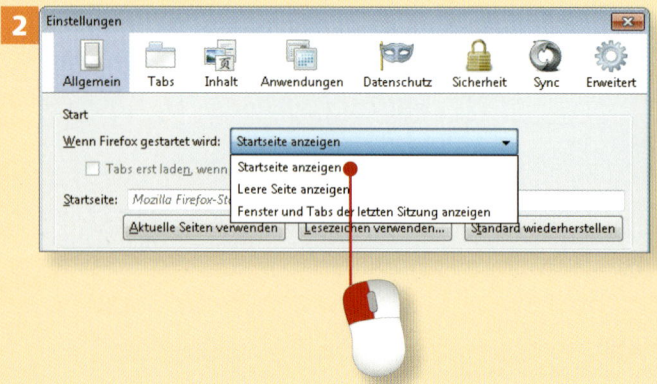

Wechseln Sie in das Register **Allgemein**, und legen Sie im ersten Abschnitt fest, wie sich Firefox beim Start verhalten soll. Wählen Sie aus dem Menü die Option **Startseite anzeigen.**

Schritt 3

Klicken Sie schließlich auf die Schaltfläche **Aktuelle Seiten verwenden**, damit alle aktuell in einem Tab geöffneten Seiten als Startseiten definiert werden.

Seite wieder löschen

Möchten Sie eine Seite wieder entfernen, klicken Sie einfach in das Textfeld **Suchseiten** und löschen die nicht mehr benötigte Seite heraus.

Klicken Sie einen Link auf einer Internetseite an, wird dieser meist im gleichen Tab geöffnet. Manchmal wäre es aber praktischer, wenn sich der Inhalt in einem neuen Tab öffnen würde, um schneller zwischen den Seiten umherschalten zu können.

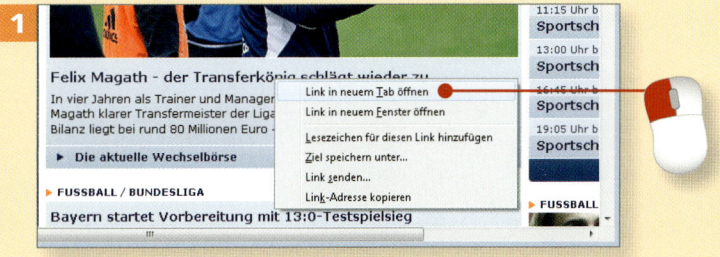

Schritt 1

Eine Möglichkeit: Klicken Sie den Verweis (Link) mit der rechten Maustaste an, und wählen Sie aus dem Kontextmenü den Befehl **Link in neuem Tab öffnen**.

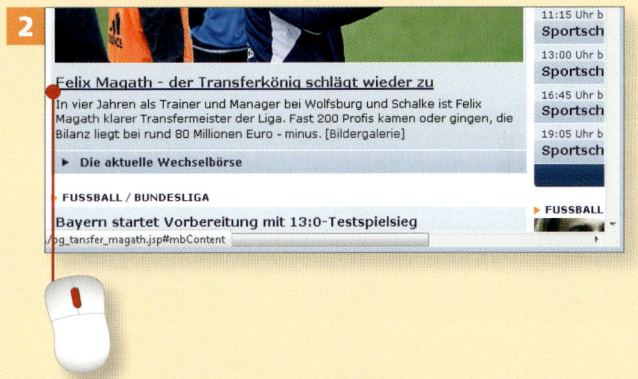

Schritt 2

Eine praktischere Möglichkeit: Klicken Sie den Link mit der mittleren Maustaste an. Die neue Seite öffnet sich wie gewünscht im Hintergrund in einem neuen Tab.

Schritt 3

Betätigen Sie hingegen die mittlere Maustaste und halten dabei gleichzeitig die ⇧-Taste gedrückt, springt der Browser gleich zum geöffneten Tab, wodurch Sie sich einen weiteren Mausklick sparen.

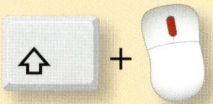

So richten Sie eine Heimnetzgruppe ein

Verbinden Sie Ihren Computer mit anderen Windows 7-Rechnern in Ihrem Haushalt, z. B. mit einem Laptop. Tauschen Sie Daten untereinander aus, und nutzen Sie einen gemeinsamen Drucker.

Schritt 1

Erstellen Sie die Heimnetzgruppe auf Ihrem Hauptrechner. Klicken Sie auf **Start ▸ Systemsteuerung** und nachfolgend auf den Menüpunkt **Heimnetzgruppe**.

Schritt 2

Das folgende Fenster gibt Ihnen einige Informationen zur Heimnetzgruppe aus. Weiter geht es über die Schaltfläche **Heimnetzgruppe erstellen**.

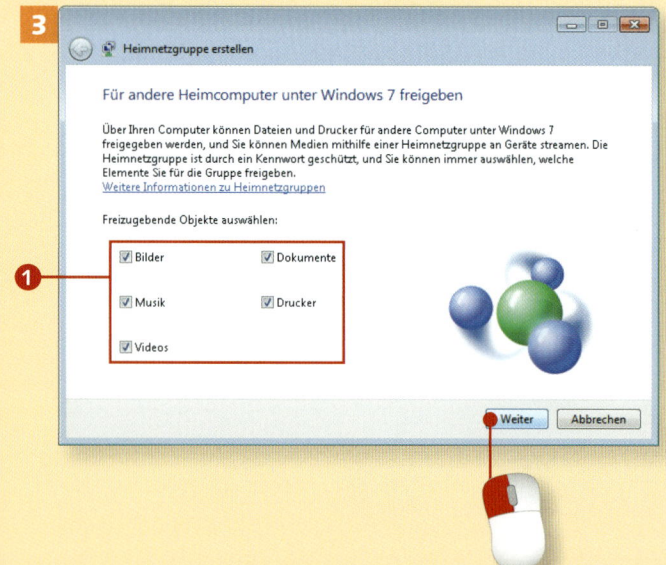

Schritt 3

Geben Sie durch Markieren der entsprechenden Kontrollkästchen ❶ an, welche Bibliotheken Sie auf dem Hauptrechner freigeben möchten. und setzen Sie die Einrichtung mit **Weiter** fort.

Heimnetzwerk

Mitglied in einer Heimnetzgruppe können nur Computer werden, die in einem Heimnetzwerk verbunden sind.

Schritt 4

Nun wird ein Kennwort generiert und angezeigt. Notieren Sie sich dieses Kennwort; Sie benötigen es später für den Beitritt des zweiten Rechners.

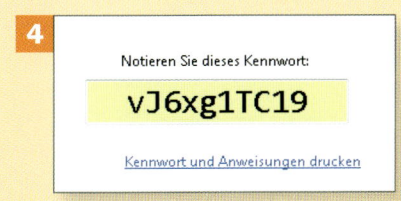

Schritt 5

Damit der Beitritt in die Heimnetz-gruppe klappt, müssen Sie auf Ihrem Laptop eine WLAN-Verbindung herstellen.

Schritt 6

Rufen Sie auf Ihrem Laptop die Systemsteuerung auf, und klicken Sie auch hier auf den Eintrag **Heimnetz-gruppe**.

Erstellung und Beitritt

Der Beitritt zu einer Heimnetz-gruppe ist unter allen Windows 7-Versionen möglich. Verwenden Sie Windows 7 Starter oder Windows 7 Home Basic, können Sie allerdings keine Gruppe erstellen.

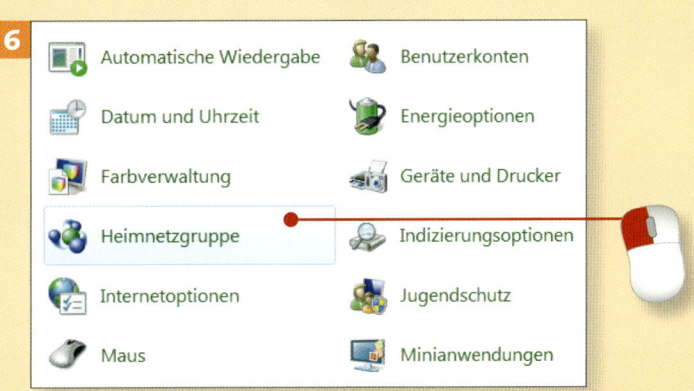

So richten Sie eine Heimnetzgruppe ein (Forts.)

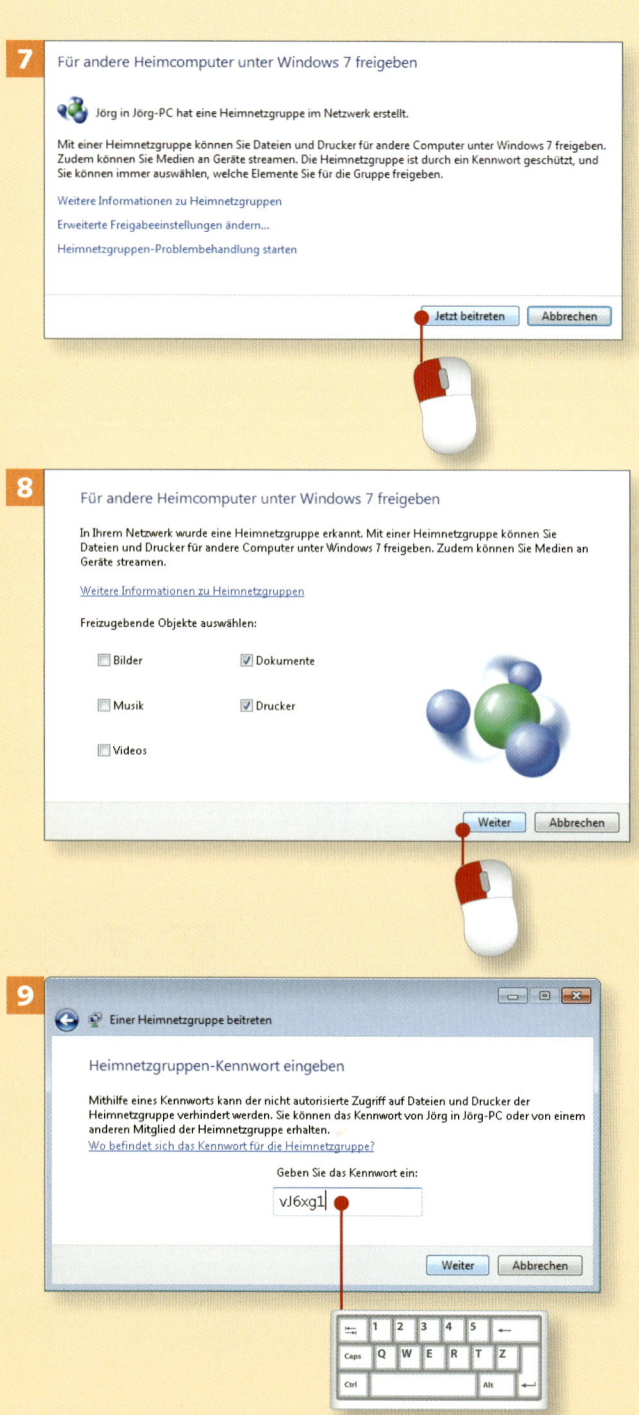

Schritt 7

Die Heimnetzgruppe wird sofort erkannt, und Windows bietet Ihnen an, der Gruppe beizutreten. Klicken Sie also auf die Schaltfläche **Jetzt beitreten.**

Schritt 8

Wie zuvor auf Ihrem Hauptrechner müssen Sie auch jetzt auf Ihrem Laptop festlegen, auf welche Bibliotheken zugegriffen werden darf. Treffen Sie Ihre Wahl, und bestätigen Sie mit **Weiter**.

Schritt 9

Nun wird das Kennwort abgefragt, das Sie sich in Schritt 4 notiert hatten. Geben Sie das Kennwort ein, und klicken Sie anschließend auf **Weiter**.

Windows 7 ist Voraussetzung
Auf den Computern muss Windows 7 ausgeführt werden, um einer Heimnetzgruppe beitreten zu können.

Schritt 10

Der Beitritt ist abgeschlossen, und die Verbindung zwischen den beiden Computern wurde hergestellt. Über **Fertig stellen** verlassen Sie den Dialog.

Schritt 11

Wenn Sie nun den Windows-Explorer öffnen, sehen Sie den jeweils anderen Computer im Abschnitt **Heimnetzgruppe** ❶ aufgelistet und können von diesem Computer aus auf die freigegebenen Bereiche zugreifen.

Schritt 12

Möchten Sie einen weiteren Ordner freigeben, klicken Sie ihn mit der rechten Maustaste im Windows-Explorer an, zeigen auf **Freigeben für** und geben ihn zum Lesen oder Lesen und Schreiben frei.

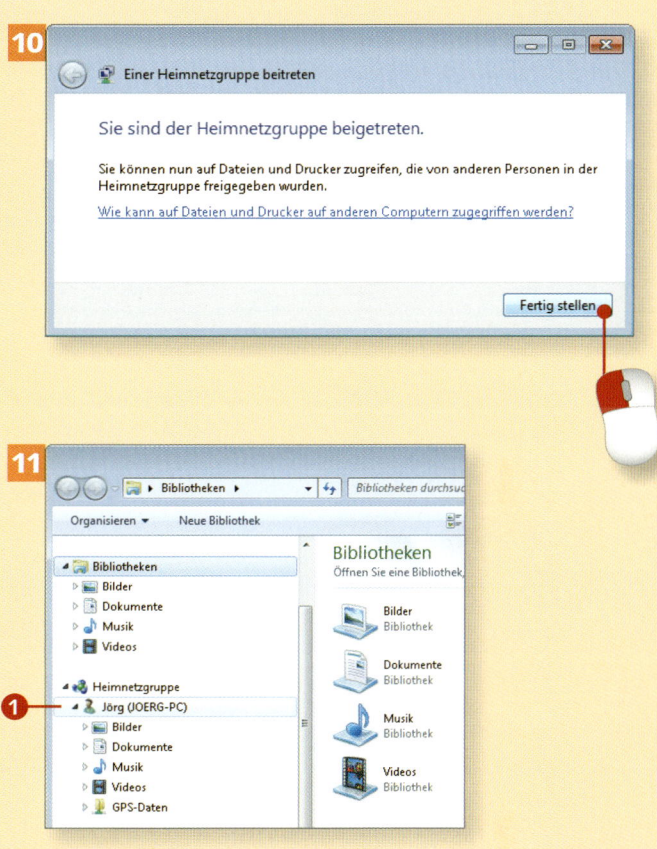

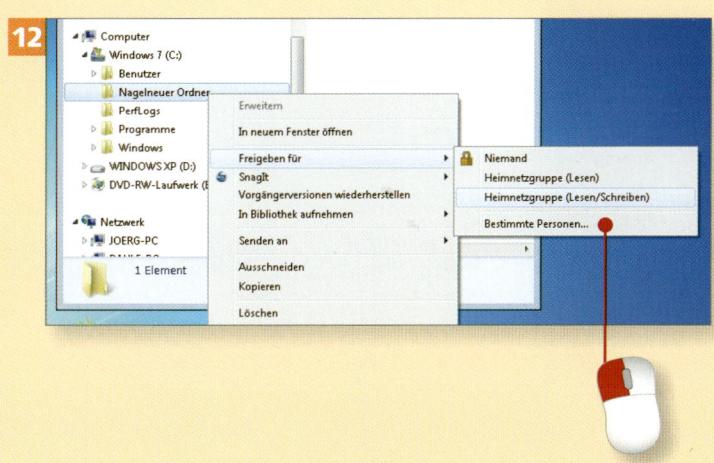

✚ Weitere Informationen

Weiterführende Informationen zu Heimnetzwerken und Heimnetzgruppen entnehmen Sie bitte der Windows-Hilfe. (Sie rufen die Hilfe über F1 auf).

Nützliche Internetseiten

Internetseiten zum Thema Computer gibt es viele; damit Sie den Überblick nicht verlieren, folgen an dieser Stelle nützliche Surf-Tipps.

Schritt 1

Microsoft hat einige Links zu interessanten Webseiten zum Thema zusammengestellt. Öffnen Sie hierfür die Seite *www.microsoft.com/germany/community/windows* in Ihrem Browser.

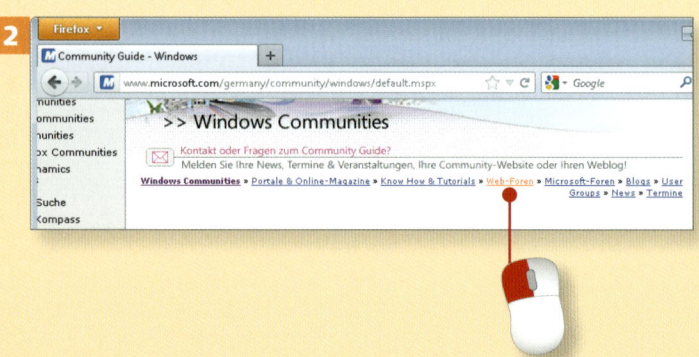

Schritt 2

Über die Navigationsleiste der Seite haben Sie Zugriff auf weitere Bereiche. Klicken Sie z. B. auf **Web-Foren**, werden Ihnen zahlreiche empfehlenswerte Hilfeforen aufgelistet.

Schritt 3

Die offizielle Hilfe und Support-Seite von Microsoft finden Sie unter der Adresse *support.microsoft.com*. Klicken Sie auf einen Bereich, zu dem Sie Informationen suchen, z. B. auf **Windows** und weiter auf **Windows 7**.

Schritt 4

Auf der linken Seite sind einige
Kategorien gelistet und rechts davon
jeweils die dazugehörigen Anleitungen. Über das Suchfeld oben auf
der Seite können Sie zusätzlich die
Hilfeseiten durchsuchen ❶.

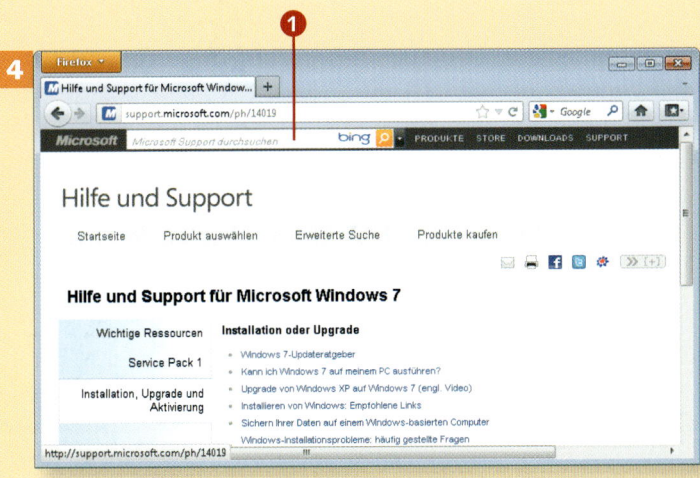

Schritt 5

Unter der Adresse *support.microsoft.com/fixit/* öffnet sich das Fix-it-
Center von Microsoft. In einfachen
Frage-und-Antwort-Dialogen finden
Sie hier Hilfe bei typischen Fehlern
unter Windows und Office.

Schritt 6

Unter *www.paules-pc-forum.de*
erreichen Sie meine Hilfeseite. Im
Forum können Sie ohne vorherige
Registrierung Fragen zu PC-Problemen aller Art stellen.

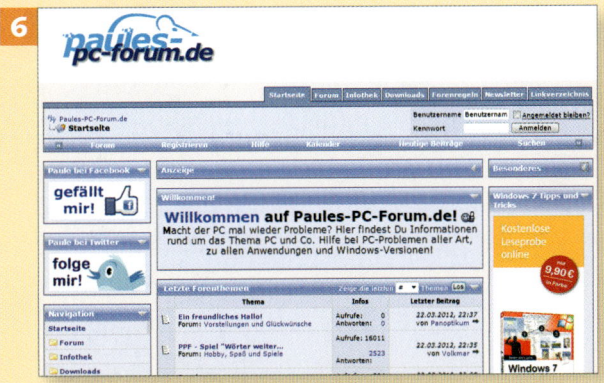

Hilfe bei Problemen

Haben Sie es mit einer Fehlermeldung zu tun, hilft oft auch, die
Meldung in eine Suchmaschine
einzugeben. Häufig finden Sie so
eine Lösung oder einen Beitrag in
einem Forum, der Ihnen weiterhilft.

Die Windows-Firewall richtig konfigurieren

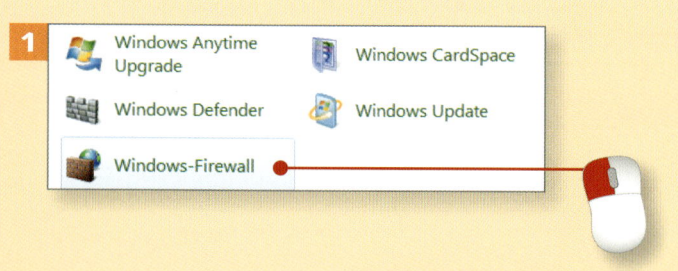

Microsoft liefert in Windows 7 gleich eine Firewall mit. Diese Brandschutz-mauer schützt Ihren PC vor Angriffen aus dem Internet.

Schritt 1

Öffnen Sie die Firewall über die **Systemsteuerung** und einen Klick auf den Eintrag **Windows-Firewall**.

Schritt 2

Prüfen Sie zunächst den Status der Firewall. Die grünen Schutzschilder ❶ zeigen an, dass die Firewall aktiv ist.

Schritt 3

Zum Öffnen der Einstellungsop-tionen klicken Sie links auf den Menüpunkt **Windows-Firewall ein- oder ausschalten.**

Was ist eine Firewall?

Eine Firewall schützt Ihren PC wie eine Mauer vor Angriffen aus dem Internet. Die Software überwacht, was aus dem Internet auf Ihren Rechner zugreifen möchte und umgekehrt und blockiert solche Prozesse falls nötig.

Schritt 4

Befinden Sie sich mit Ihrem Laptop an einem öffentlichen Platz, blockieren Sie im **Öffentlichen Netzwerk** alle eingehenden Verbindungen über die Option **Alle eingehenden Verbindungen blockieren, einschließlich …**

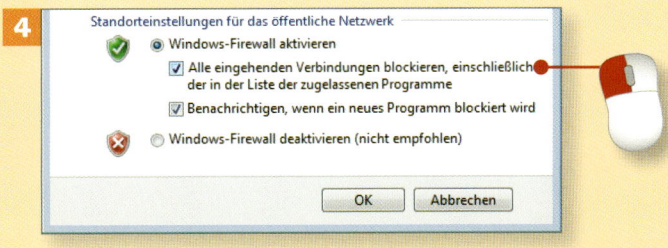

Schritt 5

Die Option **Benachrichtigen, wenn ein neues Programm blockiert wird** sollten Sie in beiden Netzwerkprofilen eingeschaltet lassen, damit Sie über den betreffenden Vorgang informiert werden.

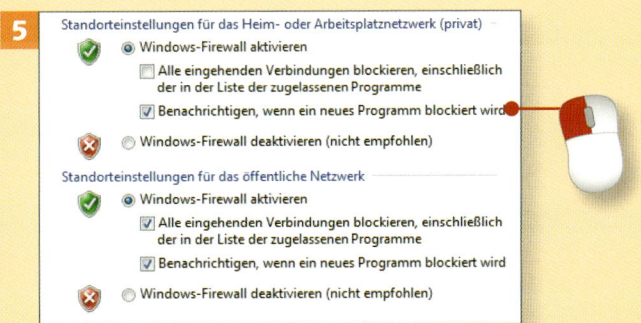

Schritt 6

Möchten Sie die Firewall ausschalten, aktivieren Sie die Option **Windows-Firewall deaktivieren**. Dies sollten Sie allerdings wirklich nur tun, wenn Sie bereits eine Firewall eines Drittanbieters installiert haben!

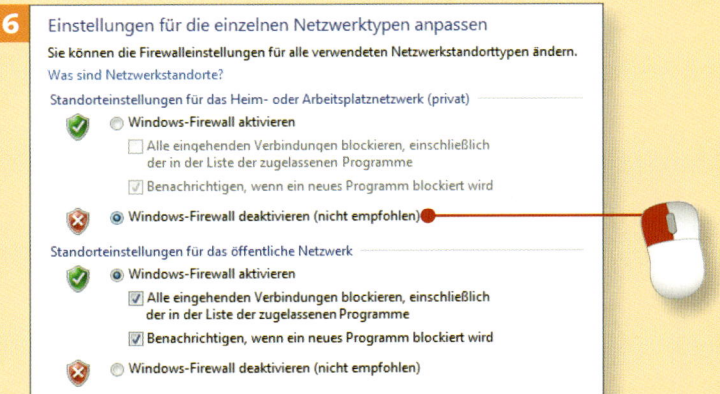

Der Windows Defender

Der Windows Defender dient zum Schutz vor Spyware und ist Bestandteil von Windows 7. Das Programm sollte auf jedem Windows-System aktiviert sein.

Schritt 1

Klicken Sie auf die Schaltfläche **Windows Defender** in der Systemsteuerung, um das Schutzprogramm zu öffnen.

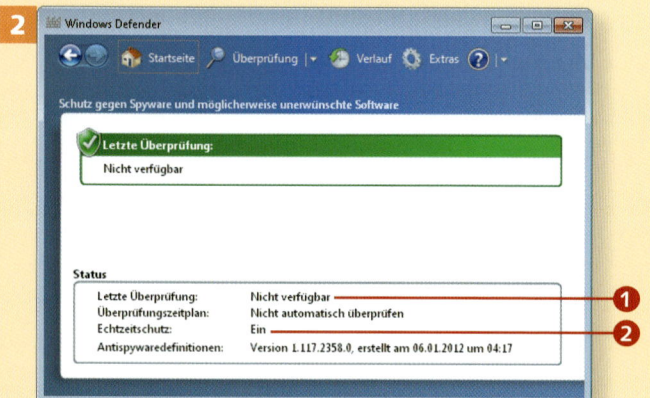

Schritt 2

Auf der Startseite werden bereits wichtige Daten ausgegeben: der Status der letzten Überprüfung ❶ und weiter unten, ob der Echtzeitschutz aktiv ist ❷.

Schritt 3

Klicken Sie auf den Menüpunkt **Extras** ❸ und nachfolgend auf **Optionen**, um die Einstellungsmöglichkeiten des Windows Defender aufzurufen.

Was ist Spyware?

Das ist Software, die sich unbemerkt auf Ihrem Rechner installiert und dann versucht, Daten auszuspionieren und übers Internet an Dritte zu versenden.

Schritt 4

Im Abschnitt **Automatische Überprüfung** sollten alle Optionen aktiviert sein. Stellen Sie die Zeit der täglichen Überprüfung über das Dropdown-Menü auf eine Uhrzeit um, zu der der PC üblicherweise in Betrieb ist.

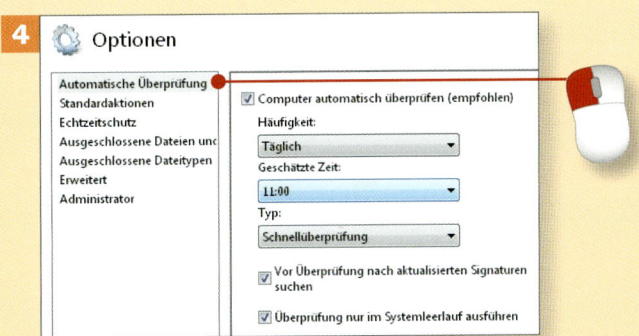

Schritt 5

Klicken Sie auf den Menüpunkt **Echtzeitschutz**. Auch hier sollten in allen Optionen die Häkchen gesetzt und die Funktionen damit aktiviert sein.

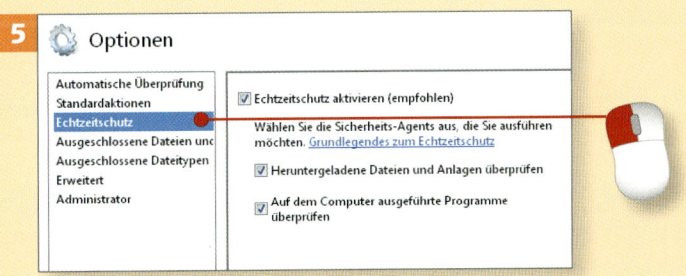

Schritt 6

Wechseln Sie in das Register **Erweitert**. Hier sind die Optionen **E-Mail** ❹ und **Wechseldatenträger überprüfen** ❺ nicht aktiviert. Warum eigentlich nicht? Aktivieren Sie auch diese Optionen, und klicken Sie anschließend auf **Speichern**. Natürlich kann diese Prüfung den PC ein wenig verlangsamen, aber Spyware auf dem Rechner würde das auch und nicht nur das tun.

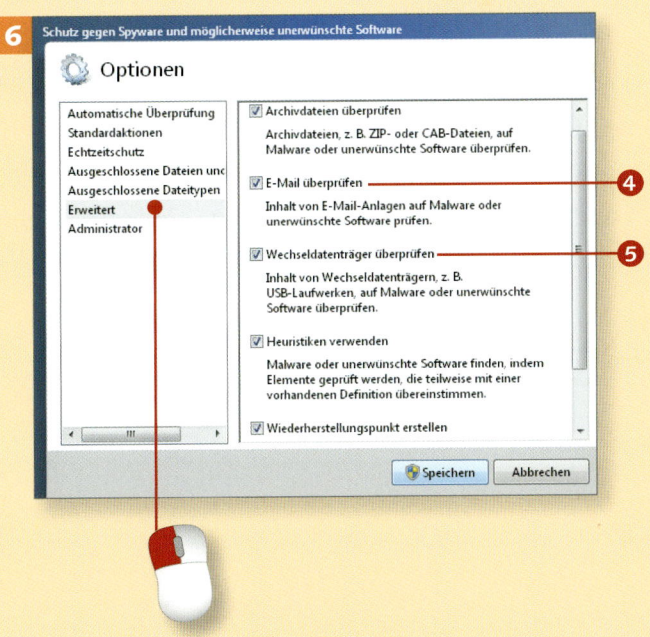

Kapitel 8
Windows Live: E-Mail, Fotos und Speicherplatz

Verwalten und bearbeiten Sie Ihre Fotos mit der Windows Live Fotogalerie, und versenden Sie sie per E-Mail, oder laden Sie sie auf Ihren kostenlosen Speicherplatz im Internet hoch. Aber nicht nur Bilder, auch andere Dateien finden Platz in der Datenwolke SkyDrive.

Windows Live Mail

Unter Windows 7 gibt es kein integriertes E-Mail-Programm mehr. Mit Windows Live Mail ❶ bietet Microsoft ein kostenloses und sehr leistungsstarkes Mail-Programm an. Vorhandene Mail-Konten, beispielsweise von GMX oder Web.de, lassen sich problemlos integrieren.

SkyDrive – die Onlinefestplatte in der Datenwolke

Volle 25 GB Speicherplatz bietet der kostenlose Dienst SkyDrive ❷. Laden Sie Dateien und Fotos auf Ihre Onlinefestplatte, und greifen Sie von jedem internetfähigen Computer auf Ihre Daten zu. Berechtigen Sie zudem Freunde und Bekannte, auf bestimmte Ordner und Dateien zuzugreifen.

Fotos bearbeiten und organisieren mit der Windows Live Fotogalerie

Ein weiteres Mitglied der Windows-Live-Familie ist die Fotogalerie ❸. Verwalten Sie Ihre Fotos übersichtlich und komfortabel, und teilen Sie sie bei Bedarf in Verbindung mit SkyDrive mit Ihren Freunden. Darüber hinaus enthält das Programm zahlreiche Funktionen zur Bildbearbeitung.

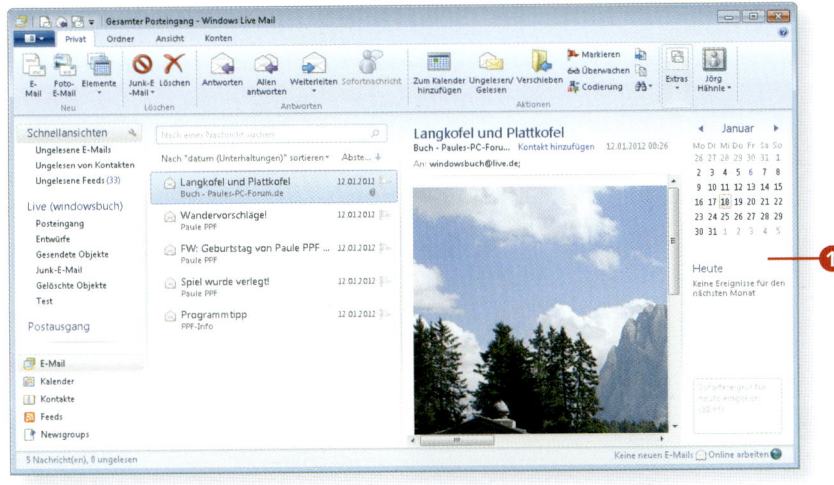

1 Mit Windows Live Mail können Sie E-Mail schreiben und empfangen. Das Programm ist kostenlos.

SkyDrive bietet reichlich Speicherplatz im Internet für Ihre Fotos, Videos und andere Dokumente. 2

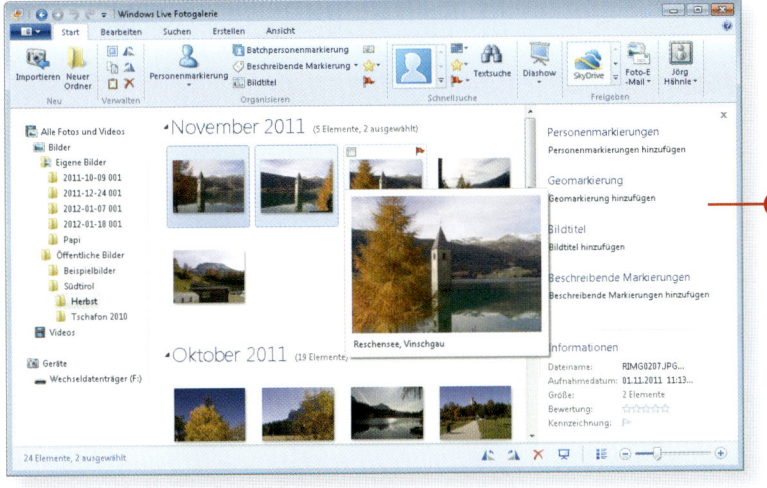

3 Verwalten Sie Ihre Bilder mit der Windows Live Fotogalerie. Natürlich ist auch dieses Programm kostenlos.

Die Registrierung zu Windows Live

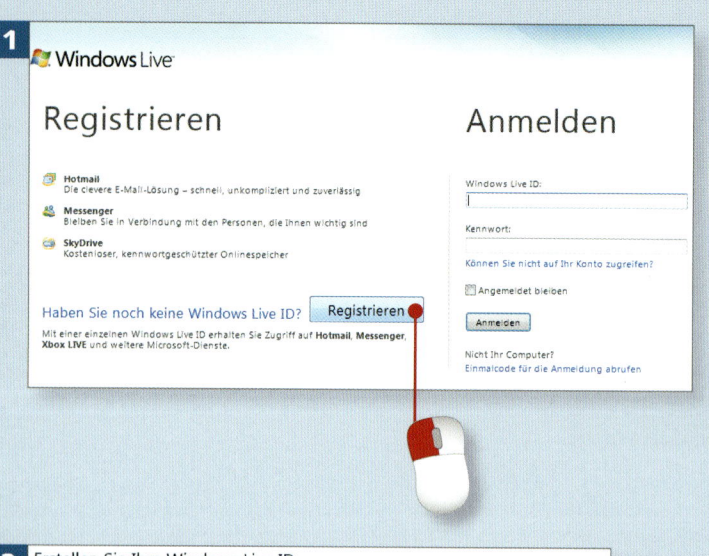

Um Dienste wie Windows Live Sky-Drive oder Hotmail zu nutzen, ist eine kurze Registrierung bei Windows Live notwendig.

Schritt 1

Rufen Sie in Ihrem Webbrowser die Webseite *http://live.com* auf, und klicken Sie dort auf die Schaltfläche **Registrieren**.

Schritt 2

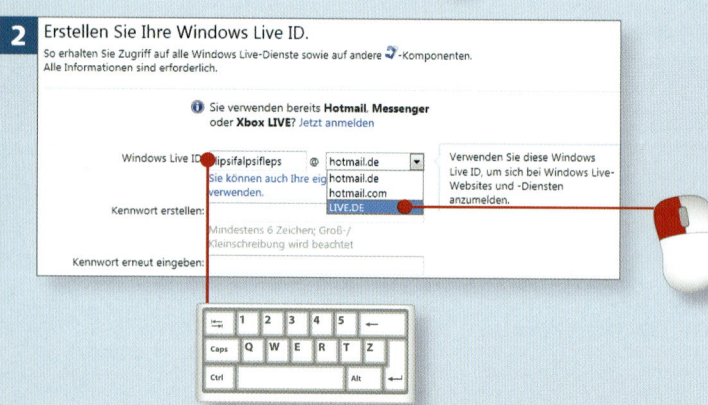

Tragen Sie ins Feld **Windows Live ID** eine beliebige Bezeichnung ein, und wählen Sie über das Dropdown-Menü eine Endung für Ihre ID, die gleichzeitig Ihre neue Hotmail-Adresse darstellt.

Schritt 3

Vergeben Sie im Feld darunter ein sicheres Kennwort. Mit der Taste 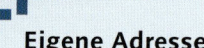 gelangen Sie in das nächste Textfeld, in das Sie zur Sicherheit das gleiche Kennwort nochmals eintragen müssen.

Eigene Adresse

Sie können zur Anmeldung auch Ihre eigene Mail-Adresse nutzen, allerdings stehen Ihnen dann Dienste wie z. B. Hotmail nicht zur Verfügung.

Schritt 4

Sollten Sie einmal Ihr Kennwort vergessen, können Sie sich eine Erinnerungs-SMS schicken lassen. Die Angabe einer Handy-Nummer ist dabei aber nicht zwingend erforderlich.

Schritt 5

Springen Sie mit Druck auf die Taste ⇥ jeweils zur nächsten Eingabe, und füllen Sie die Anmeldung vollständig aus.

Schritt 6

Sind alle Angaben gemacht und die Sicherheitsabfrage beantwortet, schließen Sie den Anmeldevorgang mit einem Klick auf die Schaltfläche **Ich stimme zu** ab.

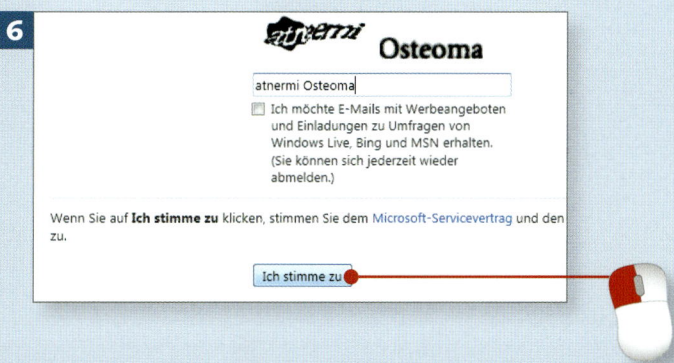

Sicheres Kennwort

Achten Sie auf ein wirklich sicheres Kennwort. Mindestens 7 Zeichen muss es lang sein, und maximal 16 Zeichen darf es insgesamt haben.

Das Windows-Live-Paket installieren

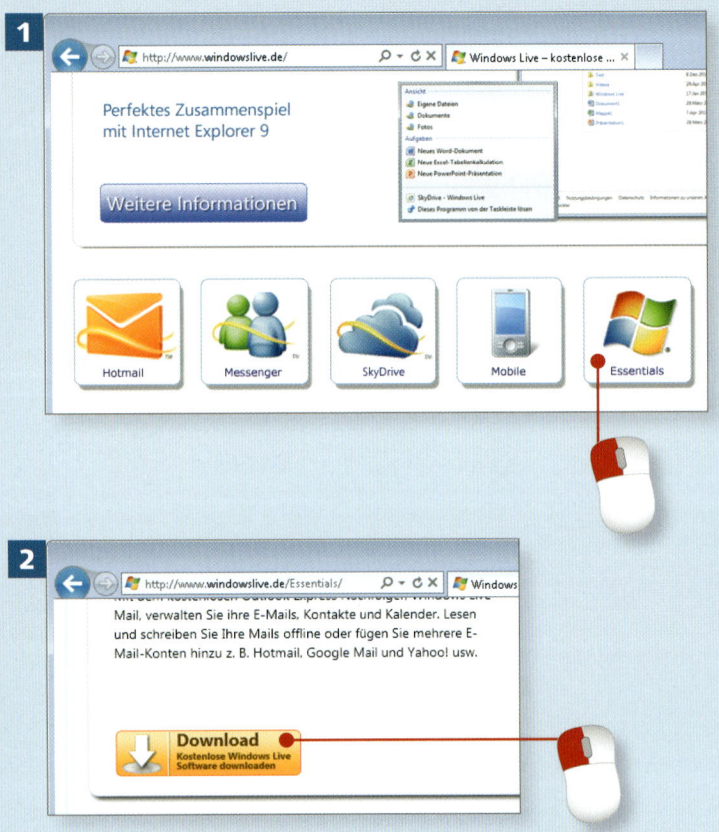

Ein Teil der Windows-Live-Dienste, wie z. B. SkyDrive, steht online zur Verfügung, andere Anwendungen müssen Sie herunterladen und auf dem Computer installieren. In dieser Anleitung zeige ich Ihnen alle Schritte, die dazu nötig sind.

Schritt 1

Öffnen Sie mit Ihrem Browser die Seite *www.windowslive.de*, und klicken Sie auf der Startseite auf die große Schaltfläche **Essentials**. Hinter diesem Ausdruck verbirgt sich das Windows-Live-Programmpaket.

Schritt 2

Es öffnet sich ein weiteres Fenster. Klicken Sie hier auf den Button **Download**.

Schritt 3

Wieder öffnet sich eine neue Seite. Hier werden alle Programme des Pakets aufgelistet. Wählen Sie **Weitere Informationen zu ...**, falls Sie zu einer Anwendung Informationen benötigen.

Schritt 4

Mit einem Klick auf die Schaltfläche **Kostenlos herunterladen** geht es weiter.

Schritt 5

Der Download-Dialog Ihres Browsers öffnet sich. Wählen Sie hier die Option **Ausführen**. Je nachdem, welchen Browser Sie benutzen, kann die Option auch anders heißen, z.B. **Öffnen**.

Schritt 6

Die Benutzerkontensteuerung meldet sich mit einer Abfrage. Bestätigen Sie das Vorgehen mit einem Klick auf die Schaltfläche **Ja**.

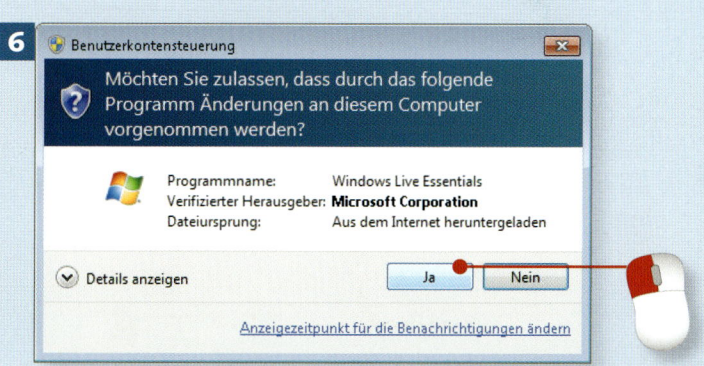

> **! Nur aus sicherer Quelle**
>
> Laden Sie das Windows-Live-Paket nur aus der oben genannten Quelle herunter. Nur dann können Sie sicher sein, dass die Software virenfrei ist und Sie sich mit der Installation keine Computerschädlinge auf den PC holen.

Das Windows-Live-Paket installieren (Forts.)

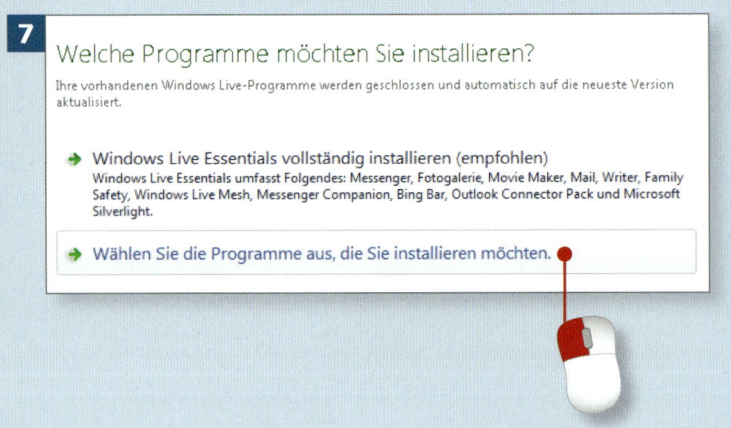

Schritt 7

Wählen Sie im folgenden Dialog die Option **Wählen Sie die Programme aus, die Sie installieren möchten**, um selbst festlegen zu können, welche Programme installiert werden sollen.

Schritt 8

Entfernen Sie die Häkchen vor den Programmen, die Sie nicht installieren möchten. Für die Beispiele in diesem Buch benötigen Sie die **Fotogalerie** ❶ und **Windows Live Mail** ❷.

Schritt 9

Ist die Wahl getroffen, starten Sie die Installation über die Schaltfläche **Installieren**.

i

Weitere Programme
Sie können jederzeit das Installationsprogramm erneut ausführen und einzelne Programme des Pakets nachinstallieren.

Schritt 10

Nun beginnt die Installation der ausgewählten Programme. Zeit für eine
Tasse Kaffee, denn dieser Vorgang
dauert einige Zeit. Bleiben Sie also
geduldig und warten Sie bis zum
Ende der Installation.

Schritt 11

Das Ziel ist erreicht, die Installation
abgeschlossen. Schließen Sie das
Hinweisfenster über **Beenden**.

Schritt 12

Die neu installierten Windows-Live-
Programme können Sie nun über das
Startmenü aufrufen.

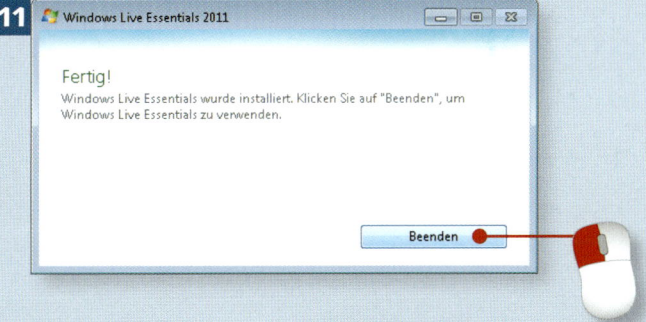

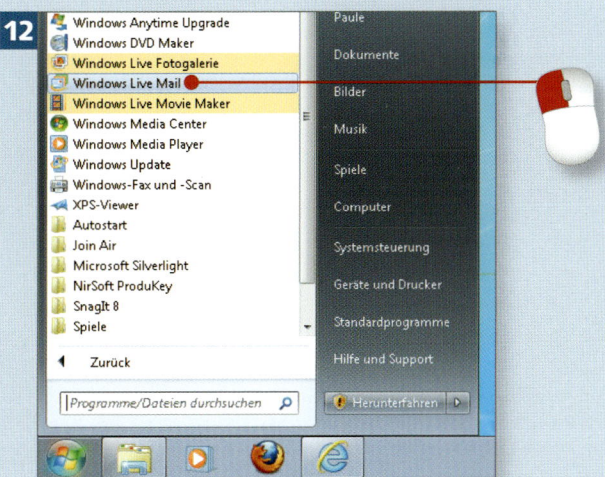

Der Installationsvorgang

Die ausgewählten Programme
werden während des Installations-
vorganges heruntergeladen, was
durchaus einige Minuten Zeit in
Anspruch nehmen kann.

Live Mail starten und konfigurieren

Der Download und die Installation sind geschafft, nun erfolgt die Einrichtung und Konfiguration des E-Mail-Programms.

Schritt 1

Starten Sie Windows Live Mail über **Start ▸ Alle Programme** und einen Klick auf **Windows Live Mail**.

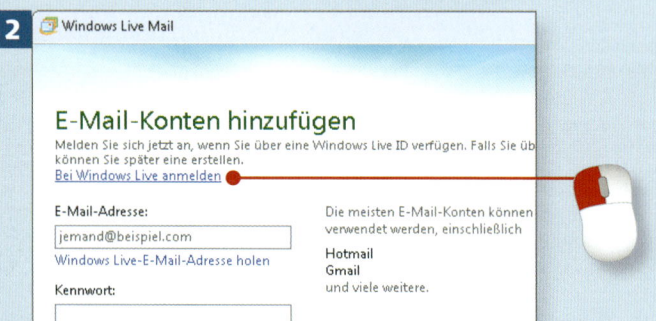

Schritt 2

Beim ersten Start bietet Live Mail sogleich an, ein E-Mail-Konto hinzuzufügen. Melden Sie sich nun mit Ihrer Live-ID an, und klicken Sie hierfür auf den Link **Bei Windows Live anmelden**.

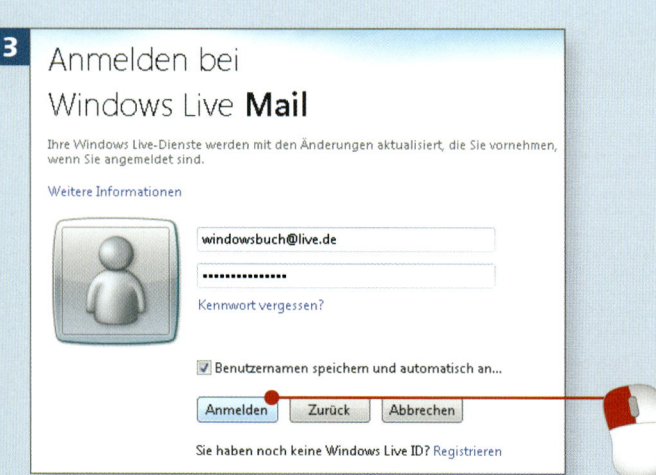

Schritt 3

Tragen Sie Ihre Live-ID ein, drücken Sie dann ⇆, um in das nächste Eingabefeld zu gelangen, und geben Sie hier Ihr Kennwort ein. Mit einem Klick auf **Anmelden** geht es weiter.

i

Windows Live-ID

Die Live-ID ist die E-Mail-Adresse, die Sie bei der Registrierung zu Windows Live generiert haben und die auf *@hotmail.com*, *@hotmail. de* oder *@live.de* endet.

Schritt 4

Nach wenigen Sekunden ist die Anmeldung abgeschlossen, und die Meldung **Ihr E-Mail-Konto wurde hinzugefügt** wird angezeigt. Bestätigen Sie mit **Fertig stellen**.

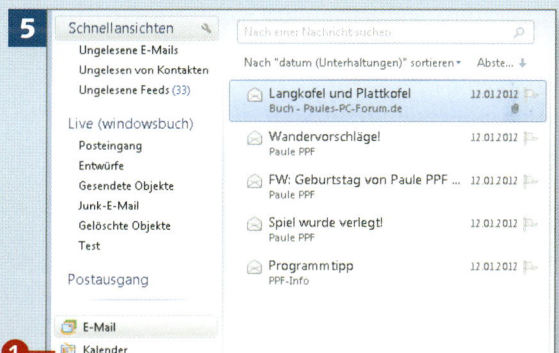

Schritt 5

Live Mail ist gestartet. Sie sehen auf der linken Seite die Ordnerliste und darunter verschiedene Menüpunkte wie z. B. **Kalender** ❶ oder **Feeds** ❷.

Schritt 6

Sobald Sie mit der Maus auf einen Hauptordner zeigen, wird links davon ein kleiner schwarzer Pfeil eingeblendet. Ein Klick auf den Pfeil blendet die dazugehörigen Ordner aus.

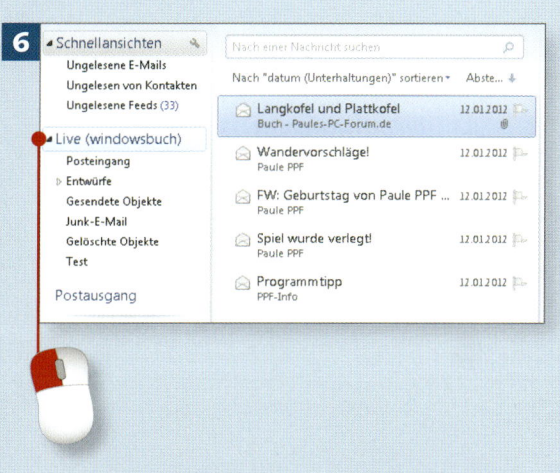

i

Weitere E-Mail-Programme

Sie können neben Windows Live Mail problemlos weitere E-Mail-Programme auf Ihrem PC installieren und verwenden. Die Programme stören sich gegenseitig nicht. Sie sollten allerdings dann darauf achten, dass die Mails nur von einem Programm auf den Rechner gezogen werden und von den anderen auf dem Server belassen werden.

Live Mail starten und konfigurieren (Forts.)

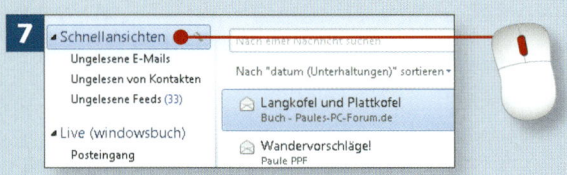

Schritt 7

Zeigen Sie mit der Maus auf die Kategorie **Schnellansichten**, wird rechts davon ein kleiner Schraubenschlüssel angezeigt. Klicken Sie zur Konfiguration des Ordners auf dieses Symbol.

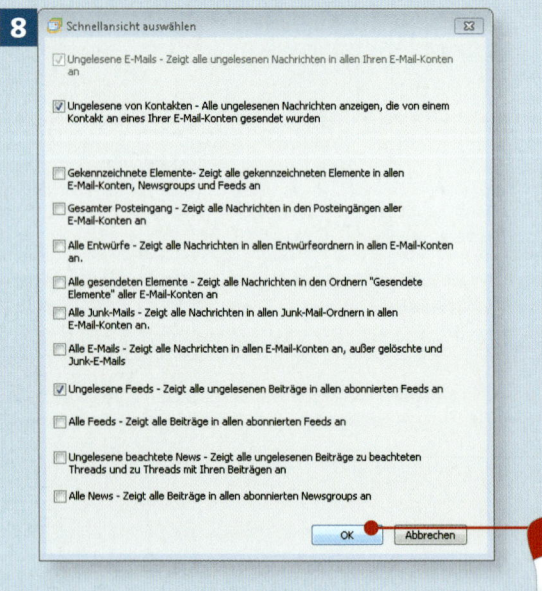

Schritt 8

Sie aktivieren eine Option durch einen Klick auf das jeweilige Kontrollkästchen und können so festlegen, welche Elemente in der Schnellansicht angezeigt werden sollen. Schließen Sie das Fenster durch einen Klick auf **OK**.

Schritt 9

In der Mitte des Programmfensters sehen Sie die Nachrichtenliste und daneben den Lesebereich der aktuell ausgewählten Mail. Über den Menüpunkt **Ansicht ▸ Lesebereich** können Sie einstellen, ob und wo der Lesebereich angezeigt wird.

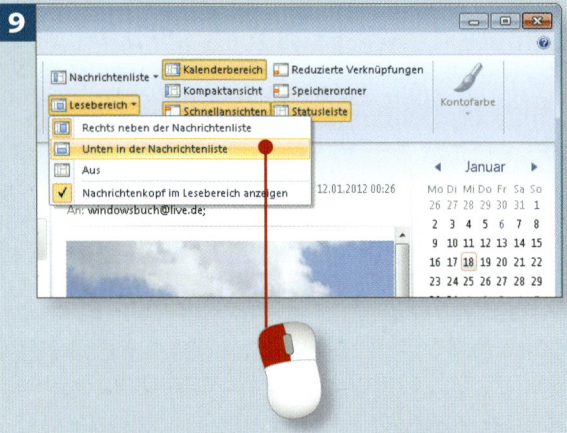

+ + Hotmail

Wie Sie ein Hotmail-Konto auch direkt über das Internet nutzen können, lesen Sie im Abschnitt »E-Mails online verwalten, senden und empfangen«, ab Seite 198.

Schritt 10

Auf der rechten Seite ist schließlich der Kalender untergebracht. Über die Pfeilsymbole links und rechts neben dem Monatsnamen blättern Sie im Kalender vor ❶ oder zurück ❷.

Schritt 11

In das Textfeld unterhalb des Kalenders können Sie ein Ereignis eintragen. Wählen Sie zunächst den gewünschten Tag aus ❸, und klicken Sie dann in das Textfeld, um ein Ereignis einzutippen. Schließen Sie die Eingabe mit ⏎ ab.

Schritt 12

Klicken Sie schließlich links unten im Hauptfenster auf den Eintrag **Kalender**, um diesen zu öffnen und zu weiteren Kalenderfunktionen zu gelangen.

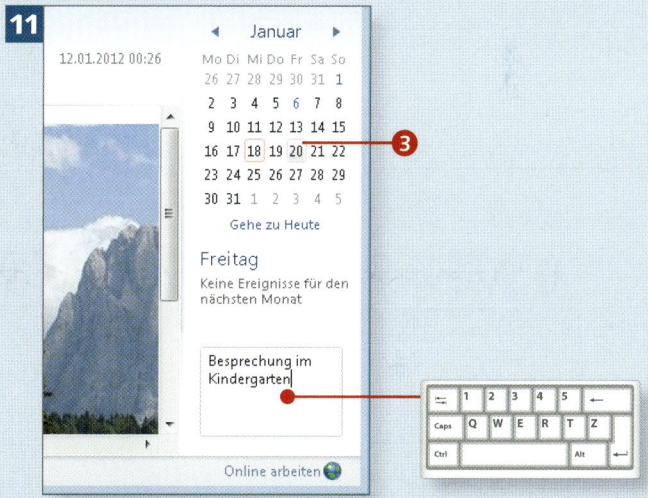

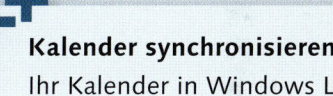

Kalender synchronisieren

Ihr Kalender in Windows Live Mail wird automatisch mit dem Kalender in Hotmail synchronisiert. So haben Sie im Internet und auf dem heimischen PC immer die gleichen Daten.

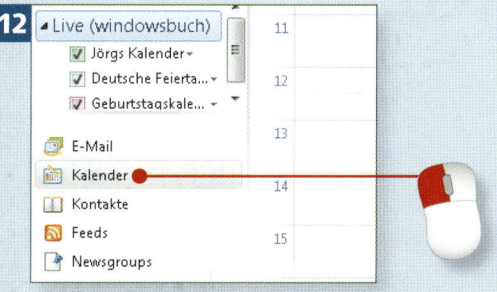

177

Live Mail als Standard festlegen

Haben Sie mehrere E-Mail-An-wendungen im Einsatz, müssen Sie immer eine davon als Standard-Mail-Programm festlegen.

Schritt 1

Klicken Sie auf **Start** und anschlie-ßend rechts auf den Menüeintrag **Standardprogramme**.

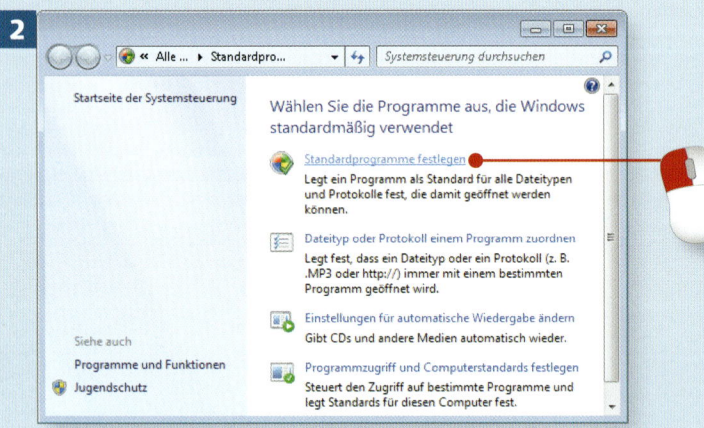

Schritt 2

Wählen Sie anschließend den Menüpunkt **Standardprogramme festlegen** aus.

Schritt 3

Nun werden zahlreiche Programme aufgelistet, die auf Ihrem Computer installiert sind. Klicken Sie auf den Eintrag **Windows Live Mail**, um dessen Einstellungen einzusehen.

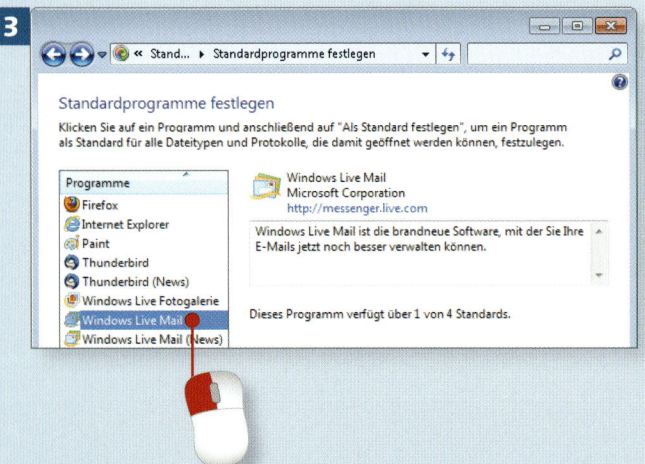

Standards

Sollte auf Ihrem Computer nur eine E-Mail-Anwendung installiert sein, so erhält diese automatisch alle Standards zugewiesen.

Schritt 4

Um Windows Live Mail als Standard-Mail-Programm festzulegen, klicken Sie auf den Menüpunkt **Dieses Programm als Standard festlegen** und bestätigen mit **OK**.

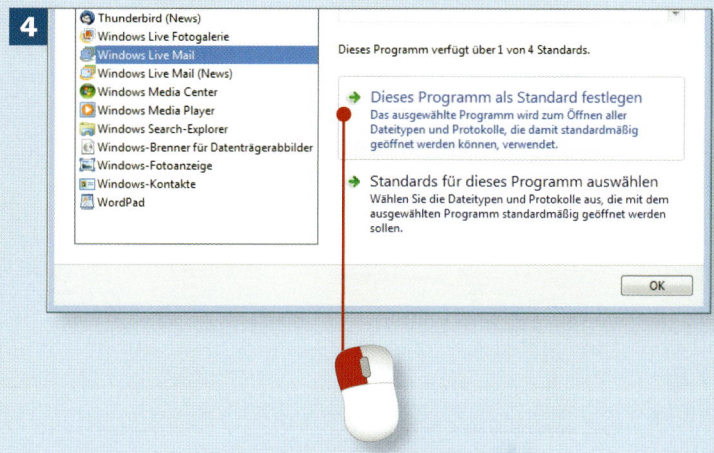

Schritt 5

Öffnen Sie nun Windows Live Mail, und klicken Sie dort auf die blaue **Menüschaltfläche** und anschließend auf **Optionen** und schließlich auf **E-Mail**.

Schritt 6

Im unteren Teil des Einstellungsfensters sollte nun stehen: **Anwendung ist der Standardmailhandler**. Falls dies wider Erwarten nicht der Fall sein sollte, klicken Sie auf **Als Standard**.

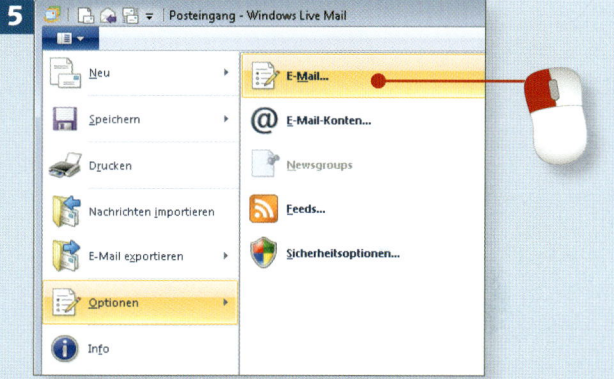

Übernahme der Standards

Wenn Sie ein weiteres E-Mail-Programm installieren, kann es passieren, dass dieses sich ohne Rückfrage alle Standards einverleibt. Gegebenenfalls korrigieren Sie die Einstellung einfach wieder von Hand.

Weitere Mail-Konten einrichten

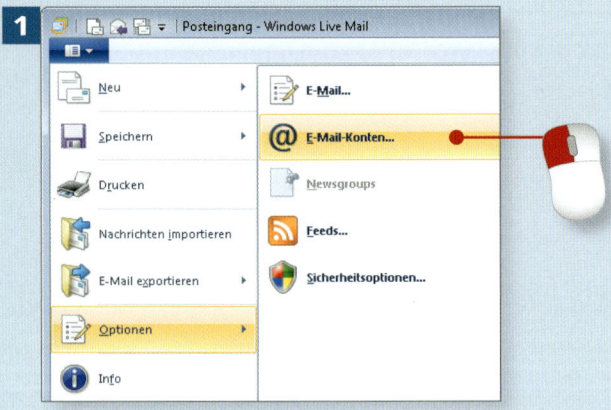

Selbstverständlich können Sie in Windows Live Mail auch Ihre bestehenden Mail-Konten bei anderen Providern einfügen und so alle Konten mit einem Programm verwalten.

Schritt 1

Öffnen Sie das Mail-Menü durch einen Klick auf das kleine Menüsymbol, zeigen Sie auf **Optionen**, und klicken Sie schließlich auf den Eintrag **E-Mail-Konten**.

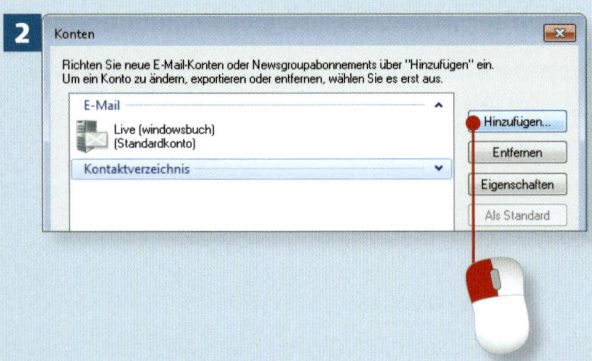

Schritt 2

Im folgenden Fenster werden alle vorhandenen E-Mail- und Newskonten angezeigt. Klicken Sie auf **Hinzufügen**, um ein weiteres Konto einzurichten.

Schritt 3

Sie werden jetzt gefragt, welchen Kontotyp Sie hinzufügen möchten. Markieren Sie hier die Option **E-Mail-Konto**. Über **Weiter** geht es anschließend zum nächsten Einrichtungsschritt.

Schritt 4

Tragen Sie die erforderlichen Daten ein: die **Mail-Adresse**, das **Kennwort** und den **Anzeigename**. Mit der Taste ⇄ springen Sie zum nächsten Eingabefeld.

Schritt 5

Soll das neue Konto das Standardkonto werden, markieren Sie das Kästchen vor der Option **Dieses Konto als Standard-E-Mail Konto festlegen**. Klicken Sie auf **Weiter**.

Schritt 6

Das Konto wird eingerichtet und eine entsprechende Erfolgsmeldung angezeigt. Schließen Sie das Fenster über die Schaltfläche **Fertig stellen**.

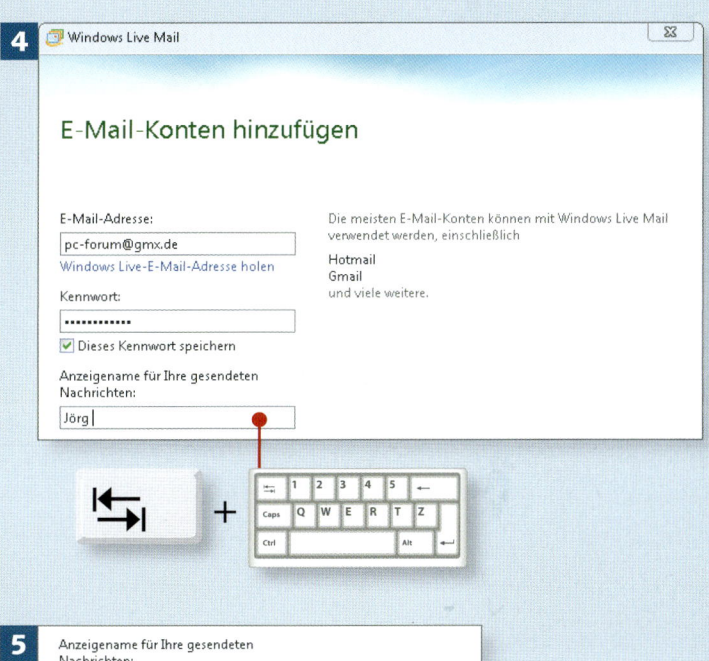

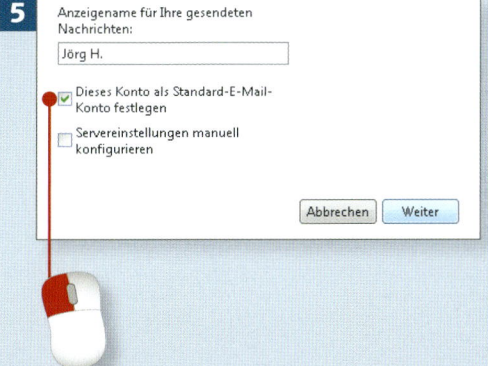

Servereinstellungen

Windows Live Mail kennt die Servereinstellungen der meisten E-Mail-Provider. Sollte es einmal nicht klappen, erfragen Sie die nötigen Servereinstellungen und die Vorgehensweise bei Ihrem Anbieter.

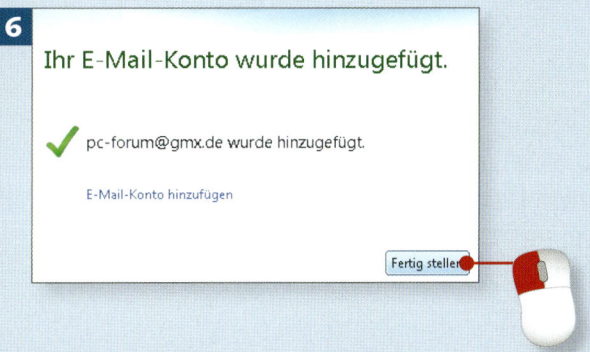

E-Mails schreiben und versenden

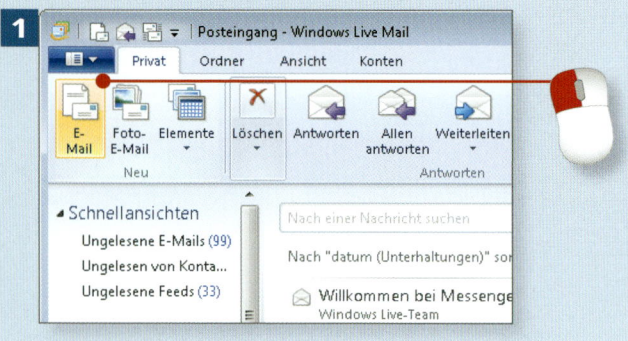

Windows Live Mail ist eingerichtet, nun wird es Zeit für die ersten elektronischen Nachrichten.

Schritt 1

Um eine neue E-Mail zu verfassen, klicken Sie links oben auf die Menüschaltfläche **E-Mail**.

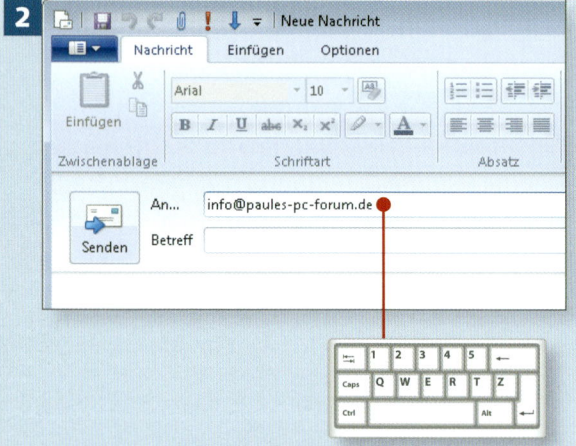

Schritt 2

Es öffnet sich ein Nachrichtenfenster. Klicken Sie mit der Maus in die Zeile **An:**, und tippen Sie die Mail-Adresse des Empfängers ein.

Schritt 3

Drücken Sie ⬒, um in die **Betreffzeile** zu gelangen, und geben Sie einen passenden Betreff ein. Erneut mit ⬒ gelangen Sie in den Textbereich, in dem Sie nun Ihre Nachricht verfassen können.

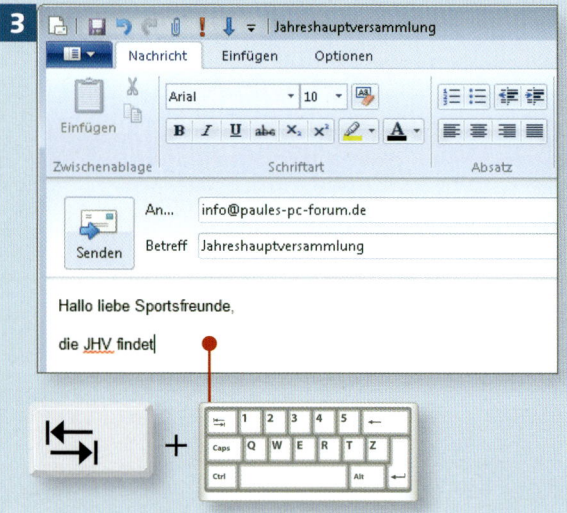

i

Betreff

Vergessen Sie, einen Betreff einzutragen, weist Sie das Programm auf diesen Umstand hin, und Sie können den Betreff nachtragen.

Schritt 4

Häufig möchte man eine Anlage mitschicken, z. B. ein Dokument oder ein Bild. Klicken Sie auf **Einfügen** und anschließend auf **Dateien anfügen**.

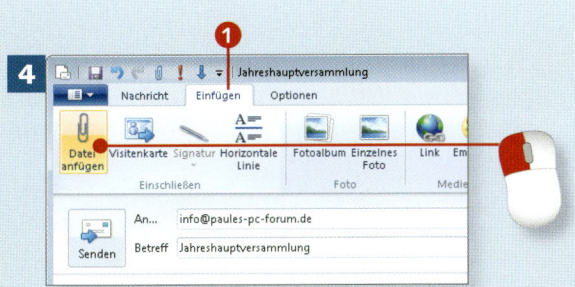

Schritt

Wählen Sie im folgenden Dialog die gewünschte Datei aus, und fügen Sie sie mit einem Klick auf **Öffnen** der E-Mail an.

Schritt 6

Kontrollieren Sie vor dem Absenden der Mail noch einmal die Empfängeradresse. Ist tatsächlich alles in Ordnung? Über die Schaltfläche **Senden** schicken Sie die E-Mail auf die Reise.

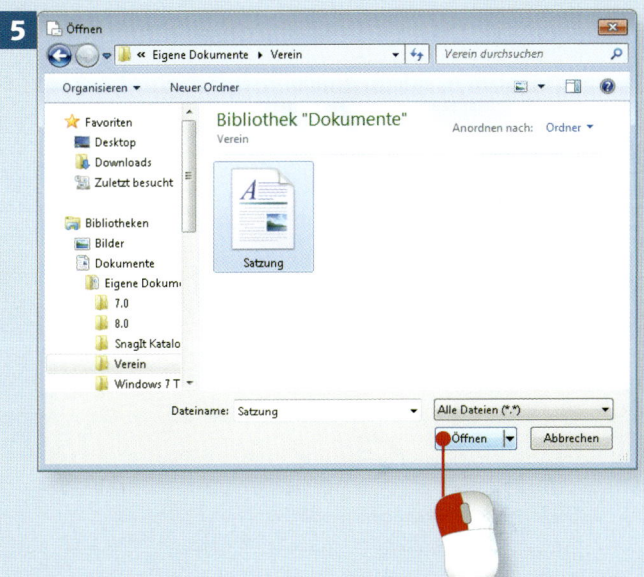

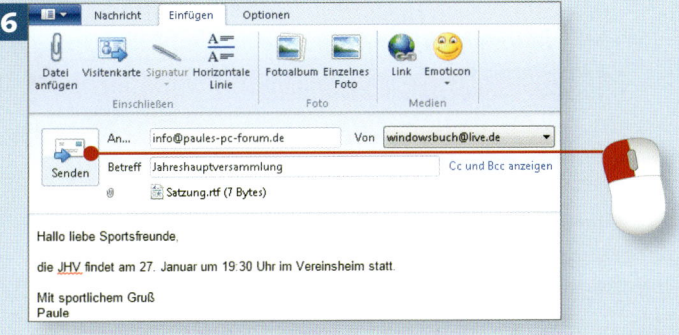

Größenbeschränkung beachten

Manche Mail-Provider weisen E-Mails ab 5 MB zurück. Teilen Sie große E-Mails mit Dateianhängen daher lieber in mehrere kleinere Nachrichten auf.

Neue E-Mails abrufen

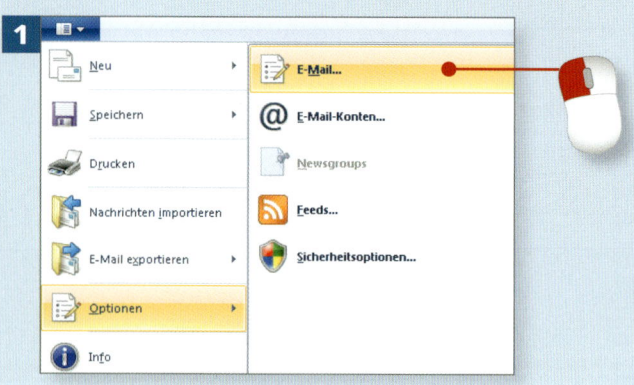

Die ersten E-Mails sind geschrieben. Schauen Sie nach, ob schon die ersten Antworten eingegangen sind. Die ersten drei Schritte brauchen Sie nur einmalig auszuführen.

Schritt 1

Prüfen Sie zunächst die Grundeinstellungen. Klicken Sie auf das Menüsymbol, zeigen Sie auf **Optionen**, und klicken Sie abschließend auf **E-Mail**.

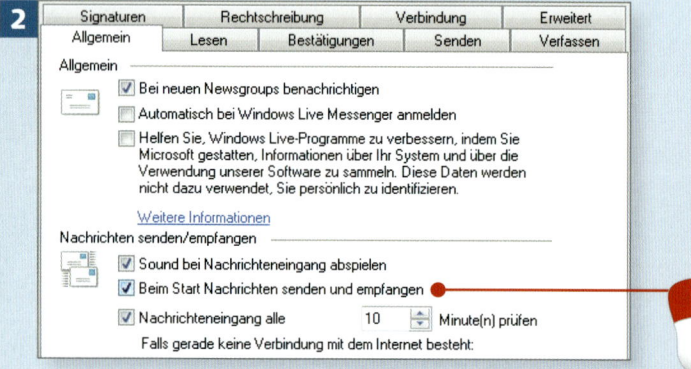

Schritt 2

Wenn Sie möchten, dass Windows Live Mail bei jedem Start automatisch nach neuen Mails sucht, aktivieren Sie die Option **Beim Start Nachrichten senden und empfangen**.

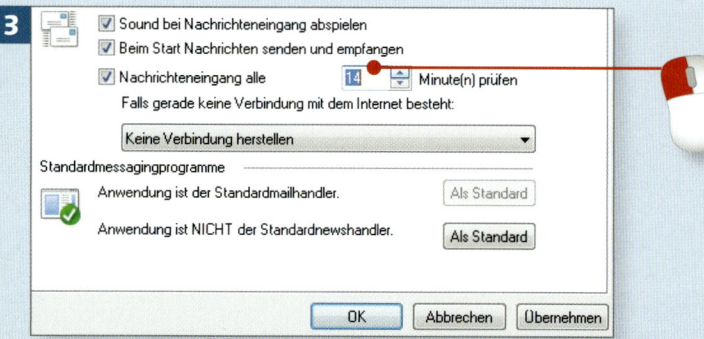

Schritt 3

Über das kleine Menü können Sie zusätzlich angeben, in welchem zeitlichen Abstand automatisch nach neuen Mails gesucht werden soll. Schließen Sie die Einstellungen mit **OK** ab.

Schritt 4

Klicken Sie in der Menüleiste auf die beiden Briefumschläge der Schaltfläche **Senden/Empfangen**, werden die Mails von allen eingerichteten Konten abgerufen.

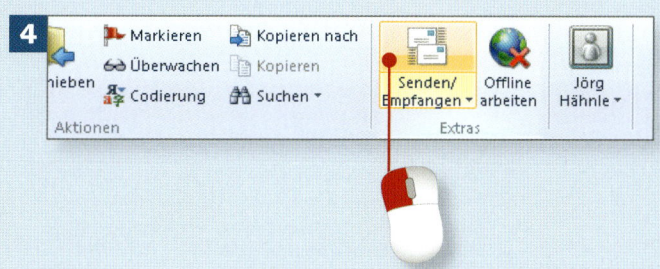

Schritt 5

Klicken Sie hingegen nur auf den unteren Teil von **Senden/Empfangen**, können Sie auswählen, von welchem Konto Sie Nachrichten abrufen bzw. im Postausgang befindliche Mails senden möchten.

Schritt 6

Wählen Sie die Option **Alles aktualisieren,** werden neben den Mails auch Feeds, Kalendereinträge und Newsgroups abgerufen und aktualisiert.

---

i

Senden/Empfangen

Die Schaltfläche kombiniert beide Funktionen. Geschriebene, aber noch nicht versendete Nachrichten aus dem Postausgang werden verschickt, und gleichzeitig wird geprüft, ob neue Nachrichten auf dem Mail-Server vorhanden sind.

Vom Umgang mit Spam und Junk-Mails

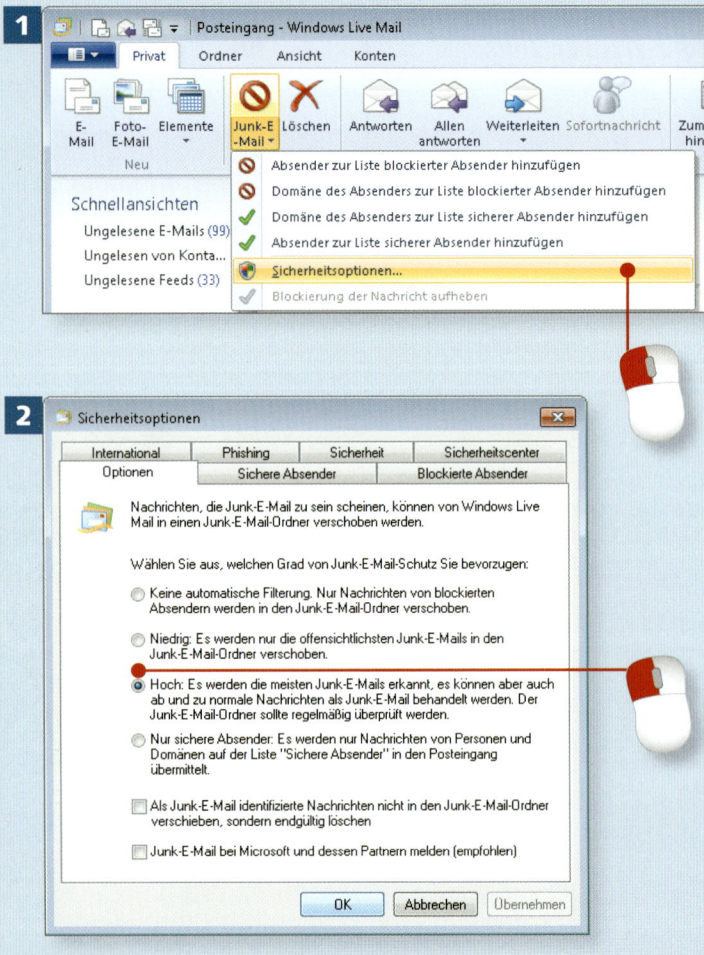

Leider nimmt die Zahl der unerwünschten Werbe-Mails ständig zu. Mit den Junk-Mail-Optionen halten Sie Ihr Postfach sauber.

Schritt 1

Prüfen Sie zunächst die Sicherheitseinstellungen. Klicken Sie hierfür auf den unteren Teil der **Junk-E-Mail**-Schaltfläche, und wählen Sie dann den Menüpunkt **Sicherheitsoptionen**.

Schritt 2

Hier können Sie die Einstellung des Junk-Mail-Filters verändern. Ich empfehle, hier mindestens die Einstellung **Hoch** vorzugeben. Über **OK** verlassen Sie die Einstellungen wieder.

Schritt 3

Fand nun dennoch eine unerwünschte Mail den Weg in Ihr Postfach, markieren Sie sie und klicken dann auf den oberen Teil der Schaltfläche **Junk-E-Mail**.

Nicht öffnen!

E-Mails von unbekannten Absendern sollten Sie nicht öffnen, insbesondere keine Anlagen. Ein großer Teil aller Schadprogramme kommt so auf den Rechner der Anwender.

Schritt 4

Manchmal landet eine Mail eines vertrauenswürdigen Absenders versehentlich im Junk-Mail-Ordner. In diesem Fall markieren Sie die Mail und klicken anschließend auf die Schaltfläche über **Dies ist keine Junk-Mail**.

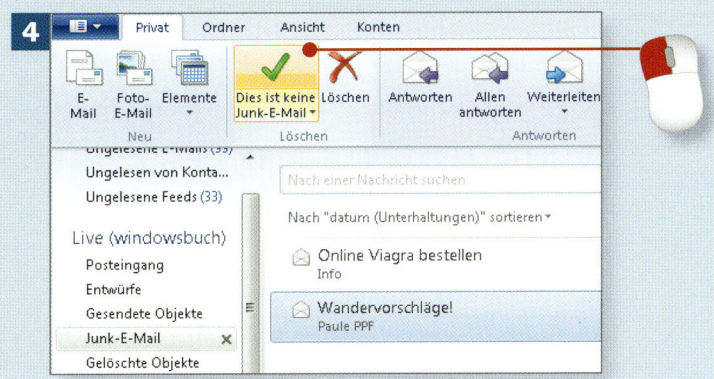

Schritt 5

E-Mails von wichtigen Absendern können Sie entsprechend markieren. Klicken Sie hierfür die Mail an, und wählen Sie aus dem unteren Teil der **Junk-E-Mail**-Schaltfläche die Option **Absender zur Liste sicherer Absender hinzufügen**.

Schritt 6

Bestätigen Sie die nachfolgende Meldung mit **OK**.

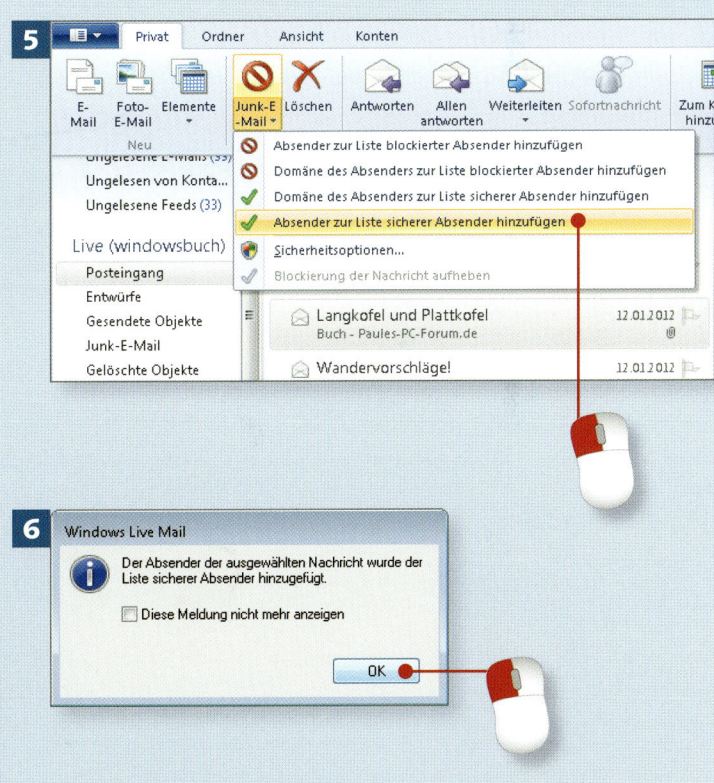

Vorsicht vor Phishing-Mails!

Seien Sie besonders misstrauisch bei E-Mails, die angeblich von Ihrer Hausbank kommen und in denen Sie aufgefordert werden, TANs oder Kennwörter anzugeben. Erfragen Sie im Zweifel umgehend bei Ihrer Bank die Echtheit einer solchen Mail.

Nicht mehr benötigte E-Mails löschen

Im Laufe der Zeit sammelt sich eine ganze Menge E-Mails in Ihrem Mail-Programm an. Zur besseren Übersicht können Sie alte und nicht mehr benötigte Mails löschen.

Schritt 1

Markieren Sie die nicht mehr benötigten Nachrichten mit der Maus, und klicken Sie anschließend auf den Menüpunkt **Löschen**. Möchten Sie mehrere E-Mails markieren, halten Sie `Strg` gedrückt und klicken Sie einzeln auf die Mails, die Sie löschen möchten.

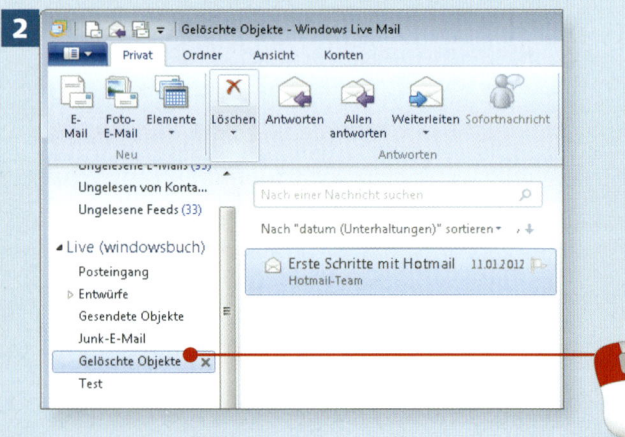

Schritt 2

Öffnen Sie nun den Ordner **Gelöschte Objekte** mit einem Mausklick. Hier finden Sie alle Mails, die Sie im Schritt zuvor gelöscht hatten.

Schritt 3

Haben Sie unter den gelöschten Objekten eine Mail gefunden, die Sie doch nicht löschen möchten, markieren Sie sie und klicken dann auf den Menüpunkt **Verschieben**.

Schritt 4

Wählen Sie den Nachrichtenordner aus, in den Sie die Mail verschieben möchten, beispielsweise den Ordner **Posteingang**, und bestätigen Sie die Auswahl mit **OK**.

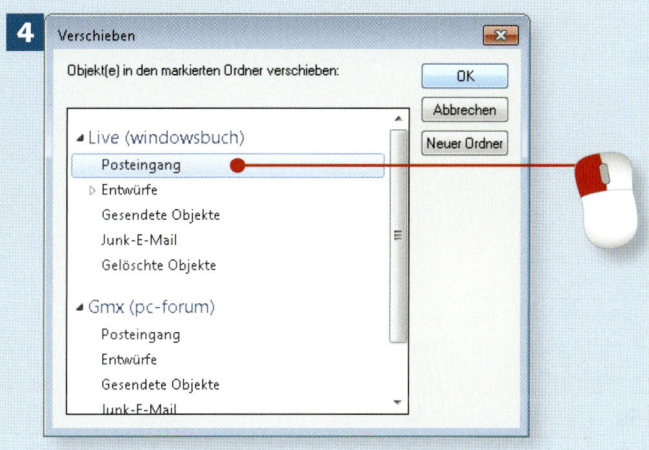

Schritt 5

Zurück zum Ordner **Gelöschte Objekte**. Möchten Sie alle Nachrichten aus diesem Ordner endgültig löschen, klicken Sie auf das **kleine Kreuz** rechts neben der Ordnerbezeichnung.

Schritt 6

Es folgt eine Sicherheitsabfrage: Möchten Sie wirklich alle Nachrichten aus diesem Ordner löschen? Bestätigen Sie das durch einen Klick auf **Ja**.

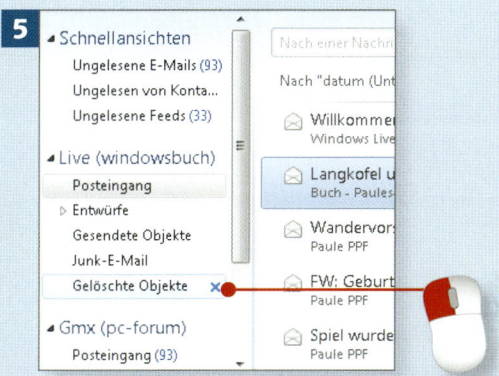

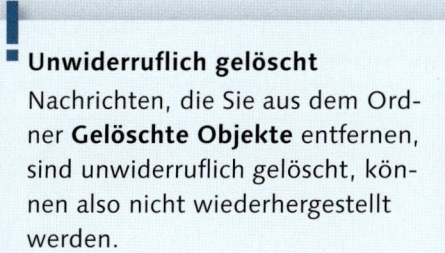

Unwiderruflich gelöscht

Nachrichten, die Sie aus dem Ordner **Gelöschte Objekte** entfernen, sind unwiderruflich gelöscht, können also nicht wiederhergestellt werden.

Neue Mail-Ordner anlegen

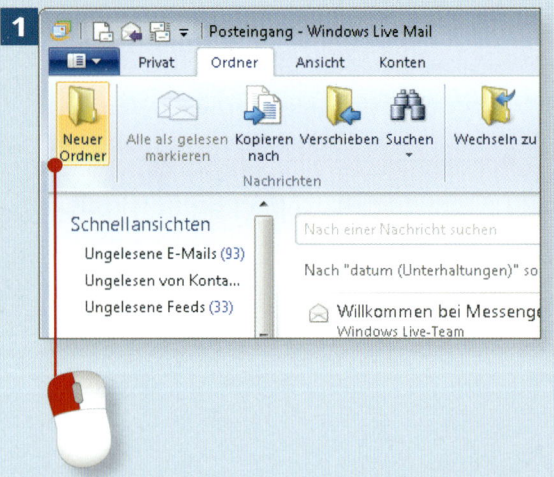

Zur besseren Verwaltung und Organisation können Sie in Windows Live Mail jederzeit neue Ordner hinzufügen und Nachrichten dort hinein verschieben.

Schritt 1

Öffnen Sie über die Menüleiste zunächst das Register **Ordner**, und klicken Sie dort auf die Schaltfläche **Neuer Ordner**.

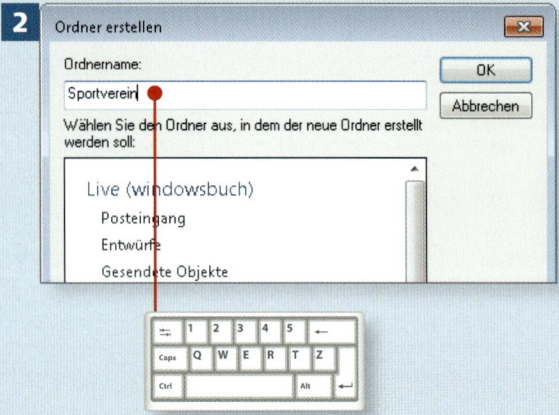

Schritt 2

Geben Sie eine Bezeichnung für den Ordner ein. Denken Sie beim Vergeben der Bezeichnung immer daran, einen Namen zu wählen, unter dem Sie auch in einem Jahr noch schnell und unkompliziert die Mails finden können, die in diesem Ordner liegen.

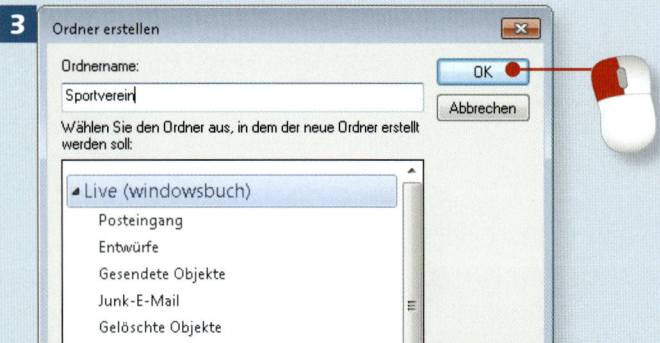

Schritt 3

Wählen Sie den gewünschten Ort für den neuen Ordner aus. Sie können den Ordner als Unterordner eines bestehenden Ordners anlegen oder ins Hauptverzeichnis setzen. Weiter geht es mit **OK**.

Schritt 4

Der neue Ordner wurde der Ordnerliste hinzugefügt und ist sofort einsatzbereit. Sie können dort jetzt schon Mails ablegen.

Schritt 5

Es ist auch möglich, Ordner zu verschieben. Klicken Sie dazu auf einen Ordner, verschieben Sie ihn mit gedrückter Maustaste und fügen ihn durch Loslassen der Taste ein.

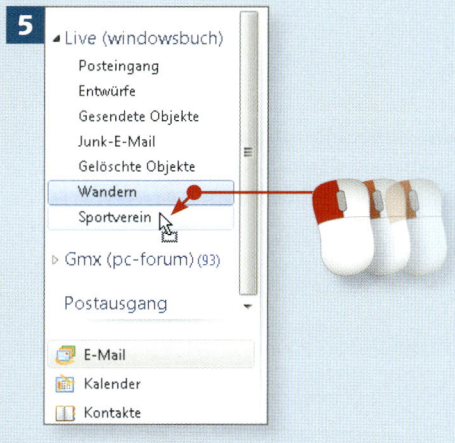

Schritt 6

Soll ein Ordner wieder gelöscht werden, klicken Sie ihn mit der rechten Maustaste an und wählen aus dem Kontextmenü den Befehl **Löschen** aus.

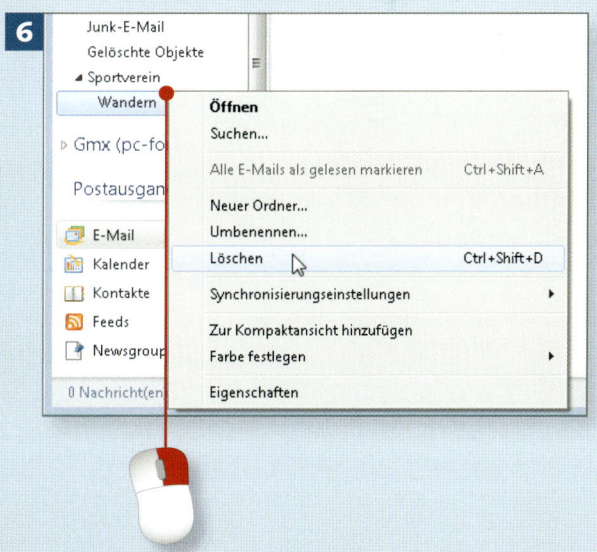

i

Ordner löschen

Löschen Sie einen Ordner, werden eventuell enthaltene Unterordner ebenfalls gelöscht. Enthaltene E-Mails werden in den Ordner **Gelöschte Objekte** verschoben.

E-Mails sortieren und Regeln erstellen

Mit Hilfe von selbstdefinierten Nachrichtenregeln können Sie bei hinzugefügten POP-Mail-Konten eingehende E-Mails automatisch in verschiedene Ordner verschieben lassen. Hier sehen Sie Schritt für Schritt, wie Sie das einrichten können.

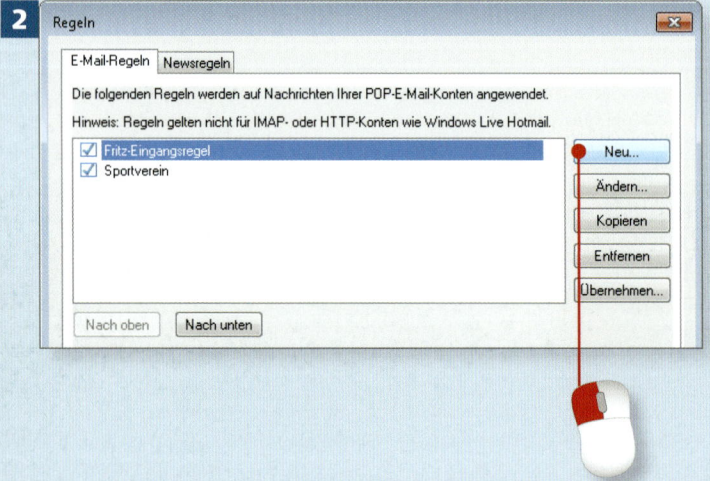

Schritt 1

Klicken Sie in der Menüleiste auf **Ordner** und anschließend auf die Schaltfläche **Nachrichtenregeln**.

Schritt 2

Falls bereits Regeln definiert wurden, werden Ihnen diese nun angezeigt. Klicken Sie auf **Neu**, um eine neue Regel zu erstellen. Gibt es noch keine Regeln, erscheint sofort das Einstellungsfenster.

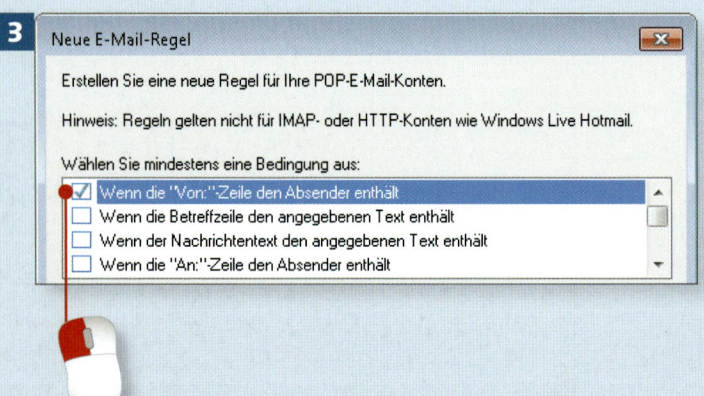

Schritt 3

Legen Sie die erste Bedingung fest. Klicken Sie beispielsweise auf das Kästchen vor der Option **Wenn die »Von:«-Zeile den Absender enthält**.

Schritt 4

Legen Sie im nächsten Schritt die Aktion fest, die ausgeführt werden soll, wenn die Bedingung erfüllt ist. Markieren Sie z. B. die Option **In den angegebenen Ordner verschieben**.

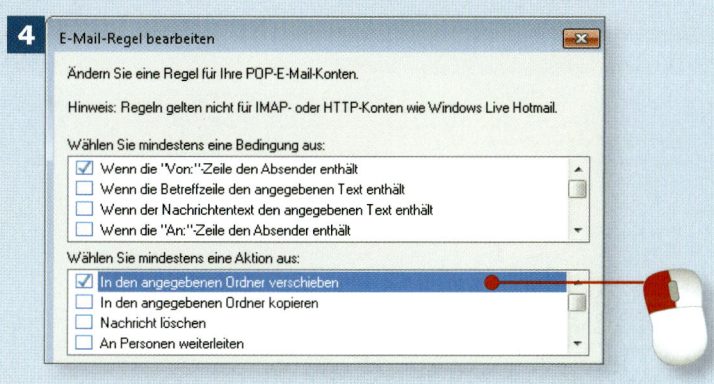

Schritt 5

Die Grundregel ist definiert, nun müssen Sie die Punkte spezifizieren. Klicken Sie im dritten Abschnitt auf die blau unterlegten Wörter des Satzes **Wenn die »Von:«-Zeile den Absender enthält**.

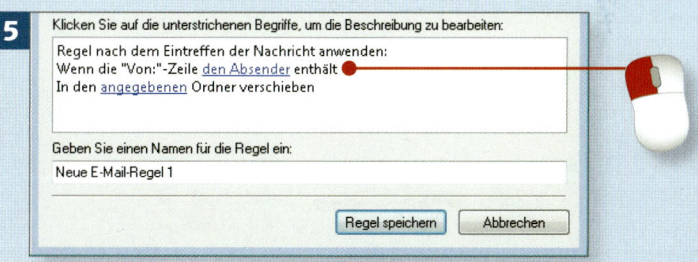

Schritt 6

Tippen Sie die E-Mail-Adresse der Person sein, deren Mails Sie automatisch sortieren möchten, und klicken Sie danach auf **Hinzufügen** und anschließend auf **OK**.

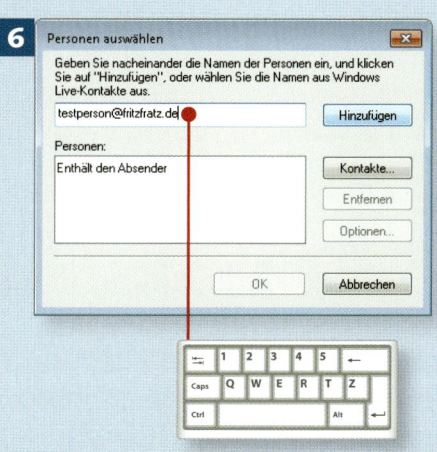

Regeln nur für POP-Konten

Nachrichtenregeln können nur für E-Mail-Konten erstellt werden, die das POP-Protokoll verwenden, wie z. B. GMX oder Web.de. Bei IMAP- oder HTTP-Konten wie Windows Live Hotmail funktioniert es leider nicht.

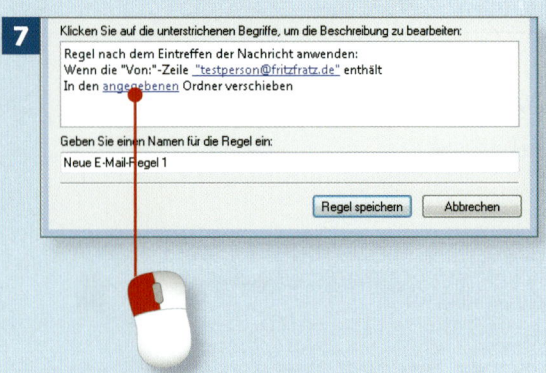

Schritt 7

Jetzt müssen Sie angeben, in welchen Ordner die Mails verschoben werden sollen. Klicken Sie also auf das blau unterlegte Wort im Satz **In den angegebenen Ordner verschieben**.

Schritt 8

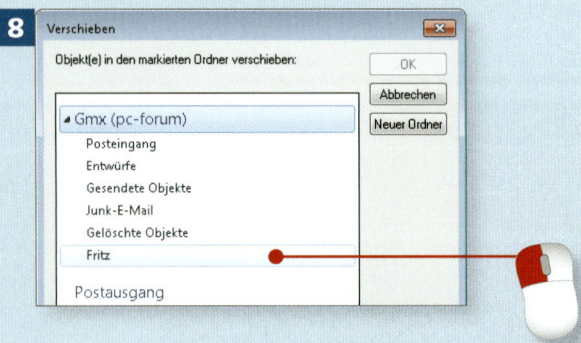

Markieren Sie den Ordner Ihrer Wahl, und klicken Sie danach auf **OK**, um den Ordner als Ziel zu definieren und das Dialogfenster wieder zu schließen.

Schritt 9

Kontrollieren Sie nochmals alle Einstellungen – stimmt alles? Falls nicht, klicken Sie auf den jeweils blau unterlegten Text, und ändern Sie Ihre Angaben.

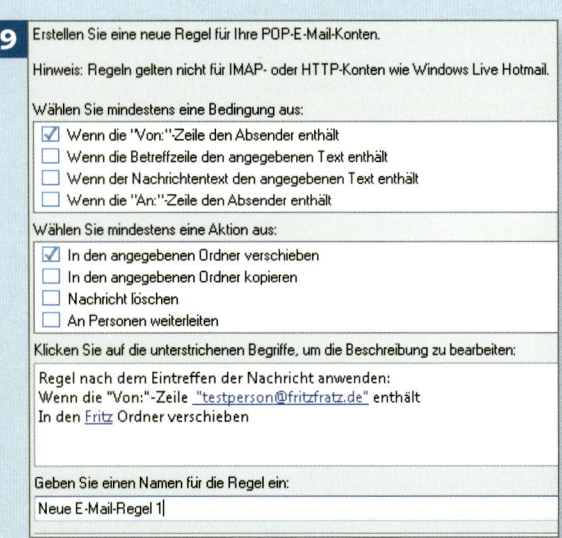

i

Prioritäten festlegen

Haben Sie mehrere Regeln definiert, können sich diese gegebenenfalls inhaltlich überschneiden. Die Reihenfolge der Regeln in der Liste gibt vor, wann welche Regel angewendet wird. Achten Sie also darauf, die Regeln richtig zu sortieren.

Schritt 10

Nun benötigt die neue Regel noch einen Namen. Tragen Sie eine möglichst aussagekräftige Bezeichnung ein, und klicken Sie danach auf **Regel speichern**.

Schritt 11

Die Regel ist nun aktiv. Sollten Sie sie einmal aussetzen wollen, entfernen Sie einfach das Häkchen vor der entsprechenden Regelbezeichnung. Dadurch wird die Regel inaktiv gesetzt, aber nicht gelöscht. Das ist eine praktische Sache, wenn Sie die Anwendung der Regel nur aussetzen wollen, sie aber später wieder anwenden möchten.

Schritt 12

Haben Sie mehrere Regeln definiert, können Sie sie über die Schaltflächen **Nach oben** ❶ und **Nach unten** ❷ sortieren und so die Priorität der Regeln festlegen.

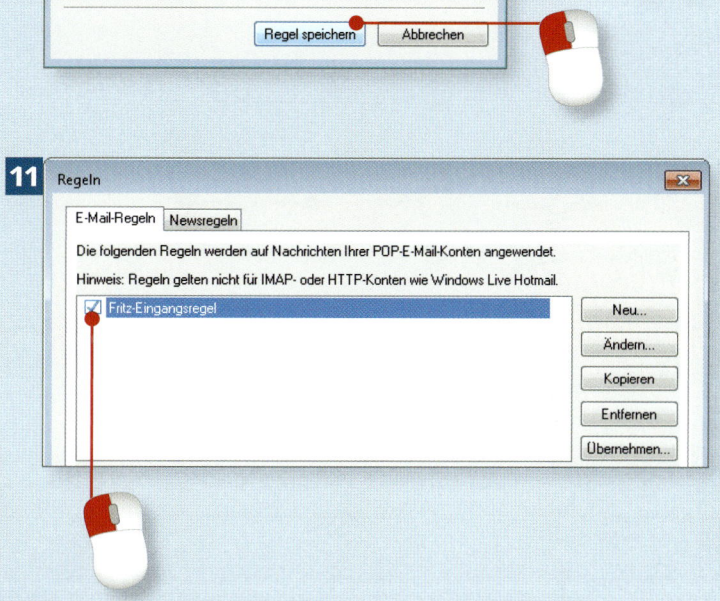

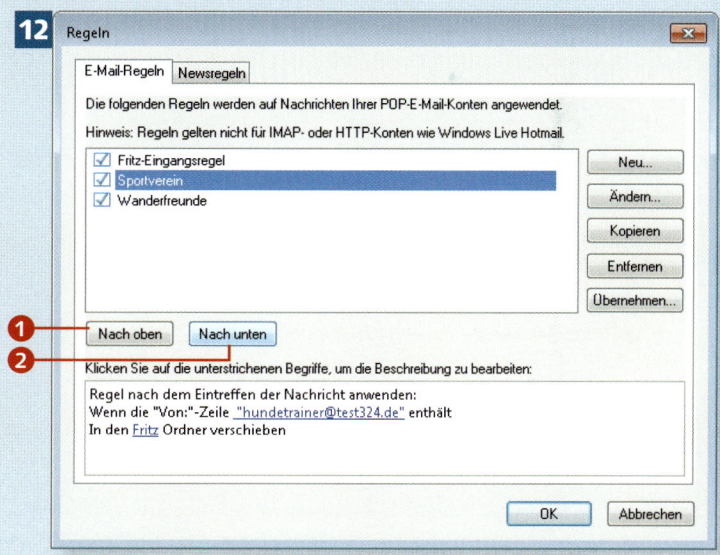

RSS-Feeds verwalten

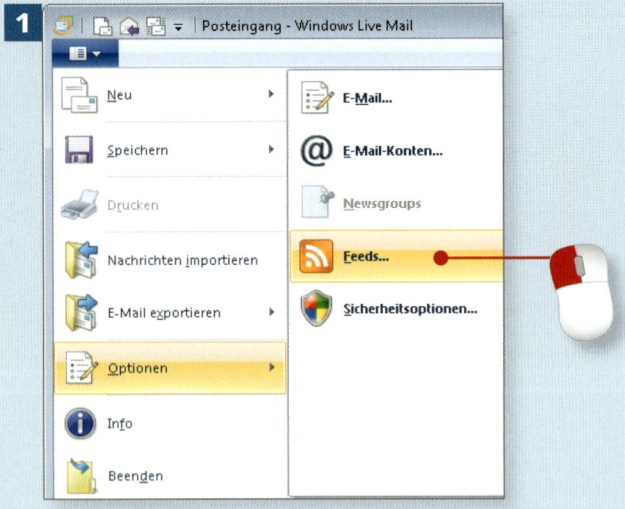

RSS-Feeds sind aufbereitete Nachrichten und Informationen, die von Webseitenbetreibern bereitgestellt werden, beispielsweise Nachrichten der Tagesschau oder Sportinformationen.

Schritt 1

Öffnen Sie das **Hauptmenü**, zeigen Sie auf **Optionen**, und wählen Sie schließlich den Eintrag **Feeds** aus.

Schritt 2

Um einen neuen Nachrichten-Feed zu integrieren, klicken Sie auf die Schaltfläche **Feed hinzufügen.**

Schritt 3

Tragen Sie die Adresse zum Nachrichten-Feed in das Feld **URL** ein, und schließen Sie die Eingabe mit ⏎ oder einem Klick auf **OK** ab.

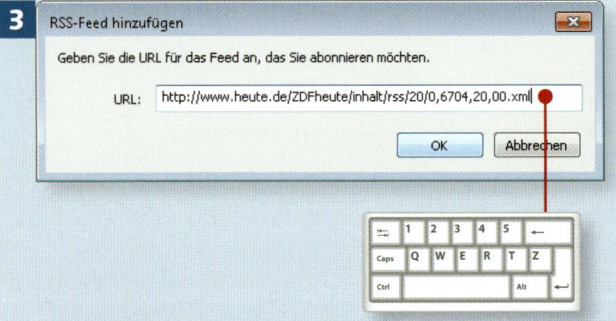

i

Wofür steht RSS?

RSS steht für *Really Simple Syndication*. Es ist ein Standard, der regelt, in welchem Format die Informationen übermittelt werden sollen.

Schritt 4

Über das Dropdown-Menü im unteren Teil des Fensters können Sie nun das Aktualisierungsintervall aller Feeds einstellen, beispielsweise auf **4 Stunden**. Verlassen Sie den Dialog über **Schließen**.

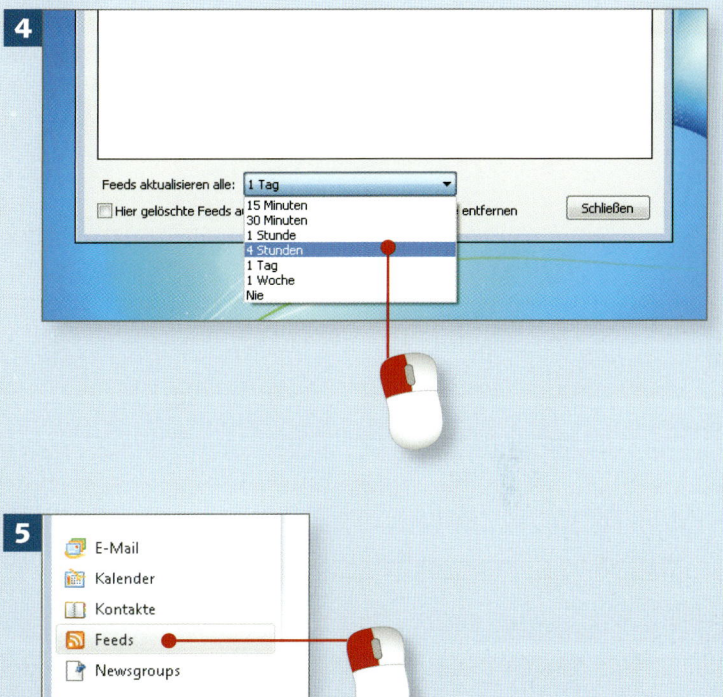

Schritt 5

Öffnen Sie die Feeds durch einen Mausklick auf den Menüpunkt **Feeds** links unten im Hauptfenster der Mail-Anwendung.

Schritt 6

Hier werden nun alle Feeds angezeigt. Klicken Sie links auf einen Feed-Eintrag ❶, werden Ihnen die dazugehörigen Nachrichten aufgelistet ❷, und im Lesebereich wird der Inhalt einer ausgewählten Nachricht dargestellt ❸.

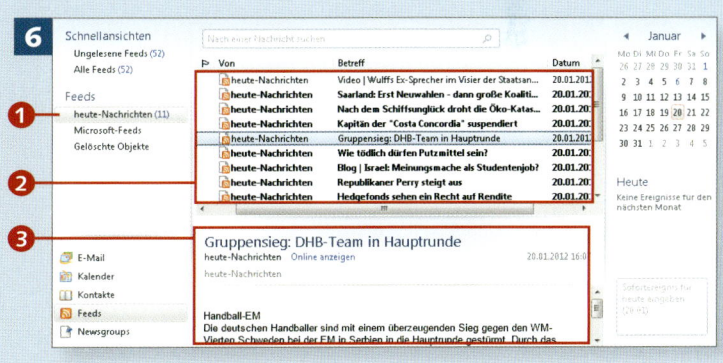

URL ermitteln

Die Adressen zu den RSS-Feeds finden Sie auf den Internetseiten meist in den Rubriken »Service« oder »RSS«.

E-Mails online senden und empfangen

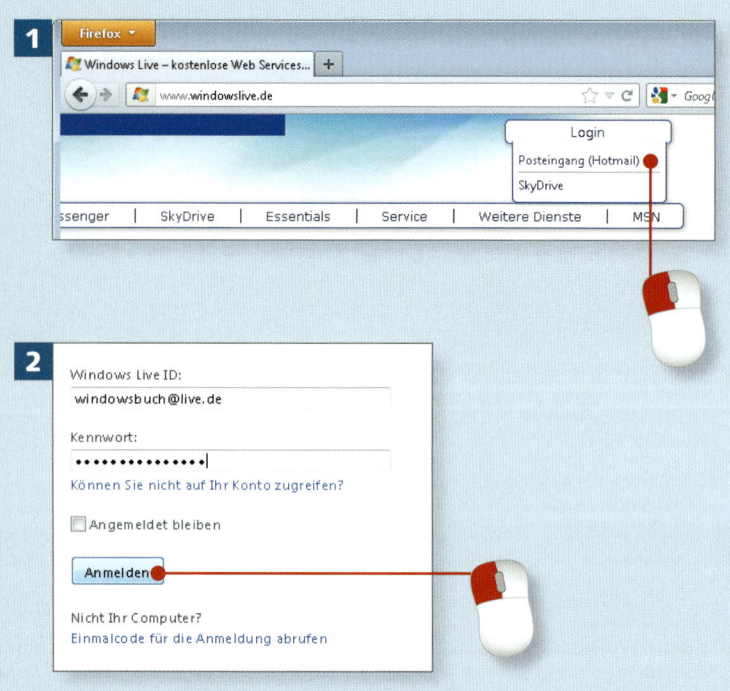

*Windows Live Hotmail ist ein soge-
nannter Webmailer, der weltweit
von jedem PC mit Internetanschluss
erreichbar ist. So haben Sie immer
und überall Zugriff auf Ihre E-Mails,
ohne Ihren eigenen PC überallhin
mitschleppen zu müssen.*

Schritt 1

Öffnen Sie in Ihrem Browser die
Seite *www.windowslive.de*, zeigen
Sie im Kopf der Seite auf **Login** und
klicken Sie dann auf den Link **Posteingang (Hotmail)**.

Schritt 2

Melden Sie sich mit Ihrer Windows-
Live-ID an, die Sie bei der Registrierung zu Windows Live erstellt
haben. Tragen Sie ID und Kennwort
ein, und klicken Sie anschließend auf
Anmelden.

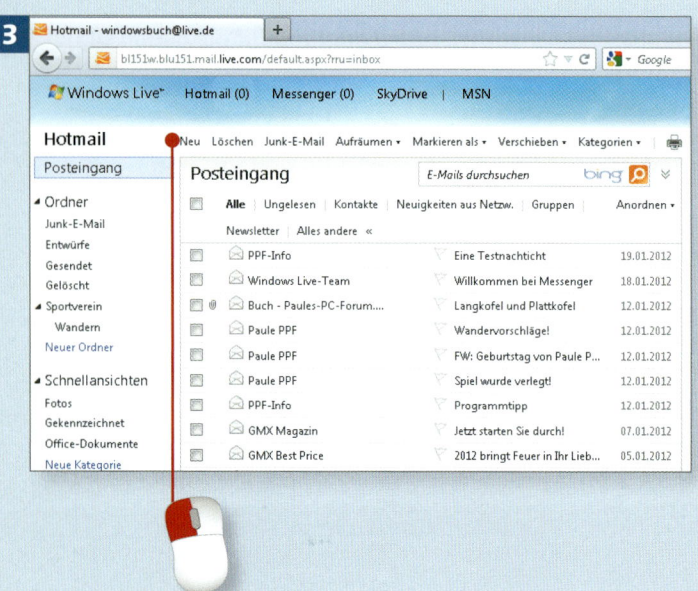

Schritt 3

Optisch ähnelt Hotmail ein wenig Windows Live Mail, was eine
schnelle Einarbeitung in die Pro-
grammoberfläche verspricht. Um
eine Mail zu verfassen, klicken Sie
auf den Link **Neu**.

Schritt 4

Tragen Sie zuerst die Empfänger-Adresse in das Feld **An:** ein. Mit der Taste ⇆ springen Sie in das **Betreff**-Feld, in das Sie einen Betreff eintippen sollten.

Schritt 5

Drücken Sie ein weiteres Mal ⇆, gelangen Sie in das Textfeld der Mail. Verfassen Sie hier nun Ihre Nachricht. Die darüberliegende Menüleiste gibt Ihnen die Möglichkeit, Ihren Text zu formatieren ❶.

Schritt 6

Zum Versenden der Nachricht klicken Sie schließlich auf den Link **Senden**. Wollen Sie die Mail noch nicht versenden, sondern speichern, klicken Sie auf **Entwurf speichern**. Sie finden die Mail später im Ordner **Entwürfe**.

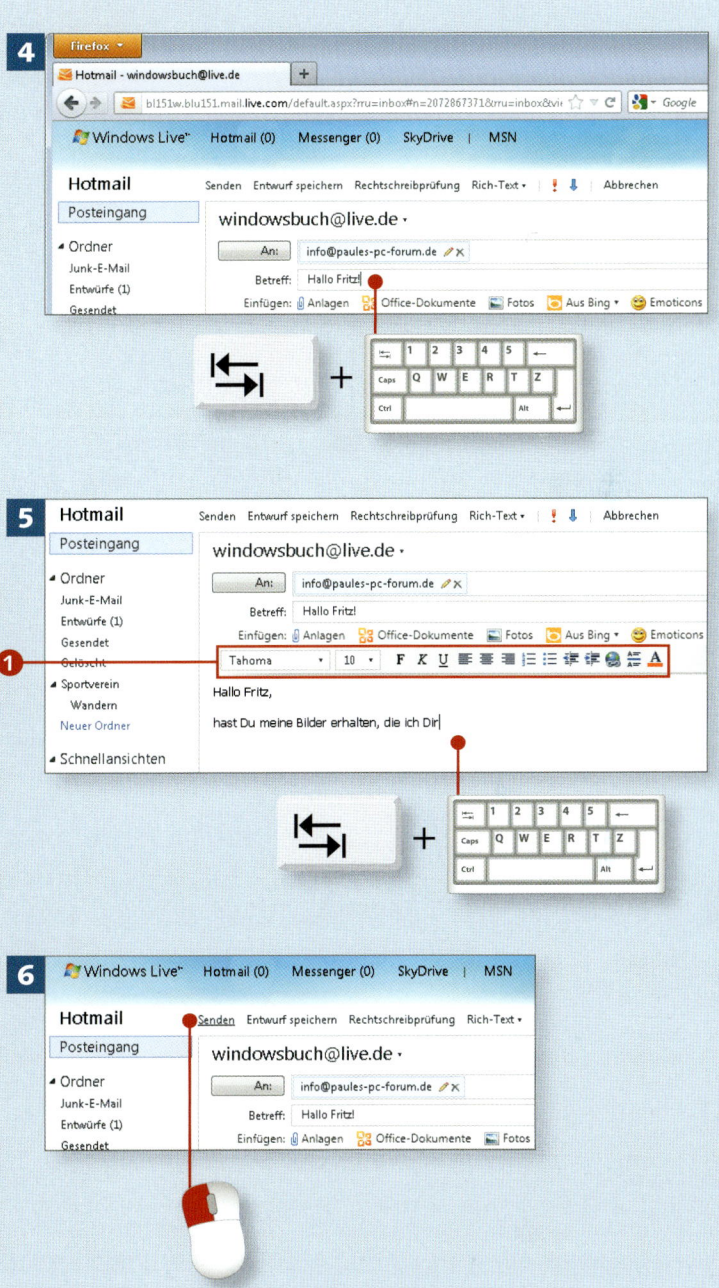

E-Mails online senden und empfangen (Forts.)

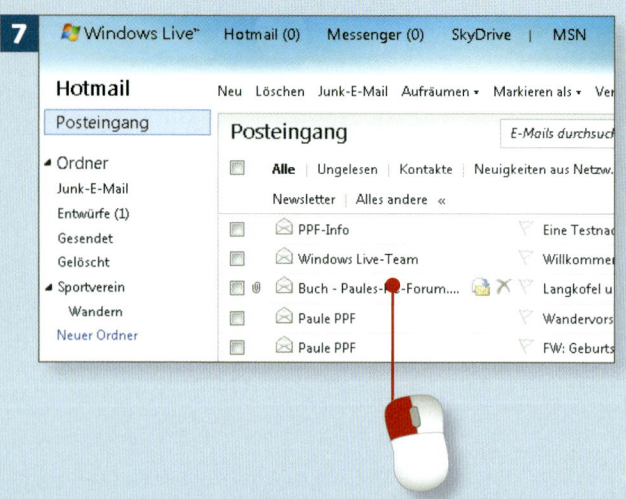

Schritt 7

Eingegangene Mails werden im Ordner **Posteingang** angezeigt. Zum Öffnen einer Nachricht klicken Sie diese einfach mit der Maus an.

Schritt 8

Die E-Mail öffnet sich im gleichen Browser-Fenster, und Sie können sie lesen. Möchten Sie auf eine Nachricht direkt antworten, klicken Sie auf den Link **Antworten** und verfassen Ihre Antwort-Mail.

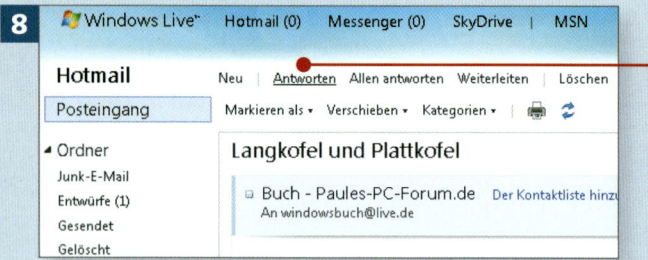

Schritt 9

Nicht mehr benötigte Mails löschen Sie, indem Sie die betreffenden Nachrichten zunächst markieren. Klicken Sie hierfür auf das Kästchen vor der zu löschenden Mail und anschließend auf **Löschen** ❶.

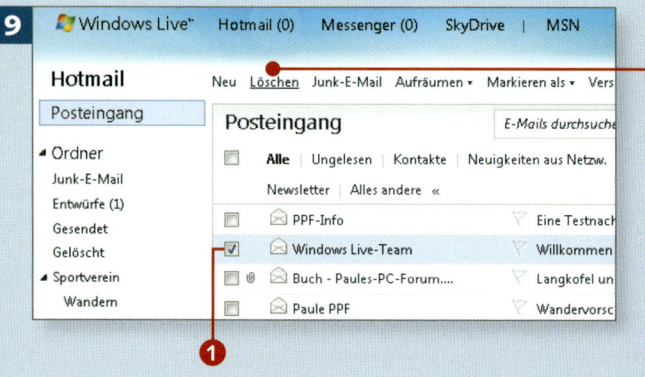

Automatische Synchronisation

Verwenden Sie ein Hotmail-Konto auch in Windows Live Mail, werden alle Inhalte automatisch miteinander synchronisiert. Im Netz und im lokalen Mail-Programm auf dem PC sind alle Mails und Ordner somit immer auf dem gleichen Stand.

Schritt 10

Die gelöschten Mails wurden nicht wirklich gelöscht, sondern lediglich in den Ordner **Gelöscht** verschoben. Wechseln Sie mit einem Mausklick in diesen Ordner.

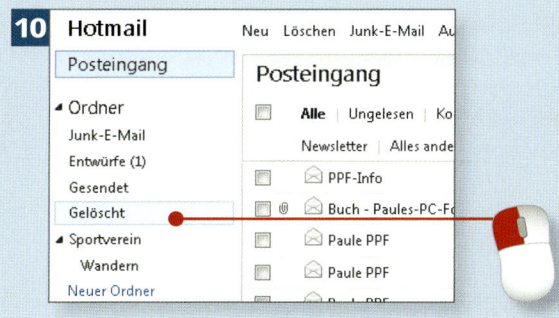

Schritt 11

Um die E-Mails endgültig zu löschen, können Sie sie einzeln markieren und dann auf **Löschen** klicken, oder Sie führen einen Rechtklick auf den Ordner aus und löschen alle Mails mit dem Befehl **Ordner leeren**.

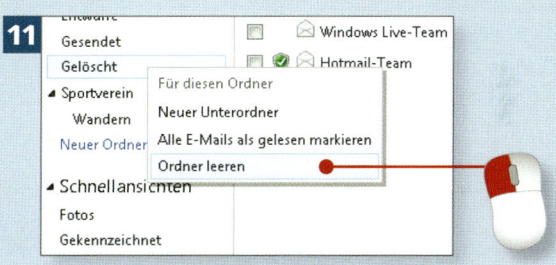

Schritt 12

Bestätigen Sie den Hinweis darüber, dass die E-Mails nun gelöscht werden, mit **OK**. Damit sind die Nachrichten unwiderruflich gelöscht. Sollten Ihnen doch Zweifel kommen, ob Sie die E-Mails wirklich löschen möchten, können Sie natürlich auch auf **Abbrechen** klicken.

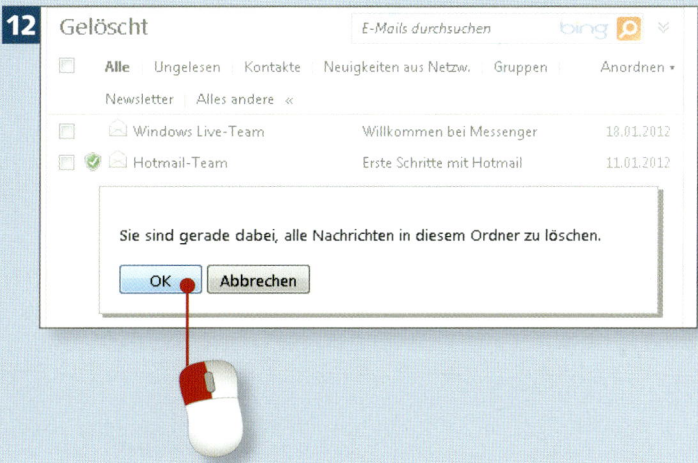

SkyDrive: Einen Onlineordner erstellen

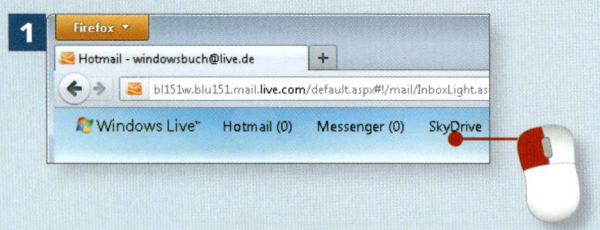

Der Dienst SkyDrive bietet Ihnen die Möglichkeit, Daten online abzulegen. Von jedem PC mit Internetzugang können Sie auf Ihre in der Datenwolke abgespeicherten Dateien zugreifen.

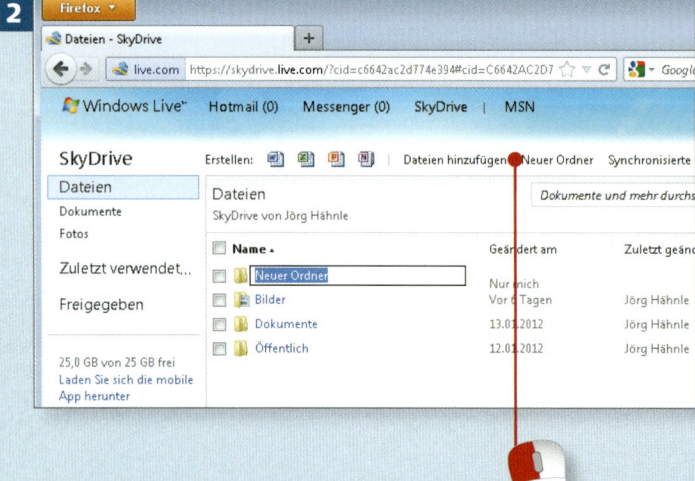

Schritt 1

Den Dienst SkyDrive erreichen Sie aus Hotmail heraus durch einen Klick auf den Link **SkyDrive** oder über *www.windowslive.de* und einen Klick auf **Login ▸ SkyDrive**.

Schritt 2

Zum Erstellen eines Ordners klicken Sie auf den Link **Neuer Ordner** und geben dann einen Namen für den Ordner ein. Schließen Sie die Eingabe mit ⏎ ab.

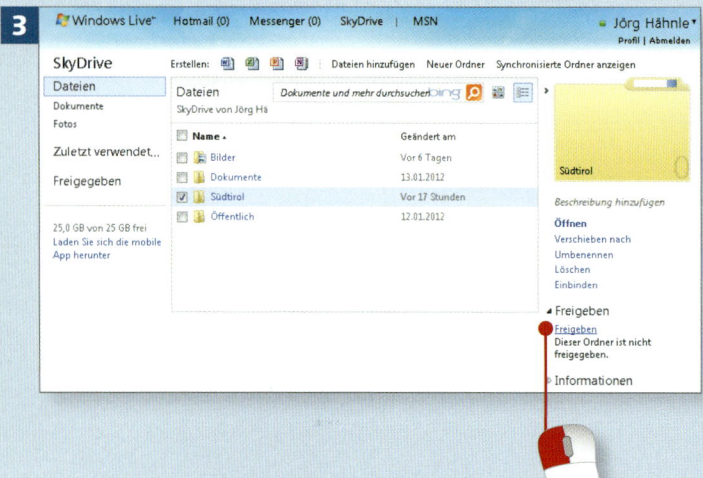

Schritt 3

Der neue Ordner ist aktiv. Klicken Sie rechts auf den Link **Freigeben**, um festzulegen, welche Personen Zugriff auf den Ordner erhalten.

Ordnerfreigabe
Geben Sie einen Ordner für andere Personen frei, gilt diese Berechtigung auch für die darin befindlichen Dateien, falls für diese keine eigenen Berechtigungen festgelegt wurden.

Schritt 4

Aktivieren Sie die Option **E-Mail senden** ❶, und geben Sie in das Textfeld die E-Mail-Adressen der Personen ein, die von Ihnen die Berechtigung erhalten sollen, auf diesen Ordner zuzugreifen.

Schritt 5

Mit ⇆ springen Sie in das nächste Feld und können hier nun eine persönliche Nachricht verfassen, die allen Empfängern zugestellt wird. Mit **Freigeben** verlassen Sie den Dialog wieder, und die Mail wird verschickt.

Schritt 6

Öffnen Sie einen Ordner, können Sie auf der rechten Seite einsehen, welche Personen eine Zugriffsberechtigung haben. Über die Dropdown-Menüs hinter jeden Namen können Sie die Rechte jederzeit erweitern oder entziehen.

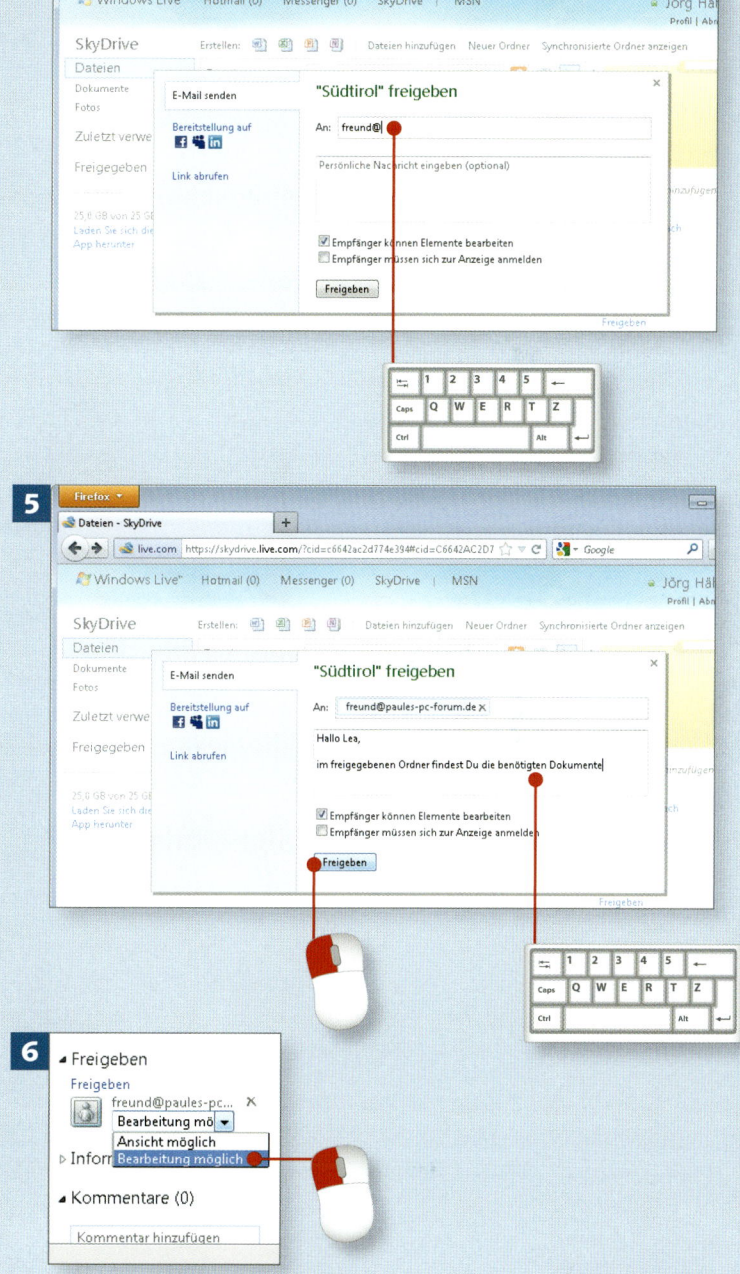

ⓘ Bearbeitung

Nur berechtigte Personen, die sich mit einer Live-ID angemeldet haben, können Ordner und Dateien bearbeiten.

Dateien online stellen

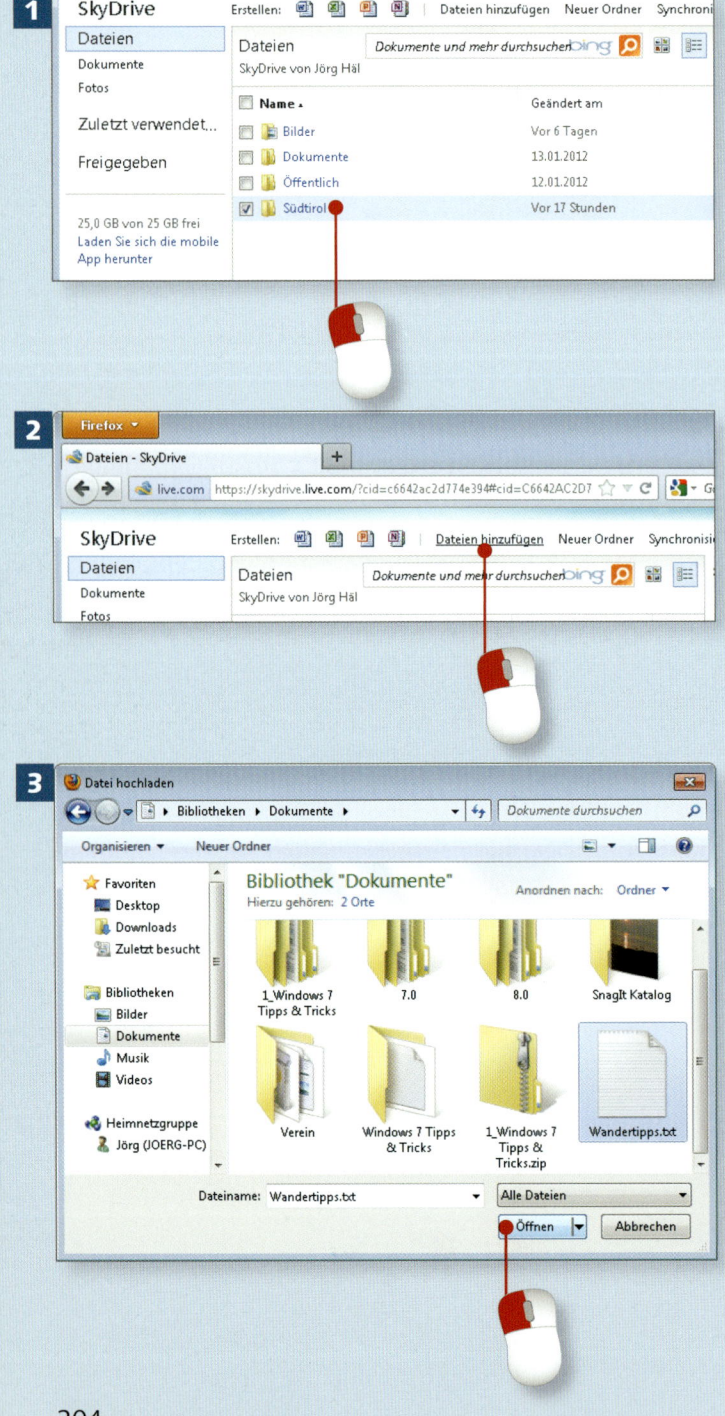

Laden Sie mit wenigen Mausklicks Dateien auf Ihre Onlinefestplatte SkyDrive, und teilen Sie sie mit Freunden und Bekannten.

Schritt 1

Wählen Sie zunächst den Ordner aus, in den Sie Dateien hochladen möchten, und öffnen Sie ihn mit einem Mausklick.

Schritt 2

Klicken Sie als Nächstes oben in der Menüleiste auf den Eintrag **Dateien hinzufügen**.

Schritt 3

Es öffnet sich ein neues Fenster. Wählen Sie die Datei aus, die Sie Online stellen möchten. Markieren Sie die Datei, und klicken Sie auf **Öffnen**.

!

Datensicherheit

Private oder personenbezogene Daten sollten Sie aus Sicherheitsgründen nicht bei SkyDrive oder anderen Diensten dieser Art hochladen. Eine 100%ige Datensicherheit kann niemand gewährleisten.

Schritt 4

Wählen Sie eine hochgeladene Datei mit einem Klick auf das davorstehende Kästchen aus, erscheinen auf der rechten Seite neue Funktionen ❶. Sie können hier die Datei z. B. umbenennen oder auch löschen.

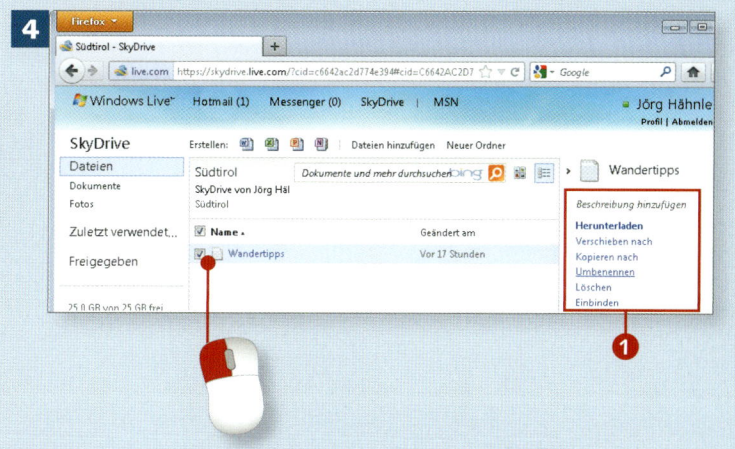

Schritt 5

Rechts oben steht der Name der Datei. Direkt darunter können Sie mit einem Klick auf den Text **Beschreibung hinzufügen** eine Beschreibung für die Datei vergeben.

Schritt 6

Geben Sie eine treffende Dateibeschreibung ein, und schließen Sie die Eingabe mit ↵ oder einem Klick auf **Speichern** ab.

Rechtvergabe

Die Rechtevergabe für einzelne Dateien funktioniert nach dem gleichen Prinzip wie die Vergabe für Ordner.

Office-Dokumente erstellen

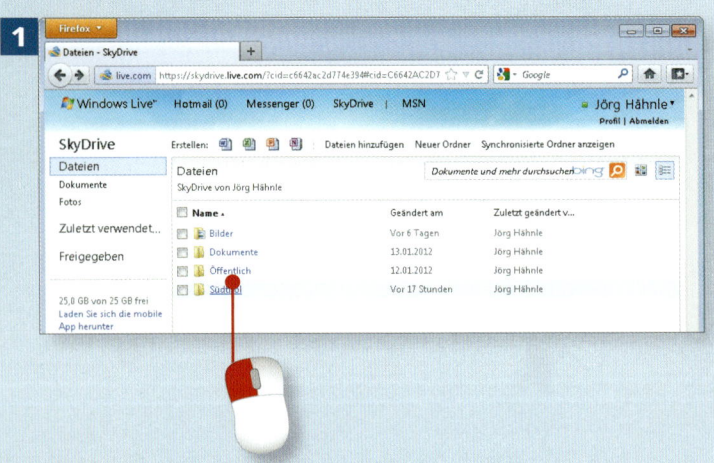

Erstellen Sie Online Office-Doku-mente, und teilen Sie sie bei Bedarf mit Freunden oder Arbeitskollegen. Probieren Sie es einmal aus. Sie wer-den sehen, dass das eine ungemein praktische Sache ist.

Schritt 1

Öffnen Sie zuerst per Mausklick einen beliebigen Ordner in SkyDrive, in dem Sie gleich Ihr Office-Doku-ment erstellen möchten.

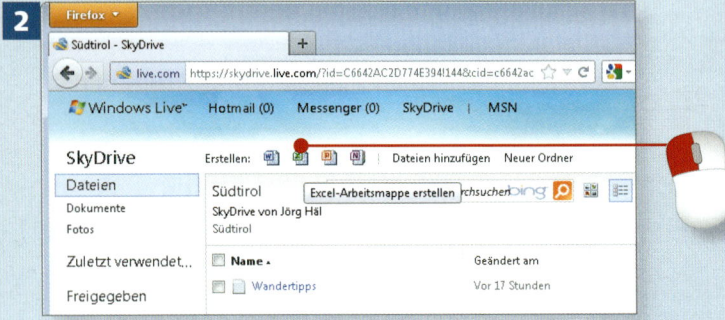

Schritt 2

Oben in der Menüleiste finden Sie vier Symbole: **Word**, **Excel**, **Power-Point** und **OneNote**. Klicken Sie z. B. auf das Excel-Symbol, wenn Sie ein entsprechendes Dokument erstellen möchten.

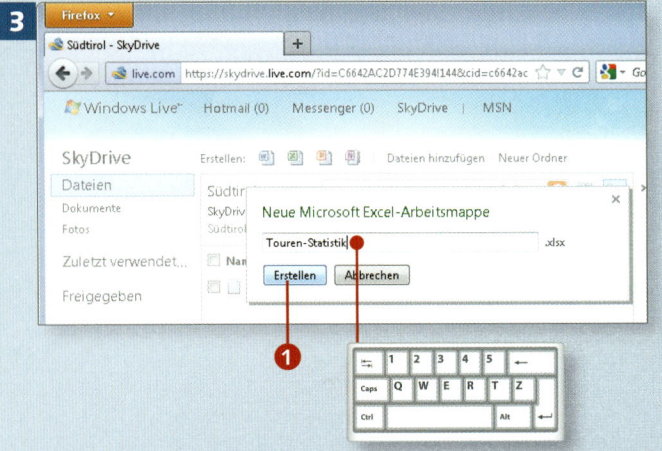

Schritt 3

Ein kleiner Dialog öffnet sich und fordert Sie auf, einen Namen für das neue Dokument zu vergeben. Tragen Sie einen Namen ein, und schließen Sie den Dialog dann mit Klick auf **Erstellen ❶**.

Schritt 4

Nun öffnet sich das Dokument, in unserem Beispiel die Excel-Mappe, und Sie können mit der Bearbeitung beginnen.

Schritt 5

Über den Menüpunkt **Datei ▸ Eine Kopie herunterladen** können Sie sich eine Kopie des Dokuments auf Ihren Rechner speichern.

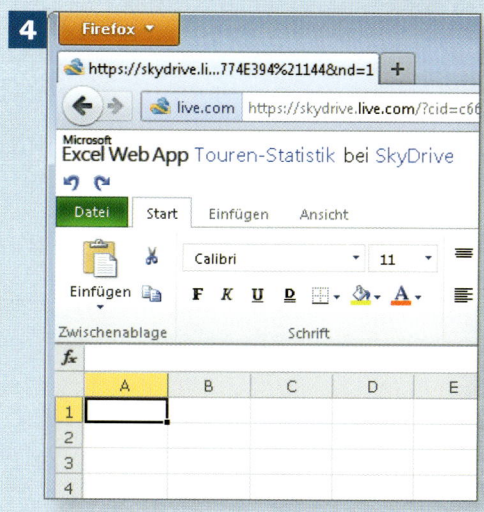

Schritt 6

Möchten Sie die Bearbeitung beenden, klicken Sie im Menü **Datei** auf **Schließen**. Praktischerweise ist ein separates Abspeichern des Dokumentes nicht erforderlich, da dieses permanent im Hintergrund gesichert wird.

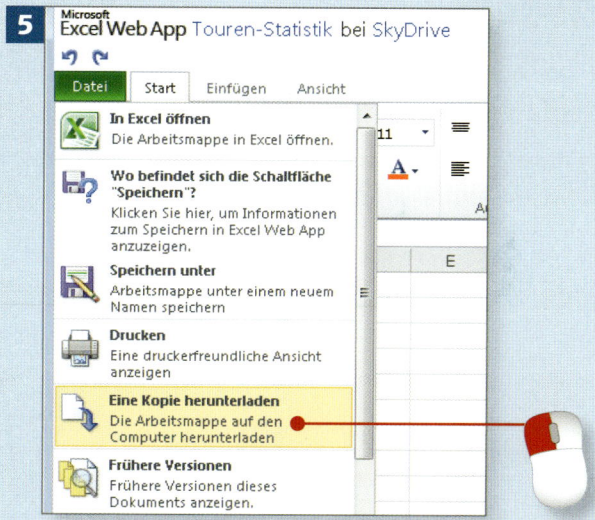

Kein Microsoft Office nötig

Zum Erstellen von Office-Dokumenten über SkyDrive benötigen Sie keine Office-Installation auf Ihrem PC.

Fotos hochladen und verwalten

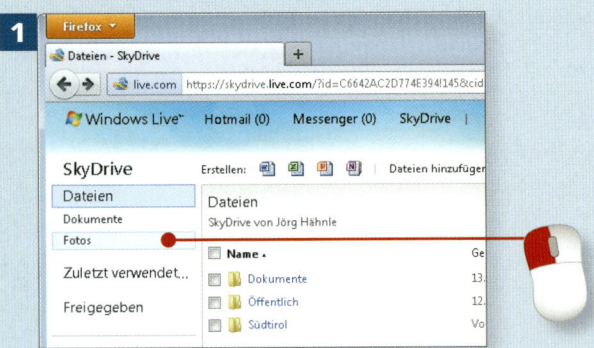

SkyDrive bietet spezielle Ordner für Fotos und zusätzlich sogar die Möglichkeit einer einfachen Online-diashow.

Schritt 1

Klicken Sie auf der linken Seite auf den Eintrag **Foto**, um in diesen vordefinierten Ordner zu wechseln.

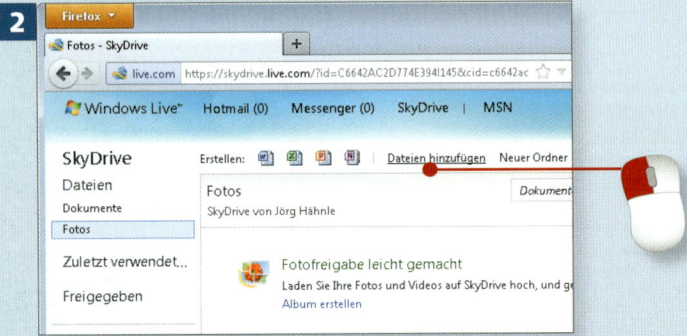

Schritt 2

Klicken Sie im zweiten Schritt auf den Menüpunkt **Dateien hinzufügen**.

Schritt 3

Es öffnet sich ein Dialog, den Sie auch schon vom Hochladen anderer Dateien kennen. Wählen Sie Ihre Fotos aus, und klicken Sie dann auf **Öffnen**.

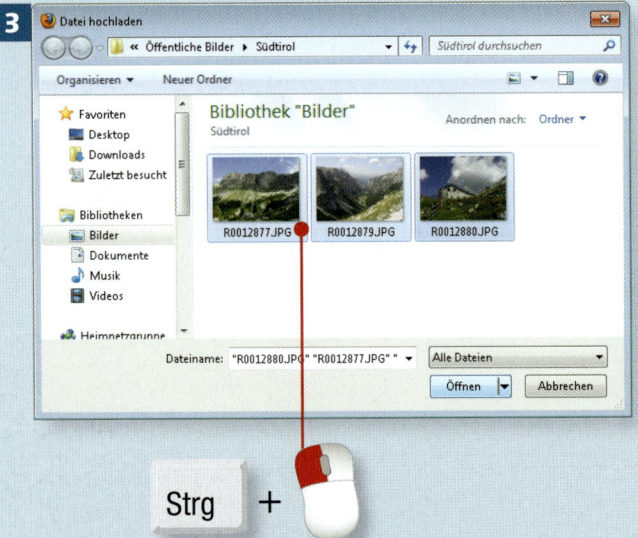

Upload benötigt Zeit
Der Upload, also das Hochladen von Bildern von Ihrem PC zu Sky-Drive, kann je nach Anzahl der Fotos und Verbindungsqualität einige Minuten dauern.

Schritt 4

Klicken Sie ein Bild an, wird dieses vergrößert auf dem Bildschirm angezeigt. Zeigen Sie mit der Maus auf das Bild, werden Pfeile links und rechts des Bildes eingeblendet. Hierüber blättern Sie jeweils ein Bild vor oder zurück.

Schritt 5

Zum Starten einer Diashow klicken Sie zunächst ein Foto an und wählen dann rechts oben den Befehl **Diashow wiedergeben** aus. Jedes Foto wird ca. drei Sekunden lang angezeigt. Mit Esc beenden Sie die Diashow wieder.

Schritt 6

Zum Abruf einiger Bildinformationen wie z. B. des Aufnahmedatums klicken Sie neben dem geöffneten Foto auf die Bezeichnung **Informationen**. Sie sehen anschließend alle im Bild gespeicherten Informationen.

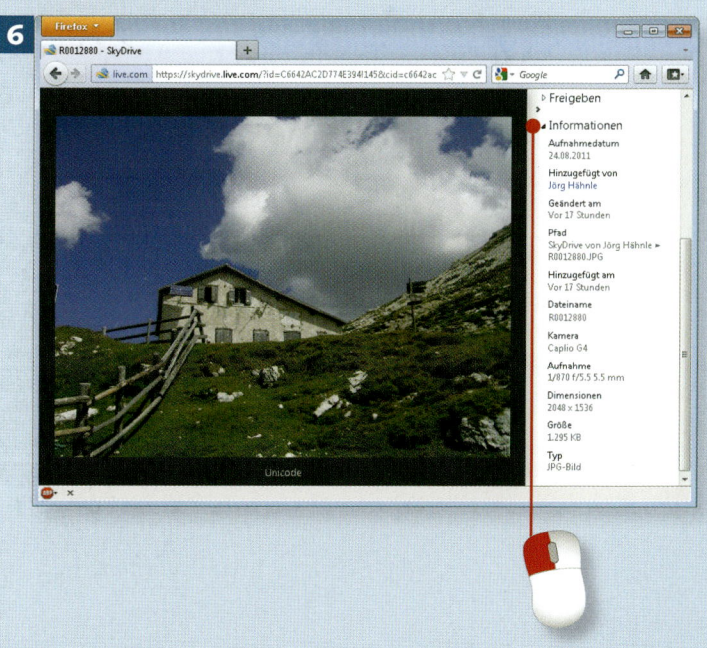

Bilder von einer Digitalkamera übertragen

Mit der Fotogalerie verwalten und ordnen Sie Ihre Fotos. Aber zuerst müssen Sie die Bilder von der Kamera importieren. So wird's gemacht.

Schritt 1

Starten Sie die Fotogalerie über das Startmenü. Schließen Sie Ihre Kamera an den Computer an, und klicken Sie auf den Menüpunkt **Importieren**.

Schritt 2

Es öffnet sich das Fenster **Fotos und Videos importieren**. Wählen Sie Ihre Kamera aus, und klicken Sie auf **Importieren**.

Schritt 3

Belassen Sie im folgenden Dialog die Option **Zu importierende Elemente ansehen, verwalten und gruppieren**, und betätigen Sie die Schaltfläche **Weiter**.

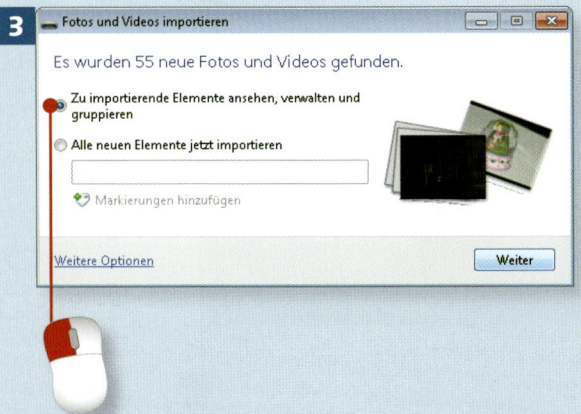

Kamera einschalten

Sollte beim Importieren keine Kamera erkannt werden, vergewissern Sie sich, dass die Kamera eingeschaltet ist, und klicken Sie dann im Importfenster auf **Aktualisieren**.

Schritt 4

Mit dem Schieberegler am unteren Fensterrand können Sie die Zeitspanne einstellen, in der Ihre Fotos zu einer Gruppe zusammengefasst werden.

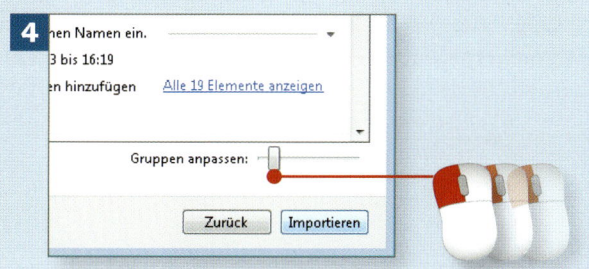

Schritt 5

Markieren Sie die Gruppen, die Sie importieren möchten. Scrollen Sie gegebenenfalls nach unten, um alle Gruppen einsehen zu können, und setzen Sie den Vorgang über **Importieren** fort.

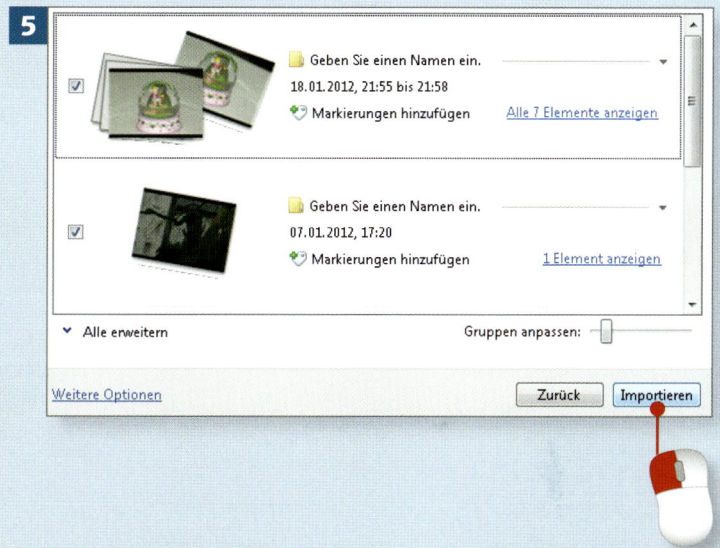

Schritt 6

Nun werden die Bilder auf den Rechner übertragen. Der Vorgang kann je nach Anzahl der Fotos ein paar Minuten dauern. Danach stehen die Fotos in der Galerie bereit.

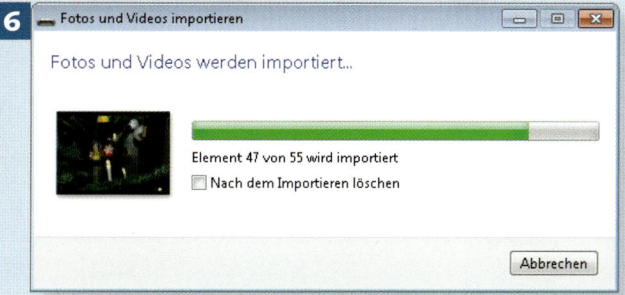

Verbindungsprobleme?

Ist die Kamera eingeschaltet, wird aber dennoch nicht erkannt? Oft hilft es, den USB-Stecker der Kamera am PC kurz zu entfernen und wieder neu zu verbinden.

Neue Fotos hinzufügen

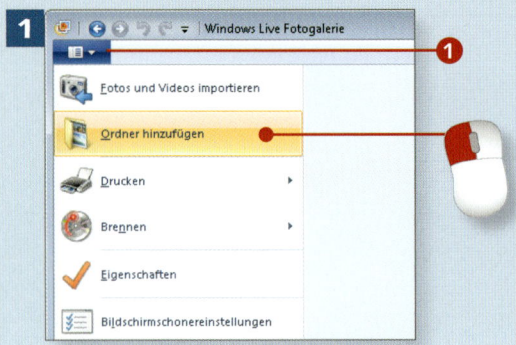

Einige Fotos haben Sie sicherlich auch schon auf Ihrem Computer gespeichert und laden sie nicht direkt von der Kamera. Diese Bilder können Sie natürlich ebenfalls der Fotogalerie hinzufügen. Das ist ganz einfach getan.

Schritt 1

Klicken Sie auf das blaue Menüsymbol links oben ❶ und im Anschluss auf den Eintrag **Ordner hinzufügen**.

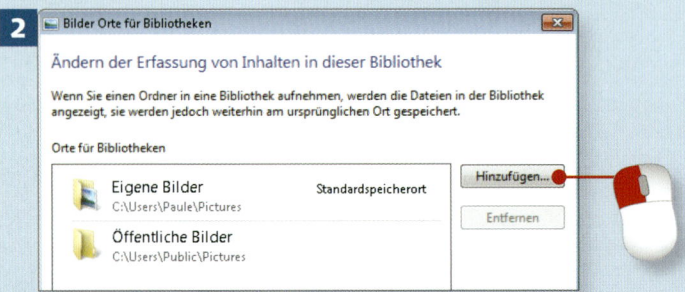

Schritt 2

Weiter geht es im sich nun öffnenden Dialogfenster mit einem Klick auf **Hinzufügen**.

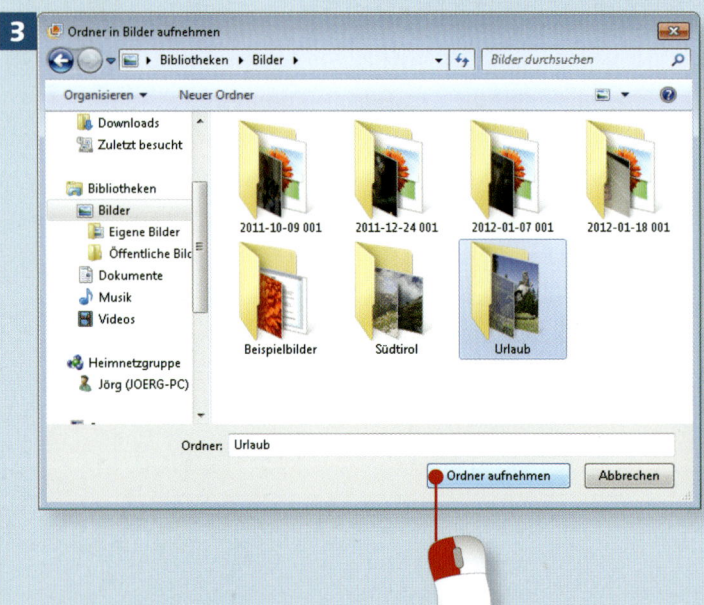

Schritt 3

Wählen Sie Ihren Bilder-Ordner aus, indem Sie ihn zunächst mit der Maus markieren und anschließend die Schaltfläche **Ordner aufnehmen** betätigen.

Schritt 4

Alle in der Bibliothek aufgenommenen Ordner werden nochmals angezeigt. Sie könnten nun Ihre Auswahl noch einmal verändern und einzelne Ordner markieren und über die Schaltfläche **Entfernen** wieder aus der Liste löschen. Über **Hinzufügen** könnten Sie auch weitere Ordner ergänzen. Klicken Sie auf **OK**, um das Fenster zu schließen.

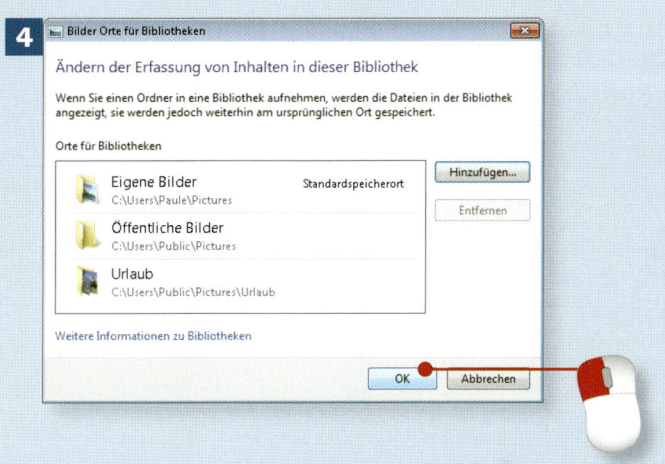

Schritt 5

Die Fotogalerie listet nun ebenfalls alle eingebundenen Ordner auf. Die Optik erinnert an den Windows-Explorer: links die Ordner ❷, rechts die dazugehörigen Bilder ❸.

Schritt 6

Über den Schieberegler rechts unten können Sie die Ansicht der Fotos Ihrem individuellen Geschmack anpassen und sie vergrößern oder verkleinern.

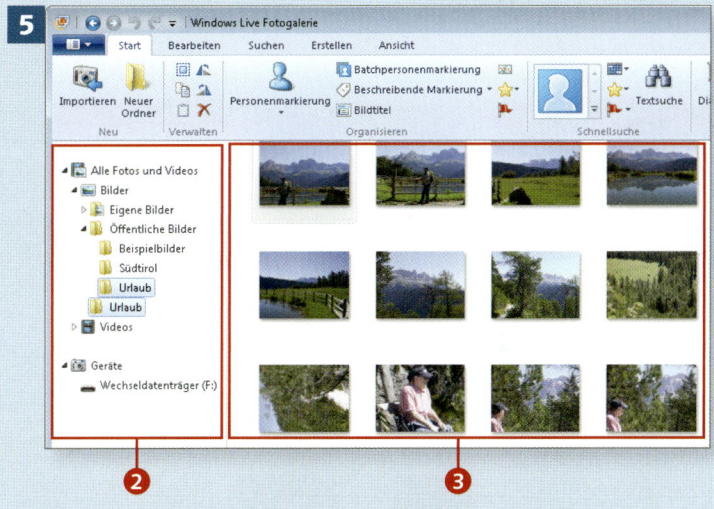

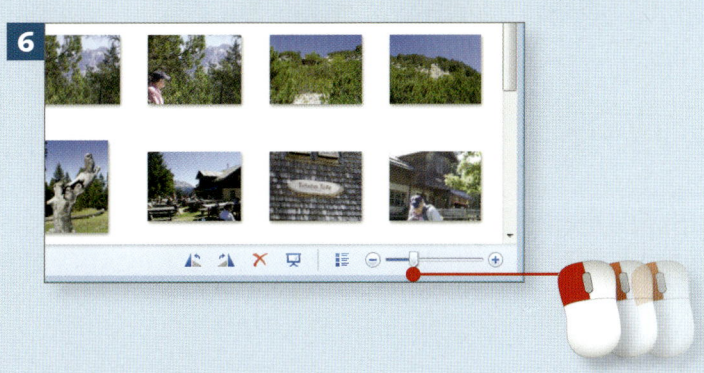

Fotos einfach verwalten und organisieren

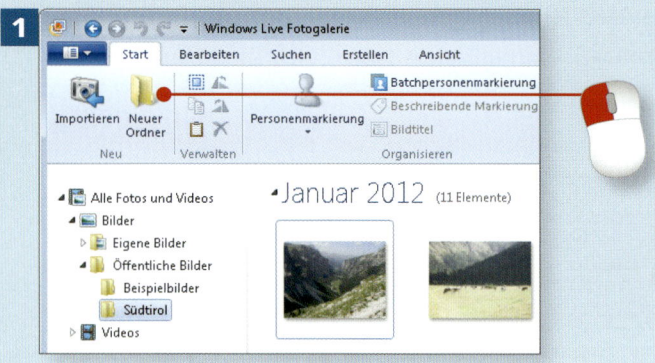

Fotos kann man nie genug haben, aber je mehr es werden, umso wichtiger ist eine gute Verwaltung und Organisation der Bilder.

Schritt 1

Zum Erstellen eines neuen Bilderordners wählen Sie zunächst das Verzeichnis aus, in dem Sie einen neuen Unterordner einfügen möchten, und klicken dann im Menü **Start** auf **Neuer Ordner**.

Schritt 2

Vergeben Sie einen Namen für den neuen Ordner. Mit ⏎ schließen Sie den Vorgang ab. Um den neuen Ordner mit Bildern zu füllen, führen Sie den nächsten Schritt aus.

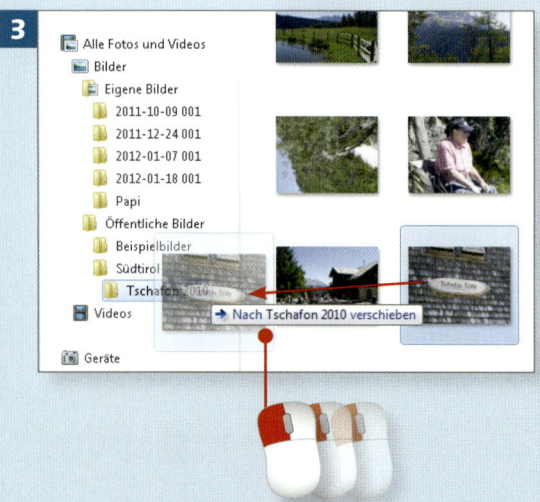

Schritt 3

Öffnen Sie einen Bilderordner, markieren Sie die gewünschten Bilder in der rechten Fensterhälfte, und ziehen Sie sie mit gedrückter Maustaste auf den neuen Ordner. Lassen Sie die Maustaste los, werden die Fotos dort eingefügt.

Schritt 4

Um eine Bewertung für ein Foto abzugeben, klicken Sie zuerst auf das Foto und anschließend auf die Schaltfläche **Bewerten**. Nun können Sie zwischen 0 und 5 Sterne für das Bild vergeben.

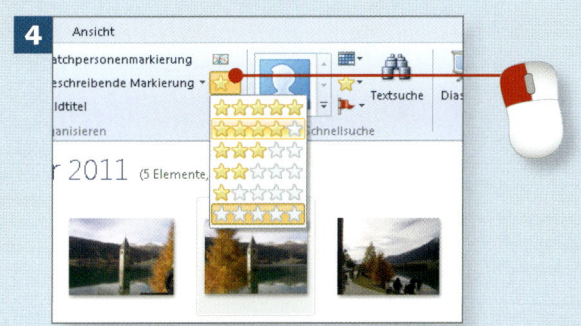

Schritt 5

Über die Schaltfläche **Kennzeich-nung** können Sie ein zuvor aus-gewähltes Foto mit einem roten Fähnchen markieren. Kennzeichnen Sie so z. B. alle Bilder, von denen Sie einmal Abzüge bestellen möchten.

Schritt 6

Ebenfalls sehr interessant ist die Möglichkeit, Bilder mit einer Geo-markierung zu versehen. Wählen Sie ein Bild aus, klicken Sie auf **Geomar-kierung ❶**, und tragen Sie in der rechten Spalte den Aufnahmeort ein.

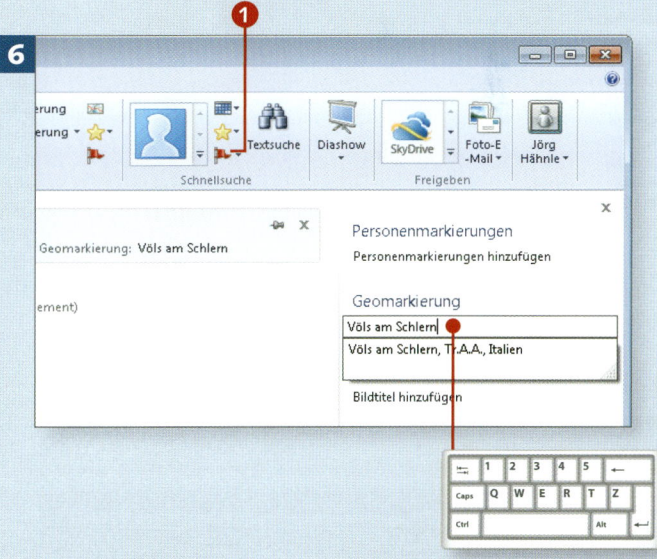

i

Geomarkierung

Bei der Eingabe des Aufnahme-ortes schlägt Ihnen das Programm gegebenenfalls Orte vor, die zu Ihrer Eingabe passen. Unbekannte Orte können nicht eingegeben werden.

Bildinformationen abrufen und bearbeiten

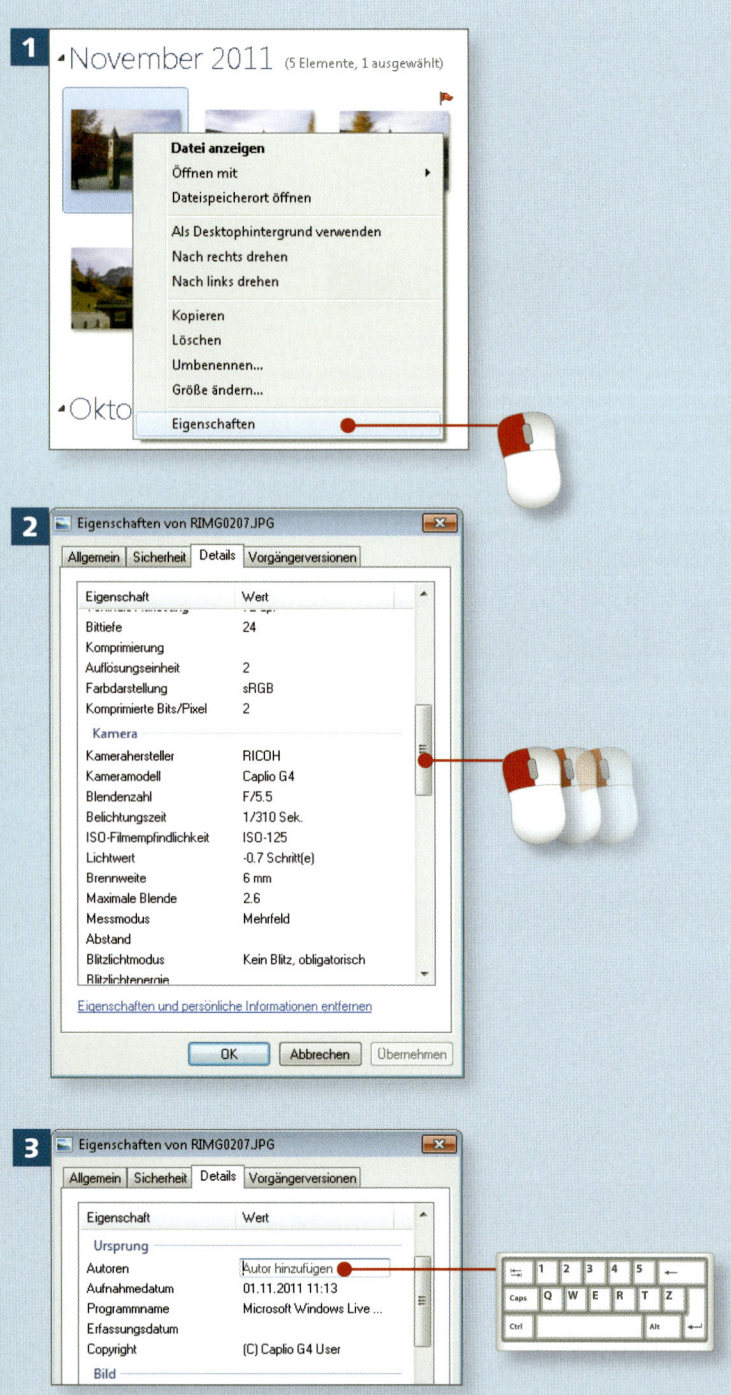

Wann wurde das Foto eigentlich aufgenommen, mit welcher Brennweite und mit welcher Kamera? Die Fotogalerie hält viele Bildinformationen für Sie bereit.

Schritt 1

Klicken Sie mit der rechten Maustaste auf ein Bild, zu dem Sie Informationen abrufen möchten, und wählen Sie aus dem Kontextmenü den Eintrag **Eigenschaften** aus.

Schritt 2

Mit Hilfe der Bildlaufleiste können Sie im Fenster nach unten scrollen und so eine ganze Menge wichtiger Informationen zu Ihrem Foto abrufen.

Schritt 3

Nicht bei allen, aber hinter vielen Einträgen können Sie klicken und eigene, ergänzende Angaben hinzufügen. Mit **OK** speichern Sie die Eintragungen.

Schritt 4

Doppelklicken Sie auf ein Bild, und klicken Sie dann auf den oberen Teil der Schaltfläche **Markieren und Beschriften**. Rechts des Bildes werden nun weitere Optionen eingeblendet.

Schritt 5

Betätigen Sie die Schaltfläche **Bildtitel hinzufügen**, um einen Titel einzutragen, und schließen Sie den Vorgang mit der Taste ⏎ ab.

Schritt 6

Über **Jemanden markieren** können Sie Personen auf einem Bild kennzeichnen. Teilweise erkennt das Programm dann die Personen auf anderen Bildern automatisch mit Hilfe der Gesichtsfelderkennung.

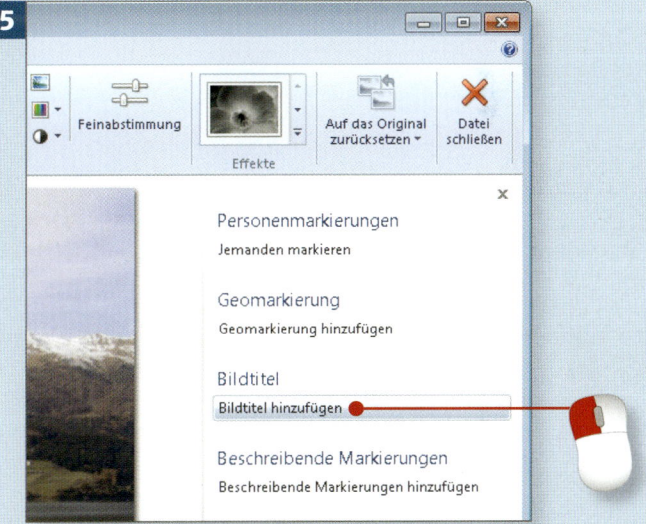

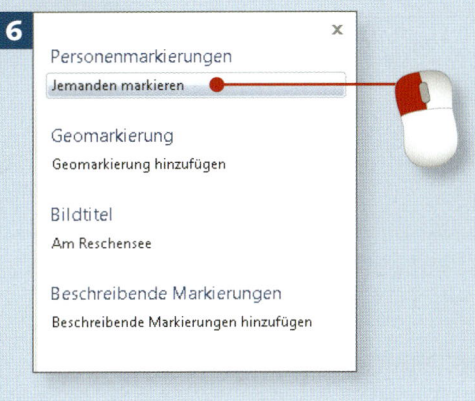

i

Gesichtsfelderkennung deaktivieren
Die Gesichtsfelderkennung lässt sich in den Einstellungen der Fotogalerie auch deaktivieren.

Die Urlaubsbilder als Diashow betrachten

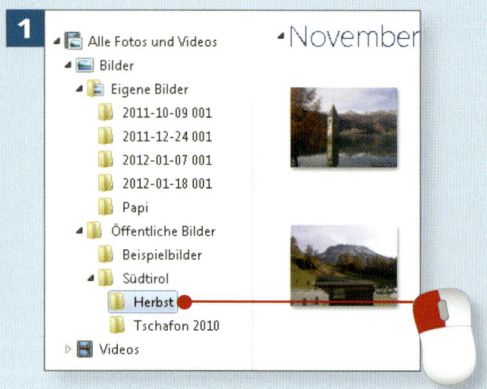

Zur Präsentation Ihrer Urlaubsfotos bietet die Fotogalerie eine Diashow-Funktion mit interessanten Übergangseffekten an. Damit können Sie beim nächsten Diaabend Ihre Freunde ganz sicher beeindrucken. In dieser Anleitung sehen Sie, wie Sie das anstellen können.

Schritt 1

Wählen Sie zuerst mit einem einfachen Mausklick in der linken Spalte den Ordner aus, der die Bilder enthält, die Sie als Diashow betrachten möchten.

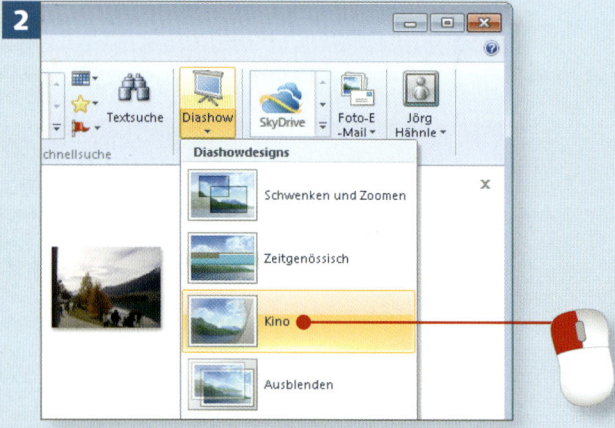

Schritt 2

Klicken Sie im Register **Start** auf den unteren Teil der Schaltfläche **Diashow**, und wählen Sie ein Design für die Präsentation Ihrer Bilder aus.

Schritt 3

Während die Diashow läuft, können Sie durch Bewegung der Maus Bedienelemente einblenden lassen. Über die Pfeile an den Bildseiten blättern Sie vor ❶ und zurück ❷.

Schritt 4

Am unteren Bildrand wird ein Pausezeichen eingeblendet. Hierüber können Sie die Diashow anhalten, um z. B. ein Bild zu erklären, und später wieder weiterlaufen lassen.

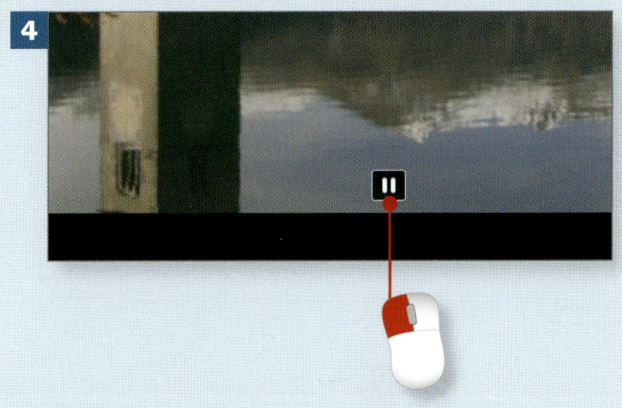

Schritt 5

Über den Menüpunkt **Design ändern** am oberen Bildrand können Sie die Darstellung und Übergangseffekte der Diashow verändern. Das jeweils aktuell verwendete Design wird in Kursivschrift angezeigt.

Schritt 6

Mit Esc oder einem Klick auf **Zurück zur Fotogalerie** beenden Sie die Diashow schließlich.

Anzeigedauer

Die Bilder werden jeweils für etwa drei Sekunden angezeigt. Die Anzeigedauer lässt sich leider nicht variieren.

Fotos per E-Mail versenden

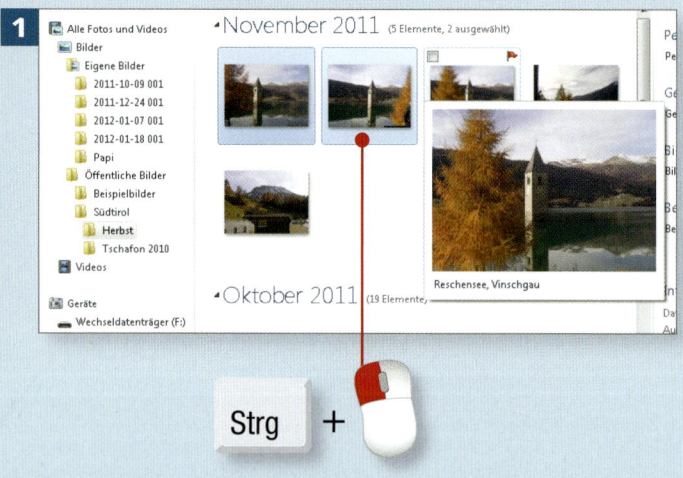

Auch den Versand von Fotos können Sie direkt aus der Windows Live Fotogalerie heraus starten. Oft möchte man ja Fotos per E-Mail an Freunde oder die Familie schicken. So können Sie das ganz bequem direkt aus der Fotogalerie erledigen.

Schritt 1

Wählen Sie ein oder mehrere Bilder aus. Drücken Sie die Taste Strg, halten Sie diese gedrückt, und klicken Sie dann die Bilder nacheinander an, die Sie versenden möchten.

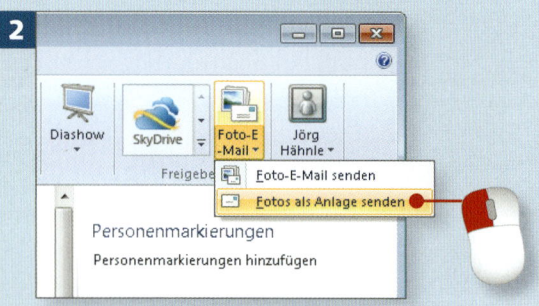

Schritt 2

Klicken Sie im Register **Start** auf den unteren Teil der Menüschaltfläche **E-Mail**, und wählen Sie die Option **Fotos als Anlage senden** aus.

Schritt 3

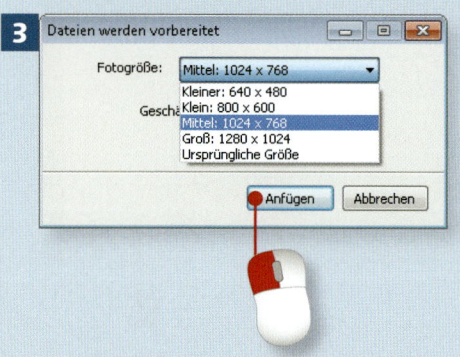

Geben Sie im folgenden Dialog an, auf welche Größe die Bilder reduziert werden sollen. Mit einem Klick auf **Anfügen** geht es weiter.

Schritt 4

Es öffnet Sich Ihr Standard-Mail-Programm. Tragen Sie die E-Mail-Adresse des Empfängers ein. Mit ⇥ springen Sie in das nächste Eingabefeld.

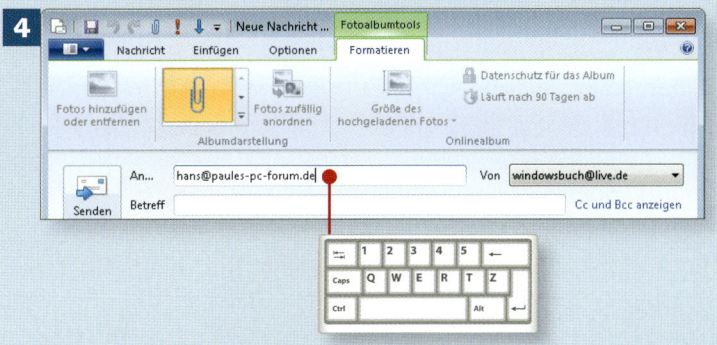

Schritt 5

Geben Sie einen **Betreff** für Ihre Nachricht ein. Direkt darunter erkennen Sie den Dateinamen der angefügten Bilder. Drücken Sie zweimal ⇥, um in das Textfeld der Mail zu gelangen.

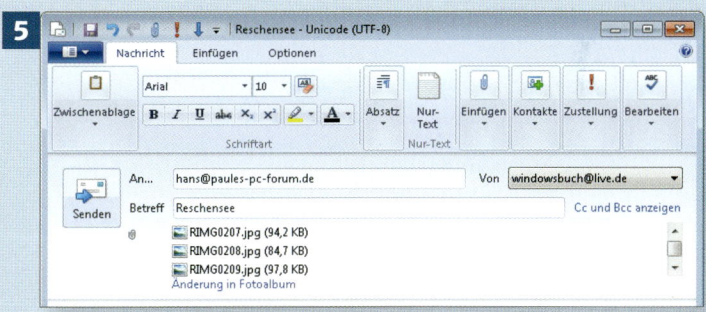

Schritt 6

Hier folgt der eigentliche Text Ihrer Nachricht. Geben Sie diesen ein, und schicken Sie zum Abschluss mit **Senden** die Mail ab.

2x

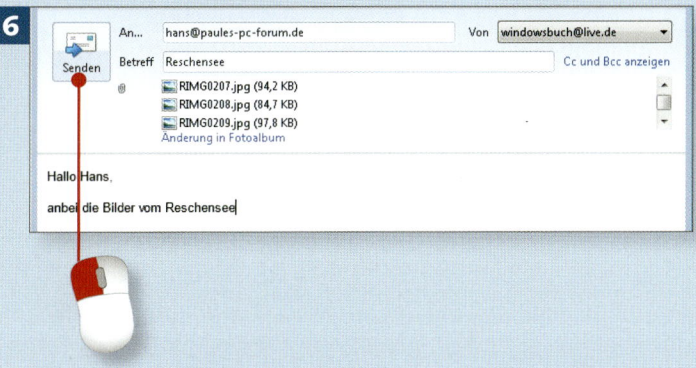

Geringe Bandbreite

Empfänger mit Internetanschlüssen geringer Bandbreite werden Ihnen dankbar sein, wenn die E-Mails nicht zu groß ausfallen. Über 3 MB kann der Empfang schon sehr zäh werden.

Fotos bearbeiten und verschönern

Ein bisschen lassen sich fast alle Fotos noch verbessern – Belichtung, Farbe, Rauschminderung. Auch das geht alles mit der Fotogalerie.

Schritt 1

Bei manchem Bild wurde die Kamera ein wenig schief gehalten. Korrigieren Sie dies, indem Sie zunächst einen Doppelklick auf das betreffende Bild ausführen und dann im Register **Bearbeiten** den Befehl **Ausrichten** auswählen.

Schritt 2

Der Kirchturm steht nach der Ausrichtung gerade. Klicken Sie nun auf den oberen Teil der Schaltfläche **Automatisch anpassen**, um weitere Bildoptimierungen durchführen zu lassen.

Schritt 3

Solange das Bild noch nicht gespeichert wurde, können Sie einzelne Änderungen über den kleinen Pfeil im Kopf des Fensters rückgängig machen.

Schritt 4

Interessante Bildeffekte fügen Sie über den Menüpunkt **Effekte** hinzu; z. B. lässt der Effekt **Sepia** Ihr Bild um viele Jahre altern.

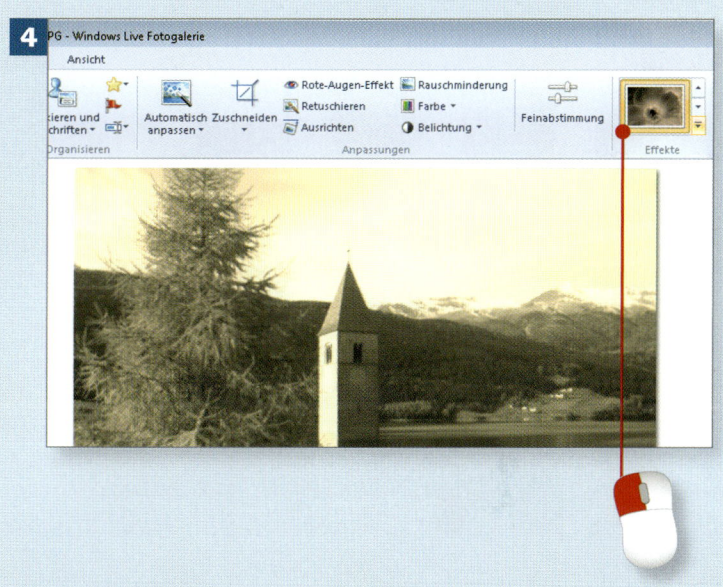

Schritt 5

Gefallen Ihnen die durchgeführten Änderungen nicht mehr? Klicken Sie auf **Auf das Original zurücksetzen**, um Ihr Bild wieder in den Originalzustand zu versetzen. Nach dem Speichern funktioniert das allerdings nicht mehr.

Schritt 6

Beim Zurücksetzen auf das Original gehen natürlich alle zuvor gemachten Änderungen verloren. Eine Meldung weist Sie auf diesen Umstand hin. Bestätigen Sie dies mit einem Klick auf **Wiederherstellen**.

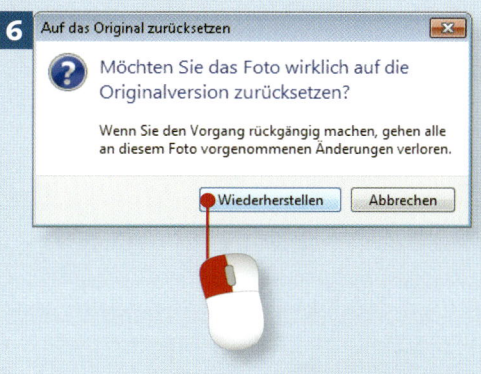

Empfehlung

Erstellen Sie Sicherungskopien Ihrer Fotos, bevor Sie diese mit einem Foto- oder Grafikprogramm bearbeiten. Sollte die Rücksetzung zum Original einmal nicht möglich sein, können Sie so noch immer auf Ihre Kopien zurückgreifen.

Papierabzüge über das Internet bestellen

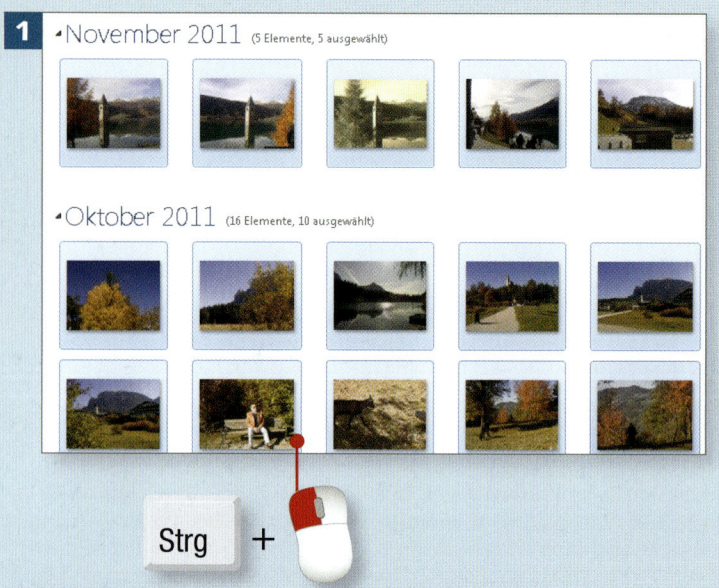

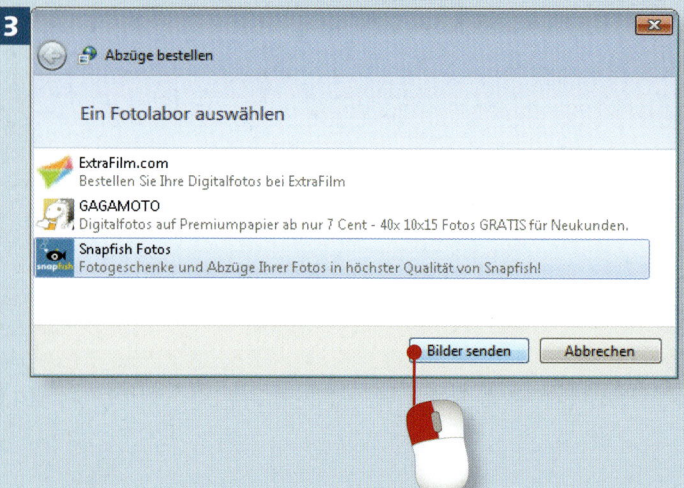

Wer seine Fotos nicht nur in digitaler Form betrachten, sondern auch mal wieder Papierabzüge in den Händen halten möchte, kann diese ebenfalls über die Fotogalerie in Auftrag geben.

Schritt 1

Wählen Sie im ersten Schritt alle Fotos aus, von denen Sie gerne Papierabzüge über das Internet bestellen möchten.

Schritt 2

Öffnen Sie das Register **Erstellen,** und klicken Sie dort auf die Schaltfläche **Abzüge bestellen**.

Schritt 3

Wählen Sie schließlich ein Fotolabor aus der Liste der Anbieter aus, und klicken Sie auf **Bilder senden**. Folgen Sie den weiteren Anweisungen auf dem Bildschirm, die Sie durch den Bestellprozess leiten werden.

Begrenzte Auswahl

Die Liste der Fotolabore ist teilweise doch recht überschaubar. Sollte kein passender Anbieter dabei sein, beachten Sie bitte auch den Tipp auf der folgenden Seite.

Papierabzüge, Poster, T-Shirts, Puzzles, Bilder auf Leinwänden, auf Bechern … Die Auswahl der Fotoartikel ist schier unendlich. Auf dieser Seite habe ich drei Vorschläge zusammengestellt.

Schritt 1

Fotoartikel aller Art finden Sie zum Beispiel auf der Seite *www.pixum.de* inklusive kostenloser Fotobuch-Software zur Erstellung Ihrer Fotobücher auf dem eigenen Computer.

Schritt 2

Fotobücher, Grußkarten, Poster, Fotoleinwände und vieles mehr gibt es auch bei *www.cewe.de* Auch Cewe bietet eine funktionsreiche Fotobuch-Software zum Herunterladen.

Schritt 3

Unter *www.pixelnet.de* finden Sie ebenfalls alles zum Thema Foto, inklusive kostenloser Fotobuch-Software zum Download.

Weitere Anbieter im Test

Im Internet finden Sie mit dem Suchbegriff »Fotoanbieter im Test« eine ganze Reihe interessanter Anbietertests. Vergleichen lohnt sich.

Kapitel 9
Windows für mehrere Benutzer einrichten

Richten Sie für jedes Familienmitglied ein eigenes Benutzerkonto ein, so kann jeder Nutzer seine eigenen Einstellungen vornehmen, und persönliche Dateien bleiben vor den Blicken der anderen geschützt. Für administrative Zwecke können Sie zusätzlich ein verstecktes Administratorkonto aktivieren, und falls Sie einmal Ihr Benutzerkennwort vergessen sollten, hilft Ihnen die Kennwortrücksetzdiskette weiter.

Neue Benutzer anlegen

Das Anlegen neuer Benutzerprofile ❶ ist unter Windows 7 zum Glück sehr einfach. Surfen Sie im Internet, hören Sie Musik, oder schreiben Sie eine E-Mail mit einem Standardbenutzerkonto, und legen Sie ein Administratorkonto für Änderungen am System oder Programminstallationen an.

Der echte Administrator

Neben dem Standardbenutzerkonto gibt es das normale Administratorkonto, das unter Windows 7 aber lediglich ein Konto mit eingeschränkten Administratorrechten ist. Das echte Administratorkonto ist deaktiviert; Sie können es aber problemlos wieder aktivieren und nutzen ❷.

Kennwort vergessen? Was nun?

Haben Sie Ihr Benutzerkennwort vergessen? Das wäre wahrlich eine Katastrophe, denn ohne Kennwort können Sie nicht auf das Benutzerprofil und auch nicht auf dessen Daten zugreifen. Damit es gar nicht erst so weit kommt, sollten Sie unbedingt vorbeugen und jetzt gleich eine Kennwortrücksetzdiskette ❸ erstellen. Mit Hilfe dieses Datenträgers können Sie im Ernstfall Ihr Kennwort zurücksetzen und ein neues vergeben.

Jeder Nutzer sollte über ein eigenes
Benutzerkonto verfügen.

1

So erstellen Sie **3**
eine Kennwort-
rücksetzdiskette.

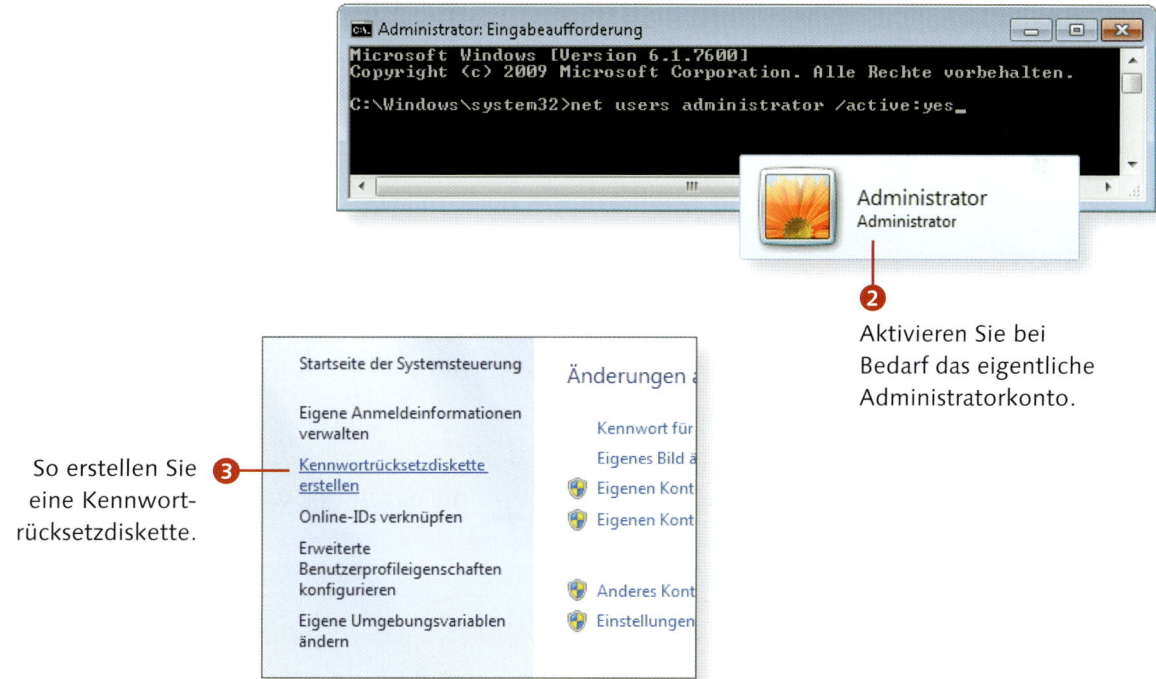

Aktivieren Sie bei
Bedarf das eigentliche
Administratorkonto.

2

Einen neuen Benutzer anlegen

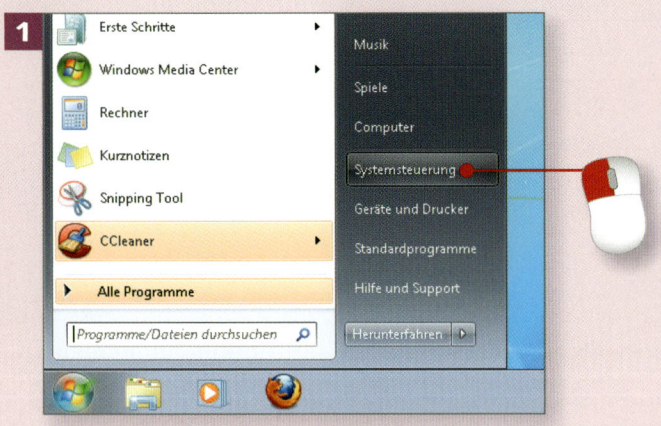

Legen Sie für jeden Benutzer an Ihrem Computer ein eigenes Benutzerkonto an. Hierbei können Sie ein Standardkonto oder ein Konto mit Administratorrechten erstellen. Das ist immer dann sinnvoll, wenn mehr als eine Person am PC arbeitet. So können Sie z. B. Zugriffe beschränken, aber auch ganz einfach jedem seine persönliche Arbeitsumgebung einrichten.

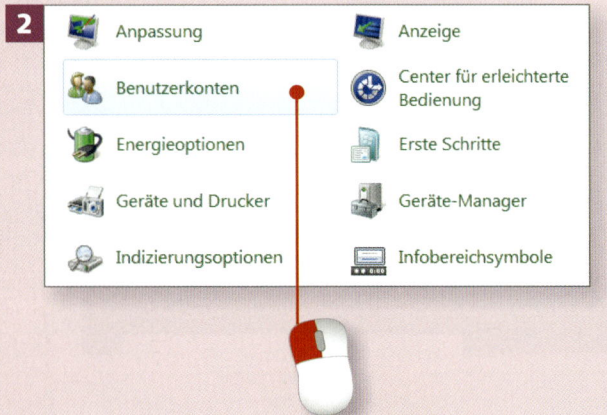

Schritt 1

Öffnen Sie zunächst die **System-steuerung** über das Startmenü.

Schritt 2

Klicken Sie auf den Menüpunkt **Benutzerkonten**, um zu den benötigten Einstellungsoptionen zu gelangen.

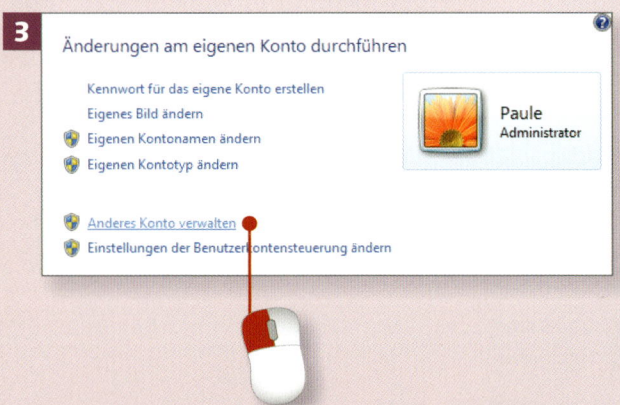

Schritt 3

Im nun geöffneten Fenster wird Ihnen Ihr aktuelles Benutzerkonto angezeigt. Klicken Sie auf dieser Seite auf den Menüeintrag **Anderes Konto verwalten**.

Schritt 4

Im Fenster **Konto verwalten** werden nun alle Benutzerkonten aufgelistet, die auf Ihrem System bereits eingerichtet sind. Klicken Sie auf den Menüpunkt **Neues Konto erstellen**, um ein neues Konto hinzuzufügen.

Schritt 5

Tragen Sie einen Namen für das neue Konto ein, beispielsweise *Geschäftlich* oder *Privat* oder einfach den Namen der Person, für die Sie das Konto einrichten.

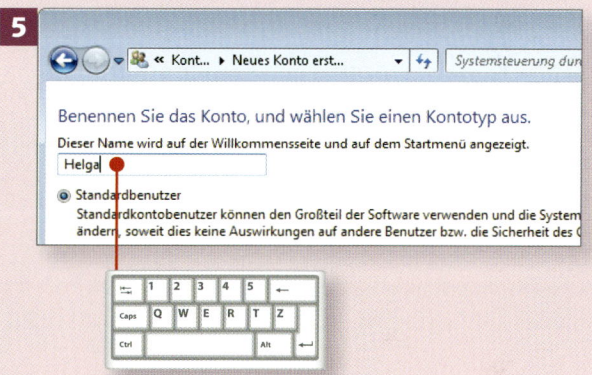

Schritt 6

Legen Sie nun fest, ob Sie das Konto für einen **Standardbenutzer** oder einen **Administrator** anlegen möchten. Lesen Sie hierzu auch die Hinweise, die im Fenster zu den Kontotypen gegeben werden. Schließen Sie den Vorgang über **Konto erstellen** ab.

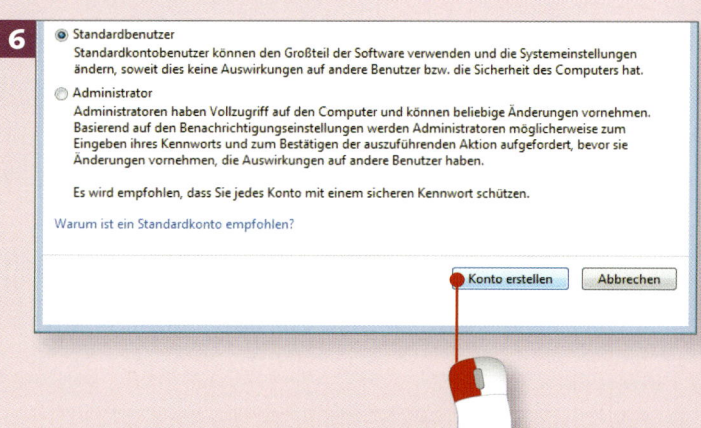

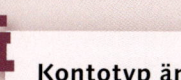

Kontotyp ändern

Den Kontotyp können Sie jederzeit ändern und so beispielsweise aus einem Standardkonto ein Administratorkonto machen.

Die Benutzerkontensteuerung konfigurieren

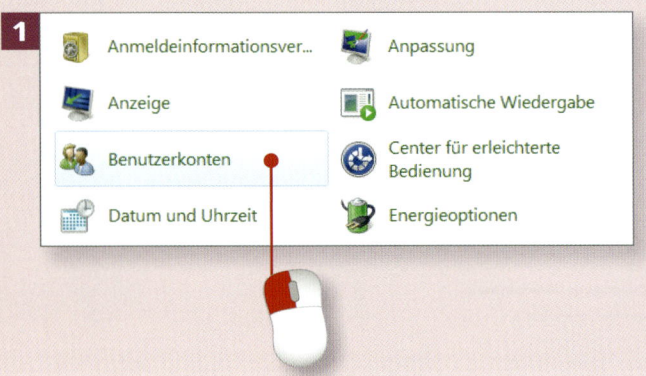

Nervt die Benutzerkontensteuerung mit zu vielen Nachfragen? Stellen Sie die Benachrichtigungsebene nach Ihren Anforderungen ein.

Schritt 1

Rufen Sie die **Systemsteuerung** auf, und klicken Sie dort auf den Menüeintrag **Benutzerkonten**.

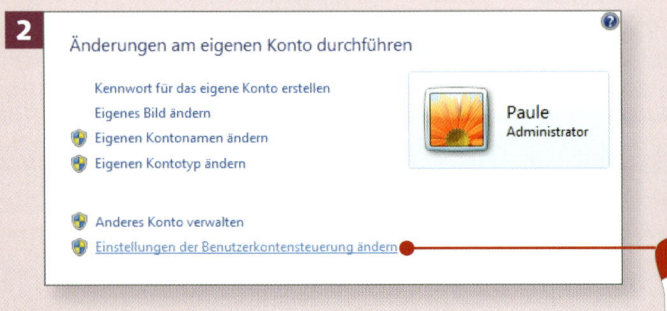

Schritt 2

Es öffnet sich das Fenster **Benutzerkonten**. Wählen Sie hier den Menüpunkt **Einstellungen der Benutzerkontensteuerung ändern**.

Schritt 3

Jetzt haben Sie die Möglichkeit, die Benachrichtigungsebene einzustellen. Bei der **Standard**-Stufe werden Sie benachrichtigt, sobald Programme Änderungen am System vornehmen möchten.

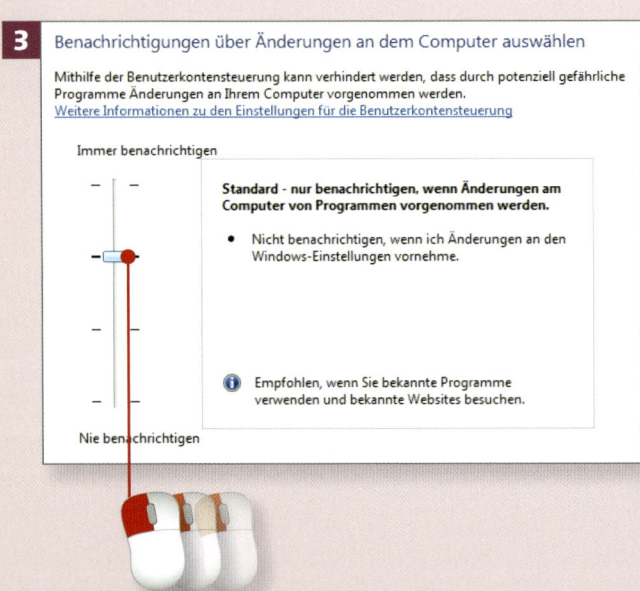

i

User Account Control, UAC
Die Benutzerkontensteuerung wird in vielen Tipps zu Windows 7 auch mit der englischen Bezeichnung *UAC* abgekürzt.

Schritt 4

Klicken Sie den Schieberegler an, und führen Sie ihn mit gedrückter Maustaste eine Stufe nach unten. Diese ist mit der **Standard**-Stufe identisch, mit der Ausnahme, dass hier der Desktop nicht abgedunkelt wird.

Schritt 5

Schieben Sie den Regler ganz nach unten, deaktivieren Sie die Benutzerkontensteuerung. Sie erhalten keine Benachrichtigungen mehr.

Schritt 6

Führen Sie den Regler hingegen ganz nach oben, werden Sie auch dann benachrichtigt, wenn Sie selbst eine Änderung am System durchführen. Dies ist die sicherste Einstellung.

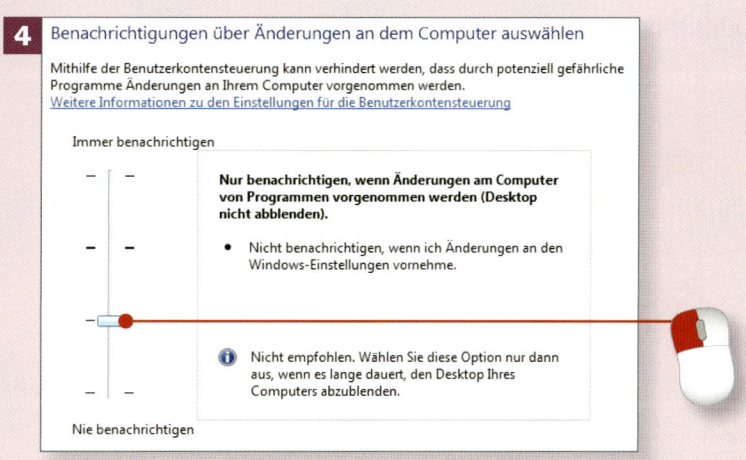

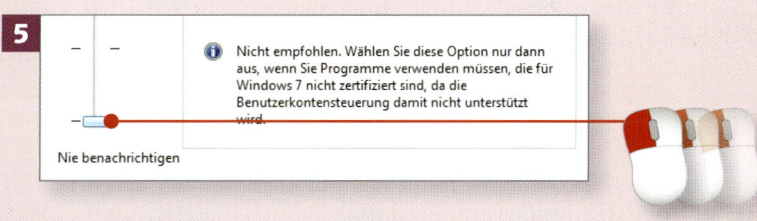

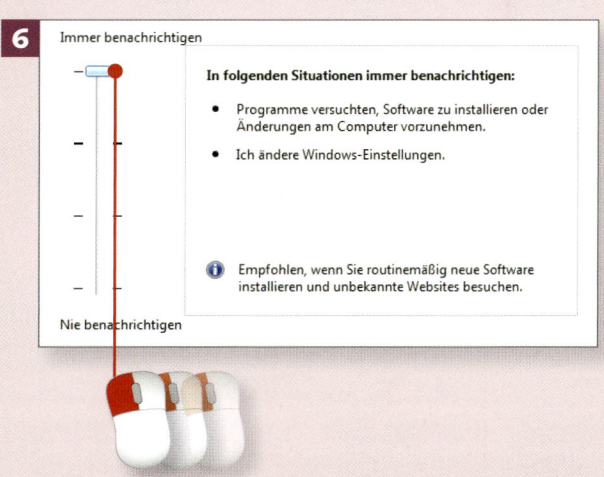

Nicht ausschalten!

Auch wenn die Abfragen teilweise etwas lästig werden sollten, deaktivieren Sie die Benutzerkontensteuerung nicht. Sie würden Ihr System einem unnötigen Sicherheitsrisiko aussetzen.

Ausnahmeregelungen festlegen

Einige Programme benötigen bereits beim Start die Zustimmung des Anwenders. Mit einem kleinen Trick können Sie Programme über eine angelegte Verknüpfung starten und so von der Abfrage befreien. Beschrieben wird der Vorgang am Beispiel des Programms CCleaner.

Schritt 1

Öffnen Sie im ersten Schritt das **Startmenü**, und klicken Sie dort auf den Eintrag **Systemsteuerung**.

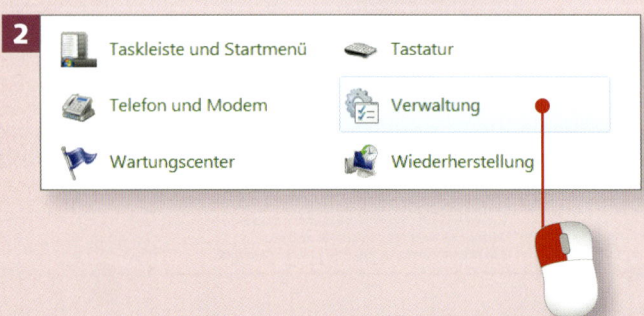

Schritt 2

Scrollen Sie im Fenster der Systemsteuerung etwas nach unten, und wählen Sie schließlich den Menüpunkt **Verwaltung** aus.

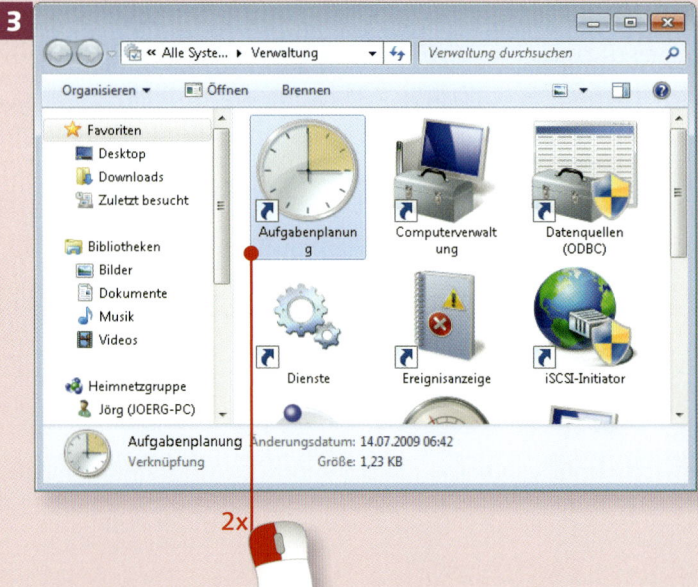

Schritt 3

Weiter geht es mit einem Doppelklick auf das Uhrensymbol der **Aufgabenplanung**, das ganz oben in der Liste aufgeführt wird. Über diese lassen sich alle möglichen Aufgaben zeitgesteuert oder abhängig von Ereignissen ausführen.

Schritt 4

Die Aufgabenplanung wird gestartet. Klicken Sie oben in der Menüleiste zunächst auf den Menüpunkt **Aktion** und anschließend auf **Aufgabe erstellen**.

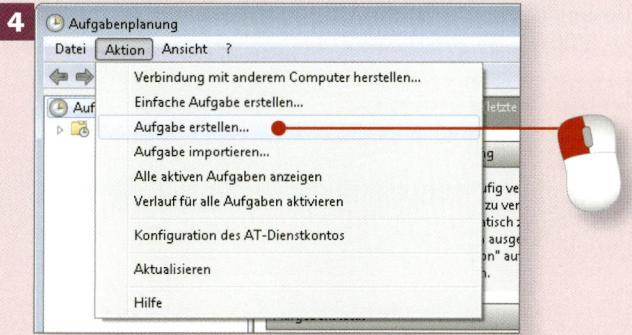

Schritt 5

Tragen Sie einen Namen für Ihre Aufgabe ein. Notieren Sie sich diesen Namen, denn er wird im weiteren Verlauf nochmals zum Starten der Aufgabe benötigt. Da wir in unserem das Programm CCleaner ausführen möchten, nennen Wir den Task auch genau so.

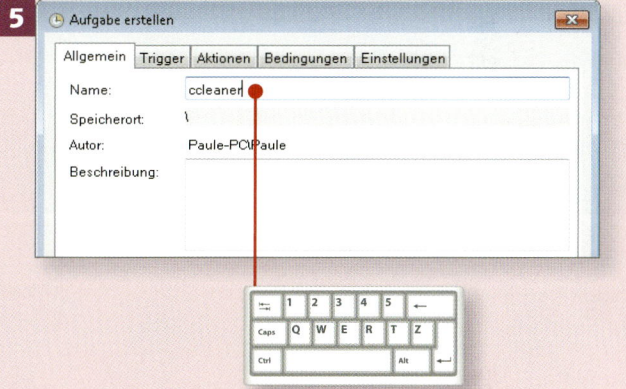

Schritt 6

Nachdem Sie einen Namen eingetragen haben, aktivieren Sie als Nächstes die Option **Mit höchsten Privilegien ausführen.** Klicken Sie hierfür das Kontrollkästchen vor dem Eintrag an.

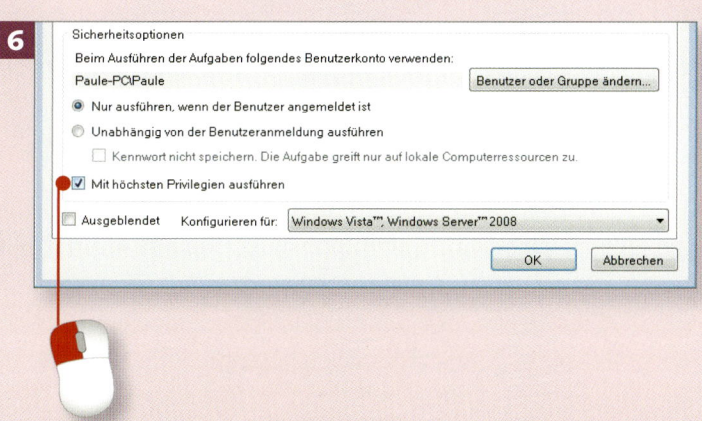

Ausnahmeregelungen festlegen (Forts.)

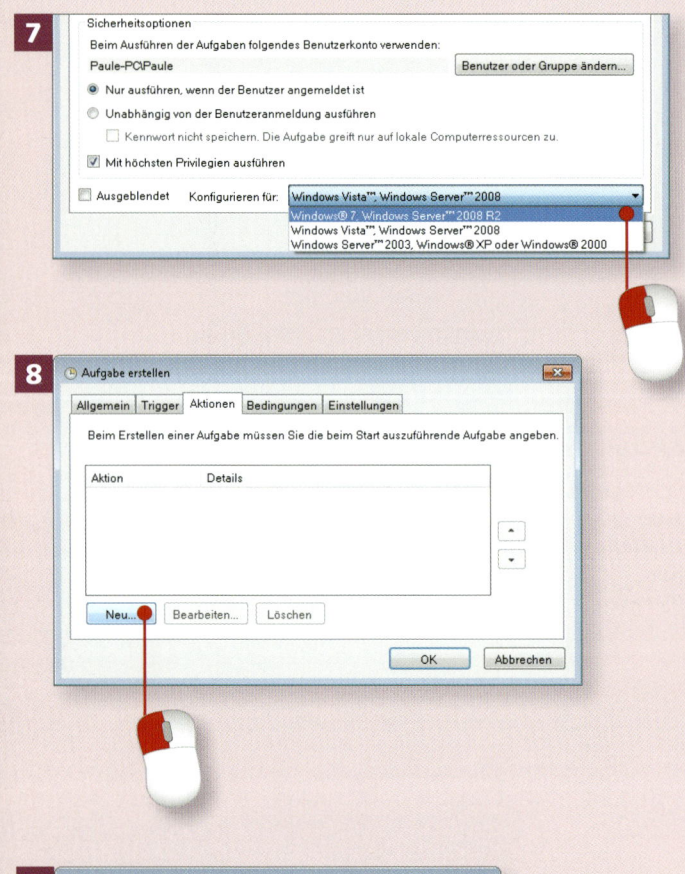

Schritt 7

Öffnen Sie das Dropdown-Menü hinter dem Eintrag **Konfigurieren für**, und wählen Sie die Option **Windows 7, Windows Server 2008 R2** aus.

Schritt 8

Weiter geht es im Register **Aktionen**. Wechseln Sie dorthin, und erstellen Sie eine neue Aktion mit einem Klick auf die Schaltfläche **Neu**.

Schritt 9

Die Aktion bleibt auf **Programm starten** eingestellt. Tragen Sie im Feld darunter in Anführungszeichen gesetzt den Pfad zum Programm ein, das künftig ohne Abfrage gestartet werden soll, und schließen Sie den Vorgang mit **OK** ab.

Die richtige Pfadangabe

Der komplette Pfad muss in Anführungszeichen gesetzt werden. Ist Ihnen der Pfad zum Programm nicht bekannt, klicken Sie auf **Durchsuchen** und suchen die Programmdatei auf diesem Wege heraus.

Schritt 10

Legen Sie nun eine Verknüpfung an. Klicken Sie dazu mit der rechten Maustaste auf eine freie Stelle des Desktops, und wählen Sie aus dem Kontextmenü den Eintrag **Neu ▸ Verknüpfung** aus.

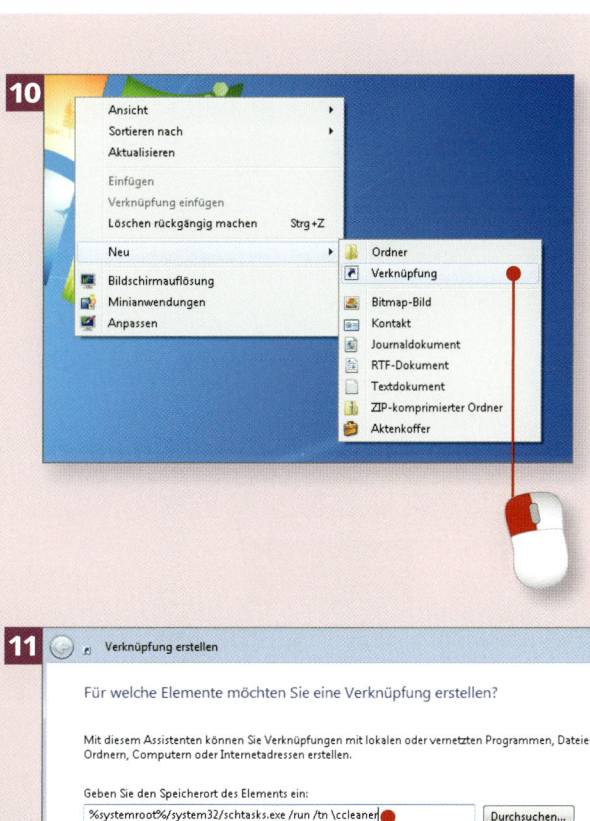

Schritt 11

Tragen Sie jetzt den Pfad zu Ihrer neu angelegten Aufgabe ein. Die Bezeichnung am Ende des Pfades muss identisch sein mit dem Namen Ihrer Aufgabe! Der Pfad lautet in unserem Beispiel *%systemroot%\system32\ schtasks.exe /RUN /TN \ccleaner*.

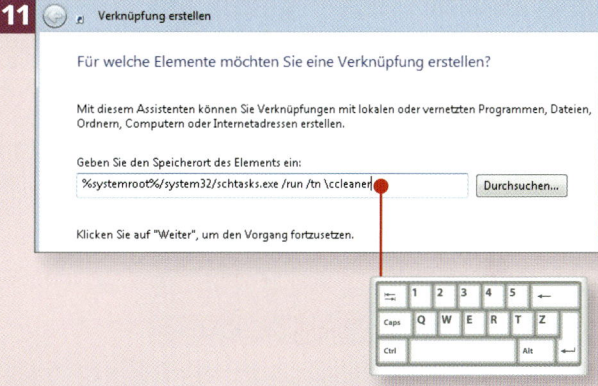

Schritt 12

Nachdem Sie auf **Weiter** geklickt haben, können Sie eine beliebige Bezeichnung für Ihre Verknüpfung eintragen. Ist auch diese Aufgabe vollbracht, klicken Sie auf **Fertig stellen**.

Prüfen Sie die Angabe

Die Pfandangabe in Schritt 11 enthält am Ende den Namen der erstellen Aufgabe aus Schritt 5. Die Bezeichnung und der Aufgabenname müssen identisch sein, andernfalls funktioniert der Programmaufruf nicht.

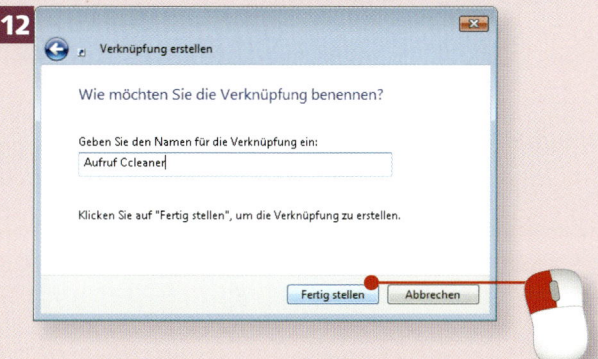

Das geheime Administratorkonto aktivieren

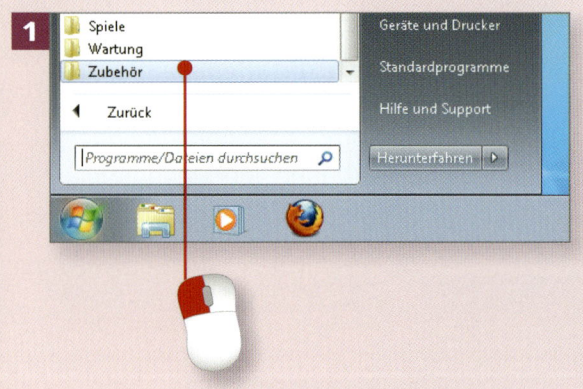

Standardmäßig ist das Haupt-Administratorkonto unter Windows 7 deaktiviert. Beim sichtbaren Admin-Konto handelt es sich lediglich um ein Konto mit eingeschränkten Admin-Rechten. Aktivieren Sie das Haupt-Administratorkonto in wenigen Schritten.

Schritt 1

Öffnen Sie das **Startmenü**, und wählen Sie zunächst den Menüeintrag **Alle Programme** und anschließend **Zubehör**.

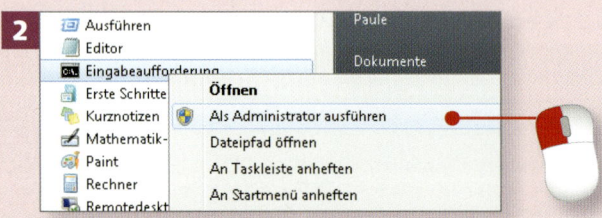

Schritt 2

Führen Sie einen Rechtsklick auf das Programm **Eingabeaufforderung** durch, und wählen Sie aus dem Kontextmenü den Befehl **Als Administrator ausführen** aus.

Schritt 3

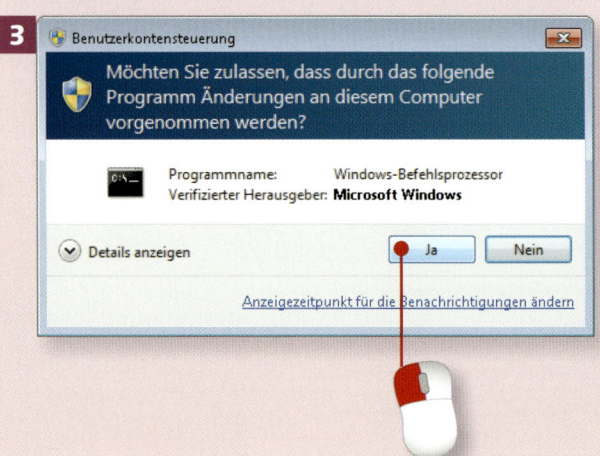

Bestätigen Sie die Abfrage der Benutzerkontensteuerung mit **Ja**, damit die Eingabeaufforderung gestartet werden kann.

Konto wieder deaktivieren

Möchten Sie das Administratorkonto wieder deaktivieren, geben Sie in der Eingabeaufforderung den Befehl *net users administrator / active:no* ein.

Schritt 4

Tippen Sie den folgenden Befehl ein, und schließen Sie die Eingabe mit ⏎ ab. Achten Sie auf die korrekte Schreibweise inklusive Leerzeichen: *net users administrator /active:yes*.

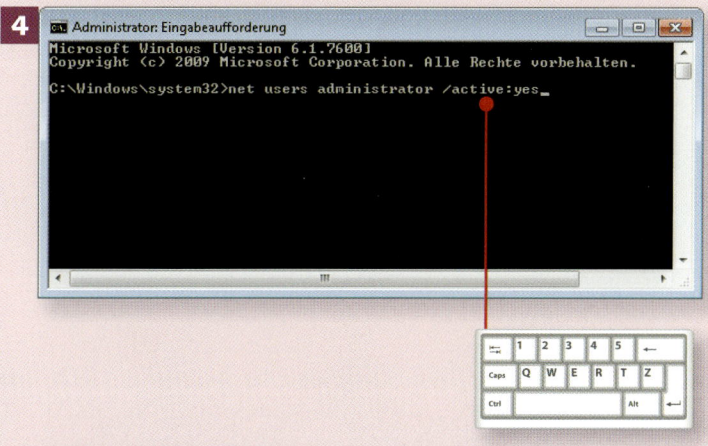

Schritt 5

Haben Sie den Befehl richtig eingegeben, erhalten Sie die Meldung **Der Befehl wurde erfolgreich ausgeführt**. Falls nicht, wiederholen Sie die Eingabe einfach.

Schritt 6

Das Administratorkonto wurde aktiviert und steht sogleich in der Kontoverwaltung zur Verfügung ❶.

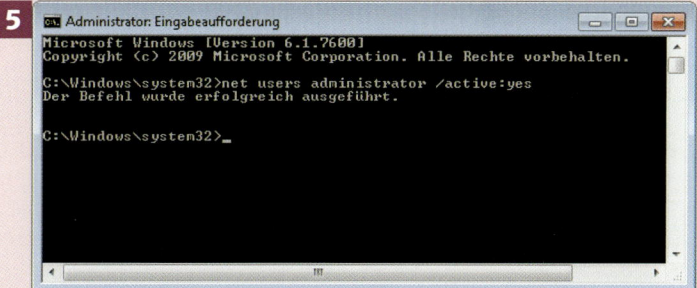

Vorübergehende Nutzung
Verwenden Sie das Haupt-Administratorkonto möglichst nur kurzfristig, beispielsweise für Wartungsaufgaben. Für die tägliche Arbeit reicht ein normales Administratorkonto oder ein Standardbenutzerkonto meist vollkommen aus.

Kennworteingabe nach Reaktivierung abschalten

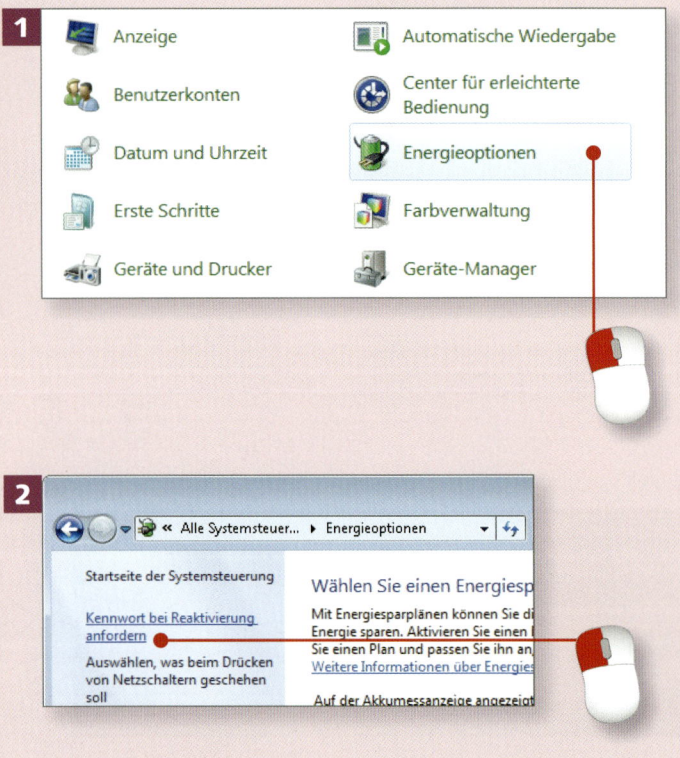

Erwecken Sie Ihren Rechner aus dem Standby-Modus oder nachdem der Bildschirmschoner angesprungen ist, müssen Sie sich für gewöhnlich wieder am System anmelden. Diese erneute Abfrage können Sie deaktivieren.

Schritt 1

Die Deaktivierung erfolgt in zwei Teilbereichen. Klicken Sie zunächst in der **Systemsteuerung** auf den Menüeintrag **Energieoptionen**.

Schritt 2

Betätigen Sie im Aufgabenbereich in der linken Fensterhälfte den Link **Kennwort bei Reaktivierung anfordern**. Die Bezeichnung irritiert ein wenig, da das Kennwort ja eigentlich deaktiviert werden soll.

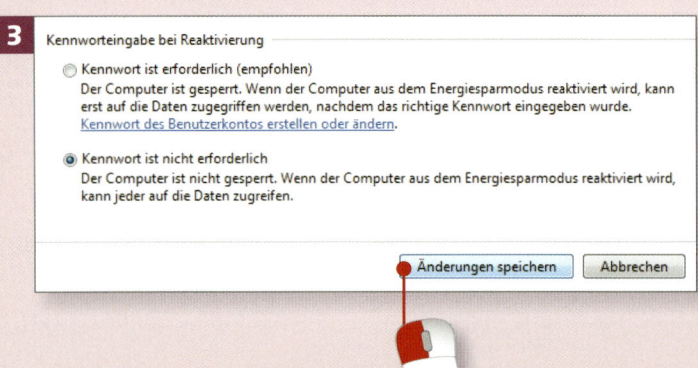

Schritt 3

Markieren Sie die Option **Kennwort ist nicht erforderlich,** und schließen Sie daraufhin das Fenster über die Schaltfläche **Änderungen speichern**.

Schritt 4

Damit auch beim Beenden des Bildschirmschoners keine Abfrage erscheint, klicken Sie mit der rechten Maustaste auf eine freie Stelle des Desktops und wählen die Option **Anpassen** aus.

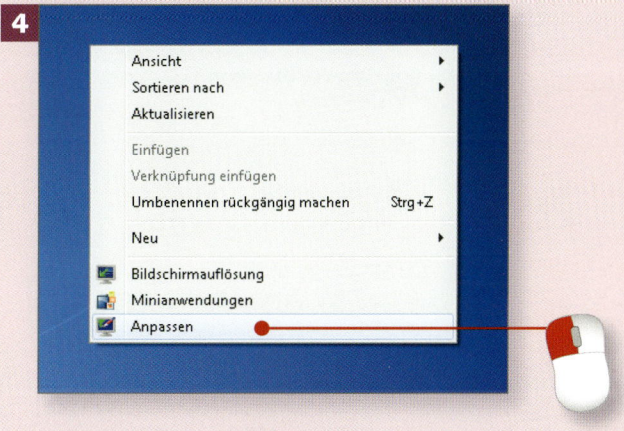

Schritt 5

Klicken Sie auf die Bezeichnung **Bildschirmschoner** rechts unten in der Ecke des Fensters, um zu den Einstellungen zu gelangen.

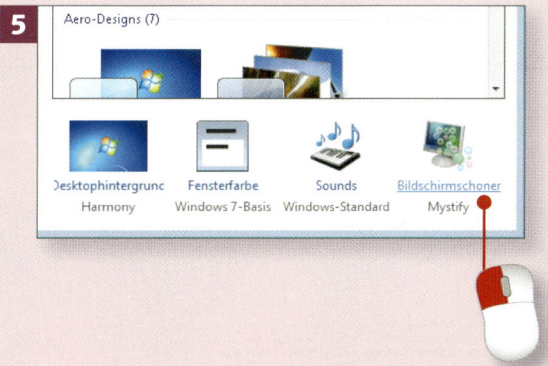

Schritt 6

Entfernen Sie nun, soweit vorhanden, das Häkchen vor der Option **Anmeldeseite bei Reaktivierung**, und schließen Sie auch diesen Vorgang mit **OK** ab.

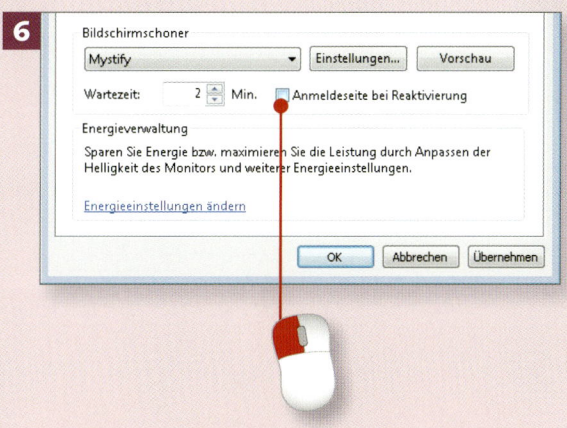

Ausgeraute Option

Sollte die Option unter Schritt 3 ausgegraut und nicht wählbar sein, klicken Sie zunächst auf den darüberliegenden Link **Einige Einstellungen sind momentan nicht verfügbar**.

Kennwortrücksetzdiskette erstellen

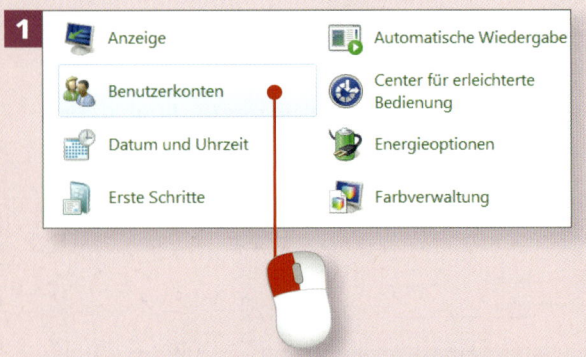

Beugen Sie vor! Sollten Sie einmal Ihr Benutzerkennwort vergessen, können Sie mit Hilfe der Kennwortrücksetzdiskette Ihr Kennwort komfortabel zurücksetzen und ganz einfach ein neues festlegen.

Schritt 1

Starten Sie die Verwaltung der Benutzerkonten über die **Systemsteuerung** und Auswahl des Menüpunktes **Benutzerkonten**.

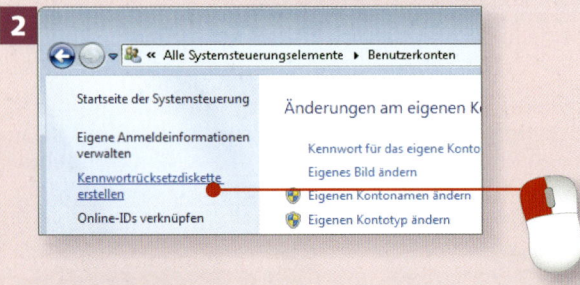

Schritt 2

Klicken Sie in der Aufgabenleiste auf den Eintrag **Kennwortrücksetzdiskette erstellen**. Nun werden Sie durch den Prozess geleitet.

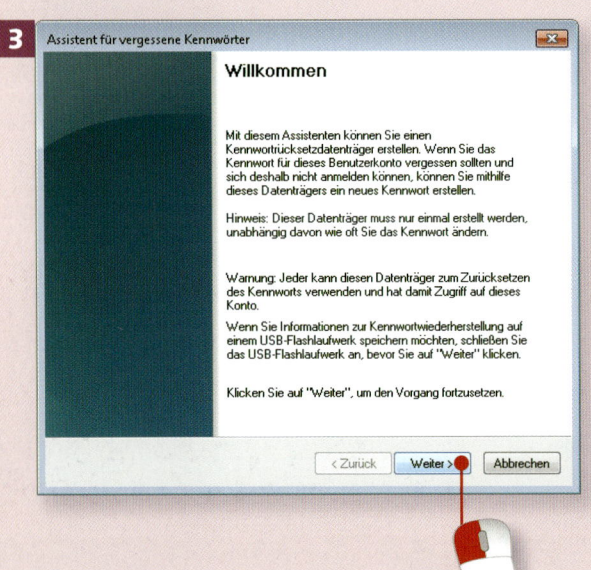

Schritt 3

Der Assistent für vergessene Kennwörter startet und gibt im **Willkommen**-Fenster ein paar Hinweise zum Vorgang. Jeder weitere Schritt wird mit einem Klick auf **Weiter** abgeschlossen.

Schritt 4

Wählen Sie über das Dropdown-Menü den Wechseldatenträger aus, auf dem Sie die Informationen speichern möchten. Da Disketten nicht mehr verwendet werden, empfiehlt sich hier ein herkömmlicher USB-Speicherstick.

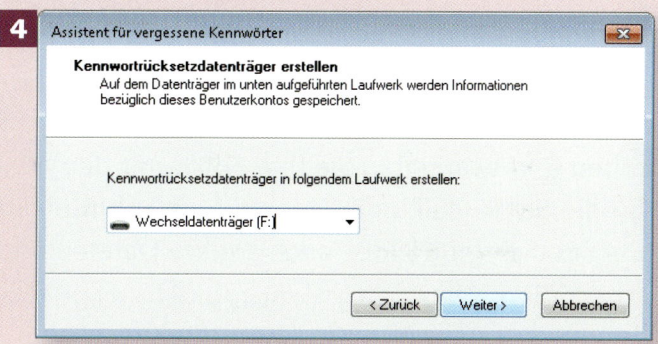

Schritt 5

Schließlich werden Sie zur Legitimierung noch zur Eingabe des aktuellen Kennwortes aufgefordert. Kommen Sie dieser Aufforderung nach.

Schritt 6

Der Datenträger wird erstellt. Es folgen eine kurze Zusammenfassung und ein Hinweis, der über das Ende des Vorgangs informiert. Nun sind Sie für den Fall der Fälle gerüstet.

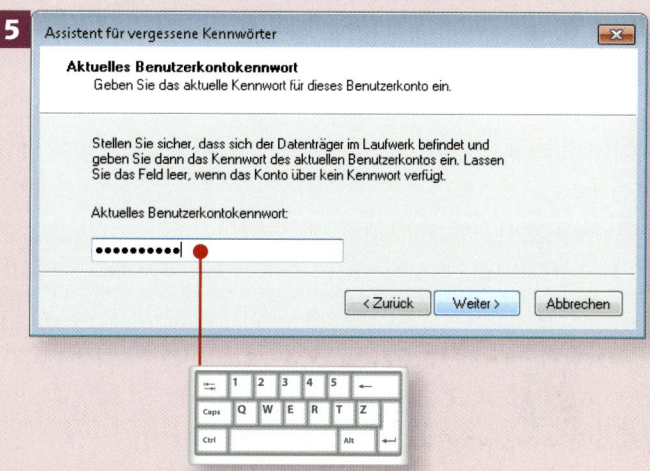

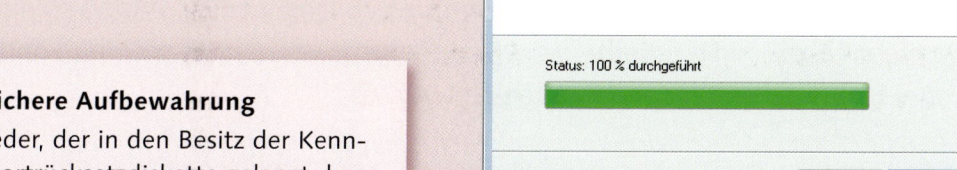

! Sichere Aufbewahrung

Jeder, der in den Besitz der Kennwortrücksetzdiskette gelangt, kann ein neues Kennwort erstellen und sich unter Ihrem Namen am System anmelden. Schützen Sie den Datenträger vor Missbrauch!

Kapitel 10
Windows schneller machen

Verwalten und bearbeiten Sie Ihre Fotos mit der Windows Live Fotogalerie, und versenden Sie sie per E-Mail, oder laden Sie sie auf Ihren kostenlosen Speicherplatz im Internet hoch. Aber nicht nur Bilder, auch andere Dateien finden Platz in der Datenwolke SkyDrive.

Frühjahrsputz für die Festplatte

Temporäre Internetdateien, Speicherabbilddateien, Daten im Papierkorb, Fehlerberichterstattungsdateien, Miniaturansichten – alles Daten, die sich Tag für Tag ansammeln, eigentlich aber gar nicht unbedingt benötigt werden. Schaffen Sie Platz auf Ihrer Festplatte, und löschen Sie mit Hilfe der Datenträgerbereinigung ❶ unnötigen Datenmüll aus Ihrem System.

Beschleunigen Sie den Systemstart

Viele Programme, die Sie auf Ihrem Computer installieren, schreiben sich ungewollt in den Autostart. Bei jedem Windows-Start werden diese Programme automatisch mit geladen. Der Systemstart wird dadurch zusehends beeinträchtigt, und das Hochfahren benötigt immer mehr Zeit. Beschleunigen Sie den Start wieder, indem Sie unnötige Programmstarts in der Systemkonfiguration ❷ deaktivieren.

Leistungssteigerung durch ReadyBoost

ReadyBoost ist eine Windows-Funktion, die schnellen Flashspeicher von USB-Sticks und Speicherkarten nutzt, um das System zu beschleunigen. ReadyBoost funktioniert mit den meisten USB-Sticks, nur ältere Modelle sind eventuell zu langsam, da Windows nur schnellen Flashspeicher nutzen kann. Sollte der Speicher nicht verwendet werden können, zeigt Windows Ihnen aber einen entsprechenden Hinweis ❸.

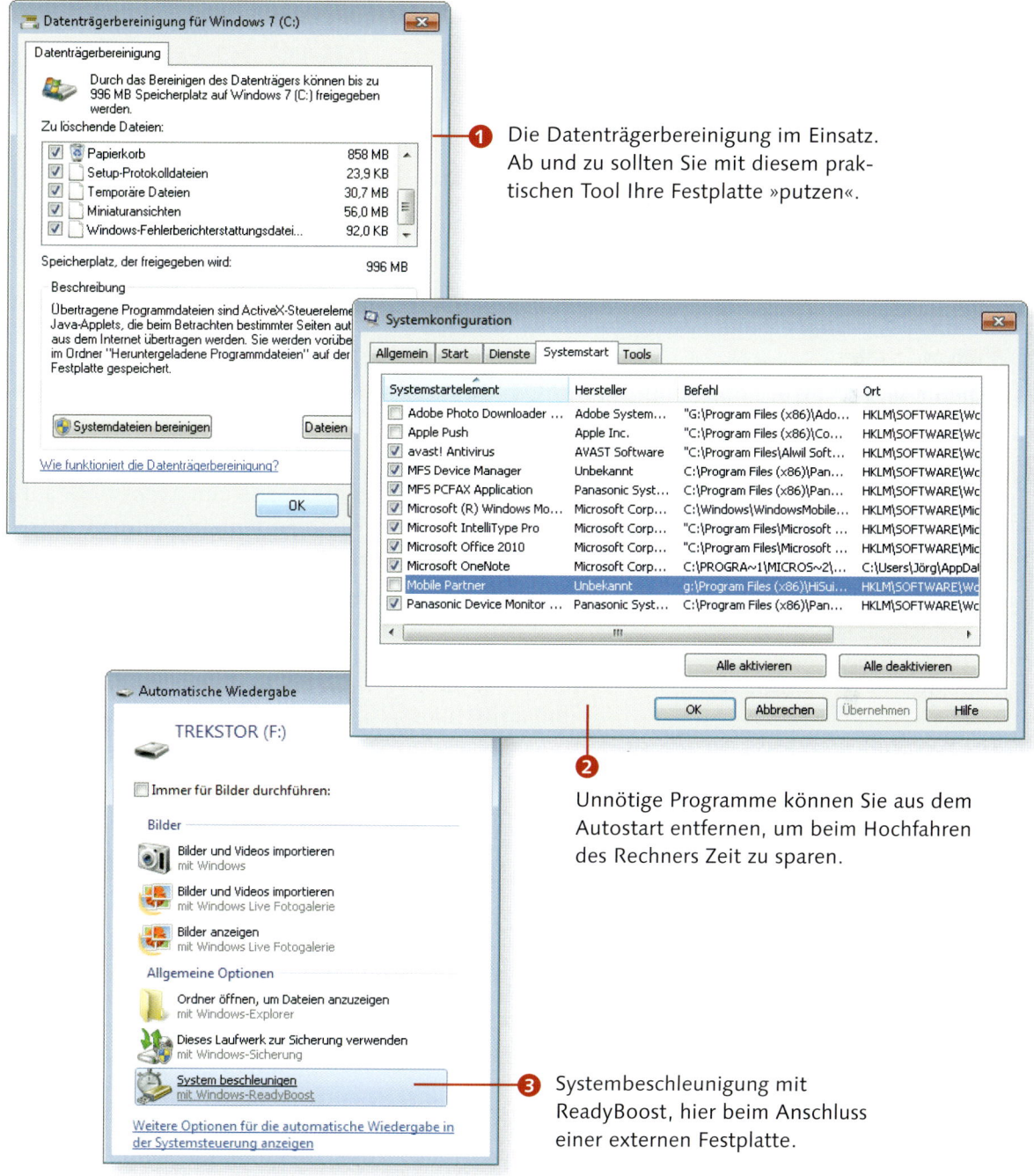

1 Die Datenträgerbereinigung im Einsatz. Ab und zu sollten Sie mit diesem praktischen Tool Ihre Festplatte »putzen«.

2 Unnötige Programme können Sie aus dem Autostart entfernen, um beim Hochfahren des Rechners Zeit zu sparen.

3 Systembeschleunigung mit ReadyBoost, hier beim Anschluss einer externen Festplatte.

Datenmüll entsorgen

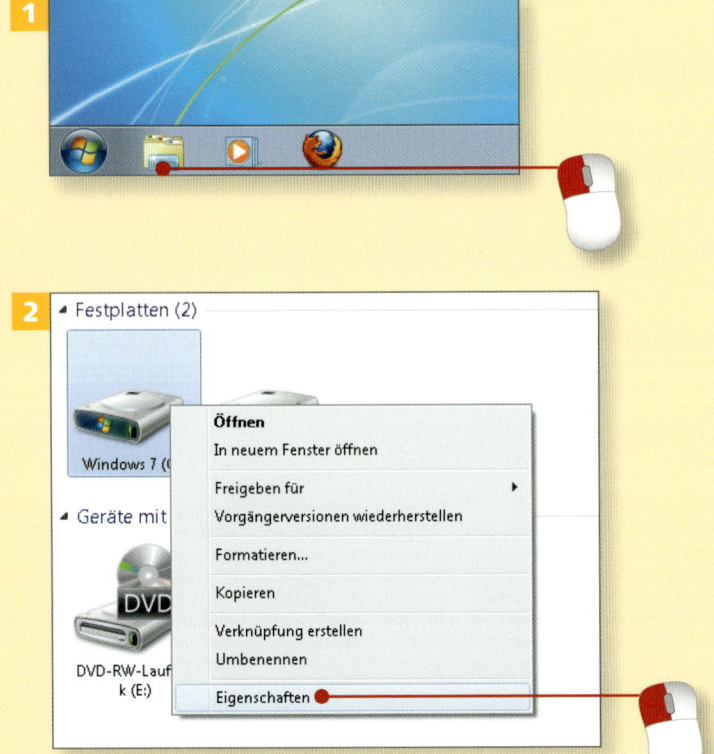

Mit der Zeit sammeln sich auf jedem Computer Daten an, die eigentlich nicht mehr benötigt werden, wie zum Beispiel die temporären Internetdateien. Zeit für einen Frühjahrsputz.

Schritt 1

Öffnen Sie zunächst den Windows-Explorer durch einen Klick auf das Ordnersymbol in der Taskleiste oder über die Taste ⊞.

Schritt 2

Führen Sie einen Rechtsklick auf das zu bereinigte Laufwerk aus, und wählen Sie aus dem Kontextmenü den Befehl **Eigenschaften** aus.

Schritt 3

Im Register **Allgemein** wird Ihnen nun angezeigt, wie viel Speicherplatz auf der Festplatte belegt und wie viel noch frei ist. Klicken Sie neben der Tortengrafik auf **Bereinigen**.

Schritt 4

Wählen Sie aus, welche Dateien gelöscht werden sollen. Klicken Sie einen Eintrag an, wird darunter eine Beschreibung der Daten eingeblendet. Setzen Sie das Häkchen vor den zu löschenden Kategorien.

Schritt 5

Haben Sie eine Auswahl getroffen, starten Sie den Vorgang über die Schaltfläche **OK**.

Schritt 6

Möchten Sie die ausgewählten Dateien nun wirklich unwiderruflich löschen? Bestätigen Sie in dem Fall die Abfrage mit **Dateien löschen**.

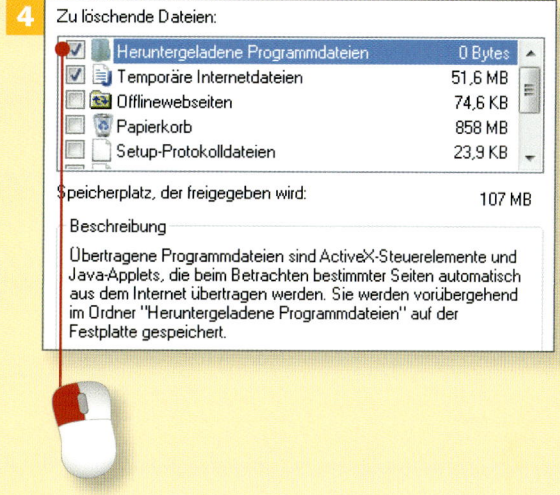

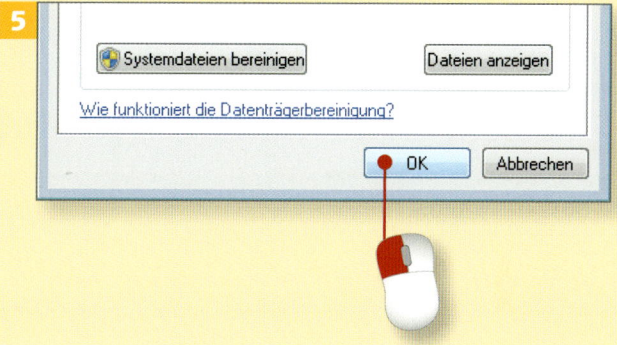

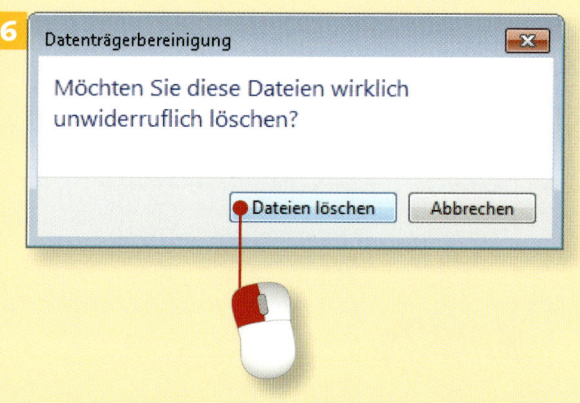

Systemdateien löschen
Über die Schaltfläche **Systemdateien bereinigen** ❶ können Sie zusätzlich nicht mehr benötigte systeminterne Dateien entfernen lassen. Die Schaltfläche ist nur sichtbar, wenn es zu löschende Systemdateien gibt.

Windows schneller starten

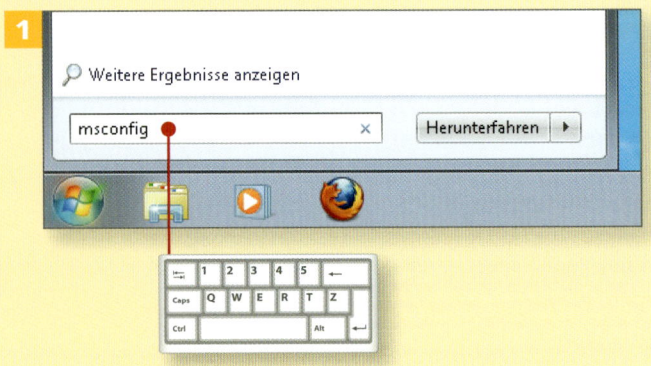

Starten Sie Windows fast so schnell wie am ersten Tag. Misten Sie aus, und deaktivieren Sie unnötige Programme, die bei jedem Systemstart mitgeladen werden und den Startvorgang verlangsamen.

Schritt 1

Starten Sie die Systemkonfiguration. Klicken Sie hierfür auf **Start**, und geben Sie in das Suchfeld des Startmenüs den Begriff *msconfig* ein. Schließen Sie die Eingabe mit ⏎ ab.

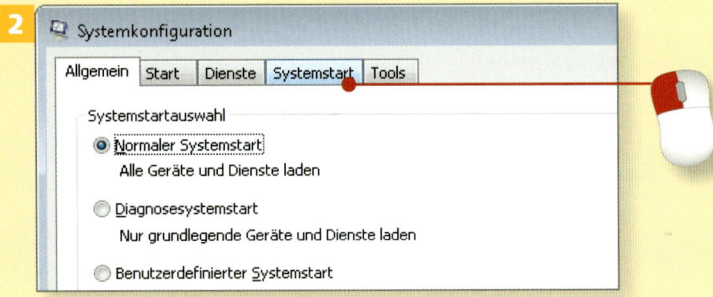

Schritt 2

Wechseln Sie im Fenster der **Systemkonfiguration** in das Register **Systemstart**.

Schritt 3

Zeigen Sie zunächst mit der Maus auf die Begrenzungslinie zwischen den ersten beiden Spalten. Sobald sich der Mauszeiger verändert, können Sie die Spalte mit gedrückter Maustaste nach rechts erweitern, um die Einträge besser lesen zu können.

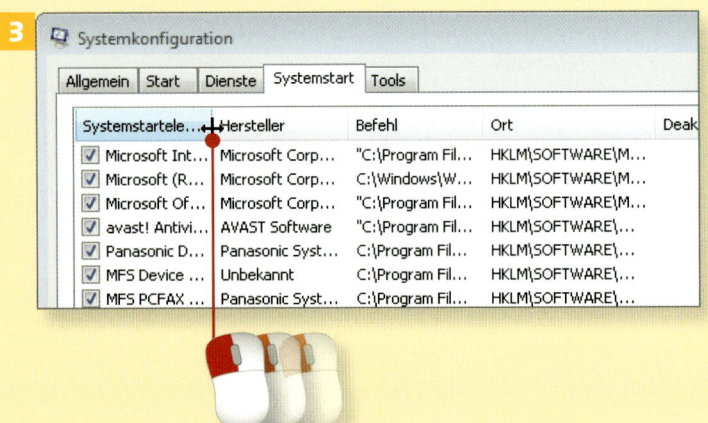

Schritt 4

Lesen Sie sich die Einträge durch.
Entfernen Sie die Häkchen vor den
Programmen, die Windows künftig
beim Start nicht mehr automatisch
mit laden soll.

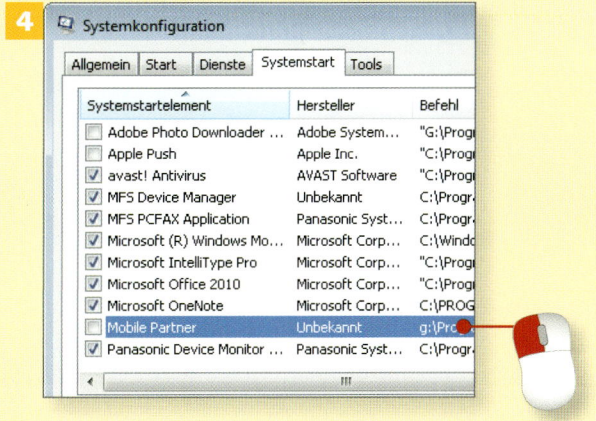

Schritt 5

In der Spalte **Befehl** ❶ können Sie
den jeweiligen Programmpfad einsehen. Diese Information kann bei der
Identifizierung der Einträge hilfreich
sein. Nach erfolgter Auswahl klicken
Sie auf die Schaltfläche **OK**.

Schritt 6

Die vorgenommenen Änderungen
werden erst nach einem Neustart
des Rechners wirksam, was Sie über
Neu starten einleiten.

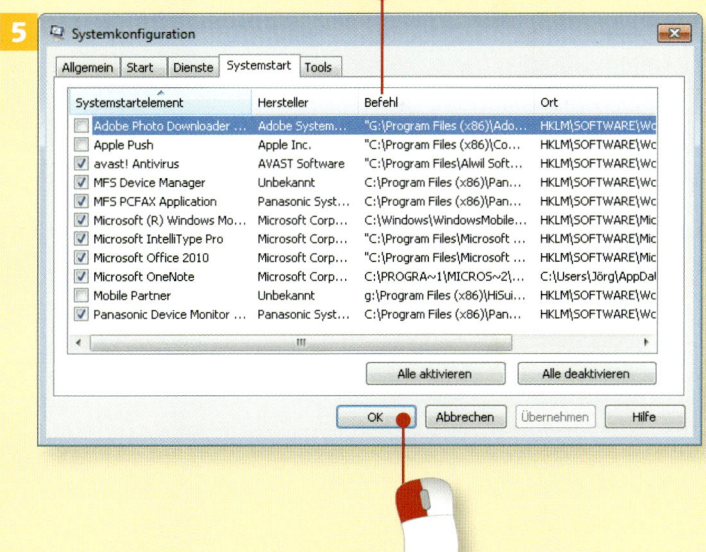

Unklare Bezeichnungen

Nicht immer kann man anhand der
Bezeichnungen herausfinden, um
welches Programm es sich handelt.
Im Zweifel fragen Sie einfach in
Computer-Foren wie z. B. unter
www.paules-pc-forum.de nach.

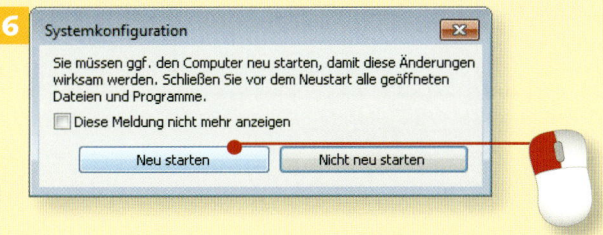

Windows schneller herunterfahren

Statt umständlich über das Startmenü vorzugehen, fahren Sie Ihren Rechner doch einfach mit einem Doppelklick herunter, oder starten Sie ihn per Doppelklick neu.

Schritt 1

Führen Sie einen Rechtklick auf eine freie Stelle Ihres Arbeitsplatzes aus, zeigen Sie auf **Neu**, und wählen Sie dann den Menüpunkt **Verknüpfung** aus.

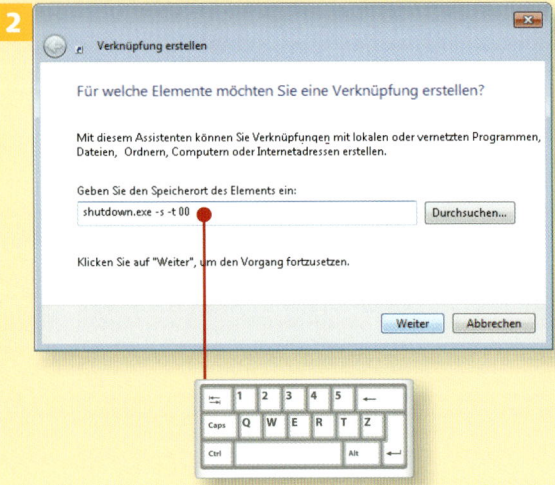

Schritt 2

Tragen Sie in die Textzeile des sich nun öffnenden Fensters den Befehl *shutdown.exe -s -t 00* ein, und klicken Sie anschließend auf **Weiter**, um den Vorgang fortzusetzen.

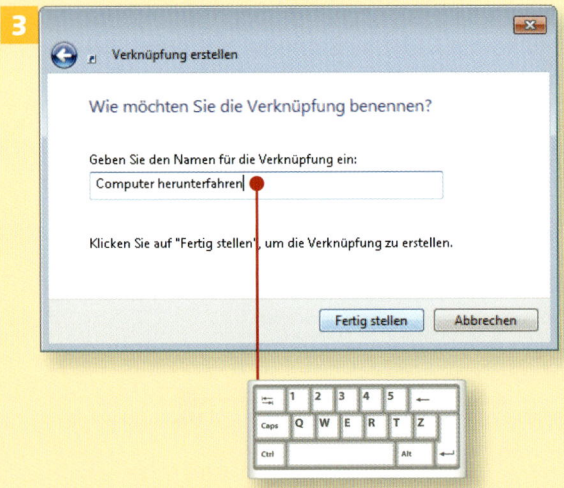

Schritt 3

Vergeben Sie schließlich einen Namen für Ihre neu erstelle Verknüpfung, beispielsweise *Computer herunterfahren*, und klicken Sie danach auf **Fertig stellen**.

Schritt 4

Nun folgt die zweite Verknüpfung.
Wiederholen Sie zunächst Schritt 1,
und geben Sie dann in die Textzeile
den Befehl *shutdown.exe -r -t 00*
ein. Klicken Sie auch hier wieder auf
Weiter.

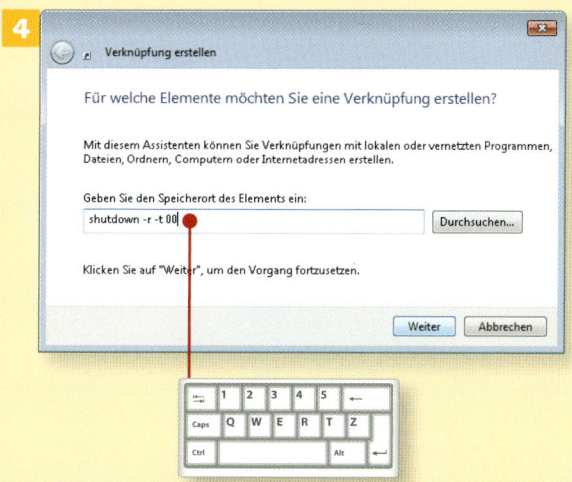

Schritt 5

Mit dieser Verknüpfung können Sie
Ihren PC neu starten. Vergeben Sie
einen aussagekräftigen Namen, z. B.
Computer neu starten, und schließen
Sie den Vorgang mit **Fertig stellen**
ab.

Schritt 6

Fortan haben Sie zwei neue Verknüpfungen auf Ihrem Desktop.
Mit einem Doppelklick auf **Computer herunterfahren** beenden Sie
Windows, und mit **Computer neu
starten** führen Sie einen Neustart
durch.

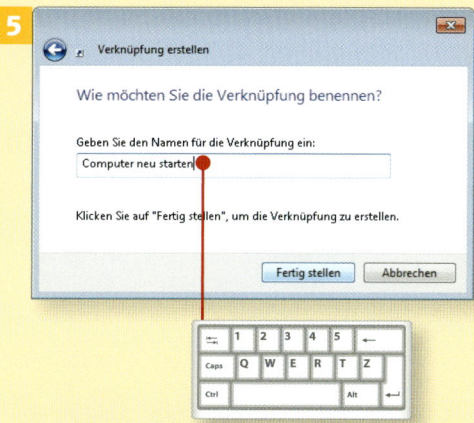

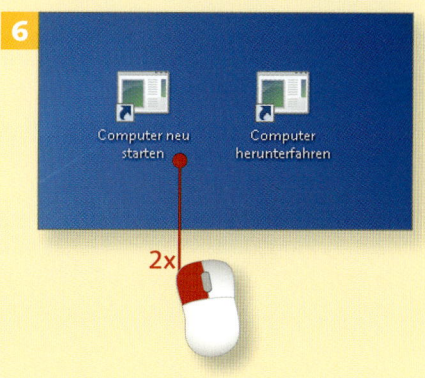

Auch andere Befehle

Wenn Sie sich ein wenig mit der
Windows-Kommandozeile aus-
kennen, können Sie natürlich auf
dieselbe Art auch andere Befehle
als Verknüpfung anlegen.

Die Festplatte defragmentieren

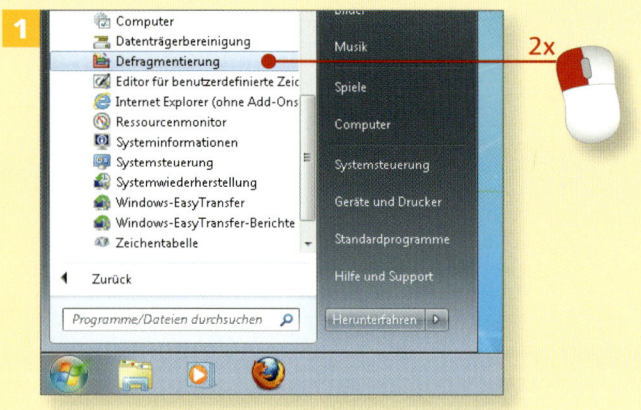

Durch das ständige Beschreiben, Löschen und Neu-Beschreiben der Festplatte wird diese immer mehr fragmentiert. Erhöhen Sie die Systemleistung durch regelmäßige Defragmentierung, und kontrollieren Sie Ihre Einstellungen.

Schritt 1

Öffnen Sie das Startmenü und nacheinander die Ordner **Alle Programme ▸ Zubehör ▸ Systemprogramme,** und führen Sie dann einen Doppelklick auf den Eintrag **Defragmentierung** aus.

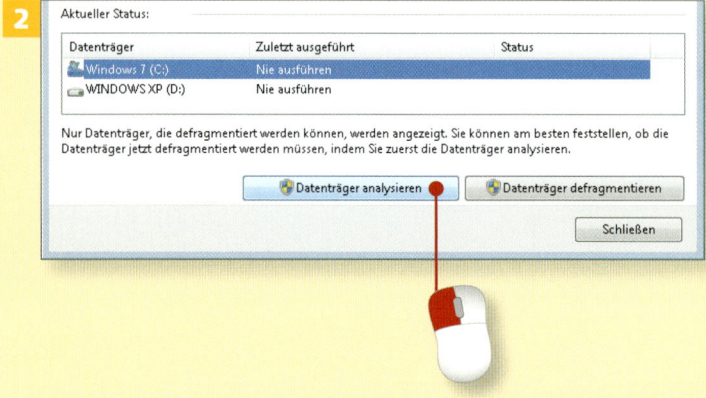

Schritt 2

Wählen Sie eine Festplatte aus der Liste aus, und starten Sie über die Schaltfläche **Datenträger analysieren** eine Prüfung.

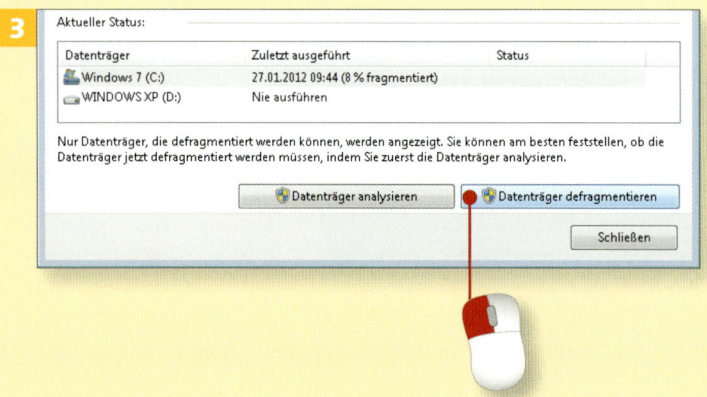

Schritt 3

Ab einer Fragmentierung von etwa 10 % sollten Sie eine Defragmentierung über den Menüpunkt **Datenträger defragmentieren** starten.

SSD-Festplatten

SSD-Festplatten sollten von der Defragmentierung ausgeschlossen werden, da dies die Lebensdauer der Laufwerke beeinträchtigen kann!

Schritt 4

Empfehlenswert ist, die Defragmentierung aller Festplatten nach einem festen Zeitplan durchzuführen. Klicken Sie hierfür auf **Zeitplan konfigurieren**.

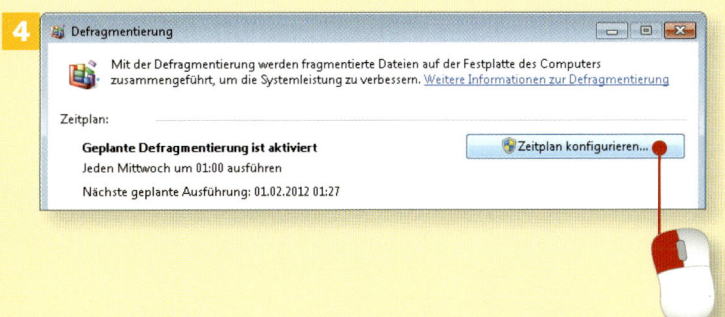

Schritt 5

Der Zeitplan ist aktiv, wenn vor dem Eintrag **Ausführung nach Zeitplan** ❶ ein Häkchen gesetzt ist. Kontrollieren Sie über die Schaltfläche **Datenträger auswählen**, welche Laufwerke eingebunden sind.

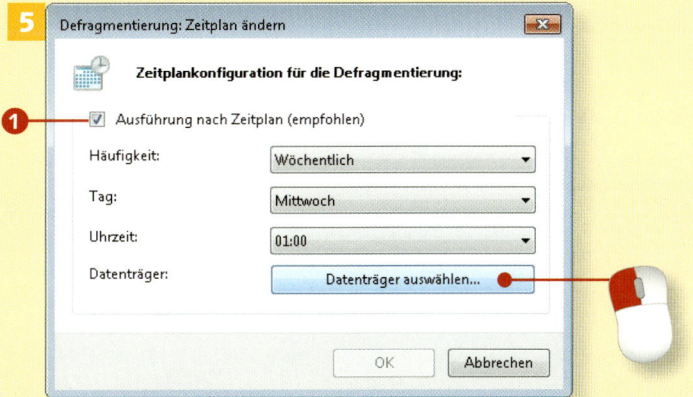

Schritt 6

Damit keine Festplatte vergessen wird, aktivieren Sie am besten die Option **Alle Datenträger auswählen**. Über **OK** speichern Sie die Einstellungen und schließen das Fenster.

Einstellungssache

Damit sich der Fragmentierungsgrad stets in Grenzen hält, wird eine wöchentliche Defragmentierung empfohlen.

Windows-Startdateien optimieren

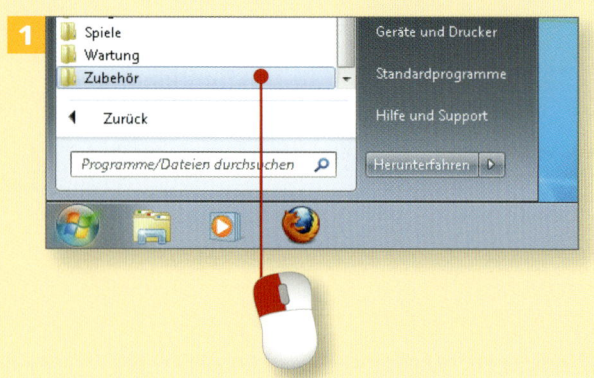

Optimieren Sie den Systemstart durch die Defragmentierung der Windows 7-Startdateien. Ein kleiner Befehl in der Eingabeaufforderung macht's möglich.

Schritt 1

Klicken Sie auf **Start ▸ Alle Programme** und schließlich auf das Verzeichnis **Zubehör**.

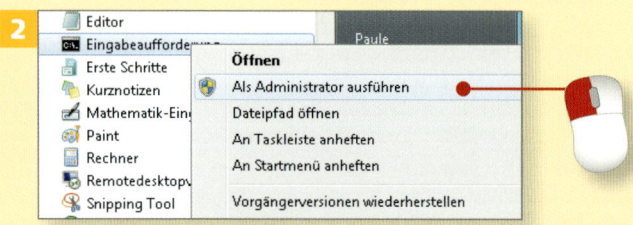

Schritt 2

Führen Sie einen Rechtsklick auf die **Eingabeaufforderung** aus, und wählen Sie aus dem Kontextmenü den Befehl **Als Administrator öffnen** aus.

Schritt 3

Eine Abfrage der Benutzerkontensteuerung schaltet sich dazwischen. Sie müssen nun zunächst bestätigen, dass Sie die folgenden Schritte als Administrator in der Eingabeaufforderung erledigen möchten. Bestätigen Sie die Abfrage mit **Ja**.

Schritt 4

Tippen Sie nun über Ihre Tastatur den folgenden Befehl ein: *defrag c: -b*. Drücken Sie anschließend ⏎.

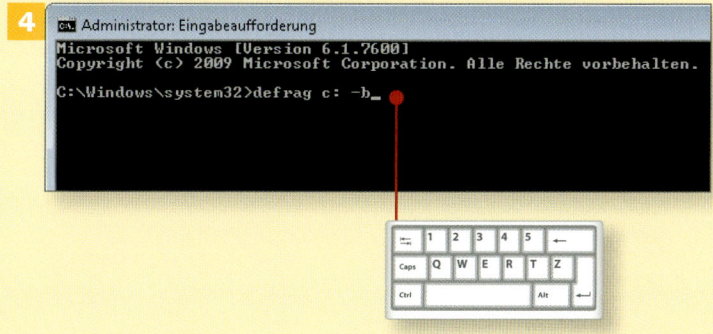

Schritt 5

Die Optimierung wird gestartet. Der Vorgang kann einige Minuten dauern; haben Sie Geduld, und brechen Sie den Vorgang nicht ab.

Schritt 6

Die Optimierung ist abgeschlossen, und es wird eine entsprechende Meldung ausgegeben. Sie können das Fenster der Eingabeaufforderung nun wieder schließen.

Laufwerksbuchstabe

Der Buchstabe »c:« im Defrag-Befehl beschreibt das Systemlaufwerk, auf dem Windows installiert ist. Sollten Sie Windows auf einem anderen Laufwerk haben, geben Sie bitte statt »c:« den entsprechenden Buchstaben an.

Windows beschleunigen mit ReadyBoost

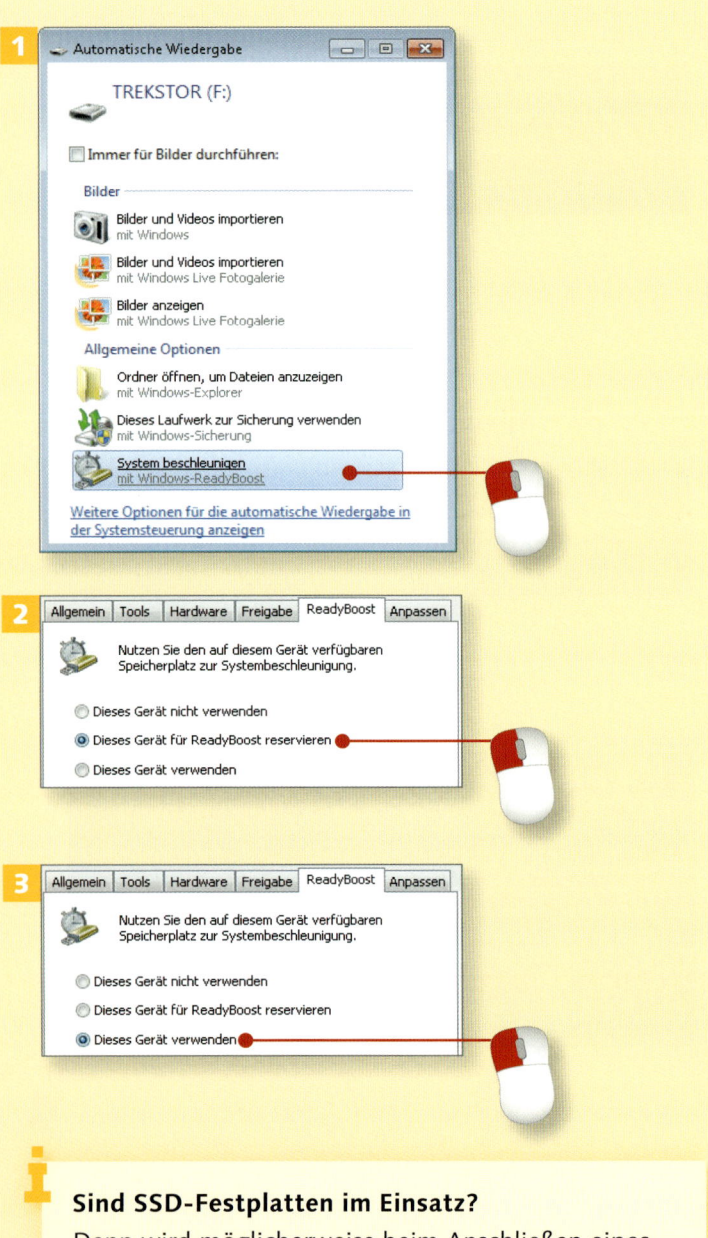

Mit Hilfe der Funktion ReadyBoost können Sie den Computer beschleunigen. Nutzen Sie Ihren USB-Stick zur Leistungssteigerung.

Schritt 1

Verbinden Sie den USB-Speicherstick mit Ihrem Computer, warten Sie einen Moment, und klicken Sie dann im Fenster der automatischen Wiedergabe auf **System beschleunigen**.

Schritt 2

Aktivieren Sie die Option **Dieses Gerät für ReadyBoost reservieren**, wenn Sie den maximal zur Verfügung stehenden Speicherplatz auf dem USB-Stick für ReadyBoost reservieren möchten.

Schritt 3

Aktivieren Sie hingegen den Punkt **Dieses Gerät verwenden**, können Sie im nächsten Schritt selbst festlegen, wie viel Speicherplatz verwendet werden darf. Den Rest können Sie für eigene Dateien nutzen.

Sind SSD-Festplatten im Einsatz?

Dann wird möglicherweise beim Anschließen eines Flash-Laufwerks keine Option zur Beschleunigung des PCs angeboten. SSD-Laufwerke sind meist so schnell, dass sie von ReadyBoost nicht profitieren können.

Schritt 4

Möchten Sie selbst den Speicher-platz bestimmen, stellen Sie mit Hilfe des Schiebereglers einen beliebigen Wert ein. 1 GB sollte es mindestens sein, der zweifache Wert des Arbeitsspeichers wäre optimal. Kennen Sie diesen Wert nicht, kön-nen Sie ihn über die Tastenkombina-tion ⊞ + Pause herausfinden.

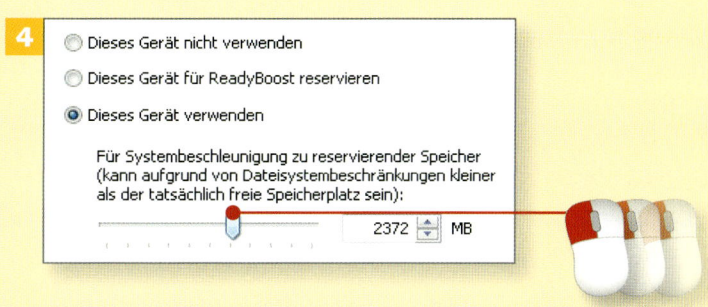

Schritt 5

Klicken Sie auf **OK**, um den Vorgang schließlich zu beenden. Windows nutzt nun den Speicherplatz des USB-Sticks mit.

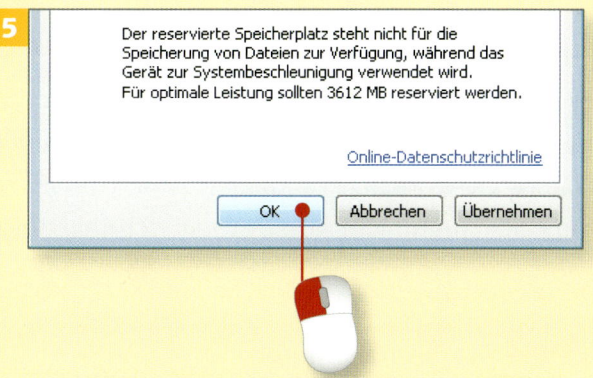

Schritt 6

Möchten Sie ReadyBoost für den USB-Stick wieder deaktivieren, wie-derholen Sie Schritt 1 und wählen im 2. Schritt die Option **Dieses Gerät nicht verwenden**.

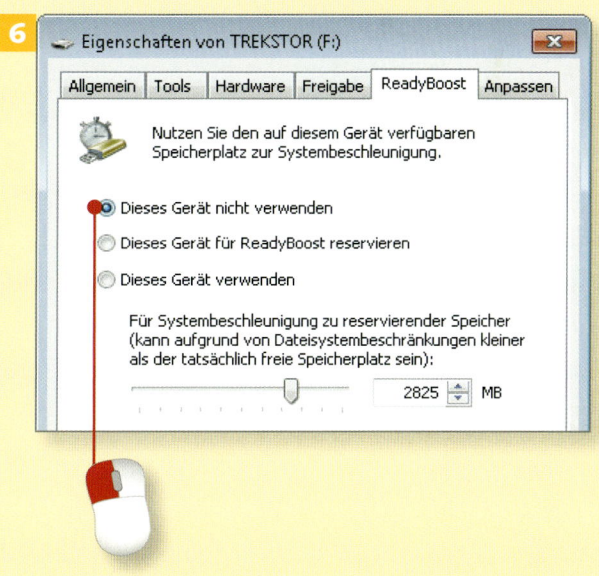

Jederzeit entfernbar

Natürlich funktioniert ReadyBoost nur, solange der USB-Stick ange-schlossen ist. Bei Bedarf können Sie den Stick aber auch jederzeit wieder entfernen. Dabei gehen keine Daten verloren.

Kapitel 11
Unter der Haube: Die Registrierungsdatenbank

Die Registrierungsdatenbank, oder auch einfach nur Registry genannt, ist quasi das Herz von Windows 7. Hier laufen alle Fäden zusammen, hier werden alle computer- und hardwarespezifischen Einstellungen gespeichert. Bevor Sie Änderungen an der Registrierung vornehmen, sollten Sie diese daher immer sichern.

Der Aufbau der Registrierungsdatenbank

Was ist alles in der Datenbank gespeichert und vor allem wo? Was hat es mit den verschiedenen Schlüsseln und Unterschlüsseln auf sich, und was sind Datentypen und Werte? Zunächst klingt alles recht kompliziert, und optisch ansprechend wirkt die Datenbank auf den ersten Blick auch nicht gerade; sehr schnell stellen sich aber die ersten Erfolge beim Umgang mit der Windows-Registrierung ❶ ein.

Erweitern Sie das Kontextmenü

Um eine Datei zu kopieren, klickt man diese meist mit der rechten Maustaste an und wählt aus dem Kontextmenü den Befehl zum Kopieren aus. Danach klickt man sich zum Zielordner vor und fügt die Datei mit einem erneuten Rechtsklick und Auswahl des Befehls **Einfügen** in das Verzeichnis ein. Schneller und komfortabler geht es, wenn Sie das Kontextmenü um eine Kopier- und Verschiebe-Option ❷ erweitern.

Menüaufrufe beschleunigen

Wie schnell ein Untermenü aufklappt, lässt sich unter Windows auf normalem Wege leider nicht einstellen. Über die Windows-Registrierung hingegen können Sie auch an dieser Einstellschraube drehen und die Menüverzögerung verkürzen oder gar komplett deaktivieren ❸.

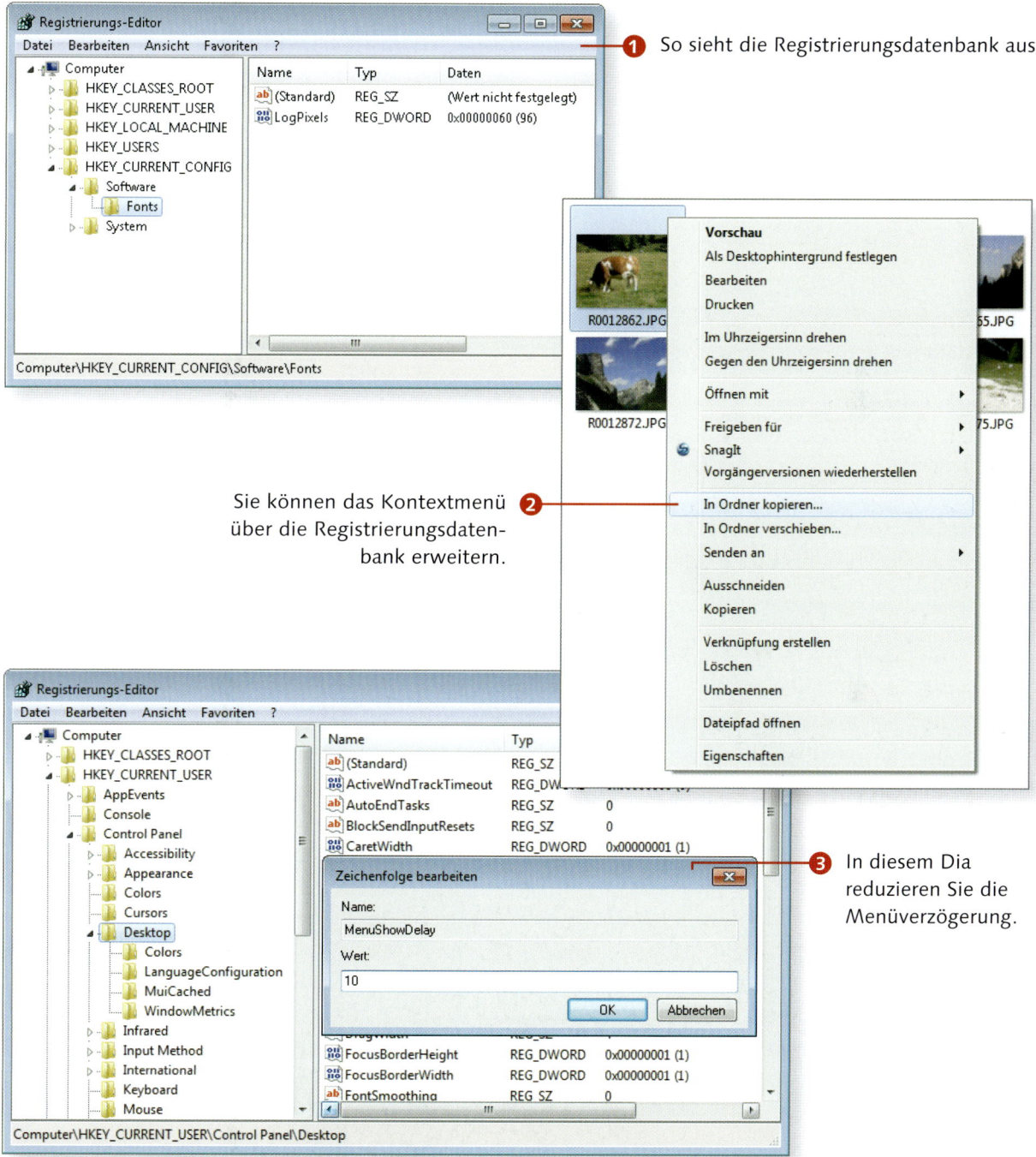

So sieht die Registrierungsdatenbank aus.

Sie können das Kontextmenü über die Registrierungsdatenbank erweitern.

In diesem Dia reduzieren Sie die Menüverzögerung.

Den Registrierungs-Editor aufrufen

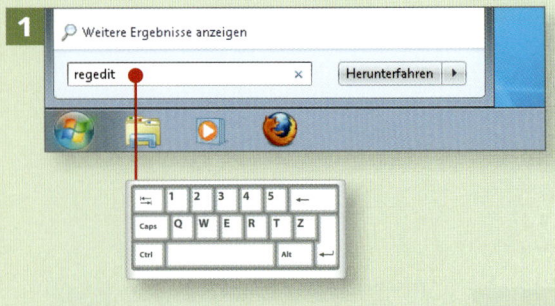

Mit dem Registrierungs-Editor führen Sie alle Änderungen an der Windows-Registrierung durch. Das Programm ist weder über die Systemsteuerung zu erreichen, noch wird es im Startmenü gelistet.

Schritt 1

Zum Aufruf des Registrierungs-Editors öffnen Sie das Startmenü und geben den Befehl *regedit* gefolgt von ⏎ in das Suchfeld ein.

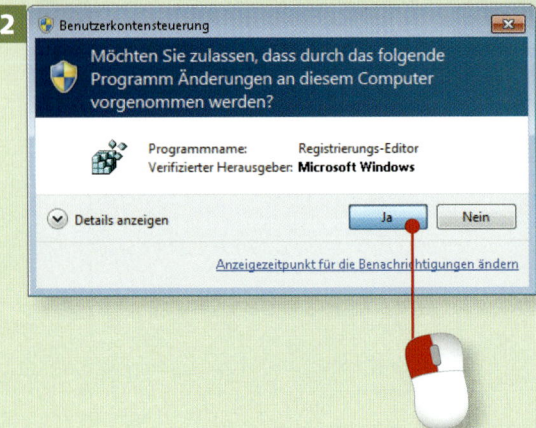

Schritt 2

Die Benutzerkontensteuerung verlangt von Ihnen die Erlaubnis, das Programm starten zu dürfen. Bestätigen Sie die Abfrage mit **Ja**.

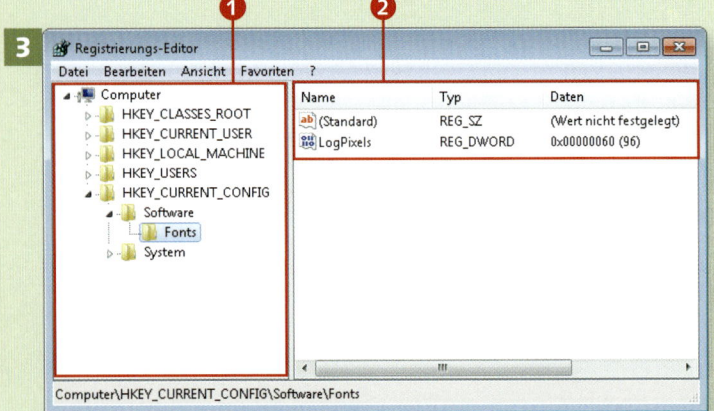

Schritt 3

Auf der linken Seite sehen Sie die fünf Hauptschlüssel ❶. Klicken Sie auf den kleinen Pfeil vor einem Eintrag, öffnen sich die Teilschlüssel. Rechts werden Einträge und Werte des ausgewählten Schlüssels gelistet ❷.

Schritt 4

Schlüssel, die Sie bearbeiten, können Sie als Favoriten speichern, um sie später bei Bedarf schneller wiederzufinden. Markieren Sie hierzu den Schlüssel ❸, und klicken Sie dann auf **Favoriten** und **Zu Favoriten hinzufügen.**

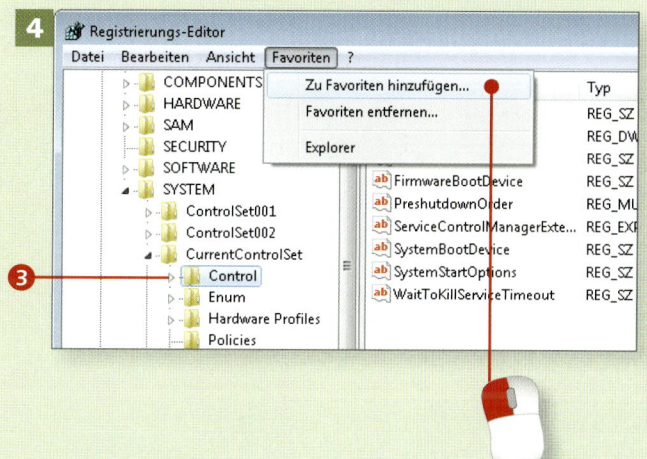

Schritt 5

Ein kleines Dialogfenster öffnet sich, in dem Sie eine Bezeichnung für Ihren Favoriteneintrag eingeben oder den vorgeschlagenen Namen übernehmen können. Über **OK** schließen Sie das Fenster wieder.

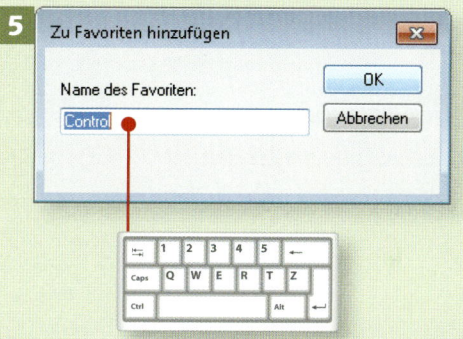

Schritt 6

Möchten Sie zu einem späteren Zeitpunkt einen Favoriteneintrag öffnen, klicken Sie auf **Favoriten** und wählen anschließend den gewünschten Eintrag aus dem Menü aus.

Navigation

Mit den Pfeiltasten können Sie in der Registrierung hervorragend navigieren. ⟶ öffnet einen Zweig, ⟵ schließt ihn wieder, und mit ↑ und ↓ springen Sie von Zweig zu Zweig.

Der Aufbau der Registrierungsdatenbank

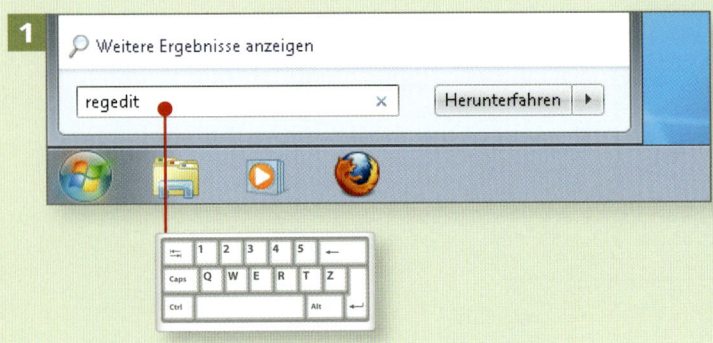

Die Windows-Registrierung ist eine hierarchisch aufgebaute Datenbank, in der Informationen zu Windows sowie zur verwendeten Software und Hardware abgespeichert sind.

Schritt 1

Öffnen Sie den Registrierungs-Editor über **Start** und die Eingabe des Befehls *regedit* in das Suchfeld des Startmenüs mit abschließender Betätigung der Taste ⏎.

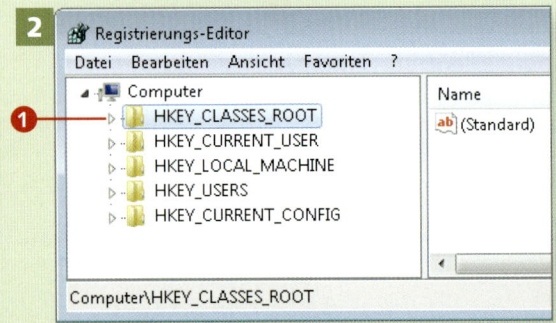

Schritt 2

Der Schlüssel **HKEY_CLASSES_ROOT** ❶ enthält Informationen zu allen registrierten Dateiendungen im System sowie zu COM- und OLE-Funktionen.

Schritt 3

Im Zweig **HKEY_CURRENT_USER** ❷ wird das Benutzerprofil des gerade aktuell am System angemeldeten Benutzers gespeichert. Er verweist auf den Zweig **HKEY_USERS**, in dem alle Benutzerprofile abgelegt sind.

Im Bienenstock
Die Abkürzung **HKEY_** steht für »Hive Key«. »Hive« bedeutet wörtlich übersetzt »Bienenstock«.

Schritt 4

Sämtliche Informationen zu computerspezifischen Soft- und Hardwareeinstellungen werden im Zweig **HKEY_LOCAL_MACHINE** ❸ gespeichert.

Schritt 5

Das Standardprofil sowie alle anderen Benutzerprofile werden im Schlüssel **HKEY_USERS** ❹ abgelegt.

Schritt 6

Der fünfte Hauptschlüssel, **HKEY_CURRENT_CONFIG** ❺, verweist auf einen Teilschlüssel in **HKEY_LOCAL_MACHINE** und enthält Informationen zu aktuell verwendeten Hardwarekomponenten.

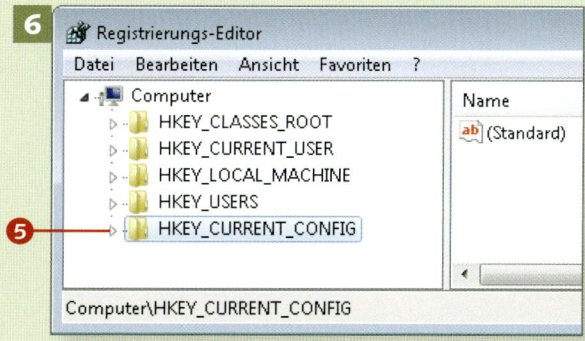

Vorsicht!

Fehlerhafte Einträge in der Registrierung können zu schweren Systemfehlern führen. Erstellen Sie daher vor jedem Eingriff eine Sicherung mit Hilfe der Systemwiederherstellung.

Von Datentypen und Werten

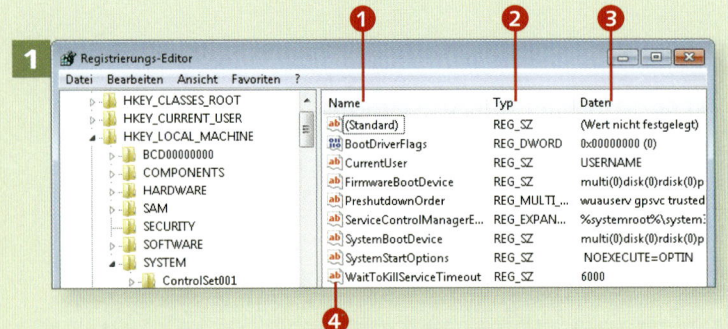

Jedem Eintrag in der Registrierungs-datenbank sind ein Datentyp und ein Wert zugeordnet. Meist werden nur die Werte geändert, manchmal wird aber auch die Erstellung eines neuen Eintrages notwendig.

Schritt 1

Die fünf Hauptschlüssel in der linken Fensterhälfte kennen Sie bereits. Rechts sind die Einträge und Werte zu sehen. In der ersten Spalte wird der Name aufgeführt ❶, daneben der Datentyp ❷ und in der rechten Spalte der Wert ❸.

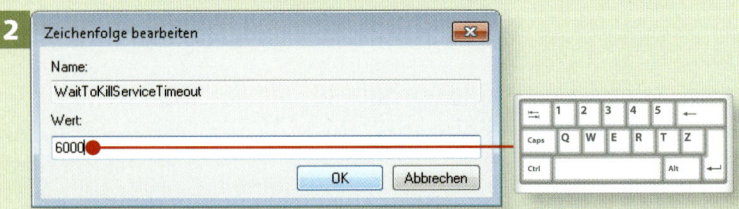

Schritt 2

Möchten Sie den Wert eines Eintrages ändern, führen Sie einen Doppelklick auf den Namen ❹ aus und ändern den Wert entsprechend der Vorgabe ab. Mit einem Klick auf **OK** übernehmen Sie den neuen Wert.

Schritt 3

Verlangt ein Tipp die Erstellung eines neuen Eintrages, markieren Sie zunächst den angegebenen Schlüssel, klicken dann im Menü **Bearbeiten** auf **Neu** und wählen den geforderten Datentyp aus der Liste aus.

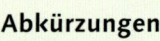

Abkürzungen

Die fünf Hauptschlüssel werden vielfach auch mit den Bezeichnungen *HKCR, HKCU, HKLM, HKU* und *HKCC* abgekürzt.

Den Registrierungs-Editor schneller starten

Erstellen Sie eine Verknüpfung zum Registrierungs-Editor, und starten Sie das Programm künftig einfach per Doppelklick.

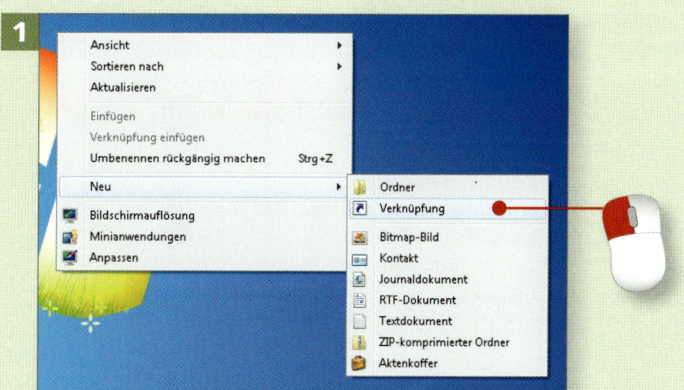

Schritt 1

Klicken Sie mit der rechten Maus- taste auf eine freie Stelle Ihres Windows-Arbeitsplatzes, zeigen Sie im sich öffnenden Kontextmenü auf **Neu**, und klicken Sie anschließend auf **Verknüpfung**.

Schritt 2

Tragen Sie nun den Pfad zum Regis- trierungs-Editor ein, und betätigen Sie danach die Schaltfläche **Weiter**. Der Pfad lautet: *%systemroot%\re- gedit.exe*.

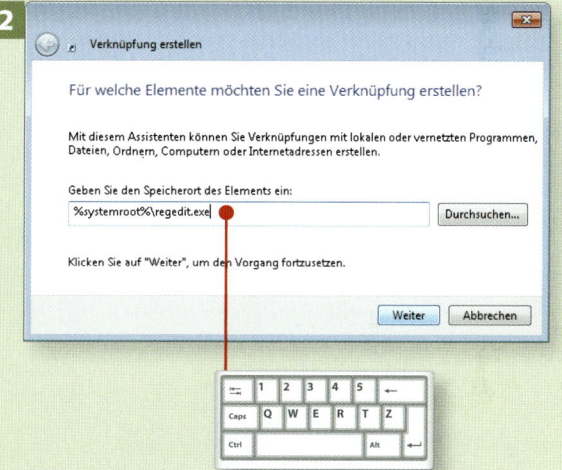

Schritt 3

Vergeben Sie schließlich einen Na- men für die Verknüpfung, beispiels- weise *Registrierungs-Editor*, und beenden Sie den Vorgang mit einem Klick auf **Fertig stellen**.

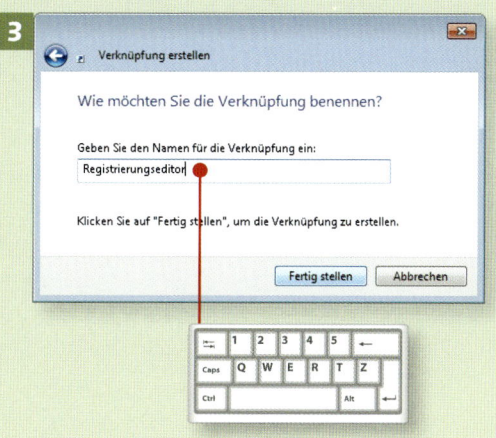

Ins Startmenü

Falls Sie die Verknüpfung lieber im Startmenü haben möchten, klicken Sie sie mit der rechten Maustaste an und wählen die Option **Ans Startmenü anheften** aus.

Registrierungsdateien erstellen und einspielen

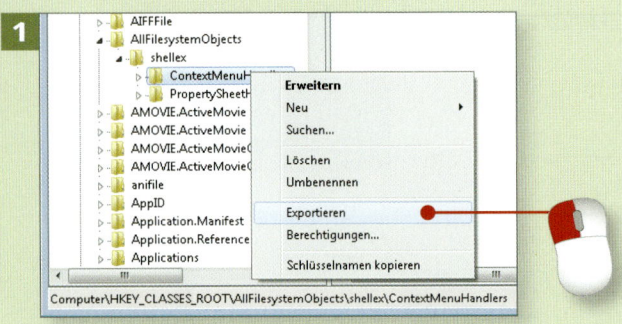

Einzelne Schlüssel können Sie als Registrierungsdateien exportieren, auf andere Windows-PCs übertragen oder als Teilsicherung wieder in die Registrierung einspielen.

Schritt 1

Markieren Sie zunächst den zu sichernden Teilschlüssel, klicken Sie ihn mit der rechten Maustaste an, und wählen Sie den Befehl **Exportieren** aus dem Menü aus.

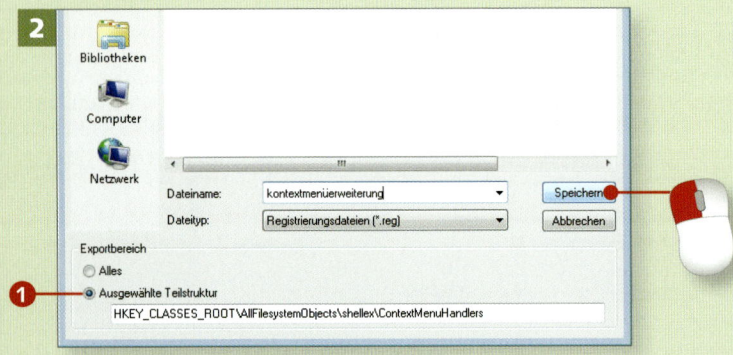

Schritt 2

Vergeben Sie einen aussagekräftigen Namen. Die Option **Ausgewählte Teilstruktur** bleibt aktiviert. Hier können Sie auch nochmals den Pfad des Zweiges sehen, der gesichert wird ❶. Über **Speichern** verlassen Sie den Dialog schließlich wieder.

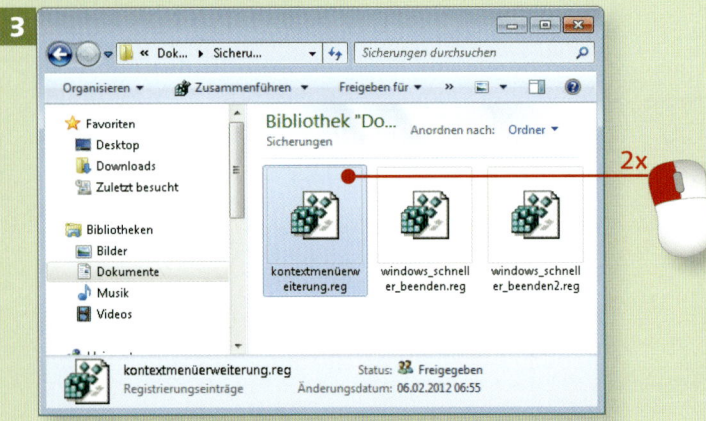

Schritt 3

Die Registrierungsdatei wurde erstellt. Möchten Sie sie wieder einspielen, führen Sie einen Doppelklick auf die Datei aus.

Komplettsicherung
Registrierungsdateien sind für eine Komplettsicherung der Registrierung nur bedingt geeignet. Nutzen Sie hierfür besser die Systemwiederherstellung.

Schritt 4

Windows fragt Sie nun, ob Sie den Zugriff zulassen möchten. Bestätigen Sie die Abfrage der Benutzerkontensteuerung mit **Ja**.

Schritt 5

Sollen die Informationen der Registrierung hinzugefügt werden? Bestätigen Sie diese Abfrage mit einem Klick auf **Ja**.

Schritt 6

Die Schlüssel und Werte wurden erfolgreich in die Registrierung eingetragen. Schließen Sie den Dialog mit **OK**.

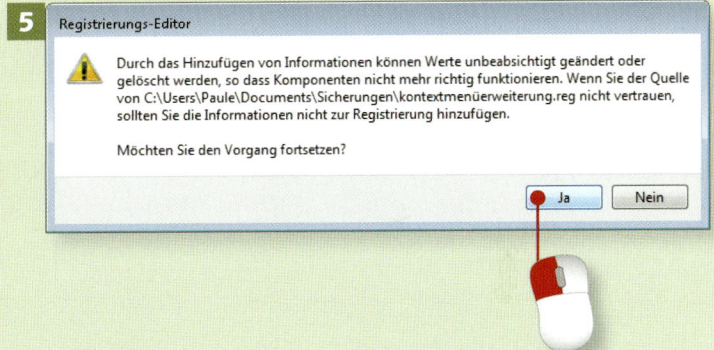

Besonderheit

Beim Wiedereinspielen einer Registrierungsdatei werden nur die Daten ersetzt, die zum Zeitpunkt der Sicherung vorhanden waren. Inzwischen neu hinzugekommene oder umbenannte Einträge bleiben bestehen.

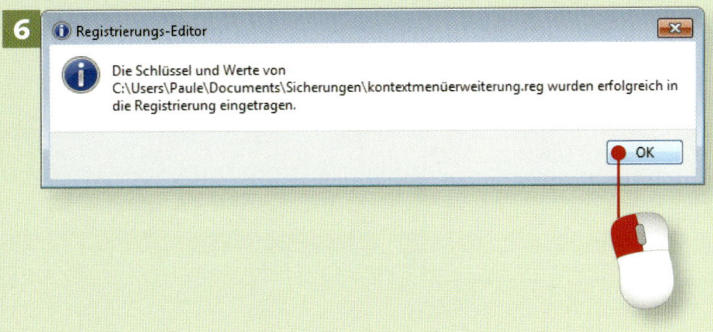

Schreibschutz für USB-Sticks einrichten

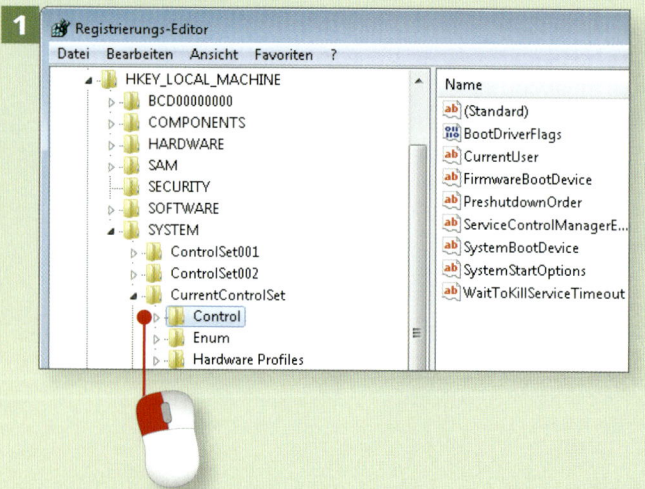

Möchten Sie das Speichern von Daten auf USB-Sticks verhindern? Richten Sie über die Registrierung einen Schreibschutz ein.

Schritt 1

Starten Sie den Registrierungs-Editor, und öffnen Sie den Schlüssel **HKEY_LOCAL_MACHINE\System\ CurrentControlSet\Control**.

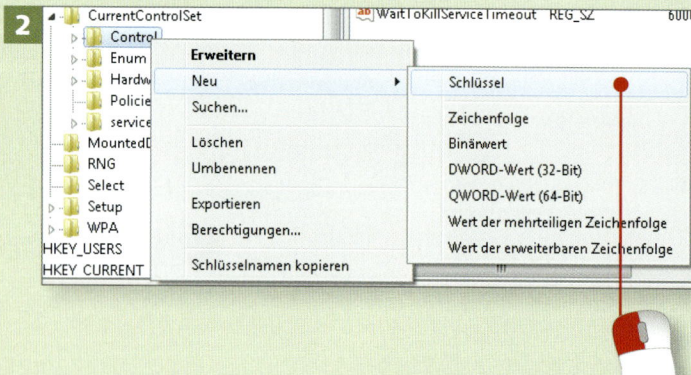

Schritt 2

Klicken Sie mit der rechten Maustaste auf den Teilschlüssel **Control,** zeigen Sie im Kontextmenü auf **Neu**, und wählen Sie dann den Eintrag **Schlüssel** aus, um einen neuen Teilschlüssel zu erstellen.

Schritt 3

Vergeben Sie für den neuen Teilschlüssel die Bezeichnung *Storage-DevicePolicies*, und schließen Sie die Eingabe mit der Taste ⏎ ab.

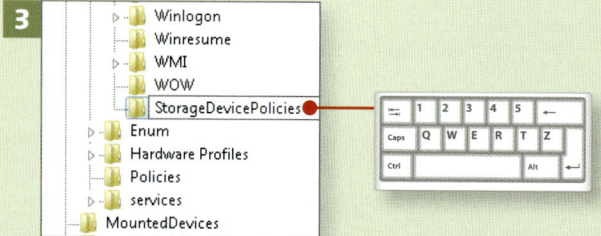

i Wirksamkeit
Der Schreibschutz greift erst, wenn der USB-Stick neu angeschlossen wurde.

Schritt 4

Nun muss ein neuer Eintrag erstellt werden. Klicken Sie in der rechten Fensterhälfte des neuen Schlüssels mit der rechten Maustaste, und wählen Sie den Befehl **Neu ▸ DWORD-Wert (32-Bit)** aus dem Menü aus.

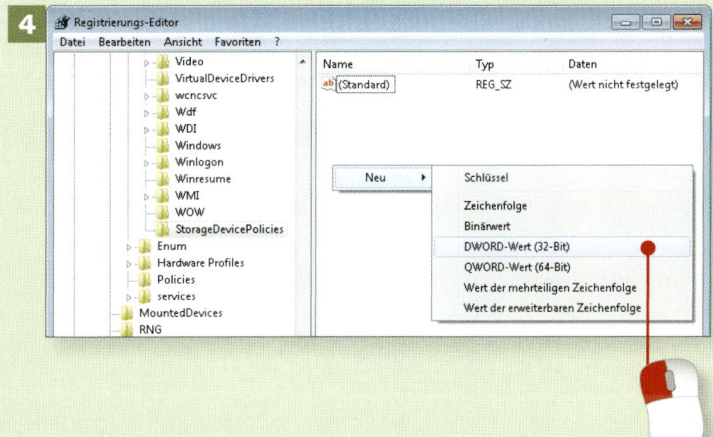

Schritt 5

Vergeben Sie die Bezeichnung *Write-Protect* für den neuen Eintrag, und schließen Sie auch diese Eingabe mit ⏎ ab.

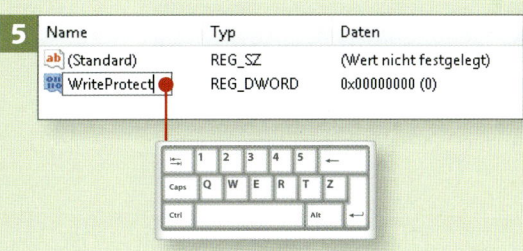

Schritt 6

Doppelklicken Sie den Eintrag **Write-Protect**, und weisen Sie ihm den Wert *1* zu. Mit **OK** wird der Vorgang abgeschlossen, und das Speichern von Daten auf USB-Sticks ist nicht mehr möglich.

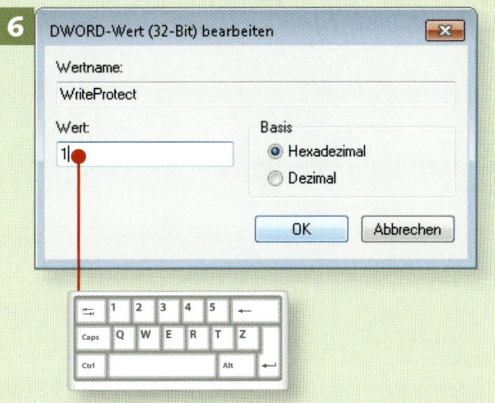

i

Schreibschutz deaktivieren

Möchten Sie den Schreibschutz wieder aufheben, weisen Sie dem Eintrag **WriteProtect** den Wert *0* zu.

Lästige Neustartaufforderung abstellen

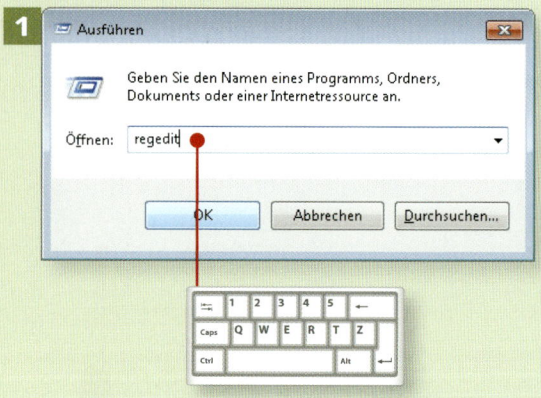

Updates für Windows sind wichtig und sollten immer zeitnah installiert werden. Nach vielen Updates fordert das System allerdings einen Neustart des Rechners, und dieser Zwangsneustart kommt häufig sehr ungelegen. Schalten Sie die Aufforderung einfach ab.

Schritt 1

Starten Sie den Registrierungs-Editor durch die Eingabe des Befehls *regedit* in das Suchfeld des Start-menüs, oder drücken Sie ⊞ + R und geben Sie *regedit* in das **Öffnen**-Feld ein.

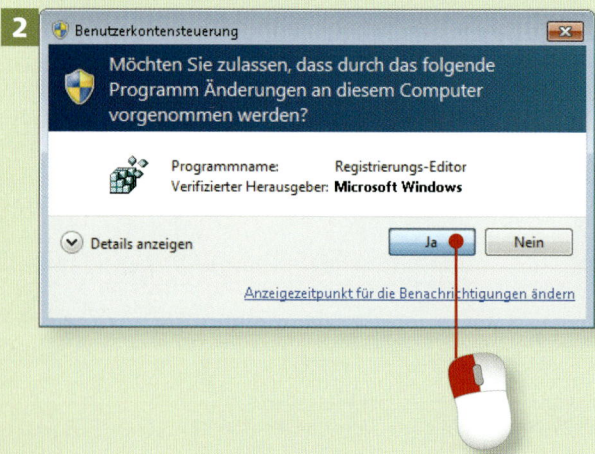

Schritt 2

Es folgt die übliche Abfrage der Benutzerkontensteuerung. Bestätigen Sie sie mit **Ja**.

Schritt 3

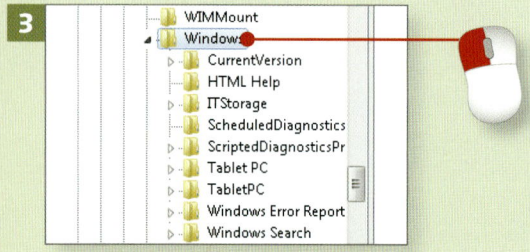

Klicken Sie sich nun in den Schlüssel **HKEY_LOCAL_MACHINE\SOFT-WARE\Microsoft\Windows**. In diesem Schlüssel muss im nächsten Schritt ein neuer Teilschlüssel erstellt werden.

Schritt 4

Klicken Sie auf den Teilschlüssel **Windows** ❶ und anschließend im Menü **Bearbeiten** auf **Neu** und schließlich auf **Schlüssel**. So erstellen Sie einen neuen Eintrag.

Schritt 5

Der neue Teilschlüssel erhält den Namen *WindowsUpdate*. Geben Sie diesen Namen mit der Tastatur ein. Achten Sie unbedingt auf die genaue Schreibweise des Namens. Drücken Sie ↵, um die Bezeichnung zu übernehmen.

Schritt 6

In diesem gerade neu erstellten Teilschlüssel muss nun ein weiterer Schlüssel erstellt werden. Klicken Sie also auf **WindowsUpdate** ❷ und nun wie in Schritt 4 im Menü **Bearbeiten** erneut auf **Neu** und **Schlüssel**.

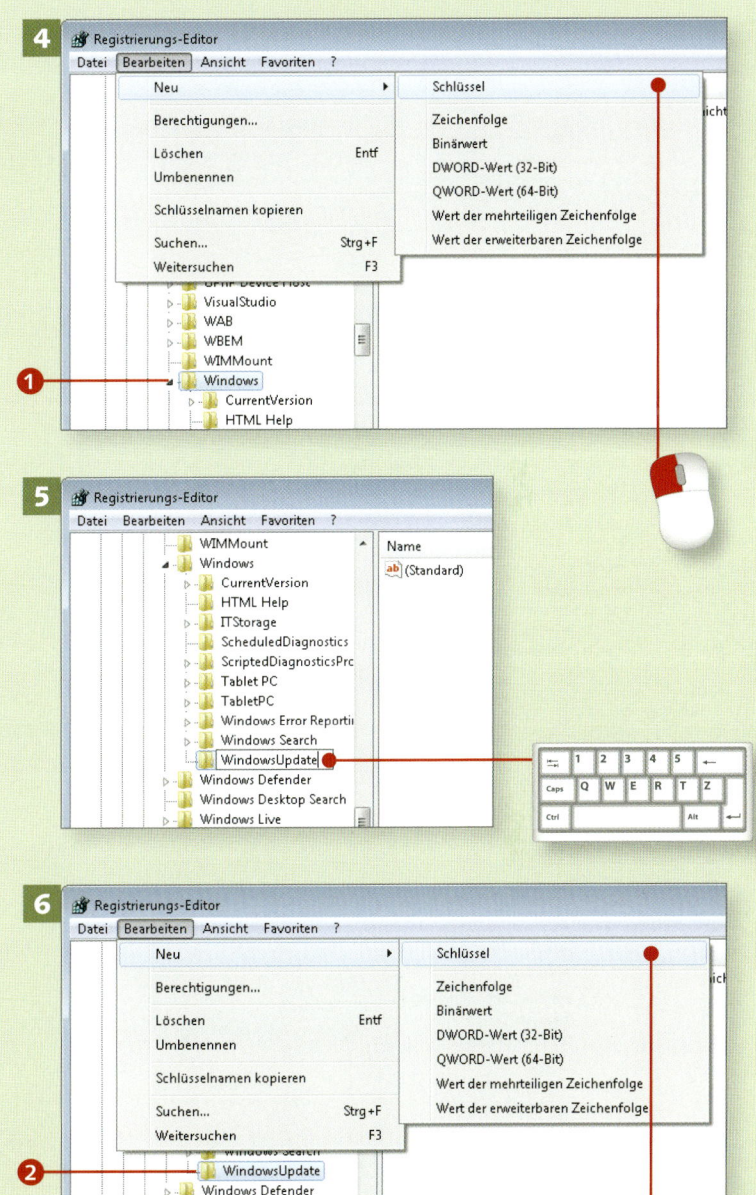

Lästige Neustartaufforderung abstellen (Forts.)

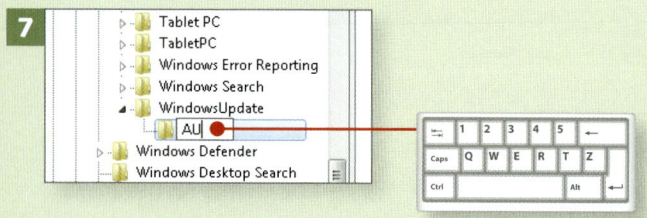

Schritt 7

Der Name für den neuen Schlüssel besteht aus den Großbuchstaben *AU*. Schließen Sie die Tastatureingabe mit ⏎ ab.

Schritt 8

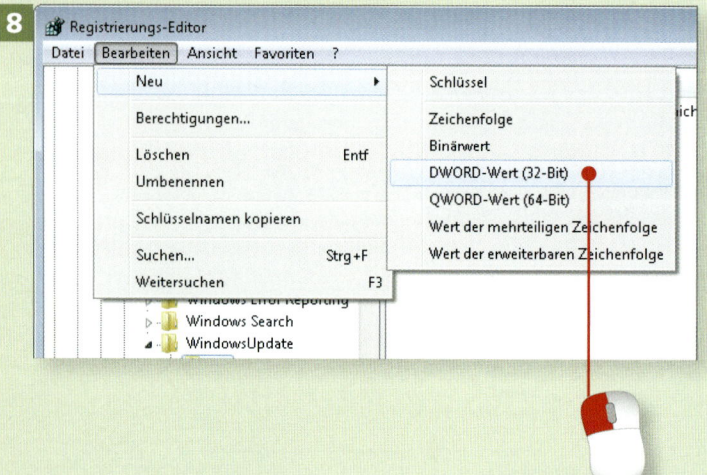

Im Teilschlüssel **AU** benötigen wir einen neuen Eintrag. Klicken Sie auf **AU** und dann im Menü **Bearbeiten** auf **Neu** und diesmal auf **DWORD-Wert (32-Bit)**.

Schritt 9

Achten Sie wieder auf die exakte Schreibweise. Der neue Eintrag erhält die sehr lange Bezeichnung *NoAutoRebootWithLoggedOnUsers*. Bestätigen Sie die Eingabe mit ⏎.

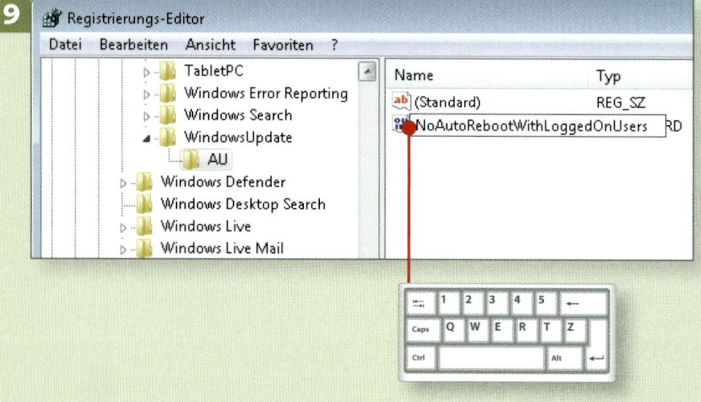

Vorsicht mit der Registrierungsdatenbank

An dieser Stelle möchte ich noch einmal ermahnen, bei der Arbeit in der Registrierungsdatenbank Vorsicht walten zu lassen. Legen Sie immer eine Sicherung an, bevor Sie Änderungen vornehmen und gehen Sie genau nach meinen Anleitungen vor.

Schritt 10

Weisen Sie dem Eintrag noch einen Wert zu. Doppelklicken Sie hierfür auf den Eintrag, und tragen Sie im folgenden Dialogfenster den Wert *1* ein. Mit **OK** übernehmen Sie den Wert.

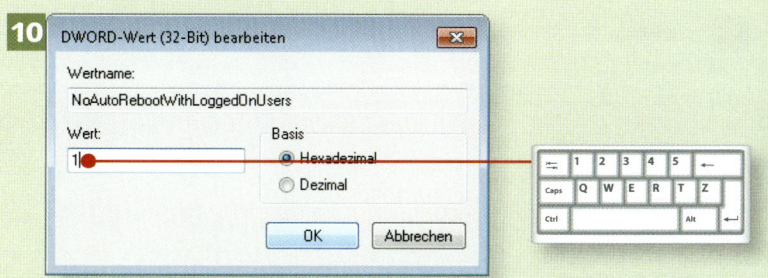

Schritt 11

Kontrollieren Sie nochmals alle Eingaben. Stimmt auch tatsächlich alles? Dann können Sie den Registrierungs-Editor über **Datei** und **Beenden** schließen.

Schritt 12

Die Änderungen werden allerdings erst nach einem Neustart wirksam. Starten Sie also Windows neu. Ab sofort entfällt der Zwangsneustart nach Sicherheitsupdates.

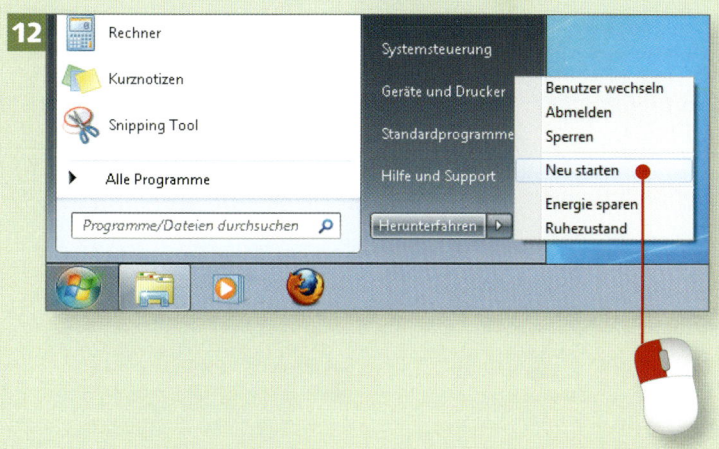

Miniaturvorschau in der Taskleiste beschleunigen

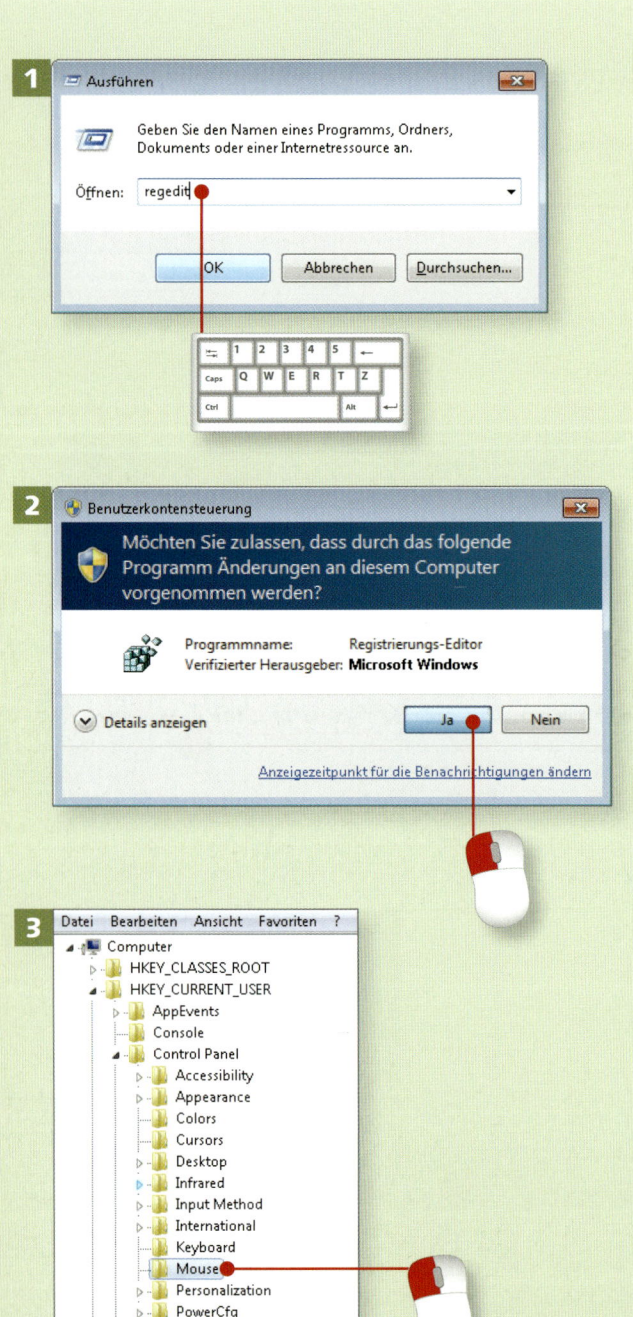

Wenn Sie mit der Maus auf ein Programmsymbol in der Taskleiste zeigen, wird dieses nach kurzer Verzögerung in einem kleinen Vorschaufenster angezeigt. Diese Wartezeit können Sie deutlich verkürzen.

Schritt 1

Drücken Sie die Tastenkombination ⊞ + R, und geben Sie in dem **Ausführen**-Dialog den Befehl *regedit* ein, gefolgt von ↵.

Schritt 2

Bestätigen Sie die folgende Sicherheitsabfrage der Benutzerkontensteuerung mit **Ja**.

Schritt 3

Sie befinden sich nun in der Registrierungsdatenbank. So wie in den vorangegangenen Anleitungen beschrieben, navigieren Sie durch die Einträge. Öffnen Sie den Zweig **HKEY_CURRENT_USER\Control Panel\Mouse**.

Schritt 4

Führen Sie im Teilschlüssel **Mouse** in der rechten Fensterhälfte einen Doppelklick auf den Eintrag **MouseHoverTime** durch.

Schritt 5

Hier sehen Sie die Zeit, die Windows vorgesehen hat, bis die Vorschau erscheint. Standardmäßig ist hier eine Wartezeit von 400 Millisekunden angegeben. Reduzieren Sie den Wert auf 10. Durch einen Klick auf **OK** speichern Sie den Wert.

Schritt 6

Anschließend werden Sie dazu aufgefordert, den Computer neu zu starten. Folgen Sie dieser Aufforderung. Nach dem Neustart des Computers werden die Vorschaufenster in der Taskleiste deutlich schneller angezeigt als zuvor.

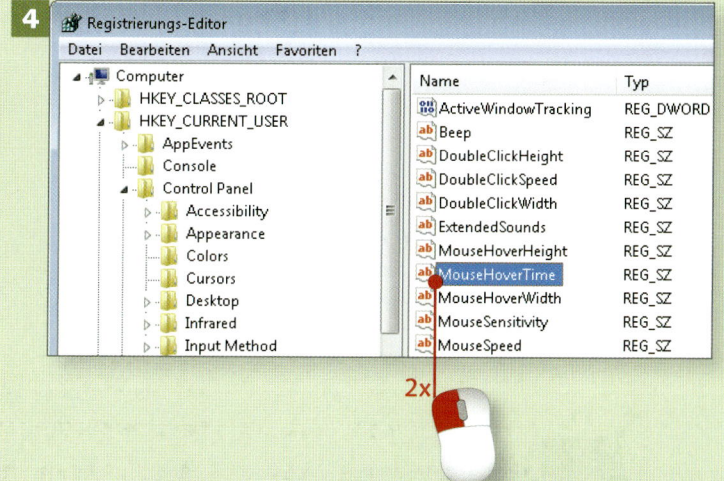

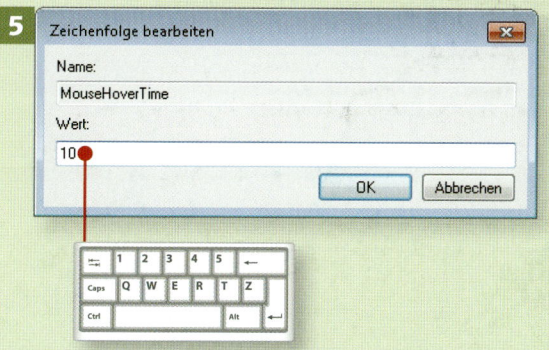

Kopieren und verschieben im Kontextmenü

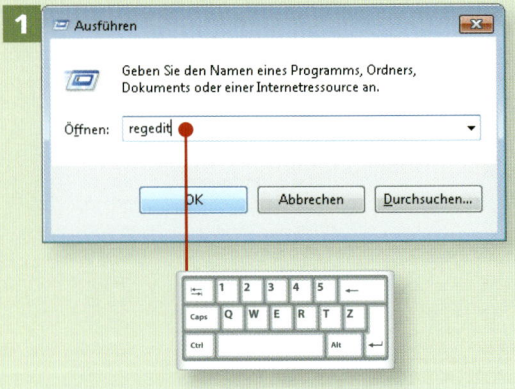

Verschieben und kopieren Sie Daten schnell und einfach über das Kontextmenü. Eine kleine Änderung in der Registrierungsdatenbank macht's möglich.

Schritt 1

Starten Sie den Registrierungs-Editor. Drücken Sie ⊞ + R, und geben Sie den Befehl *regedit* ein, gefolgt von ⏎.

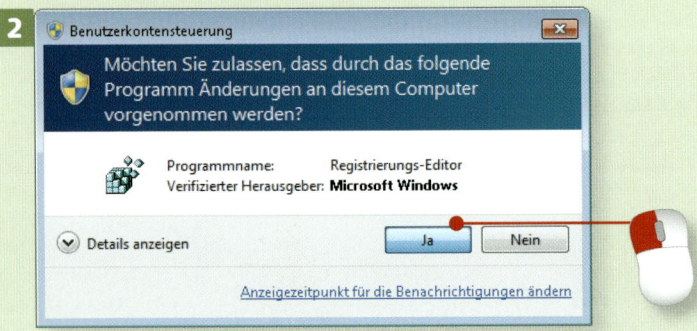

Schritt 2

Bestätigen Sie die Sicherheitsabfrage der Benutzerkontensteuerung mit einem Klick auf die Schaltfläche **Ja**.

Schritt 3

Sie befinden sich nun in der Registrierungsdatenbank. So wie in den vorangegangenen Anleitungen beschrieben, navigieren Sie durch die Einträge. Gehen Sie nun zum Schlüssel **HKEY_CLASSES_ROOT\ AllFilesystemObjects\shellex\ ContextMenuHandlers**.

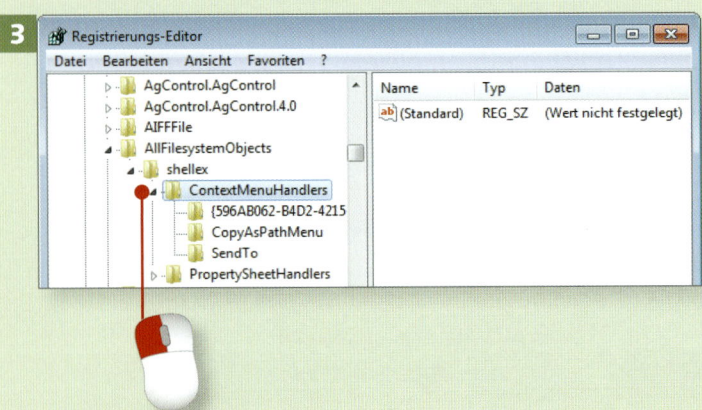

Schritt 4

Erstellen Sie im Schlüssel **Context-MenuHandlers** ❶ einen neuen Teilschlüssel. Klicken Sie hierfür im Menü auf **Bearbeiten**, und wählen Sie den Befehl **Neu** und anschließend **Schlüssel**. Der neue Schlüssel erscheint daraufhin links im Fenster, noch allerdings ohne einen Namen.

Schritt 5

Vergeben Sie für den neuen Schlüssel den Namen *Copy to*, und bestätigen Sie die Eingabe mit der ⏎-Taste. Es ist wichtig, dass der Name genauso eingetragen wird.

Schritt 6

Öffnen Sie nun den gerade erstellten Schlüssel **Copy to**, und klicken Sie in der rechten Fensterhälfte doppelt auf den Eintrag **Standard**, um dessen Bearbeitungsfenster zu öffnen.

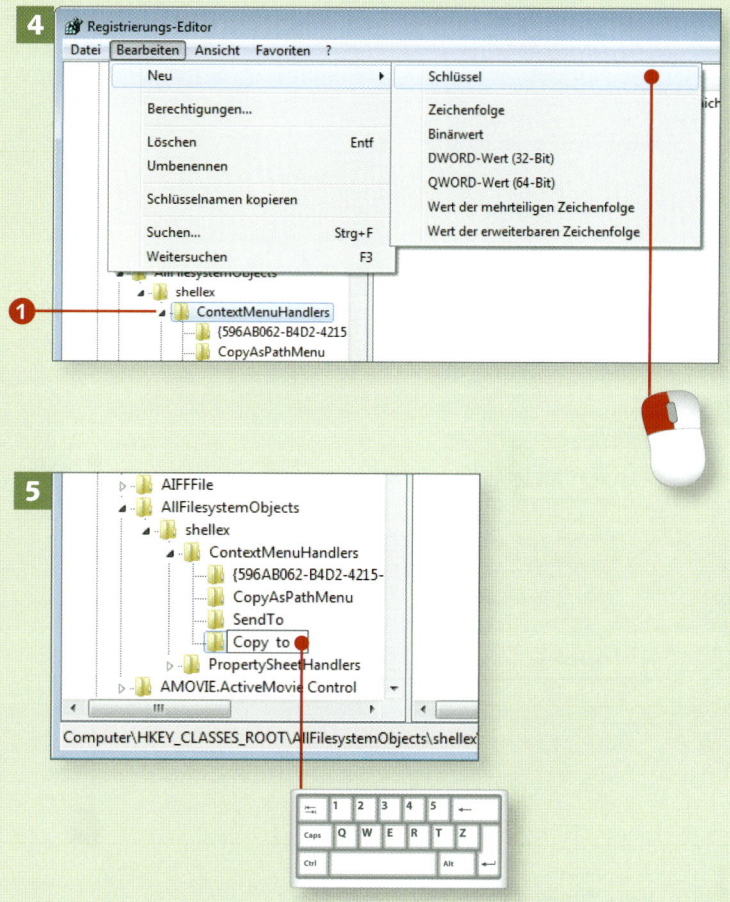

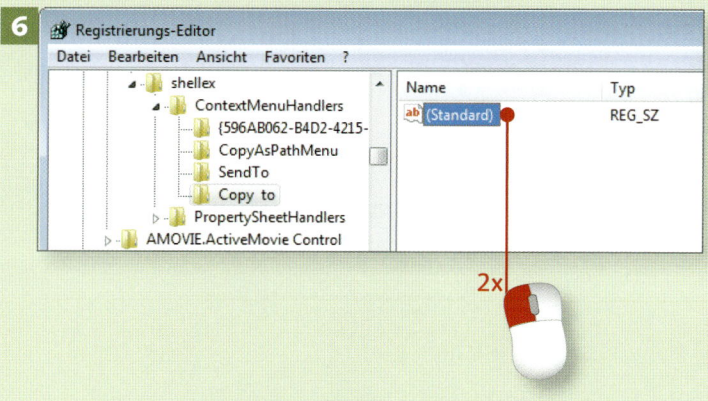

275

Kopieren und verschieben im Kontextmenü (Forts.)

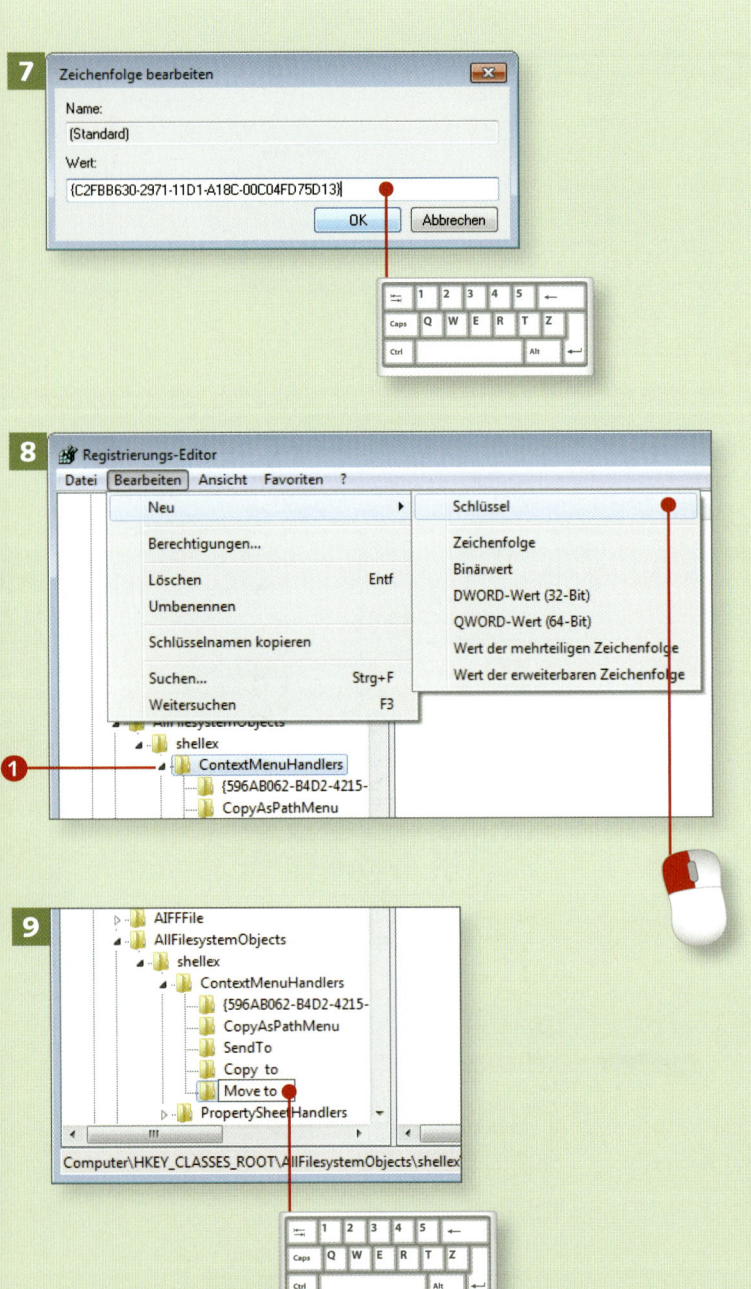

Schritt 7

Weisen Sie dem Standardeintrag den Wert *{C2FBB630-2971-11D1-A18C-00C04FD75D13}* zu, und bestätigen Sie die Eingabe mit einem Klick auf die Schaltfläche **OK**.

Schritt 8

Nun muss ein weiterer Schlüssel angelegt werden. Klicken Sie erneut auf den Teilschlüssel **Context-MenuHandlers** ❶ und anschließend auf **Bearbeiten ▸ Neu ▸ Schlüssel**.

Schritt 9

Der zweite neue Schlüssel erhält den Namen *Move to*. Geben Sie diese Bezeichnung ein, und bestätigen Sie auch diese Eingabe mit ⏎.

Wert kopieren

Kopieren Sie sich den Wert aus Schritt 7. Der Wert in Schritt 11 ist bis auf eine Ziffer identisch. So sparen Sie sich einige Tipparbeit und müssen nur diese eine Ziffer abändern.

Schritt 10

Klicken Sie auch im Schlüssel **Move to** in der rechten Fensterhälfte doppelt auf den Eintrag **Standard**. Auch diesem Eintrag müssen Sie einen neuen Wert zuweisen.

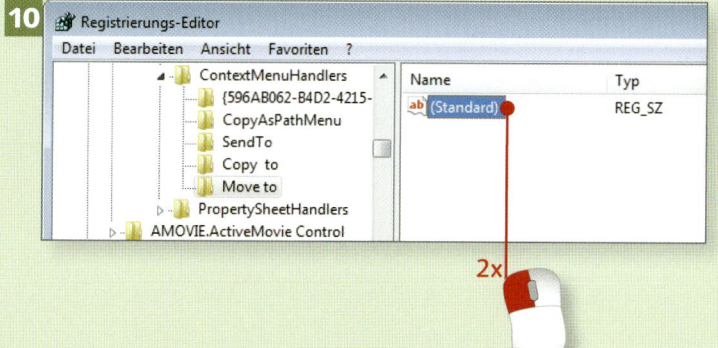

Schritt 11

Das tun Sie im folgenden Schritt. Tippen Sie dazu den Wert *{C2FBB631-2971-11D1-A18C-00C04FD75D13}* ein. Gespeichert wird der Wert, nachdem Sie auf **OK** geklickt haben.

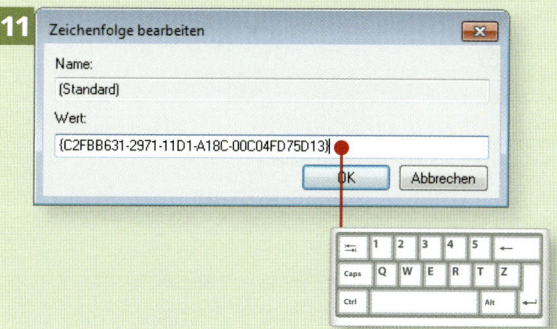

Schritt 12

Die Änderung ist sofort wirksam. Sie müssen den Rechner nicht neu starten. Öffnen Sie im Explorer das Kontextmenü, enthält dieses nun zwei neue Befehle: **In Ordner kopieren** und **In Ordner verschieben ❷**.

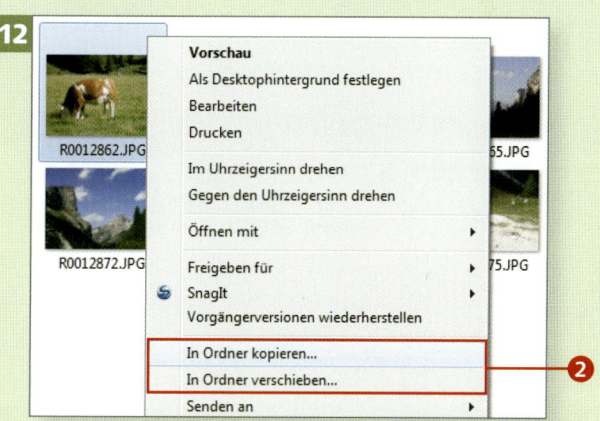

Die Systemsteuerung im Kontextmenü

Die meisten Einstellungen am PC werden über die Systemsteuerung vorgenommen. Legen Sie die Systemsteuerung doch einfach in das Kontextmenü, und rufen Sie sie bei Bedarf blitzschnell auf.

Schritt 1

Starten den Editor zur Bearbeitung der Registrierungsdatenbank über Start und Eingabe des Befehls *regedit* in das Suchfeld des Startmenüs mit anschließender Betätigung von ⏎.

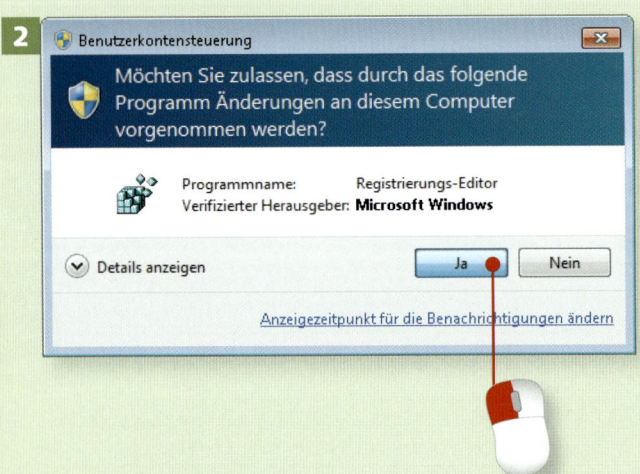

Schritt 2

Es folgt die bekannte Abfrage der Benutzerkontensteuerung, die Sie mit **Ja** bestätigen müssen. Anschließend haben Sie Administrator-Zugriffsrechte und dürfen in der Registrierungsdatenbank arbeiten.

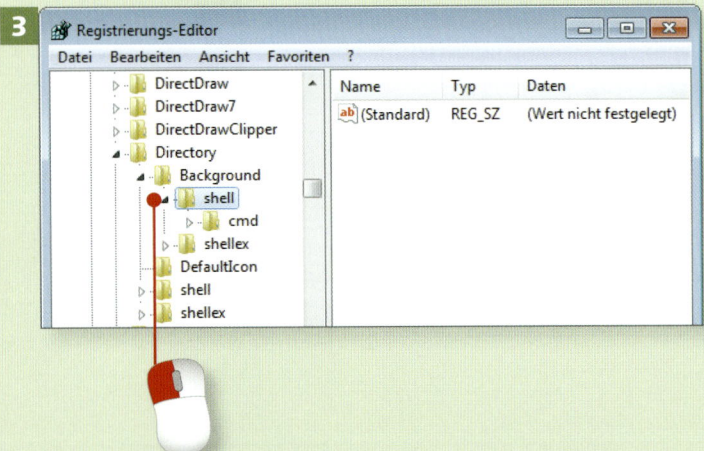

Schritt 3

Klicken Sie sich nun zum Schlüssel **HKEY_CLASSES_ROOT\Directory\Background\shell** durch.

Schritt 4

Hier muss nun ein neuer Schlüssel angelegt werden. Markieren Sie den Schlüssel **shell**, und klicken Sie im Menü **Bearbeiten** auf **Neu** und danach auf **Schlüssel**.

Schritt 5

Der neue Schlüssel erhält den Namen des Menüpunktes, wie er später auch im Kontextmenü zu sehen ist. Geben Sie also den Namen *Systemsteuerung* ein, und bestätigen Sie Ihre Eingabe anschließend mit der ⏎-Taste.

Schritt 6

In den neuen Schlüssel müssen Sie nun einen weitereren Schlüssel einfügen. Klicken Sie mit der rechten Maustaste auf den Zweig **System-steuerung ❶**, und wählen Sie aus dem Kontextmenü den Befehl **Neu ▸ Schlüssel** aus.

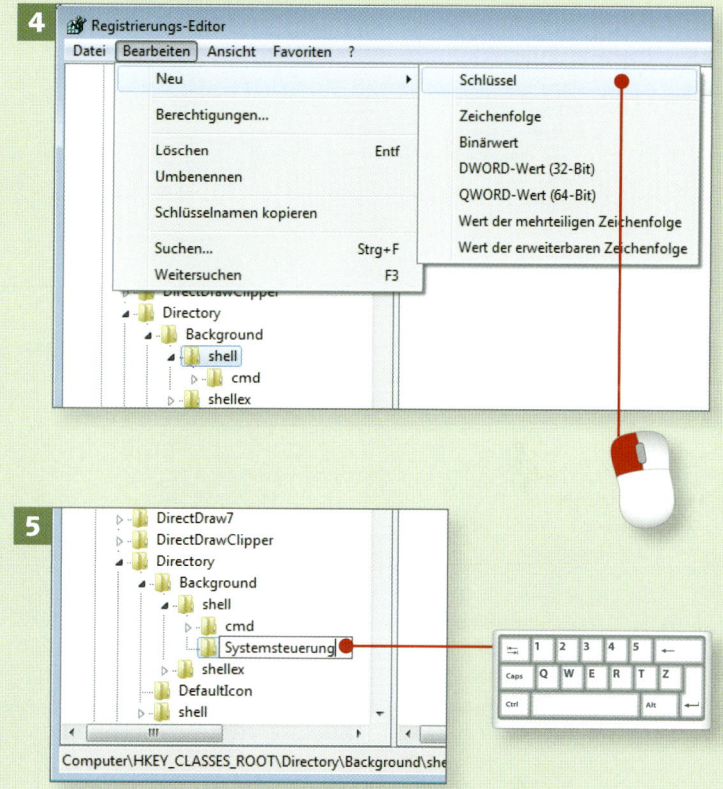

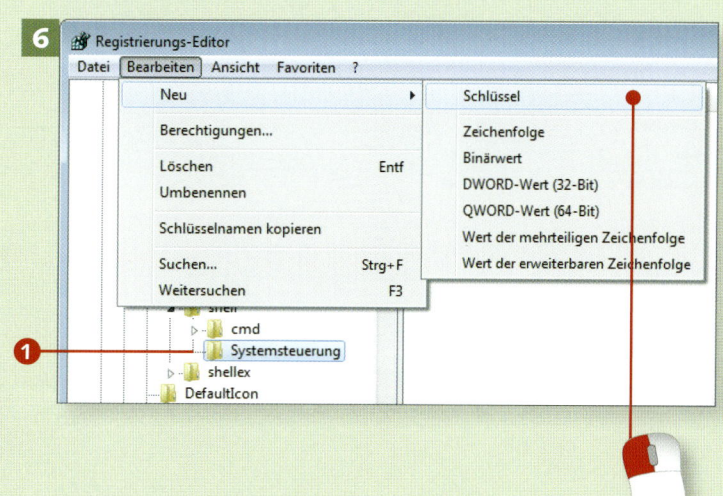

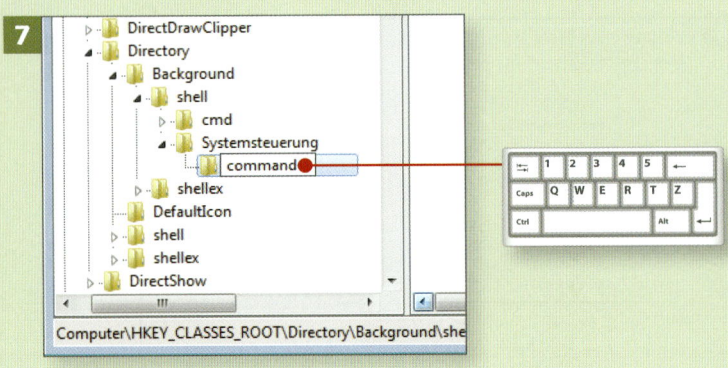

Schritt 7

Weisen Sie dem neuen Zweig den Namen *command* zu, und bestätigen Sie die Eingabe wie gewohnt mit der ⏎-Taste.

Schritt 8

In der rechten Fensterhälfte des eben hinzugefügten Schlüssels **command** sehen Sie den Eintrag **Standard**. Doppelklicken Sie diesen Eintrag, um ihm einen Wert zuweisen zu können.

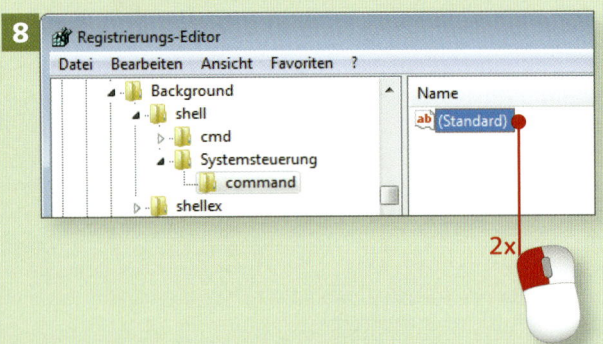

Schritt 9

Tragen Sie den folgenden Wert im Fenster **Zeichenfolge bearbeiten** exakt ein: *rundll32.exe shell32.dll, Control_RunDLL*.

Die Registrierungsdatenbank sichern

Es empfiehlt sich immer, eine Sicherung der Registrierungsdatenbank zu erstellen. Auf der Seite 264, im Abschnitt »Registrierungsdateien erstellen und wieder einspielen«, sehen Sie, wie das geht.

Schritt 10

Schließen Sie den Registrierungs-Editor wieder über **Datei ▸ Beenden**. Die Änderung ist ohne Neustart des Computers sofort wirksam.

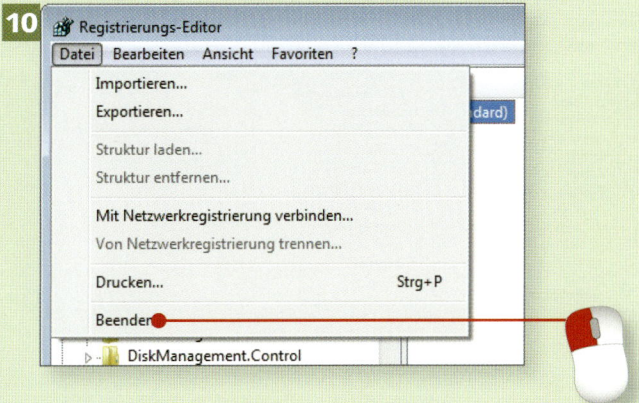

Schritt 11

Testen Sie doch am besten gleich einmal, ob die Änderungen auch übernommen wurden und der neue Eintrag im Kontextmenü auch wirklich erscheint. Wenn Sie nun z. B. auf eine freie Stelle Ihres Arbeitsplatzes mit der rechten Maustaste klicken, steht Ihnen sogleich der neue Menüpunkt **Systemsteuerung** ❶ zur Verfügung.

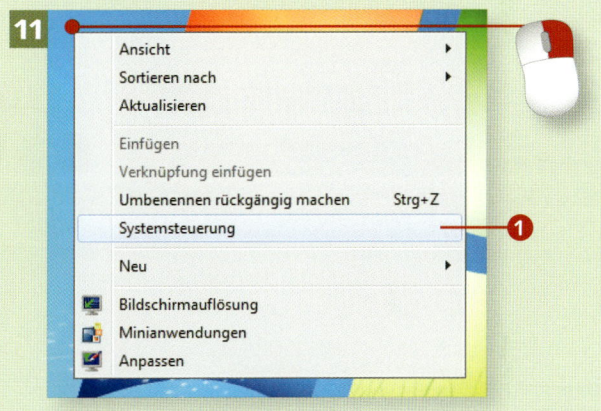

Schritt 12

Und tatsächlich: Nachdem Sie den Menüpunkt ausgewählt haben, startet die Systemsteuerung und zeigt alle Systemsteuerungselemente an.

Menüverzögerung deaktivieren

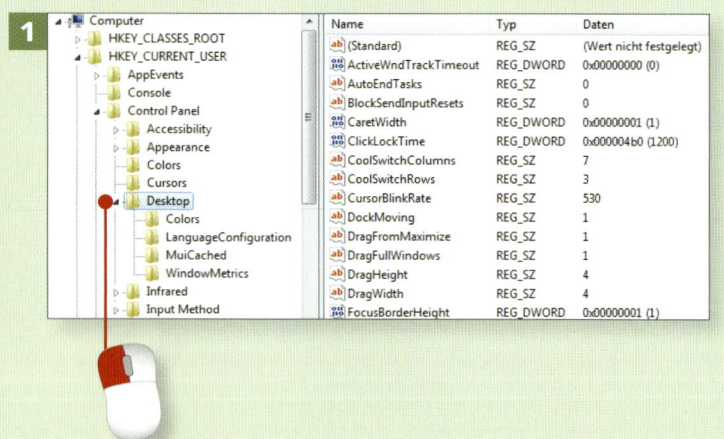

Wie schnell sich Untermenüs in Kontextmenüs öffnen, können Sie mit diesem Registry-Trick selbst festlegen. Machen Sie Windows Beine!

Schritt 1

Starten Sie den Registrierungs-Editor, und öffnen Sie den Zweig **HKEY_CURRENT_USER\Control Panel\Desktop**.

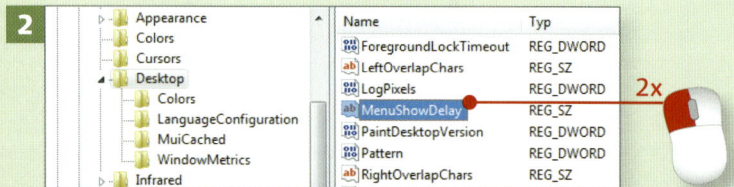

Schritt 2

Doppelklicken Sie in der rechen Fensterhälfte auf den Eintrag **Menu-ShowDelay**, um das Fenster zur Bearbeitung des Wertes aufzurufen.

Schritt 3

Standardmäßig ist eine Menüverzögerung von 400 Millisekunden vorgegeben. Ändern Sie den Wert in 10 ab, und bestätigen Sie mit **OK**.

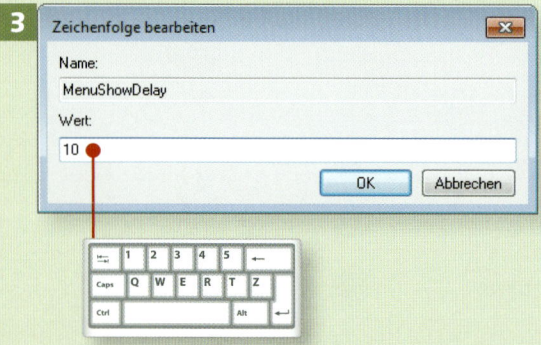

Neustart erforderlich

Die Änderung wird erst nach einem Neustart des Systems wirksam. Mit dem Wert 0 schalten Sie die Verzögerung komplett ab.

Beim Herunterfahren des PCs wartet Windows bis zu 12 Sekunden, bis alle Hintergrunddienste beendet sind. Diese Wartezeit können Sie drastisch reduzieren und so Windows schneller beenden.

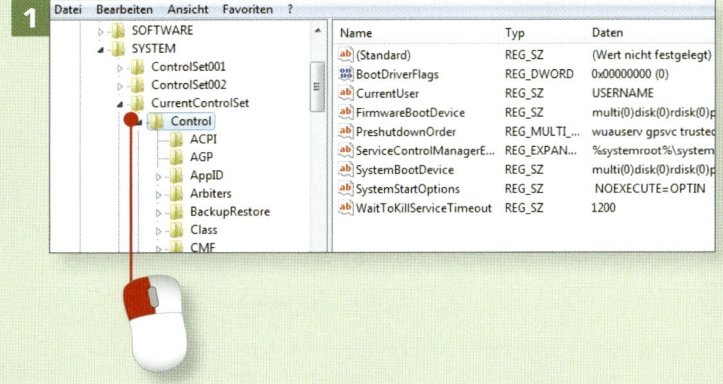

Schritt 1

Navigieren Sie zum Schlüssel **HKEY_LOCAL_MACHINE\SYSTEM\CurrentControlSet\Control**.

Schritt 2

Im Fenster auf der rechten Seite sehen Sie den Eintrag **WaitToKillServiceTimeout**. Führen Sie einen Doppelklick auf diesen Eintrag aus.

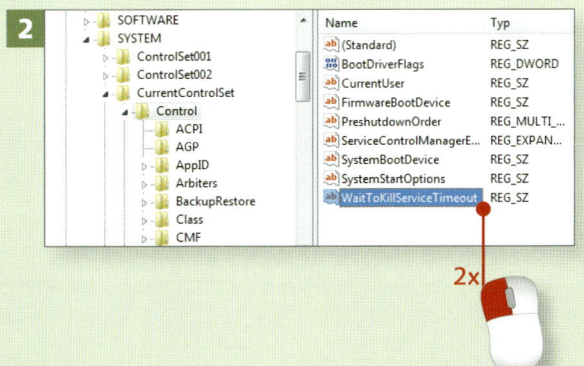

Schritt 3

Vorgegeben ist ein Wert von 1200 Millisekunden, also 12 Sekunden. Reduzieren Sie den Wert auf 500, und schließen Sie den Vorgang mit **OK** ab.

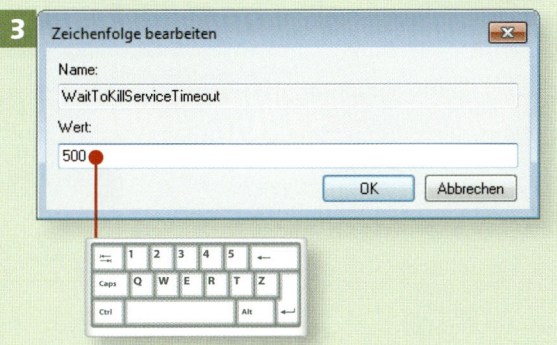

Nicht unterschreiten

Reduzieren Sie den Wert nicht unter 500. Ist die Zeitspanne zu klein gewählt, können Dienste unter Umständen nicht mehr geschlossen werden, was zu Fehlermeldungen führt.

Unbekannte Dateien schneller öffnen

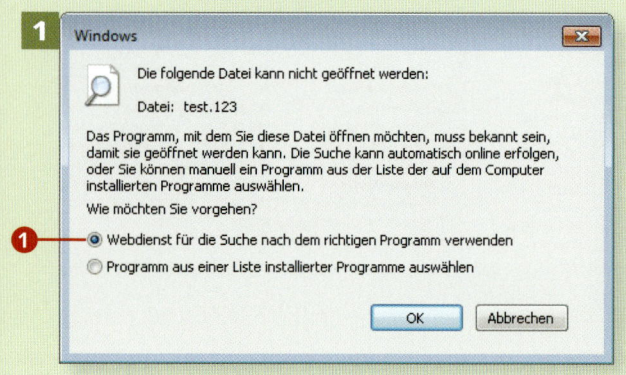

Klicken Sie einen unbekannten Dateityp an, schlägt Windows vor, im Netz nach Programmen zu suchen, die die Datei öffnen können. Diese Suche bringt meist aber nichts ein und kann bedenkenlos deaktiviert werden.

Schritt 1

Versuchen Sie, eine Datei zu öffnen, die Windows nicht bekannt ist, bietet das System an, den Webdienst zu verwenden, um nach einem passenden Programm zu suchen ❶.

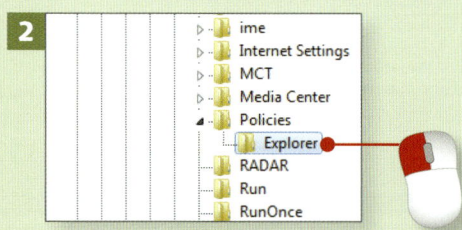

Schritt 2

Öffnen Sie den Zweig **HKEY_CURRENT_USER\Software\Microsoft\ Windows\CurrentVersion\Policies\ Explorer**. In diesem Zweig muss ein neuer Eintrag erstellt werden.

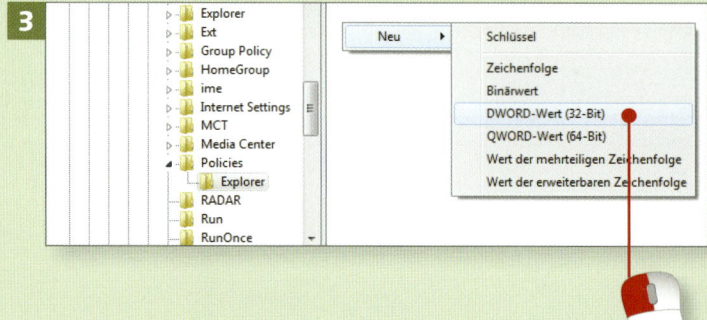

Schritt 3

Klicken Sie in der rechten Fensterhälfte mit der rechten Maustaste auf eine freie Stelle, und wählen Sie den Befehl **Neu ▸ DWORD-Wert (32-Bit)** aus dem Menü aus.

Sofort wirksam
Die Änderung ist ohne Neustart des Rechners sofort wirksam.

Schritt 4

Tragen Sie für den neuen Eintrag den Namen *NoInternetOpenWith* ein. Achten Sie, wie gewohnt, auch hier auf die korrekte Schreibweise des Namens.

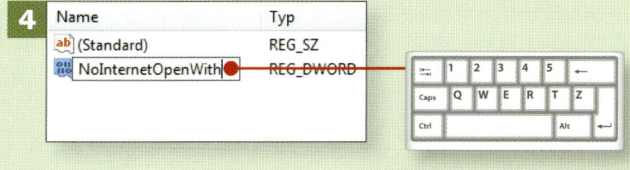

Schritt 5

Doppelklicken Sie schließlich den Eintrag **NoInternetOpenWith**, und weisen Sie ihm den Wert *1* zu, den Sie mit **OK** bestätigen.

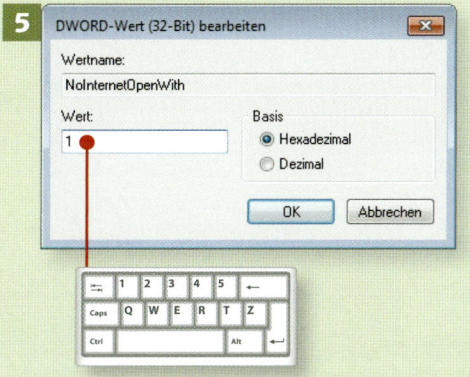

Schritt 6

Wenn Sie fortan eine unbekannte Datei öffnen möchten, entfällt der unnötige Webdienst-Dialog, und es wird gleich der **Öffnen mit**-Dialog angezeigt.

Explorer fehlt?

Sollte bei Ihnen der Teilschlüssel **Explorer** im Zweig **Policies** fehlen, erstellen Sie ihn einfach neu und legen darin anschließend den benötigten Eintrag an.

So öffnen Sie unbekannte Dateien mit dem Editor

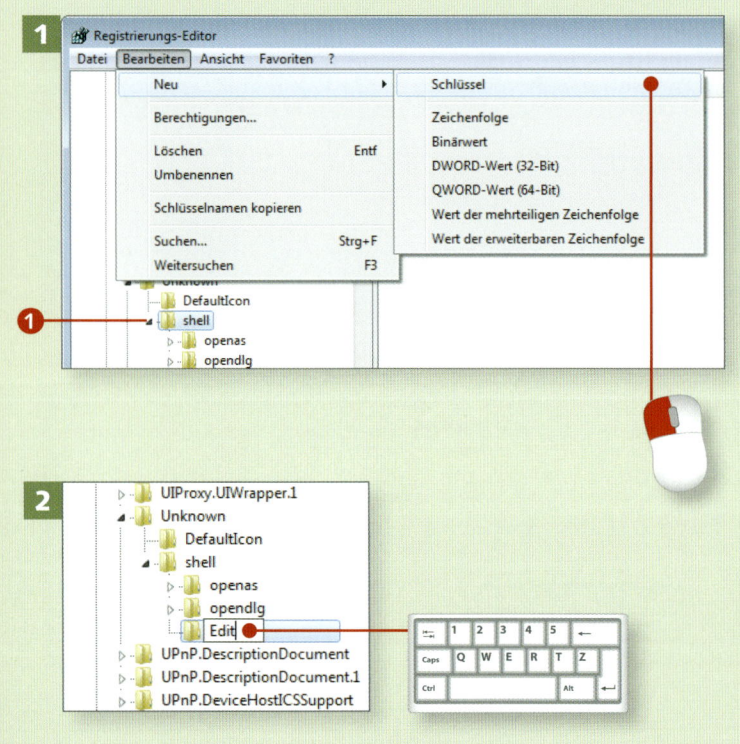

Bei vielen der unbekannten Datei-typen handelt es sich um reine Text-dateien, die Sie problemlos mit dem Editor öffnen können. Selbst wenn das nicht klappt, kann nichts passieren, solange Sie die Dateien nur öffnen und nicht speichern. Erweitern Sie das Kontextmenü zur Bearbeitung mit dem Editor.

Schritt 1

Öffnen Sie den Zweig **HKEY_CLASSES_ROOT\Unknown\shell ❶**; und klicken Sie dann auf **Bearbeiten ▸ Neu ▸ Schlüssel**, um einen neuen Teilschlüssel zu erstellen.

Schritt 2

Geben Sie dem neuen Teilschlüssel den Namen *Edit*, und bestätigen Sie die Eingabe mit der ⏎-Taste.

Schritt 3

Klicken Sie rechts im Fenster doppelt auf den Eintrag **Standard**, und weisen Sie ihm als Wert die Zeichenfolge *Bearbeiten* zu.

Schritt 4

In den Zweig **Edit** muss nun ein weiterer Schlüssel erstellt werden. Markieren Sie also den Zweig **Edit**, und klicken Sie im Menü **Bearbeiten** wieder auf **Neu ▸ Schlüssel**.

Schritt 5

Der zweite neue Schlüssel erhält die Bezeichnung *command*. Bestätigen Sie auch hier wieder die Eingabe mit der ⏎-Taste.

Schritt 6

Im letzten Schritt klicken Sie im Teilschlüssel **command** rechts auf den Eintrag **Standard** und weisen diesem den Wert *notepad.exe %1* zu.

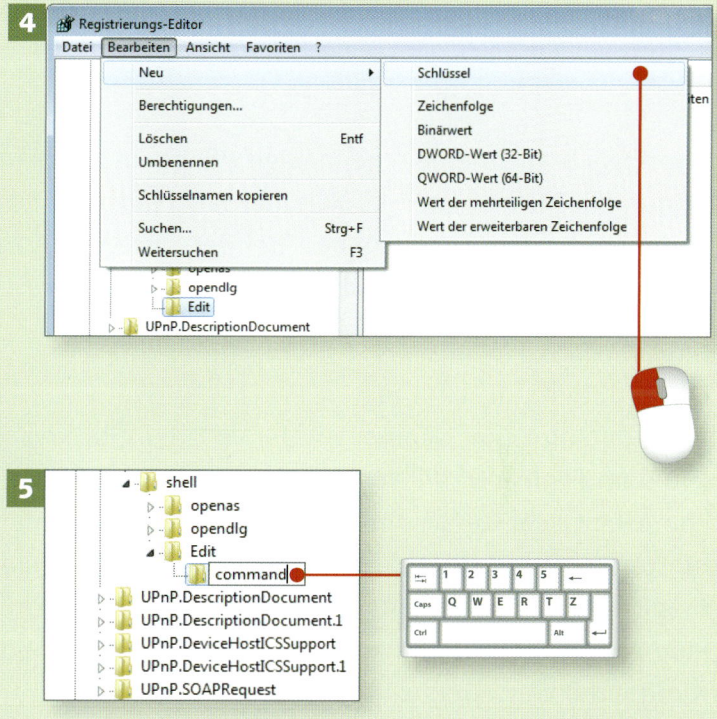

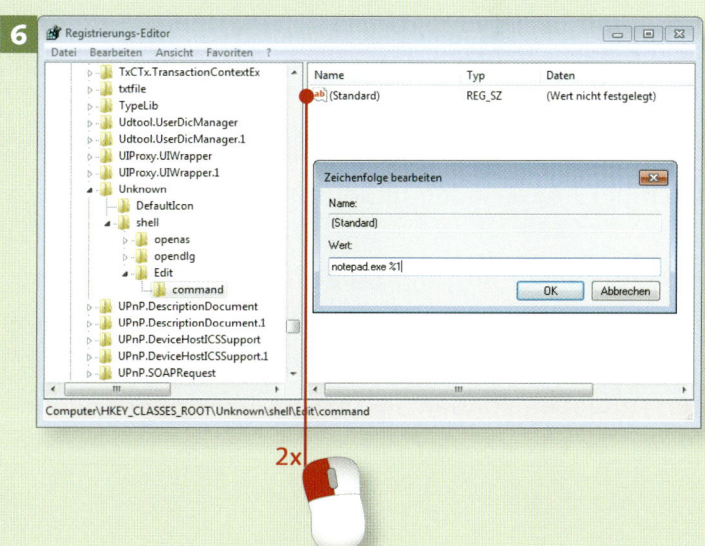

---

i

Einen anderen Editor verwenden

Sie nutzen einen anderen Editor als Notepad? Selbstverständlich können Sie auch einen anderen Editor als Standardprogramm für alle unbekannten Dateitypen einstellen. Sie müssen dazu dann aber den Pfad und den Befehl zum Starten des Programms eingeben.

Kapitel 12
Windows warten und pflegen

Windows braucht eine regelmäßige Pflege und Wartung. Dazu gehört unter anderem die Prüfung des Dateisystems sowie der Festplatte auf Fehler, aber auch die Installation verfügbarere Updates und Patches. Bei der Systemwartung optimieren Sie den Energieverbrauch und kommen mit Hilfe einer Energieanalyse Stromverschwendern auf die Spur.

Die Problemaufzeichnung
Ein Programm stürzt immer wieder ab oder gibt kryptisch lautende Fehlermeldungen aus? Um dem Fehler auf die Spur zu kommen, kann es wichtig sein, genau zu ermitteln, welche Arbeitsschritte Sie am Computer durchgeführt haben, die dann letztlich zum Problem führten. Jeden Mausklick und jedes geöffnete Programm zu notieren, ist praktisch nicht möglich – oder doch? Die Problemaufzeichnung ❶ hilft weiter; sie protokolliert tatsächlich jeden Arbeitsschritt und kann als nützliches Protokoll an hilfsbereite Freunde oder den Kundendienst weitergeleitet werden.

Das Windows-Update – bleiben Sie auf dem neusten Stand!
Microsoft bietet in regelmäßigen Abständen kleine Verbesserungen und Erweiterungen für Windows und weitere Microsoft-Produkte wie beispielsweise Microsoft Office an. Sehr oft werden auch wichtige Updates bereitgestellt, die schwere Sicherheitslücken stopfen. Konfigurieren Sie Ihr System so, dass zumindest die sicherheitsrelevanten Updates ❷ automatisch heruntergeladen und installiert werden.

Alle Aufgaben im Direktzugriff
Ein Geheimtipp! Statt sich umständlich durch die Tiefen der Systemsteuerung zu klicken, erstellen Sie einen Direktzugriff auf alle Aufgaben unter Windows 7. Zu häufig verwendeten Aufgaben können Sie sich zusätzlich eine Verknüpfung ❸ erstellen lassen.

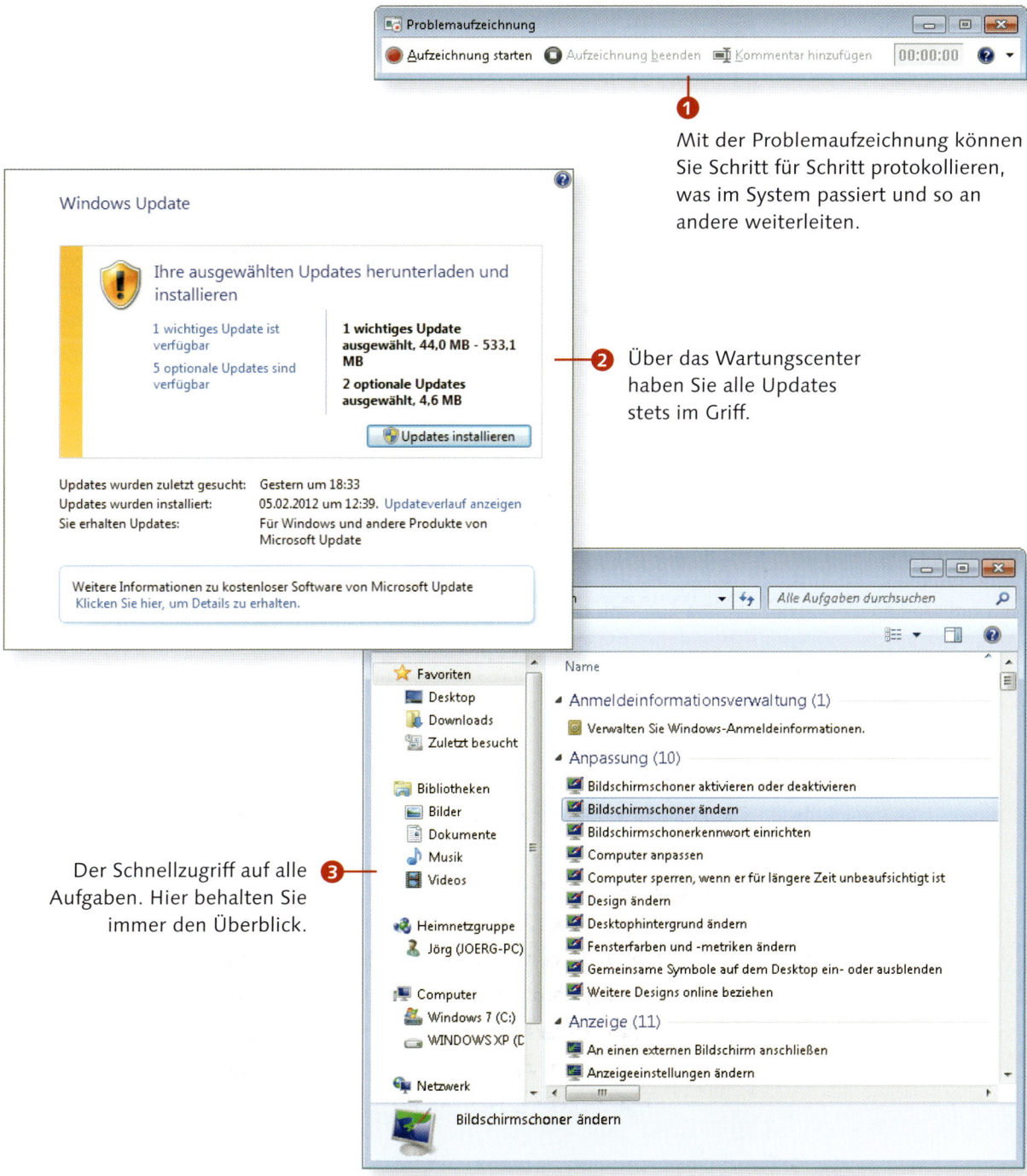

Mit der Problemaufzeichnung können Sie Schritt für Schritt protokollieren, was im System passiert und so an andere weiterleiten.

Über das Wartungscenter haben Sie alle Updates stets im Griff.

Der Schnellzugriff auf alle Aufgaben. Hier behalten Sie immer den Überblick.

Das Wartungscenter im Überblick

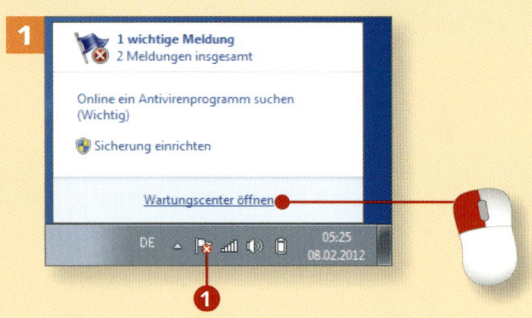

Das Wartungscenter ist neu unter Windows 7 und zeigt dem Anwender Wartungs- und Sicherheitsprobleme an. Manche Probleme löst das Wartungscenter selbstständig, zu anderen gibt es Hinweise zur Lösung.

Schritt 1

Klicken Sie zunächst rechts unten auf das kleine Fähnchensymbol ❶ in der Taskleiste. Vorhandene Computer-Probleme werden dort angezeigt. Über den Link **Wartungscenter öffnen** starten Sie das Wartungscenter.

Schritt 2

Das Wartungscenter unterteilt sich in zwei Hauptbereiche: **Sicherheit** und **Wartung**. Liegt ein Problem vor, wird dieses an dieser Stelle angezeigt. Klicken Sie zur Problemlösung auf die jeweils nebenstehende Schaltfläche (❷ oder ❸).

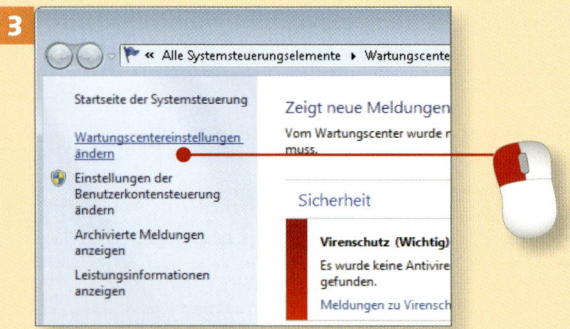

Schritt 3

Welche Meldungen das Wartungscenter ausgibt, können Sie selbst festlegen. Klicken Sie zur Konfiguration auf die Option **Wartungseinstellungen ändern** links in der Aufgabenleiste.

Schritt 4

Die Häkchen sollten unbedingt bei allen sicherheitsrelevanten Meldungen gesetzt sein. Im Bereich **Wartungsmeldungen** empfiehlt es sich, zumindest die **Windows-Problembehandlung** zu aktivieren. Über **OK** übernehmen Sie die Einstellungen.

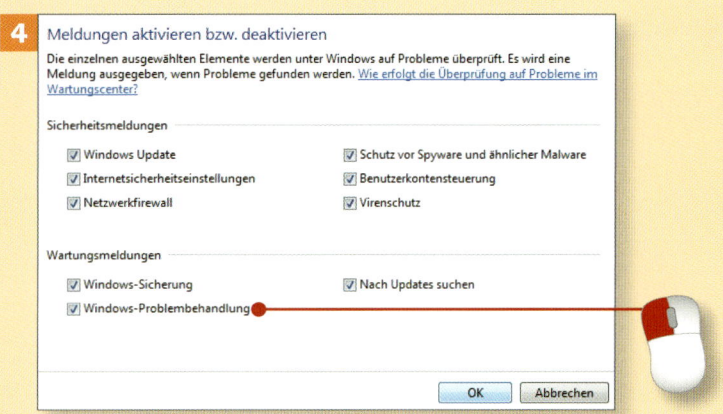

Schritt 5

Über die Schaltfläche **Problembehandlung** im Hauptfenster des Centers erreichen Sie die erweiterte Problembehandlung. Hier können Sie versuchen, Probleme, die nicht angezeigt werden, aufzuspüren und zu lösen.

Schritt 6

Wählen Sie eine Kategorie aus, zu der das zu lösende Problem passt, und folgen Sie dann einfach den weiteren Anweisungen auf dem Bildschirm.

Problembehandlungen
Die Option **Problembehandlungen vom Windows-Onlinedienst für Problembehandlungen abrufen ❶** sollte aktiviert sein.

Hilfreich: Die Problemaufzeichnung

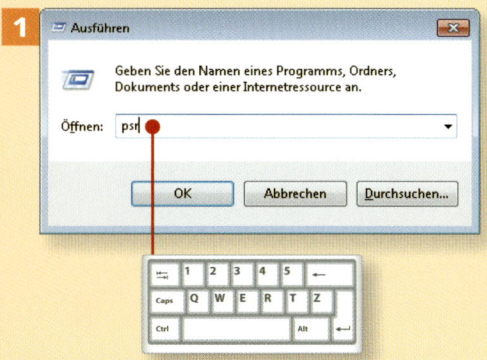

Einem Bekannten ein Computer-Problem zu schildern, ist meist recht schwierig. Welche Aktion führte zum Fehler, welche Menüs oder Fenster wurden geöffnet? Die Problemaufzeichnung zeichnet alle Aktivitäten genau auf und fasst diese in einer HTML-Datei zusammen.

Schritt 1

Öffnen Sie den **Ausführen**-Dialog mit der Tastenkombination ⊞ + R, und geben Sie dann den Befehl *psr* gefolgt von ↵ ein.

Schritt 2

Ein schmales Programmfenster öffnet sich. Die Aufzeichnung beginnen Sie durch einen Klick auf die Schaltfläche **Aufzeichnung starten**.

Schritt 3

Führen Sie alle Aktionen am PC aus, die zum Fehler führen, zu dessen Lösung Sie Hilfe benötigen. Möchten Sie an einer Stelle eine zusätzliche Notiz erstellen, klicken Sie auf **Kommentar hinzufügen**.

Aufzeichnung unterbrechen

Sie können die Aufzeichnung über **Aufzeichnung anhalten** jederzeit auch unterbrechen. Mit **Aufzeichnung fortsetzen** geht es dann wieder weiter.

Schritt 4

Der Bildschirm wird »eingefroren«.
Markieren Sie nun mit dem einge-
blendeten Fadenkreuz den zu kom-
mentierenden Bereich, tippen Sie
den Kommentar in das Textfeld ein,
und speichern Sie ihn mit **OK**.

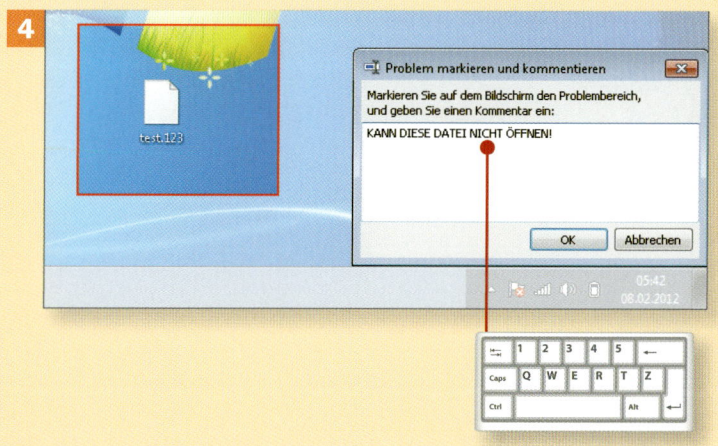

Schritt 5

Haben Sie alle Schritte im Bild fest-
gehalten, klicken Sie auf **Aufzeichnung beenden**.

Schritt 6

Im letzten Schritt legen Sie den
Speicherort für die Aufzeichnungsdatei fest. Die Datei wird als kom-
primierte Datei im ZIP-Format
abgespeichert.

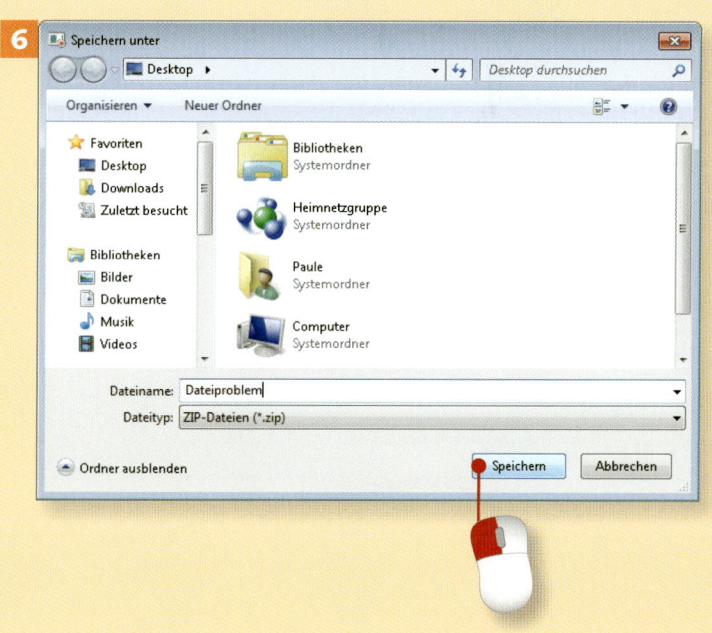

Datei einsehen

Im ZIP-Archiv finden Sie die ei-
gentliche Aufzeichnungsdatei im
Format MHTML vor. Diese können
Sie mit einem Doppelklick in Ihrem
Webbrowser öffnen und einsehen.

Festplatte auf Fehler überprüfen

Die Festplatte ist jeden Tag im Einsatz. Von Zeit zu Zeit sollten Sie sie einer Prüfung unterziehen und sowohl das Dateisystem als auch die einzelnen Sektoren auf mögliche Fehler untersuchen lassen.

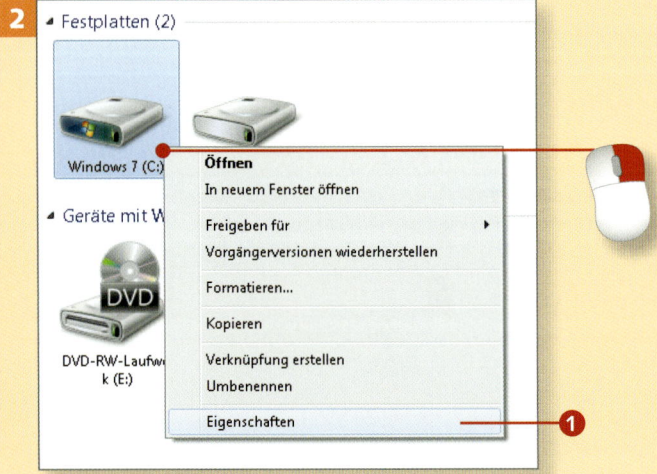

Schritt 1

Starten Sie den Windows-Explorer über das Ordnersymbol in der Taskleiste oder über die Tasten ⊞ + E.

Schritt 2

Welche Festplatte soll überprüft werden? Führen Sie einen Rechtsklick auf das gewünschte Laufwerk aus, und wählen Sie die Option **Eigenschaften** ❶ aus dem Kontextmenü.

Schritt 3

Wechseln Sie in das Register **Tools**, und betätigen Sie dort die Schaltfläche **Jetzt prüfen**, um den Vorgang zu starten.

System in Ruhe lassen
Während der Prüfung sollten Sie nicht am Computer arbeiten. Zeit für eine kleine Kaffeepause.

Schritt 4

Es öffnet sich ein kleines Dialogfenster und zeigt zwei Optionen zur
Datenträgerprüfung an. Für eine
schnelle Prüfung wählen Sie die
Option **Dateisystemfehler automatisch korrigieren**.

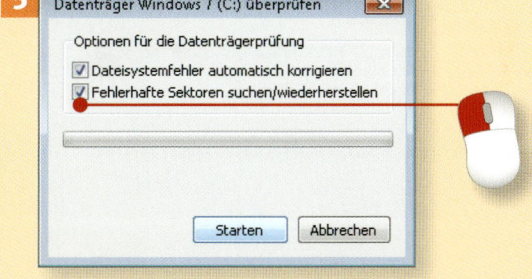

Schritt 5

Deutlich länger dauert die Prüfung
bei Auswahl der Option **Fehlerhafte
Sektoren suchen/wiederherstellen**.
Dennoch sollten Sie auch diesen
Punkt aktivieren. Die Prüfung be-
ginnt mit einem Klick auf **Starten**.

Schritt 6

Nach Abschluss der Prüfung wird
das Ergebnis angezeigt. Im Idealfall
wurden, wie hier im Beispiel, keine
Fehler gefunden. Falls doch, folgen
Sie den Empfehlungen im Hinweisfenster.

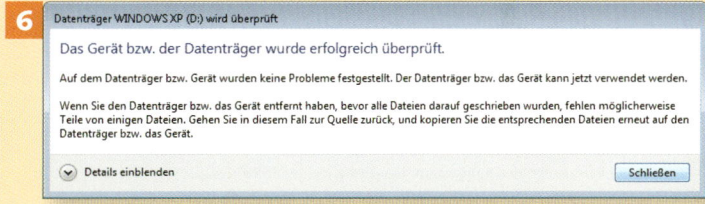

Festplatte in Verwendung

Möchten Sie eine Festplatte prüfen, die gerade in Verwendung ist,
bietet Windows an, die Prüfung
beim nächsten Systemstart durchzuführen. Bestätigen Sie diesen
Hinweis entsprechend.

Den Energieverbrauch optimieren

1

Benutzerkonten	Center für erleichterte Bedienung
Datum und Uhrzeit	Energieoptionen
Erste Schritte	Farbverwaltung

Mit den richtigen Einstellungen sparen Sie Energie und können so beispielsweise die Laufzeit Ihres Akkus verlängern.

Schritt 1

Öffnen Sie die **Systemsteuerung**, und dort die **Energieoptionen**, für die Einstellungsmöglichkeiten.

2

Wählen Sie einen Energiesparplan aus

Mit Energiesparplänen können Sie die Leistung des Computer maximieren bzw. Energie sparen. Aktivieren Sie einen Plan, indem Sie ihn auswählen oder wählen Sie einen Plan und passen Sie ihn an, indem Sie die Energieeinstellungen ändern.
Weitere Informationen über Energiesparpläne

Auf der Akkumessanzeige angezeigte Energiesparpläne

◉ **Ausbalanciert (empfohlen)**   Energiesparplaneinstellungen ändern
Stellt automatisch einen Ausgleich zwischen Leistung und Stromverbrauch der Hardware her, die diese Funktion unterstützt.

○ Energiesparmodus   Energiesparplaneinstellungen ändern
Spart Energie, indem der Stromverbrauch des Computers reduziert wird, wenn dies möglich ist.

Weitere Energiesparpläne ausblenden   ⌃

○ Höchstleistung   Energiesparplaneinstellungen ändern
Die Leistung des Computers hat Vorrang, der Energieverbrauch kann aber höher sein.

Bildschirmhelligkeit: ○ ──────○────── ☀

Schritt 2

Drei Schemata stehen zur Auswahl: **Höchstleistung**, **Energiesparmodus** und **Ausbalanciert**. Wählen Sie eines aus, und klicken Sie dahinter auf **Energiesparplaneinstellungen ändern**.

Schritt 3

Auf einem Laptop stehen Ihnen vier Optionen zur Verfügung, jeweils für den Akku- und den Netzbetrieb.

3

Einstellungen für Energiesparplan ändern: Ausbalanciert

Wählen Sie die Energiespar- und Anzeigeeinstellungen aus, die Sie für den Computer verwenden möchten.

	Akku	Netzbetrieb
Bildschirmhelligkeit regeln:	2 Minuten	5 Minuten
Bildschirm ausschalten:	5 Minuten	10 Minuten
Energiesparmodus nach:	15 Minuten	30 Minuten
Anzeigehelligkeit anpassen:	○ ──○── ☀	○ ──○── ☀

Helligkeit
Die Optionen zur Bildschirmhelligkeit stehen nur auf einem tragbaren Computer zur Verfügung.

Schritt 4

Legen Sie in der ersten Einstellung über das Dropdown-Menü fest, nach wie vielen Minuten der Bildschirm bei Inaktivität abgedunkelt werden soll.

Schritt 5

Bestimmen Sie des Weiteren, nach welcher Zeit sich der Bildschirm abschalten und der Energiesparmodus einschalten soll. Im Akkubetrieb sollten Sie vergleichsweise kurze Zeiten wählen.

Schritt 6

Über den Schieberegler können Sie schließlich noch die Helligkeit des Bildschirms festlegen. Die Regel zum Energiesparen ist hier ganz simpel und einleuchtend: Je dunkler, desto weniger Energie wird benötigt. Schließen Sie die Einstellungen über **Änderungen speichern** ab.

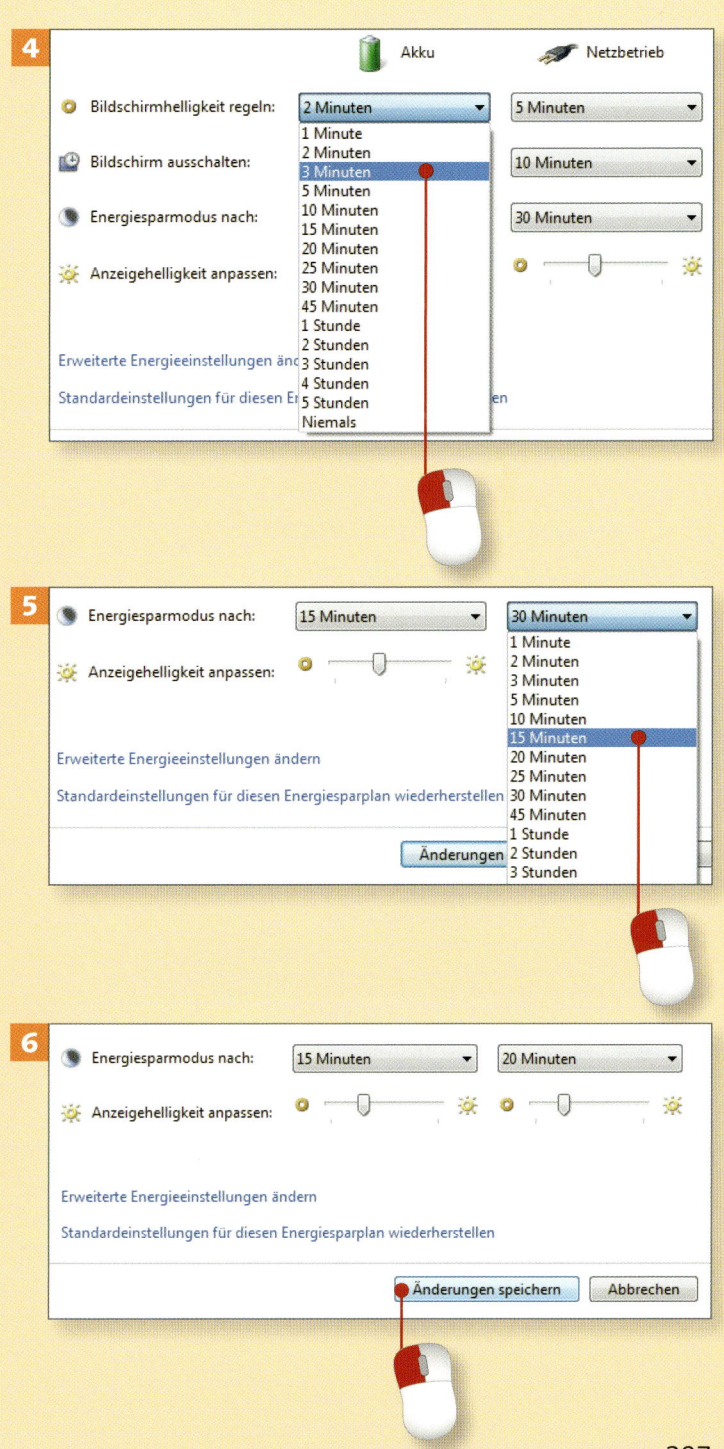

Stromverschwender per Energieanalyse ermitteln

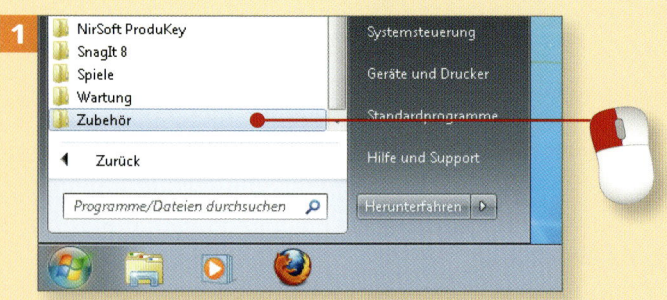

Wenig bekannt ist die Möglichkeit, unter Windows 7 eine Energieanalyse zu starten und so Stromfressern auf die Spur zu kommen. So geht's.

Schritt 1

Die Analyse starten Sie über die Eingabeaufforderung. Klicken Sie auf **Start ▸ Alle Programme** und schließlich auf **Zubehör**.

Schritt 2

Führen Sie einen Rechtsklick auf die **Eingabeaufforderung** aus, und wählen Sie aus dem sich öffnenden Menü die Option **Als Administrator ausführen** aus.

Schritt 3

Bestätigen Sie die Sicherheitsabfrage der besorgten Benutzerkontensteuerung mit **Ja**.

Höchstleistung

Die Analyse weist den Energiesparmodus *Höchstleistung* als Fehler aus. Lassen Sie sich davon nicht irritieren.

Schritt 4

Geben Sie den folgenden Befehl gefolgt von ⏎ in der Eingabeaufforderung ein: *powercfg -energy -output c:\report.html*.

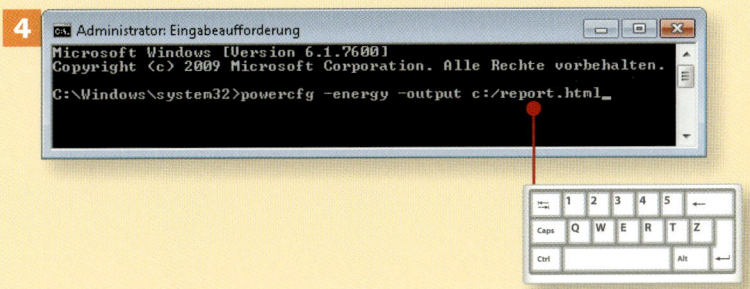

Schritt 5

Für 60 Sekunden wird nun das System analysiert und kurz darauf das Ergebnis in einer Zusammenfassung angezeigt. Schließen Sie die Eingabeaufforderung wieder.

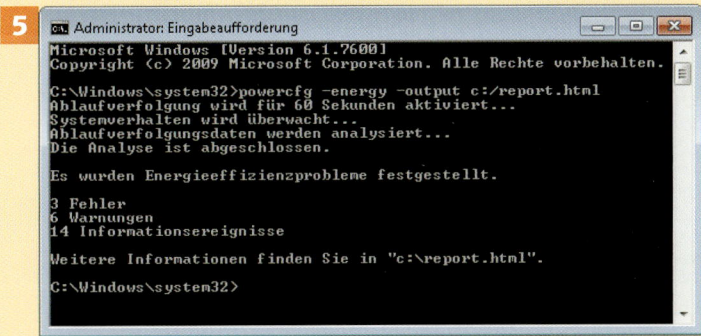

Schritt 6

Der eigentliche Report wurde in der Datei *report.html* im Hauptverzeichnis des Laufwerkes *c:* abgespeichert. Diesen Report können Sie per Doppelklick öffnen und auswerten.

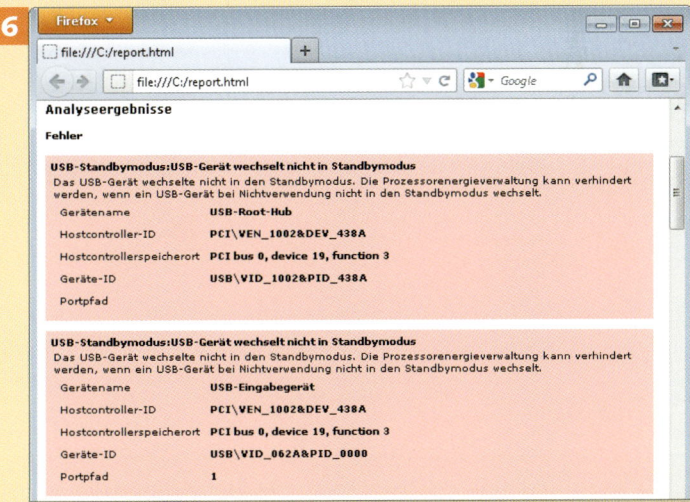

Probleme beheben

Viele Probleme lassen sich durch aktualisierte Treiber für Ihre Hardware oder das Mainboard beheben.

Das Windows-Update optimal nutzen

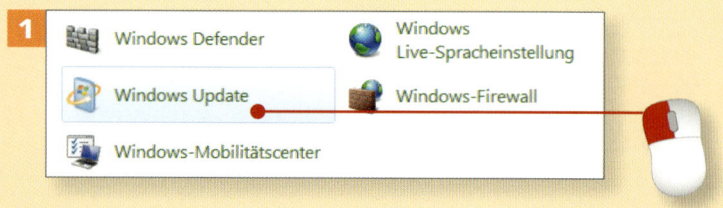

Halten Sie Ihr Windows-System stets auf dem neusten Stand, und installieren Sie bereitgestellte Updates zeitnah. Damit dies klappt, muss das Windows-Update korrekt eingestellt sein.

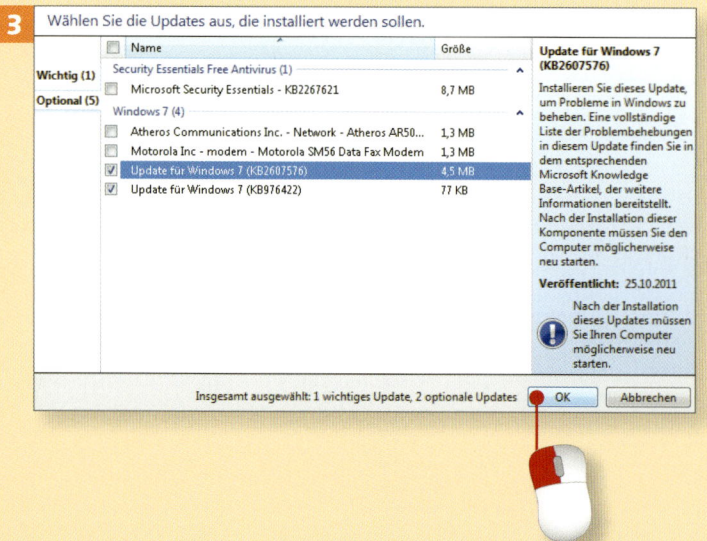

Schritt 1

Starten Sie das **Windows-Update** über die Systemsteuerung und mit einem Klick auf den gleichnamigen Menüpunkt.

Schritt 2

Stehen gerade neue Updates zur Verfügung, werden diese im rechten Bereich des Hauptfensters angezeigt. Klicken Sie auf die Meldung, um sich die Updates im Detail anzeigen zu lassen.

Schritt 3

Markieren Sie einen Eintrag, werden in der rechten Spalte ergänzende Informationen dazu eingeblendet. Wählen Sie alle Updates aus, die Sie manuell installieren möchten, und klicken Sie auf **OK**.

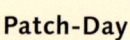

Patch-Day

An jedem zweiten Dienstag im Monat stellt Microsoft Updates und Patches zur Verfügung. Sicherheitskritische Updates werden bei Bedarf auch außerhalb dieses Turnus bereitgestellt.

Schritt 4

Über die Schaltfläche **Updates installieren** werden die zuvor ausgewählten Updates heruntergeladen und installiert.

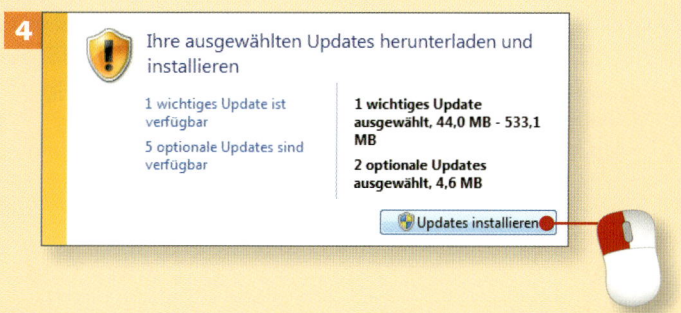

Schritt 5

Wichtige, also sicherheitsrelevante Updates sollten Sie automatisch installieren lassen, damit Sie keines davon verpassen. Prüfen Sie die Vorgaben, und klicken Sie auf **Einstellungen ändern**.

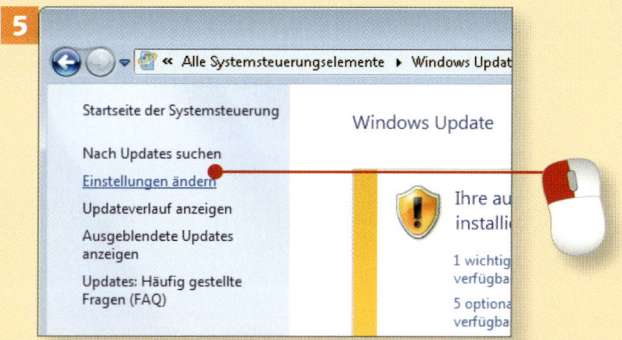

Schritt 6

Behalten Sie die Einstellung **Updates automatisch installieren** ❶ bei. Die Option **Empfohlene Updates** ❷ sollte ebenfalls aktiviert sein.

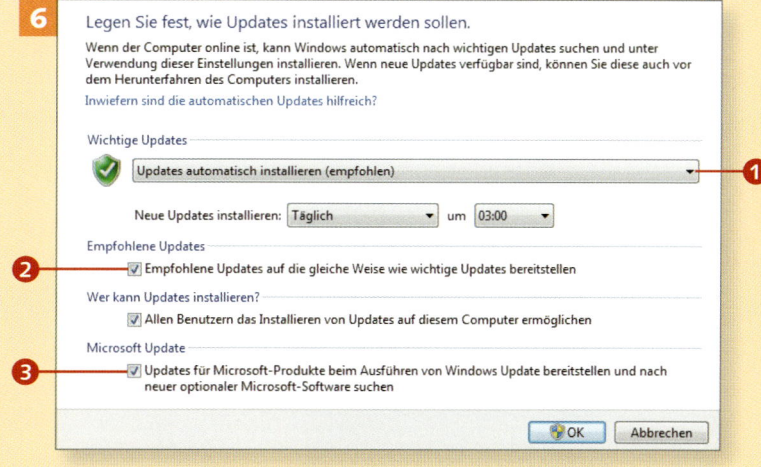

Microsoft-Updates
Verwenden Sie Microsoft-Software wie beispielsweise das Office-Paket, sollen Sie auch die Option **Microsoft Update** ❸ aktivieren.

Geheimes Konfigurationsprogramm erstellen

Über die Systemsteuerung erreichen Sie alle Konfigurationsmöglichkeiten unter Windows 7. Für viele Einstellungen müssen Sie sich aber durch einige Untermenüs klicken. Das geht einfacher: Erstellen Sie einen Direktzugriff auf alle Einstellungen.

Schritt 1

Klicken Sie mit der rechten Maustaste auf eine freie Stelle Ihres Arbeitsplatzes, und wählen Sie die Option **Neu ▸ Ordner** aus dem Menü aus.

Schritt 2

Der neue Ordner bekommt einen besonderen Namen. Benennen Sie ihn *Alle Aufgaben.{ED7BA470-8E54-465E-825C-99712043E01C}* (übersehen Sie nicht den Punkt zwischen dem Namen und der geschweiften Klammer).

Schritt 3

Der Ordner bekommt automatisch das Symbol der Systemsteuerung zugeteilt. Öffnen Sie das Objekt mit einem Doppelklick.

Schritt 4

Über 250 Aufgaben werden aufgelistet, unterteilt in verschiedene Aufgabenbereiche. Sie starten eine Aufgabe ganz einfach mit einem Doppelklick.

Schritt 5

Für immer wiederkehrende Aufgaben erstellen Sie am besten eine Verknüpfung. Klicken Sie dazu eine Aufgabe mit der rechten Maustaste an, und wählen Sie die Option **Verknüpfung erstellen**.

Schritt 6

Die Verknüpfung wird danach automatisch auf dem Desktop abgelegt und kann von nun an immer von hier per Doppelklick aufgerufen werden.

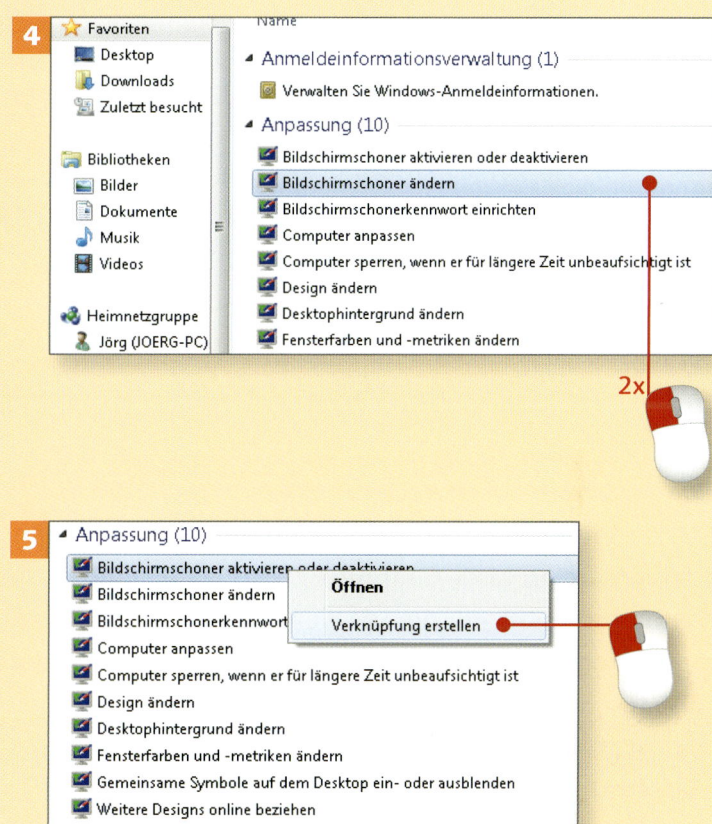

Kapitel 13
Datensicherung und Wiederherstellung

Hand aufs Herz – wann haben Sie zuletzt Ihre Daten gesichert? Letzte Woche, im letzten Monat oder vielleicht noch nie? Solange alles läuft und das System keine Probleme macht, macht man sich meist keine Gedanken über eine Sicherung; sollte dann aber der Problemfall eintreten und Sie beispielsweise aufgrund eines Festplattenfehlers nicht mehr an Ihre Fotos kommen, ist guter Rat teuer und der Ärger groß. Lassen Sie es nicht so weit kommen, und sichern Sie Ihre Daten.

Die Systemwiederherstellung

Die Systemwiederherstellung ❶ speichert in sogenannten *Wiederherstellungspunkten* die Systemdateien Ihres Computers. Tritt ein Fehler auf, können Sie Ihr Windows auf einen Status zurücksetzen, der vor dem ersten Auftreten des Problems liegt. Dabei gehen keine persönlichen Daten verloren, nur das eine oder andere Programm müssen Sie gegebenenfalls anschließend neu aufspielen.

Das ganze System als Image sichern

Ein Systemabbild ❷ ist die exakte Kopie eines Laufwerkes. Sichern Sie Ihr komplettes System inklusive alle Festplatten in eine Image-Datei. Dabei können Sie das Systemabbild auf einen neuen Rechner übertragen oder als Sicherung für den Notfall verwenden und damit das System vollständig auf den Stand der Sicherung zurücksetzen.

Automatische Datensicherung

Ein falscher Klick, und schon ist eine Datei oder gleich ein ganzer Ordner gelöscht. Oder aber Windows lässt sich nicht mehr starten, vielleicht aufgrund eines Systemfehlers, eines fiesen Computer-Virus oder weil die Hardware streikt. Ein beruhigendes Gefühl, wenn Sie in solch einer Situation wissen, dass Sie von Ihren wichtigsten Daten eine Sicherung erstellt haben. Einmal einrichten reicht, und Windows sichert Ihre Daten automatisch zu festgelegten Zeiten ❸.

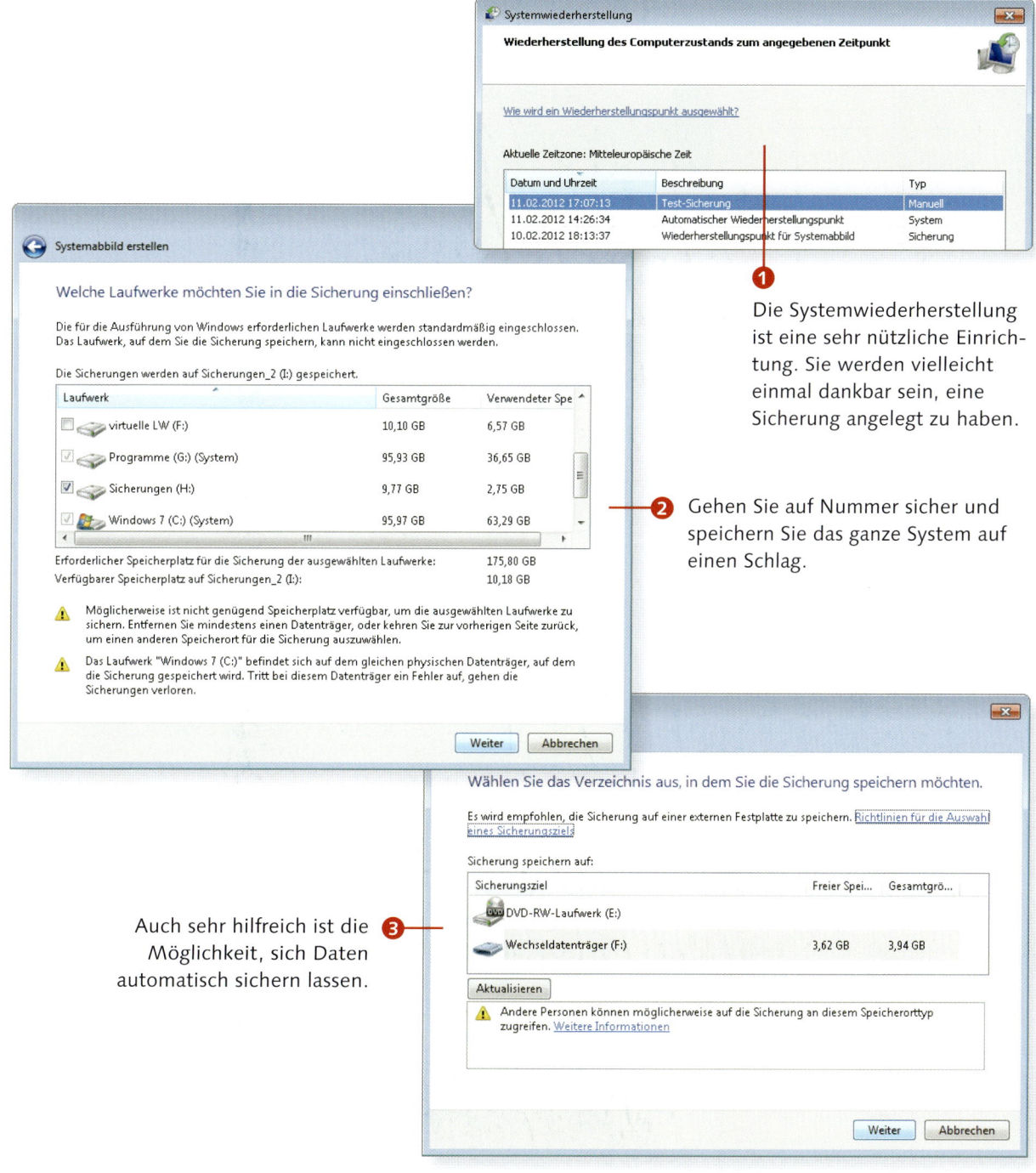

Die Systemwiederherstellung ist eine sehr nützliche Einrichtung. Sie werden vielleicht einmal dankbar sein, eine Sicherung angelegt zu haben.

Gehen Sie auf Nummer sicher und speichern Sie das ganze System auf einen Schlag.

Auch sehr hilfreich ist die Möglichkeit, sich Daten automatisch sichern lassen.

Die Systemwiederherstellung einrichten

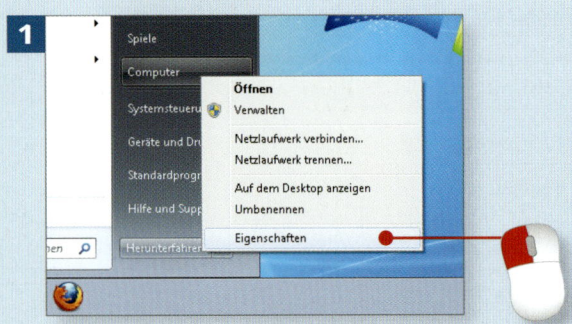

Mit Hilfe der Systemwiederherstellung können Sie Ihren Rechner im Problemfall auf einen fehlerfreien Stand zurücksetzen. Es ist also in jedem Fall zu raten, die Systemwiederherstellung zu nutzen. Sollte es zu Problemen kommen, werden Sie dafür noch dankbar sein.

Schritt 1

Öffnen Sie im ersten Schritt das **Startmenü**, klicken Sie mit der rechten Maustaste auf **Computer**, und wählen Sie schließlich die Option **Eigenschaften** aus dem Kontextmenü aus.

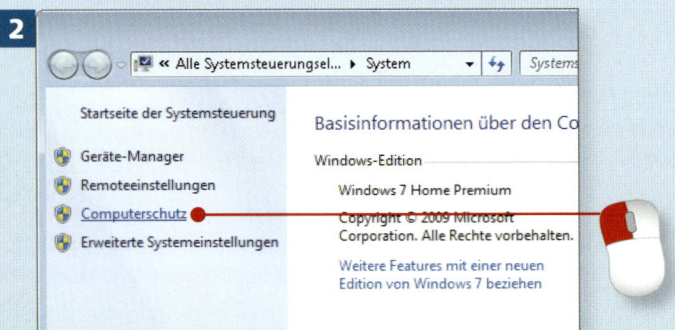

Schritt 2

Das Fenster **System** öffnet sich. Klicken Sie links in der Aufgabenleiste auf den Link **Computerschutz**.

Schritt 3

Markieren Sie im Abschnitt **Schutzeinstellungen** Ihr Systemlaufwerk ❶, meist **C:**, und betätigen Sie danach die Schaltfläche **Konfigurieren**.

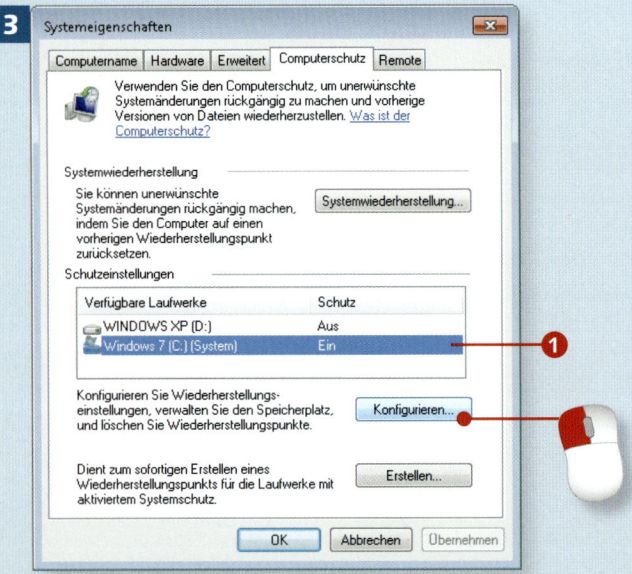

Schritt 4

Für das Systemlaufwerk sollte die Option **Systemeinstellungen und vorherige Dateiversionen wiederherstellen** aktiviert sein.

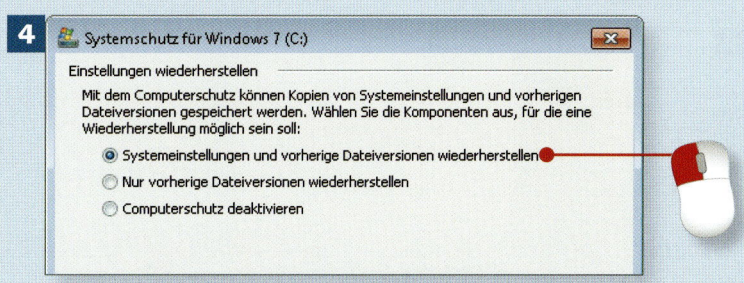

Schritt 5

Möchten Sie die Systemwiederherstellung abschalten, wählen Sie die Option **Computerschutz deaktivieren**. Diese Einstellung ist allerdings nicht empfehlenswert!

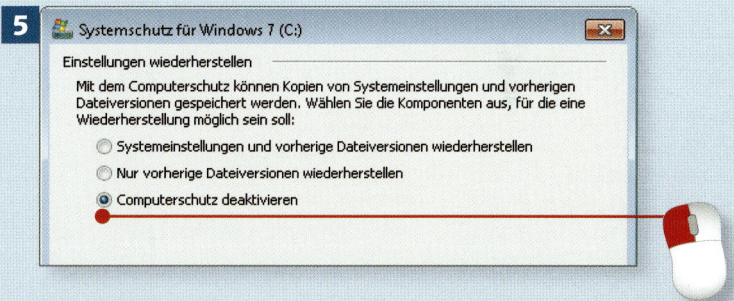

Schritt 6

Über den Schieberegler können Sie zusätzlich den Speicherplatz festlegen, der für die Systemwiederherstellung verwendet werden darf. Die Einstellungen speichern Sie mit **OK**.

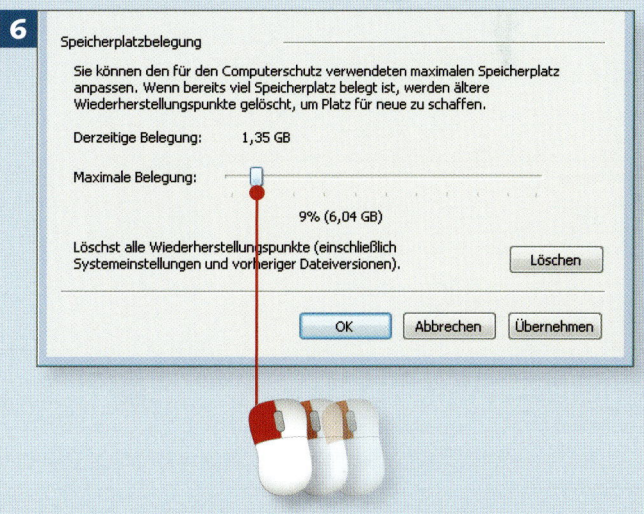

Speicherplatzbelegung

Etwa 5–10 GB reichen für die Systemwiederherstellung für gewöhnlich aus. Ist das Limit erreicht, werden ältere Wiederherstellungspunkte automatisch wieder gelöscht.

So erstellen Sie einen Wiederherstellungspunkt

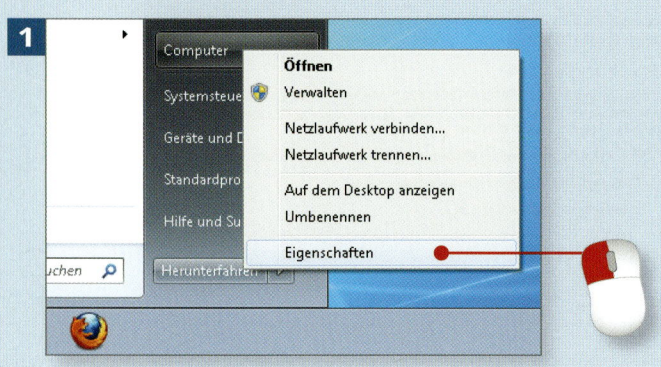

Windows erstellt automatisch wöchentlich und bei größeren Änderungen am System einen Wiederherstellungspunkt. Sie können aber auch selbst Wiederherstellungspunkte erstellen, z. B. um damit die Windows-Registrierung vor einem geplanten Eingriff zu sichern.

Schritt 1

Zunächst gilt es, das Einstellungsfenster der Systemwiederherstellung zu öffnen. Wählen Sie aus dem Kontextmenü des Eintrages **Computer** die **Eigenschaften** aus.

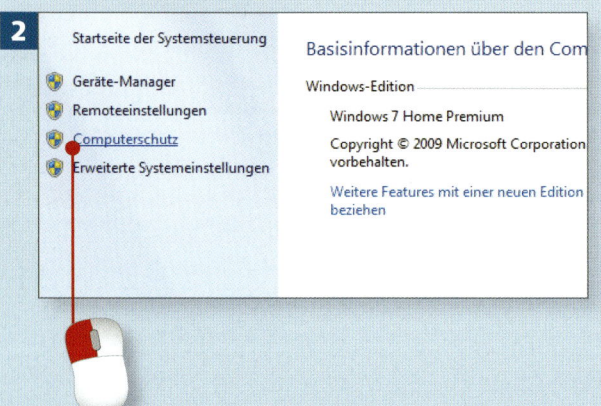

Schritt 2

Weiter geht es über den Menüpunkt **Computerschutz** in der Aufgabenleiste auf der linken Seite.

Schritt 3

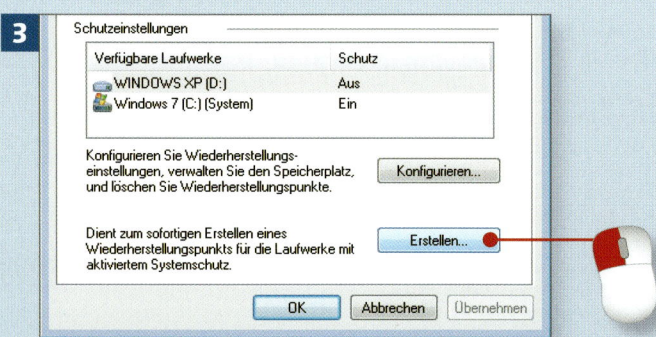

Klicken Sie im sich nun öffnenden Fenster auf die Schaltfläche **Erstellen** am unteren Fensterrand. Über diese Schaltfläche erstellen Sie den Wiederherstellungspunkt.

Schritt 4

Geben Sie eine Beschreibung für den Wiederherstellungspunkt ein, beispielsweise den Grund der Sicherung, und klicken Sie nachfolgend auf **Erstellen**.

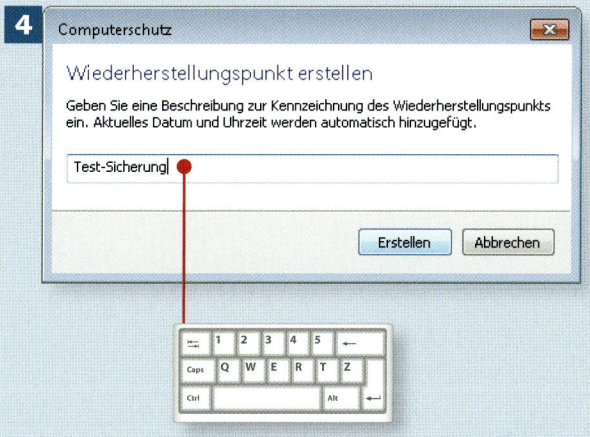

Schritt 5

Der Wiederherstellungspunkt wird erstellt, was einige Minuten Zeit in Anspruch nehmen kann. Brechen Sie den Vorgang nicht ab.

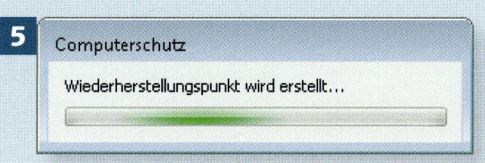

Schritt 6

Fertig. Windows informiert Sie über die erfolgreiche Erstellung des Wiederherstellungspunktes. Über die Schaltfläche **Schließen** wird der Vorgang beendet.

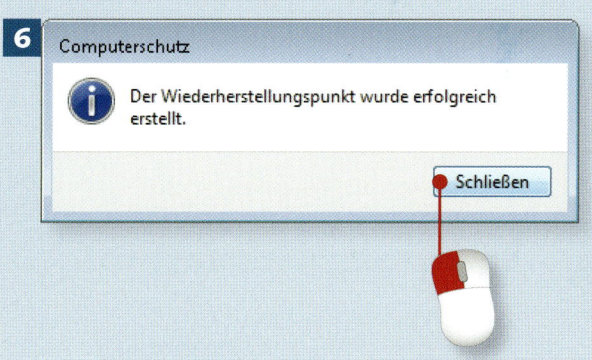

Komplettsicherung der Registrierung

Durch die Erstellung eines Wiederherstellungspunktes sichern Sie gleichzeitig auch die komplette Registrierungsdatenbank.

Windows wiederherstellen

Der Computer läuft nicht mehr rund, und es kommt immer wieder zu Systemfehlern und Programmabstürzen? Nun kommen Ihnen zuvor erstellte Wiederherstellungspunkte zur Hilfe. Mit ihnen setzen Sie das System einfach auf einen früheren, fehlerfreien Status zurück.

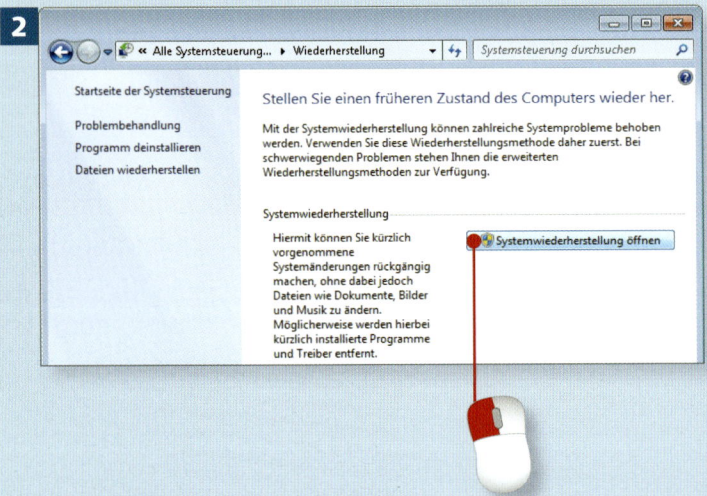

Schritt 1

Klicken Sie auf **Start ▸ System-steuerung** und schließlich auf den Menüpunkt **Wiederherstellung**.

Schritt 2

Starten Sie die Systemwiederherstellung über die Schaltfläche **System-wiederherstellung öffnen.**

Schritt 3

Die Wiederherstellung löscht keinerlei persönliche Daten wie Dokumente oder Bilder. Windows weist Sie auf diesen Umstand hin. Setzen Sie den Vorgang mit **Weiter** fort.

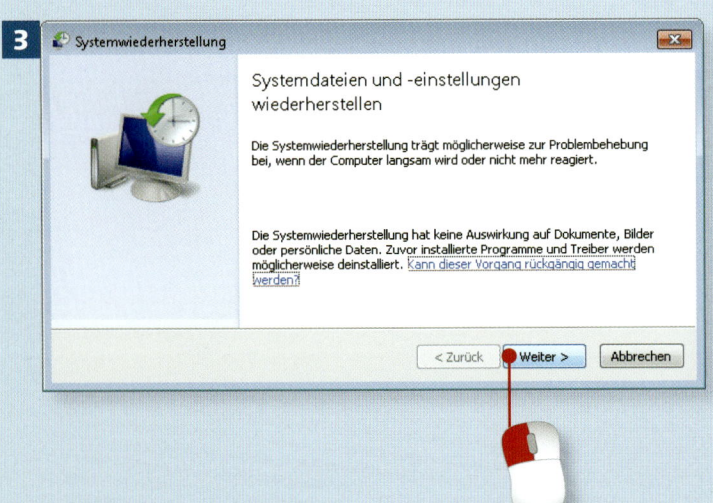

Schritt 4

Sie sehen nun eine Liste verschiedener Wiederherstellungspunkte. Setzen Sie das Häkchen vor dem Eintrag **Weitere Wiederherstellungspunkte anzeigen**, um sich weiter zurückliegende Punkte anzeigen zu lassen.

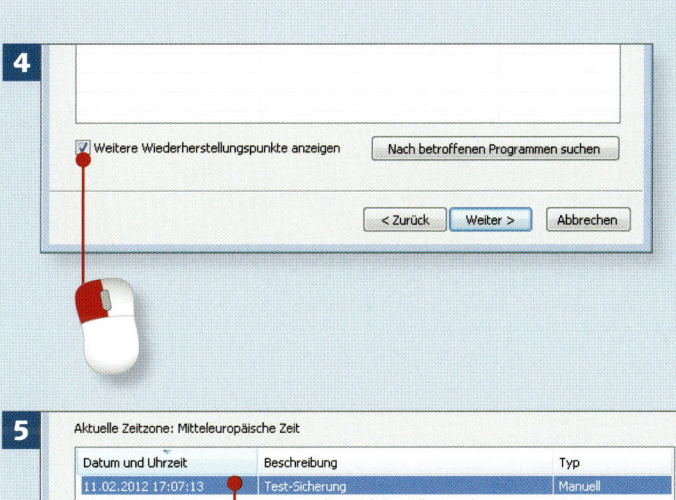

Schritt 5

Wählen Sie einen geeigneten Wiederherstellungspunkt aus der Liste aus, und klicken Sie anschließend auf **Weiter**.

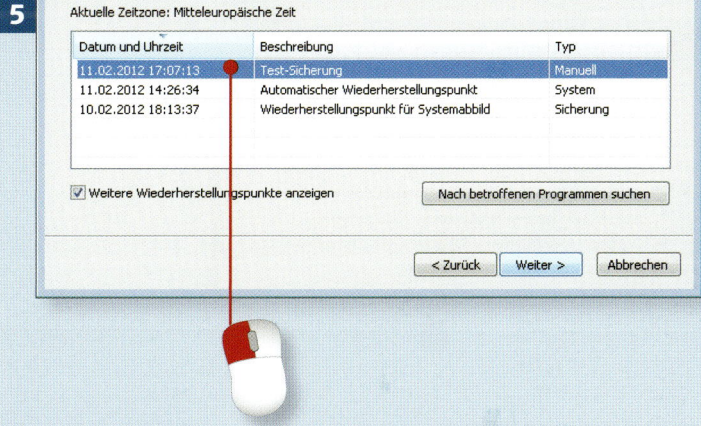

Schritt 6

Schließen Sie alle Programme, und speichern Sie offene Dateien ab. Der Computer wird während der Wiederherstellung neu gestartet. Über **Fertig stellen** beginnen Sie den Vorgang.

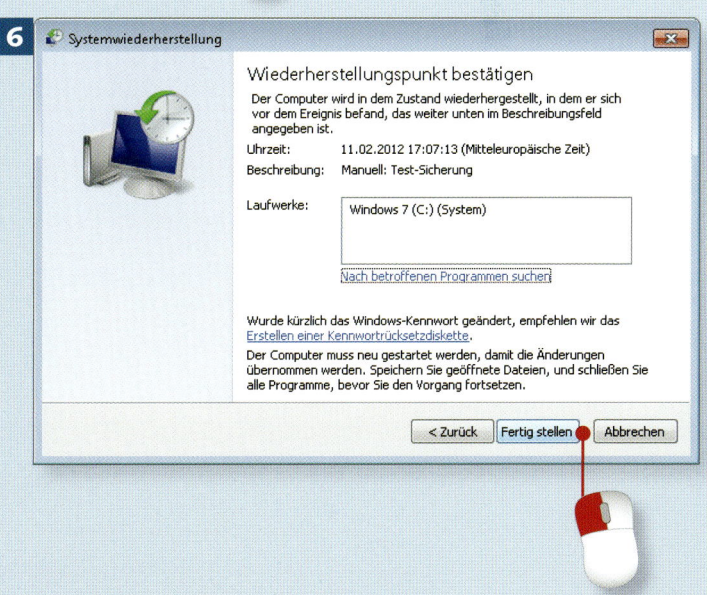

Wiederherstellung

Programme, die seit dem letzten Wiederherstellungspunkt hinzugefügt wurden, werden gelöscht. Zwischenzeitlich deinstallierte Programme werden wiederhergestellt.

Eine Windows-Notfall-CD erstellen

Sollte Windows nicht mehr starten, benötigen Sie zur Reparatur eine System-DVD oder einen Reparaturdatenträger. Erstellen Sie sich Ihre Notfall-CD oder -DVD bereits jetzt, damit Sie sie im Problemfall zur Hand haben.

Schritt 1

Öffnen Sie das Startmenü, und tippen Sie das Wort *sichern* in das Suchfeld ein.

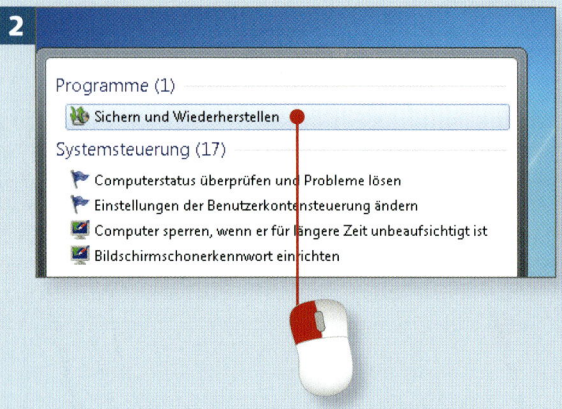

Schritt 2

Ganz oben in der Liste der Suchergebnisse erscheint der Eintrag **Sichern und Wiederherstellen**. Klicken Sie darauf, um das Programm zu starten.

Schritt 3

Klicken Sie in der linken Fensterhälfte auf die Option **Systemreparaturdatenträger erstellen**. Falls Sie nicht als Administrator angemeldet sind, werden Sie zur Eingabe eines Admin-Kennwortes aufgefordert.

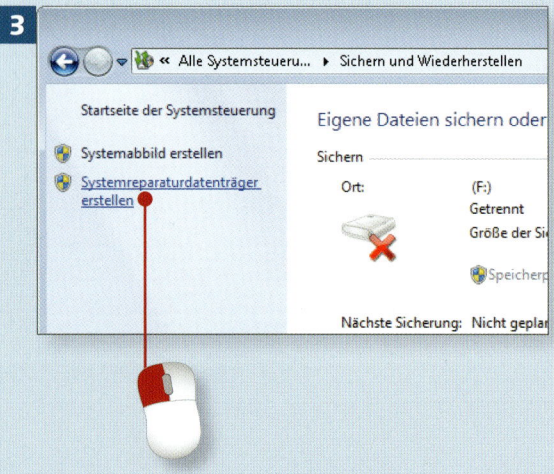

Schritt 4

Legen Sie eine CD oder eine DVD in Ihr Laufwerk ein, und wählen Sie das gewünschte Laufwerk über das Dropdown-Menü aus.

Schritt 5

Durch Auswahl der Schaltfläche **Datenträger erstellen** starten Sie den Kopiervorgang.

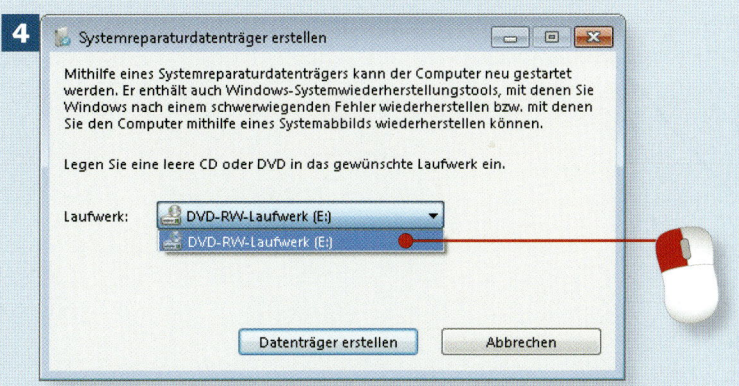

Schritt 6

Die Erstellung geht recht fix. Klicken Sie danach auf **Schließen**, um das Fenster zu schließen. Beschriften Sie die CD/DVD, und bewahren Sie sie gut auf, damit sie im Problemfall schnell zur Hand ist.

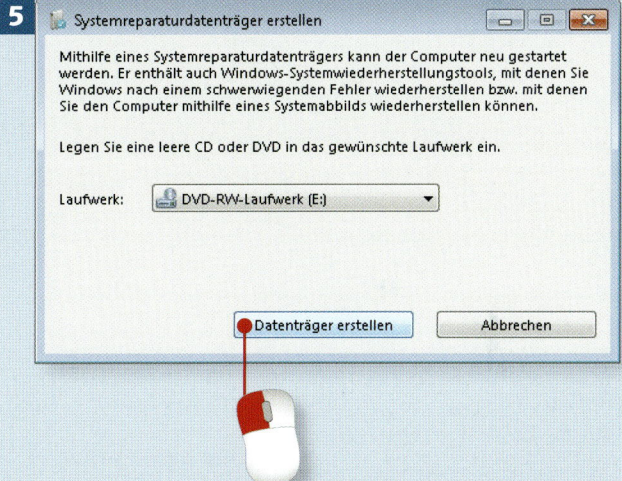

Nehmen Sie sich die Zeit

Es zahlt sich aus, einen Systemreparaturdatenträger bei der Hand zu haben, wenn Windows nicht mehr startet. Obwohl Windows 7 ein sehr stabiles System ist, kann so etwas immer passieren. Nehmen Sie sich die paar Minuten Zeit, die CD oder DVD zu erstellen. Es kann sich auszahlen.

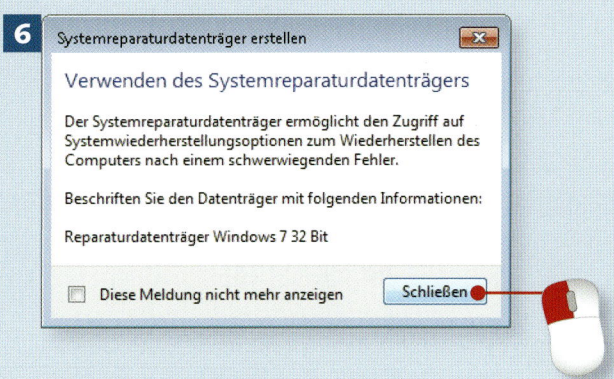

Das gesamte System als Image sichern

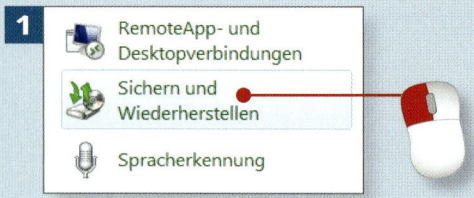

Ein Systemabbild ist die exakte Kopie einer Festplatte. Während die Systemwiederherstellung nur Systemdaten sichert, können Sie mit einem Systemabbild Ihr komplettes System inklusive aller Dateien und Programme sichern.

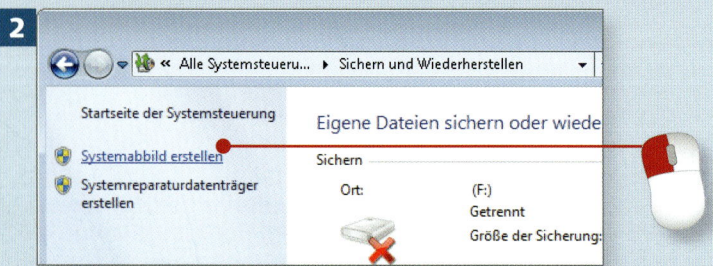

Schritt 1

Rufen Sie die **Systemsteuerung** über **Start ▸ Systemsteuerung** auf, und klicken Sie dann auf den Menüpunkt **Sichern und Wiederherstellen**.

Schritt 2

In der Aufgabenleiste linker Hand finden Sie die Option **Systemabbild erstellen**. Klicken Sie hierauf.

Schritt 3

Das System sucht nach verfügbaren Sicherungsgeräten. Wählen ein geeignetes Laufwerk aus. Zu empfehlen ist die Sicherung auf eine externe Festplatte. Über **Weiter** gelangen Sie zum nächsten Schritt.

Schritt 4

Haben Sie mehrere Festplatten, können Sie nun auswählen, welche mitgesichert werden sollen. Laufwerke, die für die Ausführung von Windows erforderlich sind, werden automatisch einbezogen. Klicken Sie danach auf **Weiter**.

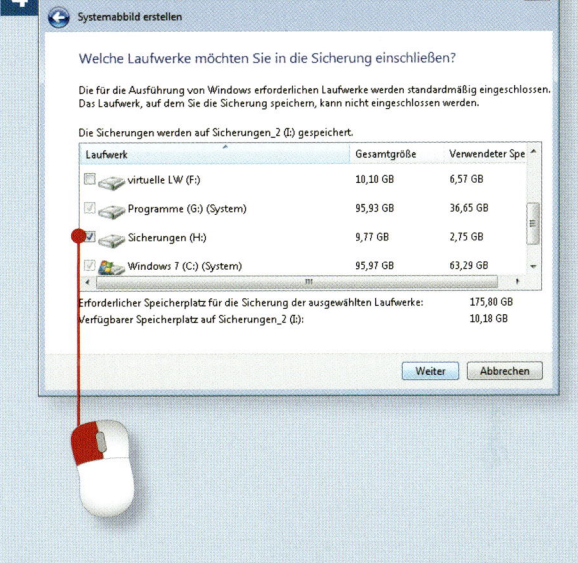

Schritt 5

Kontrollieren Sie die Einstellungen. Stimmt der Speicherort, und sind alle gewünschten Festplatten in die Sicherung einbezogen? Wenn alles passt, klicken Sie auf **Sicherung starten**.

Schritt 6

Die Sicherung wird erstellt. Am Ende schlägt Windows vor, einen Reparaturdatenträger zu erstellen. Wie Sie eine solche Notfall-CD erstellen, erfahren Sie im Abschnitt »Eine Windows-Notfall-CD erstellen«, ab Seite 312.

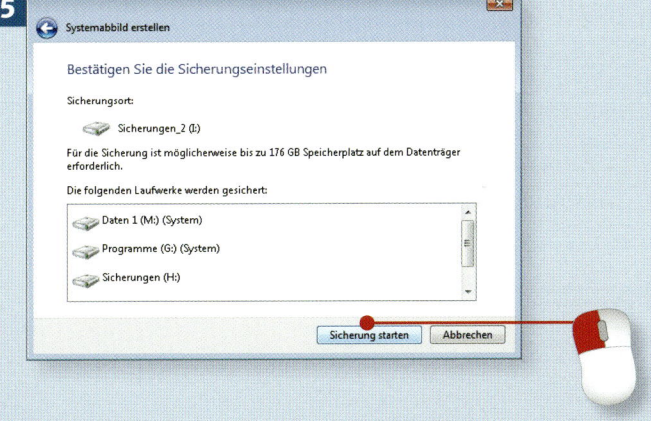

i Zeitaufwand

Je nach zu sichernder Datenmenge dauert die Erstellung eines Systemabbildes schnell 1 Stunde und länger.

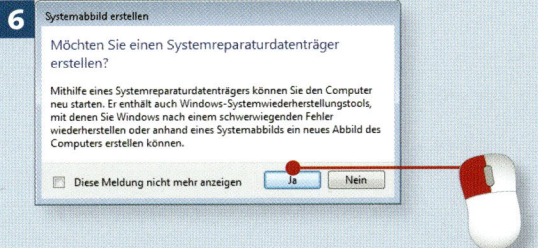

Ein Systemabbild wieder einspielen

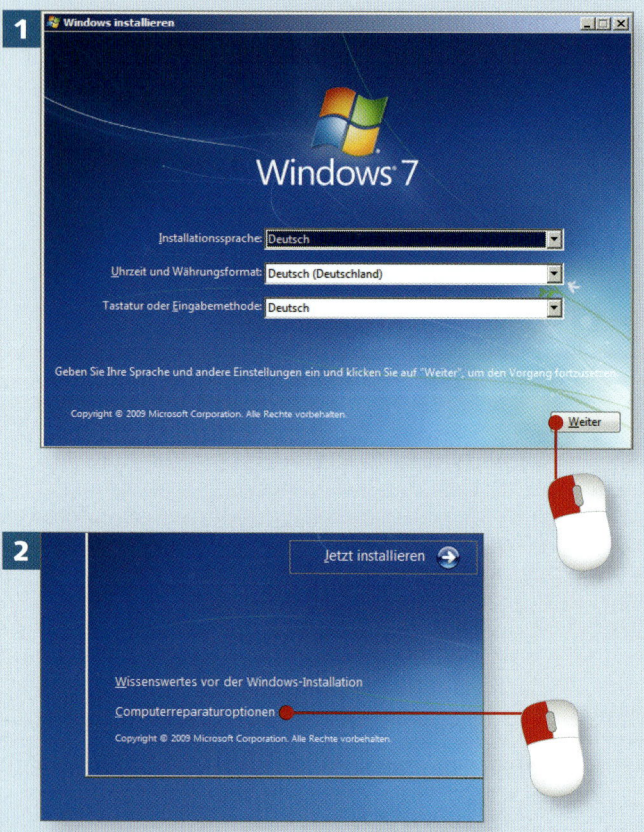

Sie möchten eine Kopie Ihrer Festplatte(n) wieder einspielen und das System komplett auf den Stand der Sicherung zurücksetzen? Dieser Tipp beschreibt, wie Sie dabei vorgehen müssen, falls sich Windows 7 nicht mehr starten lassen sollte.

Schritt 1

Legen Sie Ihre Notfall-CD oder den Windows-Installationsdatenträger ein, und starten Sie Ihren PC neu. Belassen Sie im ersten Dialog die Installationseinstellungen, und klicken Sie auf **Weiter**.

Schritt 2

Wählen Sie im folgenden Fenster die **Computerreparaturoptionen** aus.

Schritt 3

Aktivieren Sie die Option **Stellen Sie den Computer mit Hilfe eines zuvor erstellten Systemabbildes wieder her,** und klicken Sie auf **Weiter**.

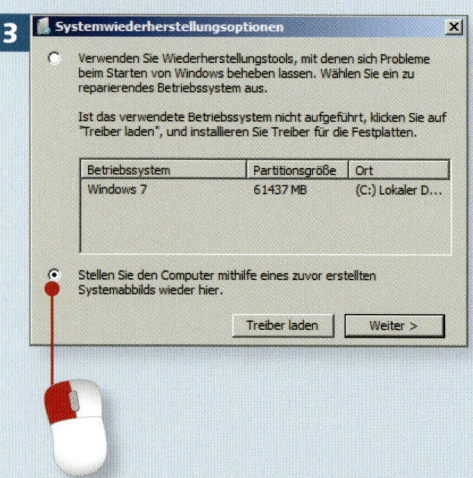

Notfall-CD erstellen

Wie Sie eine Notfall-CD für Ihr System erstellen, lesen Sie in Abschnitt »Eine Windows-Notfall-CD erstellen«, ab Seite 312.

Schritt 4

Nun haben Sie die Möglichkeit zur Auswahl eines Systemabbilds. Falls Ihr Abbild auf einer externen Festplatte liegt, vergessen Sie nicht, diese einzuschalten. Wählen Sie eine Sicherung aus, und klicken Sie auf **Weiter**.

Schritt 5

Es wird angeboten, die Festplatte(n) zu formatieren. Diese Option können Sie mit einem Klick auf **Weiter** überspringen.

Schritt 6

Noch einmal wird das ausgewählte Systemabbild angezeigt. Starten Sie die Wiederherstellung über die Schaltfläche **Fertig stellen**.

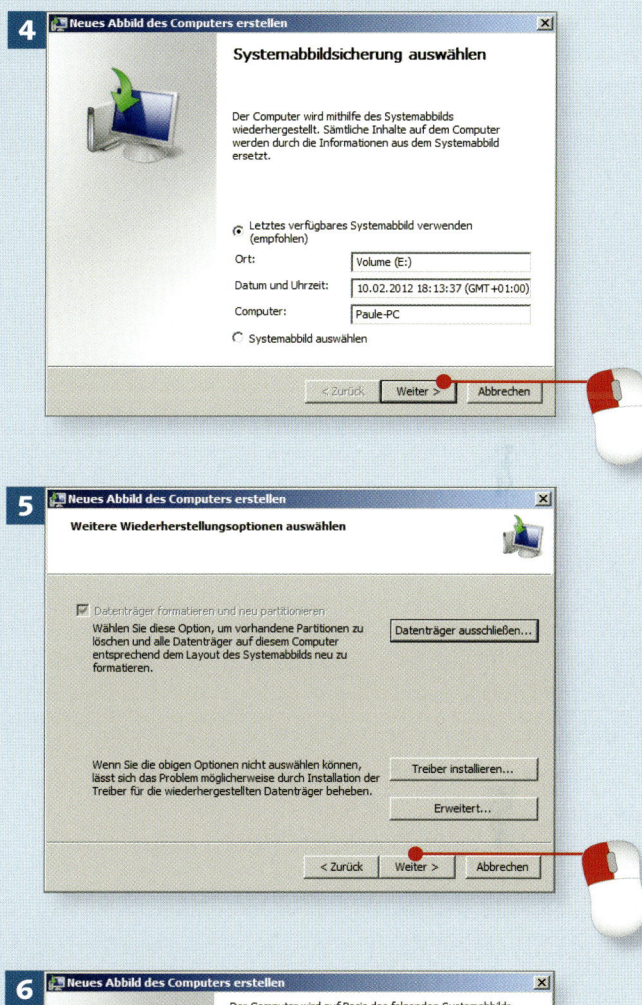

i

Formatierung und Partitionierung

Möchten Sie das Systemabbild auf einen anderen Computer übertragen, wählen Sie in Schritt 5 die Formatierung und Partitionierung der Festplatte(n) aus.

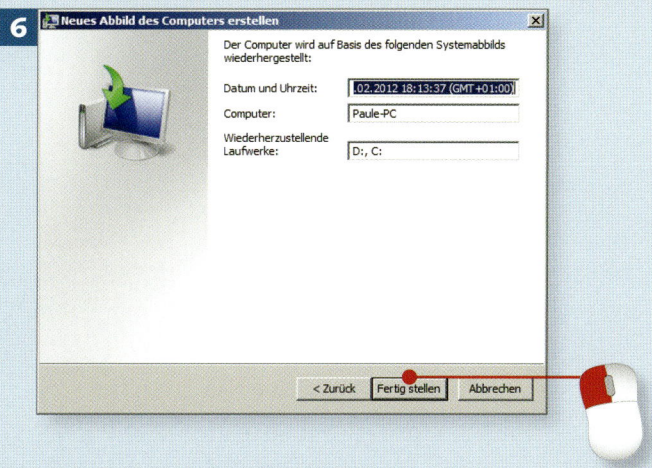

Automatische Datensicherung erstellen

Wie wichtig eine Datensicherung ist, weiß man oft erst dann zu schätzen, wenn der Problemfall eingetreten ist und die Daten aufgrund einer fehlenden Sicherung verloren sind. Windows 7 hilft Ihnen bei der automatischen Datensicherung weiter.

Schritt 1

Klicken Sie in der **Systemsteuerung** auf den Menüpunkt **Sichern und Wiederherstellen.**

Schritt 2

Welche Ordner und Dateien sollen gesichert werden? Öffnen Sie die Einstellungen über die Schaltfläche **Sicherung einrichten**.

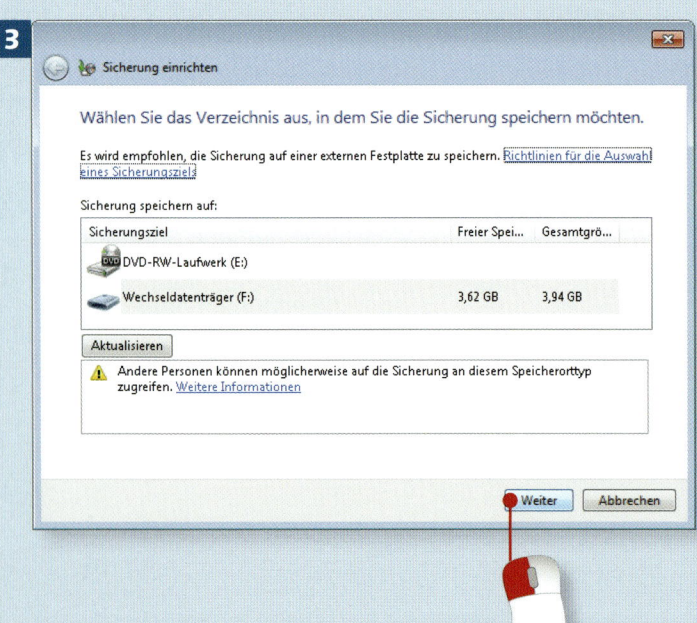

Schritt 3

Es erfolgt die Auswahl des gewünschten Speichermediums. Für regelmäßige Sicherungen sollten Sie eine externe Festplatte verwenden. Mit einem Klick auf **Weiter** geht es zum nächsten Schritt.

Schritt 4

Windows sichert lediglich Standard-Speicherorte. Wählen Sie die Option **Auswahl durch Benutzer**, um selbst festzulegen, welche Bereiche Sie sichern möchten. Betätigen Sie nach der Wahl erneut **Weiter**.

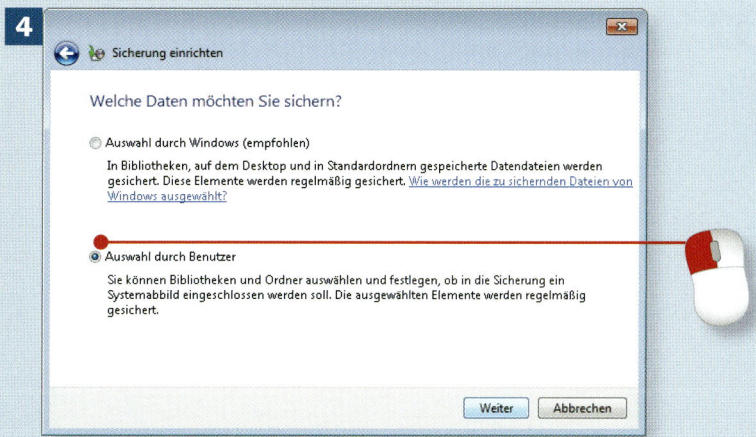

Schritt 5

Im ersten Abschnitt werden Ihre Bibliotheken angezeigt. Klicken Sie auf den kleinen Pfeil vor dem Eintrag **Bibliotheken von [Benutzername] ❶**, um alle Bibliotheken aufzulisten. Entfernen Sie die Häkchen vor den Daten, die Sie nicht sichern möchten.

Schritt 6

Unter den Bibliotheken werden alle Festplatten angezeigt. Klicken Sie wieder auf die kleinen Pfeile ❷, um die Unterverzeichnisse zu öffnen, und wählen Sie auch hier die zu sichernden Ordner aus. Bestätigen Sie die Auswahl mit **Weiter**.

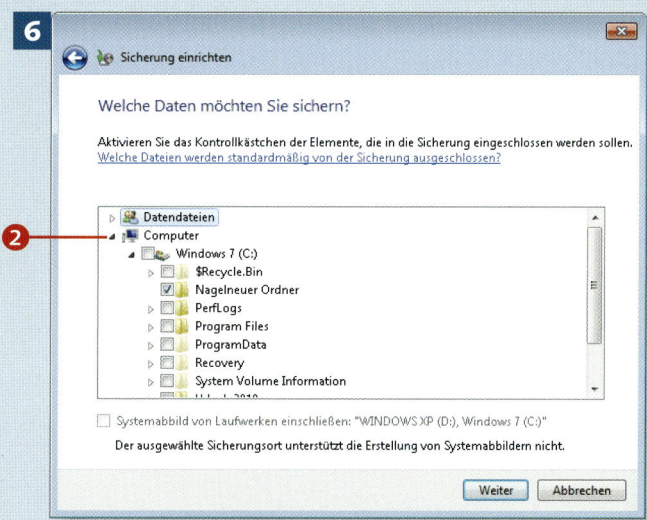

Automatische Datensicherung erstellen (Forts.)

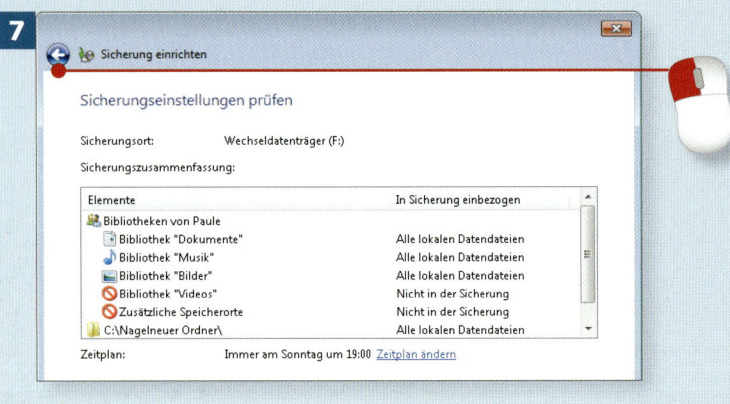

Schritt 7

Prüfen Sie die Sicherungseinstellungen. Alle ausgewählten Verzeichnisse werden aufgelistet. Möchten Sie die Einstellung korrigieren, navigieren Sie über die Pfeil-Schaltfläche oben links einen Schritt zurück. Sie landen dann wieder in dem Dialogfenster aus Schritt 6. Hier können Sie erneut Häkchen setzen oder entfernen, wenn Sie an Ihrer Auswahl etwas korrigieren möchten.

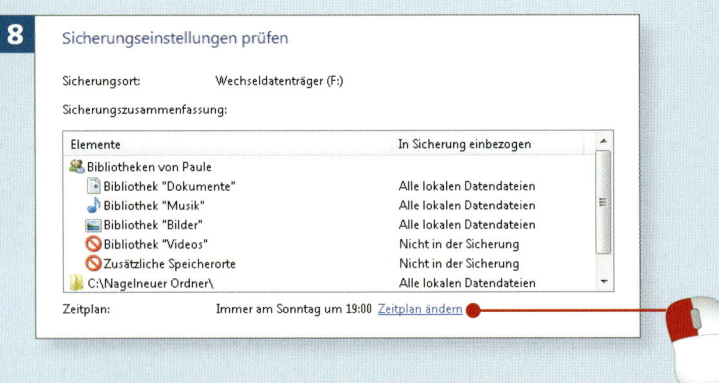

Schritt 8

Legen Sie schließlich noch fest, zu welchem Zeitpunkt künftig die Sicherung erfolgen soll. Klicken Sie hierfür auf den etwas unscheinbaren Link **Zeitplan ändern**.

Schritt 9

Vergewissern Sie sich, dass das Häkchen vor der Option **Sicherung auf Basis eines Zeitplans ausführen** gesetzt ist. Nur dann erfolgt die Sicherung künftig automatisch.

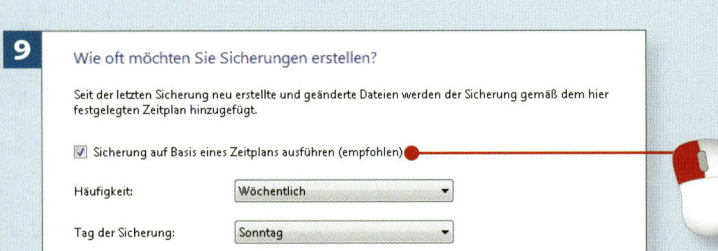

Schritt 10

Über die Dropdown-Menüs können Sie die Häufigkeit, den Tag der Sicherung und die Uhrzeit festlegen. Speichern Sie die Einstellung mit **OK**.

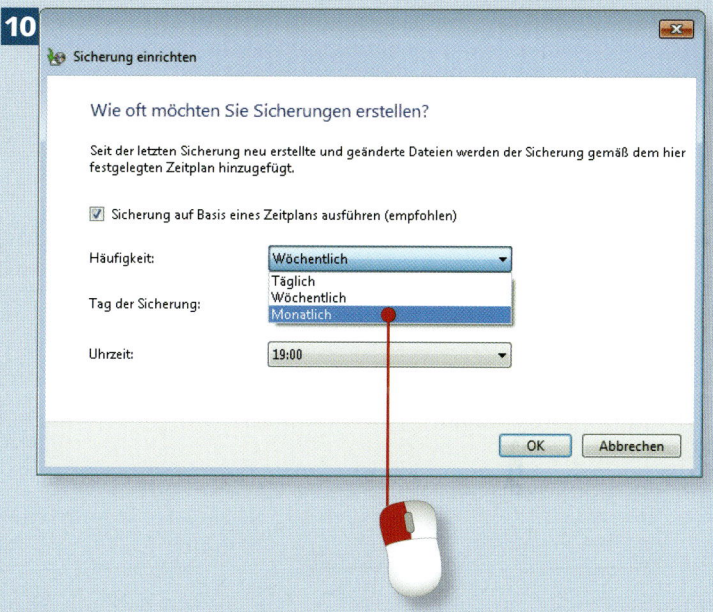

Schritt 11

Nun geht es los. Starten Sie den Sicherungsvorgang über die Schaltfläche **Einstellungen speichern und Sicherung ausführen**.

Schritt 12

Wie lange die Sicherung läuft, hängt wieder von der zu sichernden Datenmenge ab. Etwas Zeit sollten Sie allerdings einplanen.

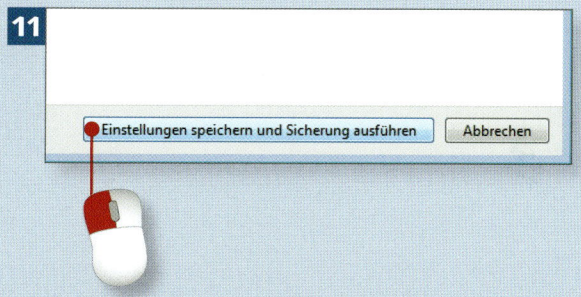

Alternative Sicherungsmethoden
Natürlich müssen Sie nicht unbedingt die Windows-Datensicherung nutzen. Es gibt zahlreiche alternative Programme, die Sie einsetzen können. Manche sind kostenpflichtig, andere nicht, sogar Online-Sicherungen sind möglich.

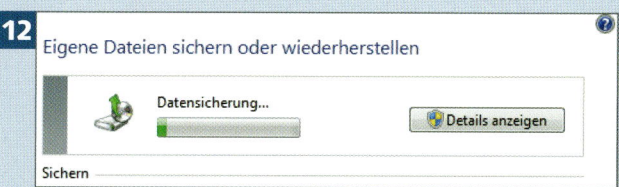

Gesicherte Daten wiederherstellen

Ein Daten-Backup hilft natürlich nur, wenn Sie im Bedarfsfall die darin gesicherten Daten auch schnell und unkompliziert wieder auf den Rechner zurückspielen können. Alle dazu nötigen Schritte finden Sie in dieser Anleitung. Sie werden sehen, das ist sehr viel unkomplizierter als es sich zunächst anhört.

Schritt 1

Öffnen Sie das **Startmenü**, und klicken Sie auf den Menüpunkt **Systemsteuerung**.

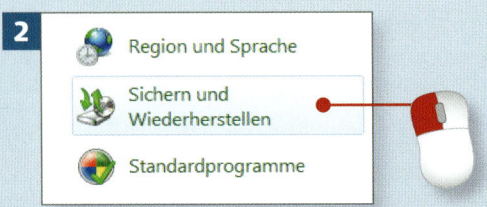

Schritt 2

Wählen Sie die Option **Sichern und Wiederherstellen** aus. Hinter diesem Menüpunkt verbergen sich alle nötigen Einstellungen zur Wiederherstellung.

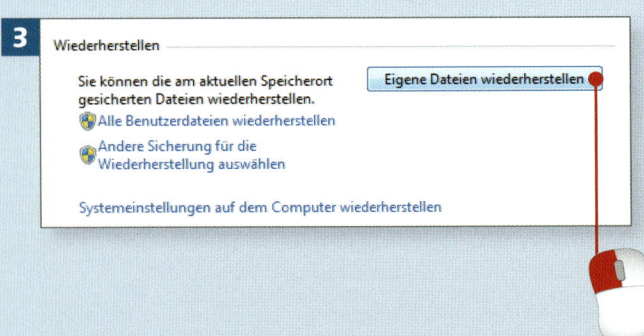

Schritt 3

Klicken Sie im sich nun öffnenden Fenster auf die Schaltfläche **Eigene Dateien wiederherstellen**.

Schritt 4

Sie haben jetzt die Möglichkeit, in Ihrer Datensicherung nach Dateien und Ordner zu suchen, die Sie wiederherstellen möchten. Betätigen Sie hierfür die Schaltfläche **Suchen**.

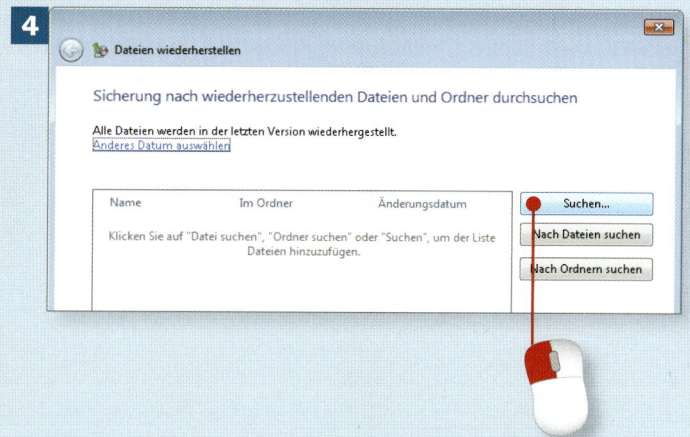

Schritt 5

Geben Sie einen Datei- oder Ordnernamen in das Suchfeld ein, und schließen Sie die Eingabe mit einem Klick auf **Suchen** oder mit ⏎ ab. Um Ihnen das Vorgehen zu verdeutlichen, suche ich in meiner Sicherung in meinem Beispiel nach dem Suchwort »Mutti«, um mir Dateien und Ordner in der Sicherung anzeigen zu lassen, die diesen Begriff enthalten.

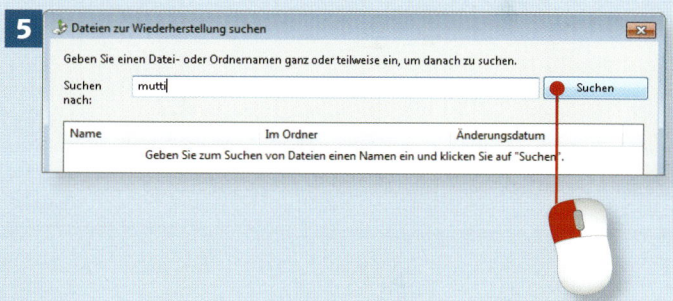

Schritt 6

Alle Dateien und Ordner, die zu Ihrem Suchbegriff passen, werden sogleich aufgelistet. Klicken Sie in die Kästchen vor den Daten, die Sie wiederherstellen möchten ❶, und schließen Sie die Auswahl über **OK**.

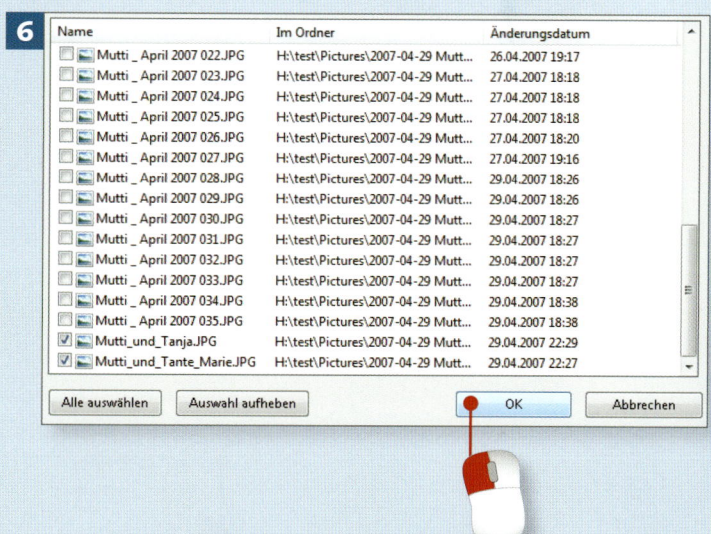

Gesicherte Daten wiederherstellen (Forts.)

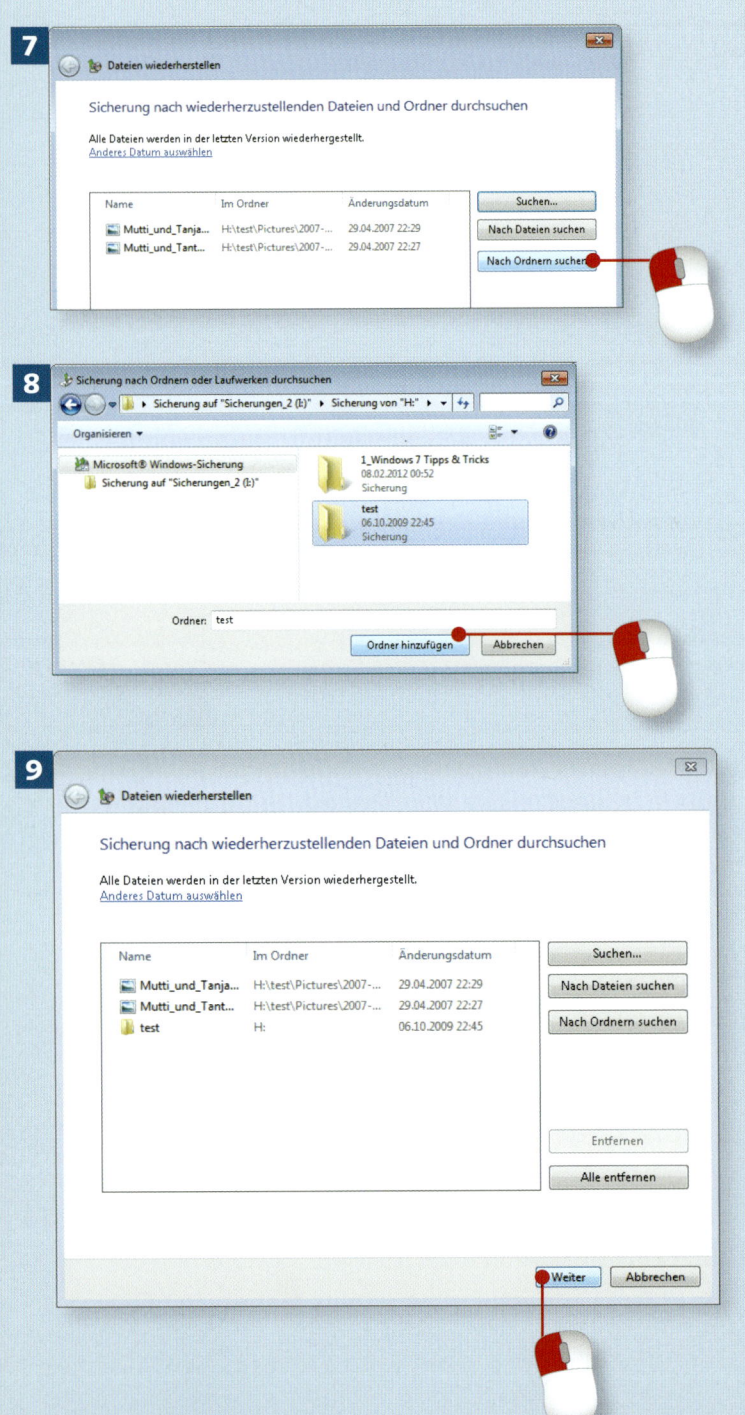

Schritt 7

Sind Ihnen die Ordner- und Dateinamen nicht bekannt, wählen Sie die Option **Nach Ordnern suchen** oder **Nach Dateien suchen** aus. In diesem Beispiel wählen wir **Nach Ordnern suchen.**

Schritt 8

Auf der rechten Seite sehen Sie nun Ihre Sicherung als Ordner angezeigt. Per Doppelklick gelangen Sie in vorhandene Unterordner und können so das gewünschte Verzeichnis über **Ordner hinzufügen** auswählen. Ganz genauso funktioniert die Suche nach Dateien, falls Sie sich in Schritt 7 dazu entschlossen haben, nach Dateien statt nach Ordnern zu suchen.

Schritt 9

Nach erfolgter Auswahl der wiederherzustellenden Daten klicken Sie im Übersichtsfenster **Dateien wiederherstellen** auf die Menüschaltfläche **Weiter**.

Schritt 10

Wo sollen die Daten wiederhergestellt werden? **Am Ursprungsort**?
Dann wählen Sie diese Option.
Dann werden alle Dateien genau an
der Stelle auf Ihrer Festplatte wiederhergestellt, wo sie auch gesichert
wurden.

Schritt 11

Oder geben Sie ein anderes Verzeichnis ein, beziehungsweise
klicken Sie auf **Durchsuchen**, um ein
anderen Zielverzeichnis für die Wiederherstellung auszuwählen. Starten
Sie den Vorgang mit einem Klick auf
Wiederherstellen.

Schritt 12

Die Wiederherstellung der Daten
läuft. Am Ende meldet Windows
den erfolgreichen Abschluss der Aktion. Über **Fertig stellen** schließen
Sie das Fenster wieder.

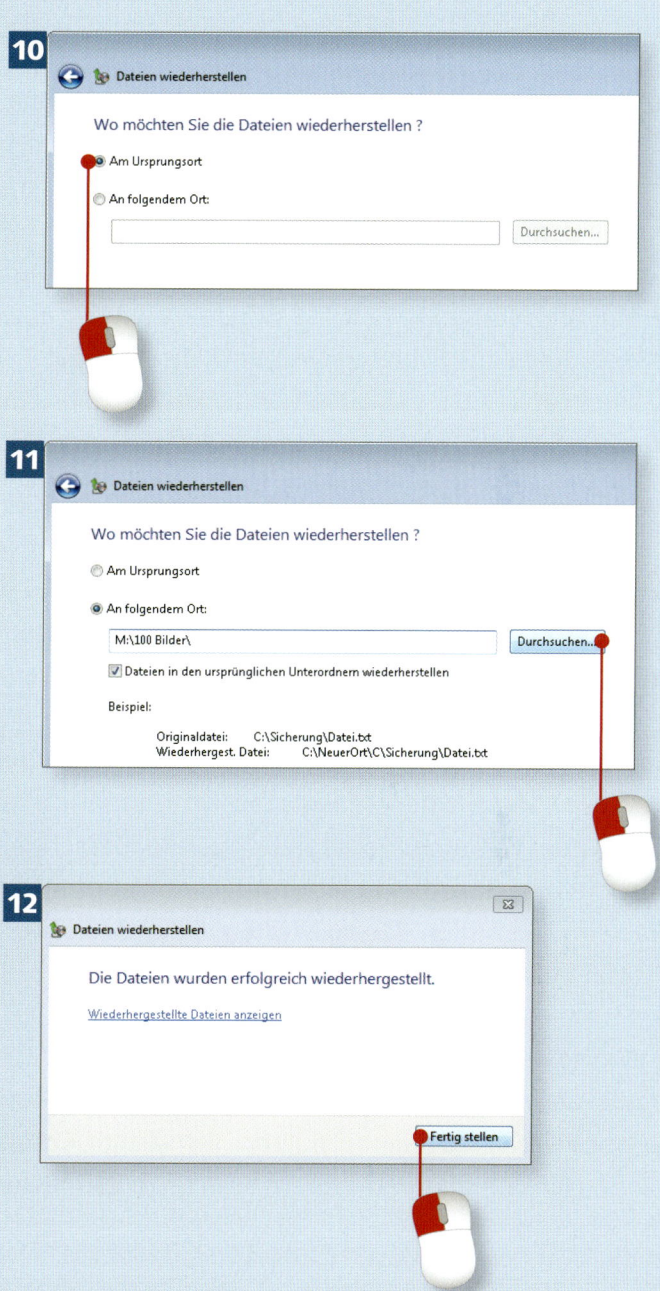

Kapitel 14
Windows 7-Pannenhilfe

Was tun, wenn sich Windows plötzlich nicht mehr starten lässt? Sind nun alle Daten verloren? Was können Sie tun, wenn Windows instabil läuft und es immer wieder zu schweren Systemfehlern kommt? Mit Hilfe mächtiger Tools wie der Systemstartreparatur oder der Systemdateiprüfung können Sie Windows wieder auf die Beine helfen. Nutzen Sie zusätzliche Ressourcen zur Fehleranalyse und Vorbeugung.

Die Systemstartreparatur

Ein Alptraum: Sie schalten den Computer ein, aber nichts passiert. Windows startet plötzlich nicht mehr. Vielfach bleibt dabei der Bildschirm schwarz, und es wird keine Fehlermeldung ausgegeben. Wie kommen Sie in solch einem Fall nun wieder an Ihre Daten, und wie lässt sich Windows wieder reparieren? Die Systemstartreparatur ❶ kann es meistens wieder richten.

So lassen sich Vorgängerversionen wiederherstellen

Ein kleiner Moment der Unachtsamkeit, und schon hat man versehentlich eine Datei gelöscht oder mit einer veralteten Version überschrieben. Wer seine Daten regelmäßig sichert, kann jetzt auf eine Sicherung zurückgreifen. Wurde die Datei jedoch nicht gesichert, wird es knifflig. Bei aktiviertem Computerschutz für das Laufwerk ❷, auf dem sich die Datei befand, können Sie eine Vorgängerversion wiederherstellen.

Die Windows-Ereignisanzeige

Alle relevanten Systemereignisse werden von Windows protokolliert. Diese Ereignisanzeige können Sie hervorragend nutzen, um lästige Computerfehler zu ermitteln und zu beseitigen. Mit den Daten der Ereignisanzeige ❸ machen Sie sich im Internet auf die Suche nach Lösungen.

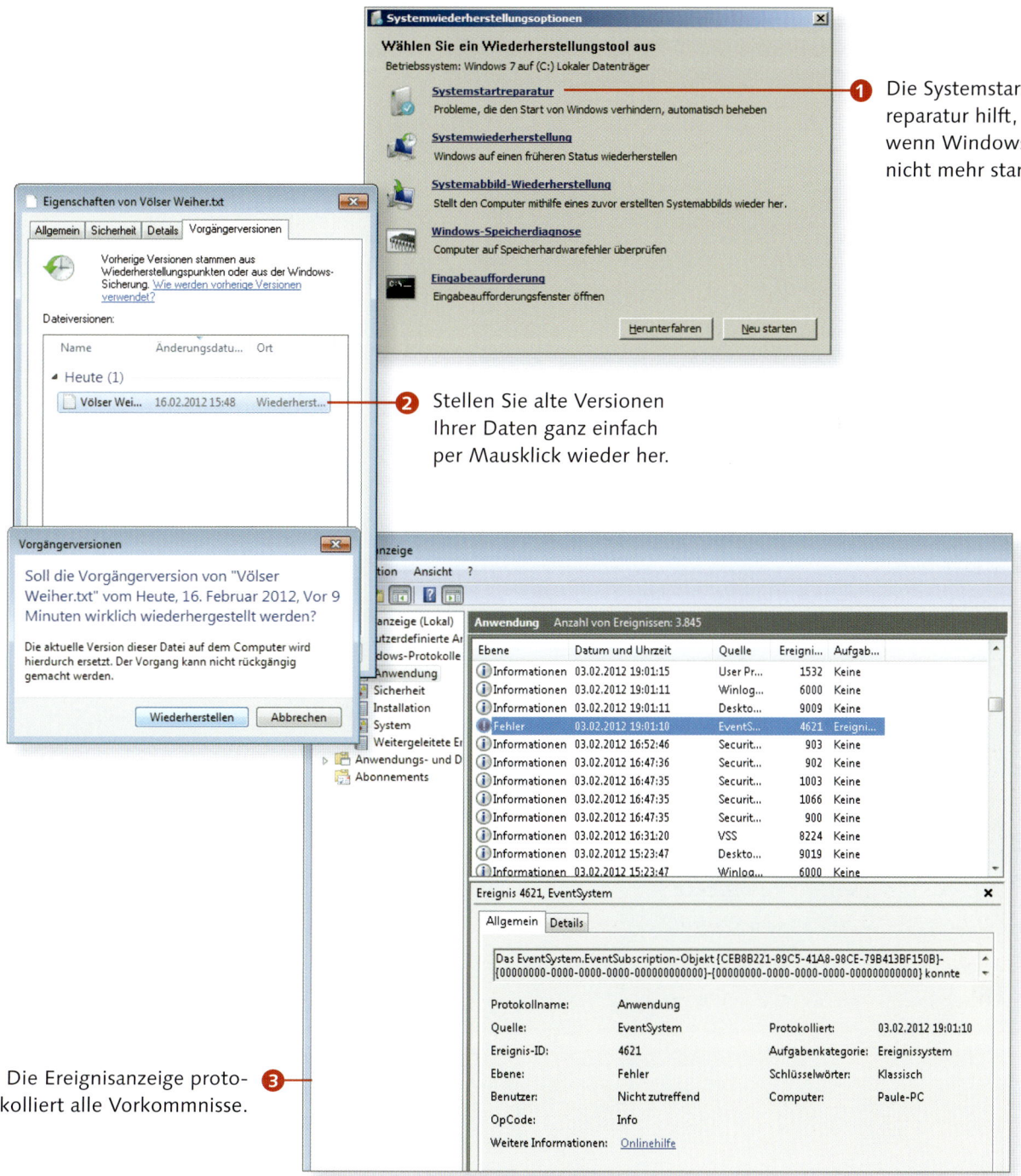

1 Die Systemstart-
reparatur hilft,
wenn Windows
nicht mehr startet.

2 Stellen Sie alte Versionen
Ihrer Daten ganz einfach
per Mausklick wieder her.

Die Ereignisanzeige protokolliert alle Vorkommnisse. **3**

Probleme beim Start – die Systemstartreparatur hilft

1 Drücken Sie eine beliebige Taste, um von CD oder DVD zu starten.._

Sie schalten den Computer an und möchten Windows hochfahren, doch nichts geschieht. Windows bleibt einfach »hängen« und kann nicht gestartet werden. Hier hilft die Systemstartreparatur.

Schritt 1

Legen Sie Ihre Original-Windows-DVD ein, und starten Sie den Computer neu. Sobald die Meldung erscheint, eine beliebige Taste für den Start zu drücken, kommen Sie der Aufforderung bitte nach.

Schritt 2

Bestätigen Sie die Einstellungen zu Sprache, Uhrzeit, Währungsformat und Tastatur, und klicken Sie auf **Weiter**.

Schritt 3

Klicken Sie schließlich links unten auf den Link **Computerreparaturoptionen**, um die erforderlichen Einstellungen aufzurufen.

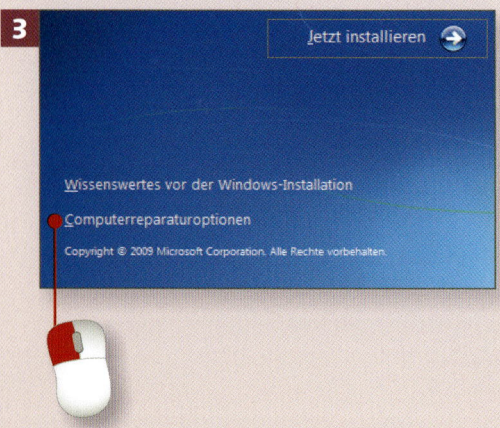

Computer startet nicht von CD/DVD?

In diesem Fall müssen Sie die Startreihenfolge im BIOS abändern. Wie Sie dies machen, entnehmen Sie bitte dem Handbuch zu Ihrem Computer.

Schritt 4

Es wird nach vorhandenen Windows-Installationen gesucht, und diese werden anschließend aufgelistet. Wählen Sie die Installation aus, die Sie reparieren möchten, und betätigen Sie danach **Weiter**.

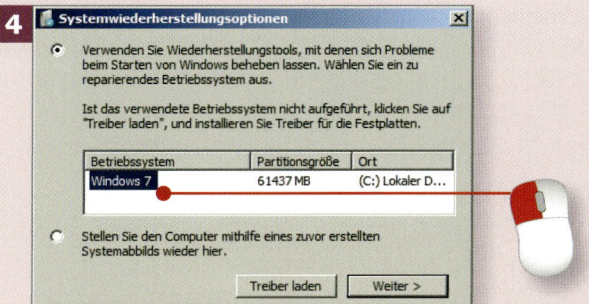

Schritt 5

Wählen Sie schließlich die erste Option, **Systemstartreparatur**, aus dem Menü aus.

Schritt 6

Die Diagnose und der Reparaturvorgang starten. Am Ende gibt ein Hinweis Auskunft darüber, ob die Reparatur erfolgreich gewesen oder gescheitert ist.

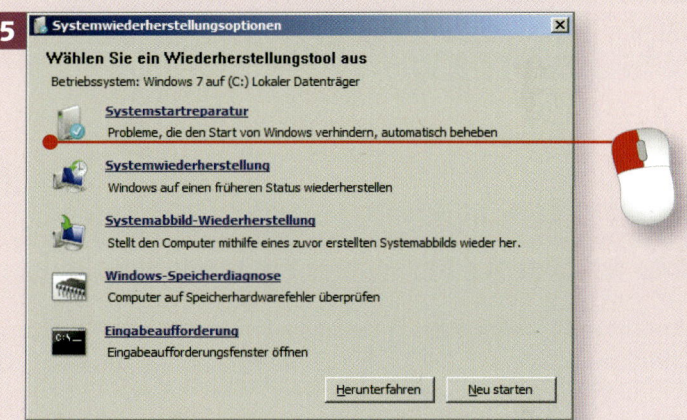

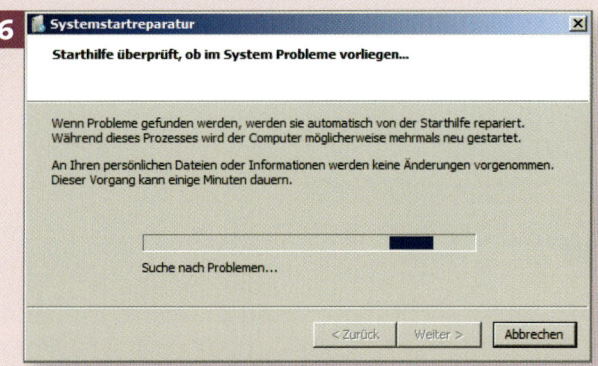

Reparatur gescheitert?

Dann versuchen Sie eine Reparatur mit Hilfe der Systemwiederherstellung. Lesen Sie hierfür den Abschnitt »Was tun? Windows startet nicht mehr« auf der nächsten Seite

Windows startet nicht mehr – was tun?

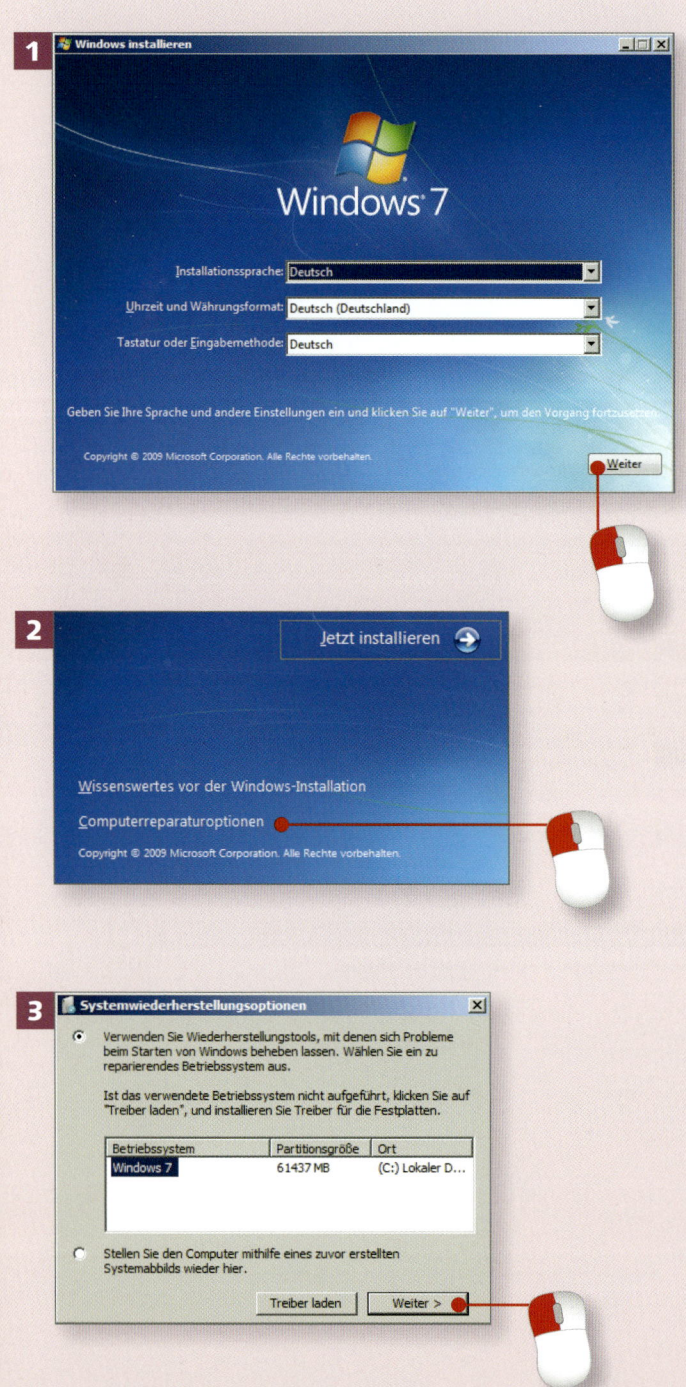

Scheitert eine Systemstartreparatur, kann eine Systemwiederherstellung der Retter in der Not sein. Wie Sie diese ausführen, falls sich Windows nicht mehr starten lässt, lesen Sie in diesem Abschnitt.

Schritt 1

Starten Sie den Rechner von Ihrer Windows-DVD, und bestätigen Sie im ersten Dialog die Sprach- und Zeiteinstellungen. Klicken Sie auf **Weiter**, um den Vorgang fortzusetzen.

Schritt 2

Wählen Sie im folgenden Fenster den Menüpunkt **Computerreparaturoptionen** aus.

Schritt 3

Alle auf dem Rechner vorhandenen Windows-Installationen werden aufgelistet. Wählen Sie die zu reparierende Installation aus, und klicken Sie erneut auf **Weiter**.

Schritt 4

Es öffnet sich das Fenster der **Systemwiederherstellungsoptionen**. Wählen Sie die zweite Option, **Systemwiederherstellung**, um das System auf einen früheren Status wiederherzustellen.

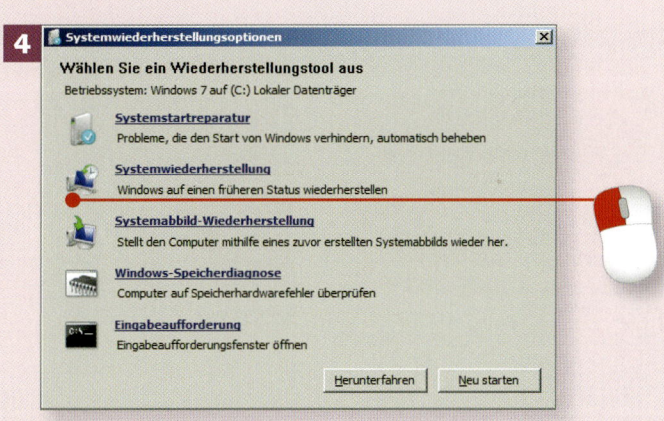

Schritt 5

Die Wiederherstellung hat keine Auswirkung auf Ihre persönlichen Dateien. Nach diesem Hinweis folgt die Auswahl eines geeigneten Wiederherstellungspunktes. Treffen Sie Ihre Wahl. Weiter geht es über die Schaltfläche **Weiter**.

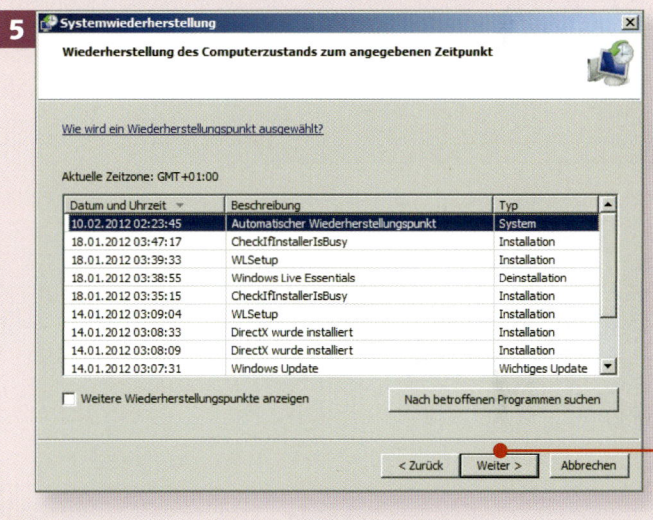

Schritt 6

Eine Zusammenfassung der getroffenen Einstellungen wird angezeigt. Klicken Sie auf **Zurück**, falls Sie einen anderen Punkt auswählen möchten, oder auf **Fertig stellen**, um die Wiederherstellung zu starten.

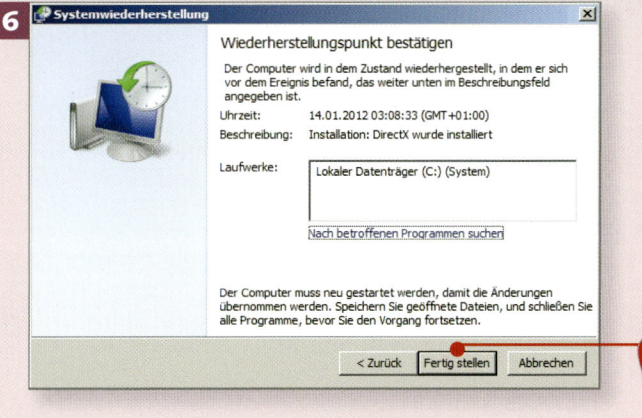

i

Wiederherstellungspunkte

Die Systemwiederherstellung erstellt automatisch alle 7 Tage einen neuen Wiederherstellungspunkt.

Die Windows 7-Reparaturinstallation

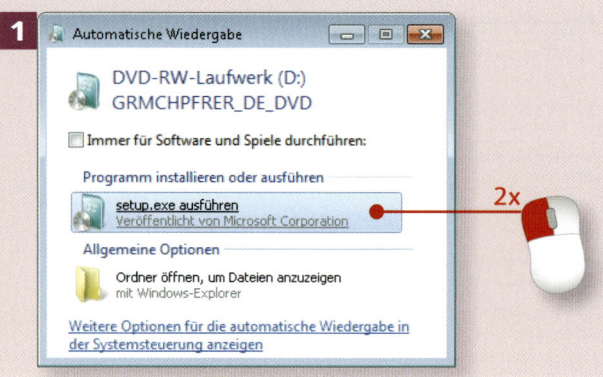

2x

*Manchmal ist das System so zer-
schossen, dass auch eine Systemwiederherstellung nicht mehr hilft.
In diesem Fall führen Sie einfach eine
Reparaturinstallation durch.*

Schritt 1

Starten Sie Windows, und legen Sie
Ihren Windows-Datenträger ein. Die
automatische Wiedergabe öffnet
sich; starten Sie die **setup.exe** mit
einem Doppelklick.

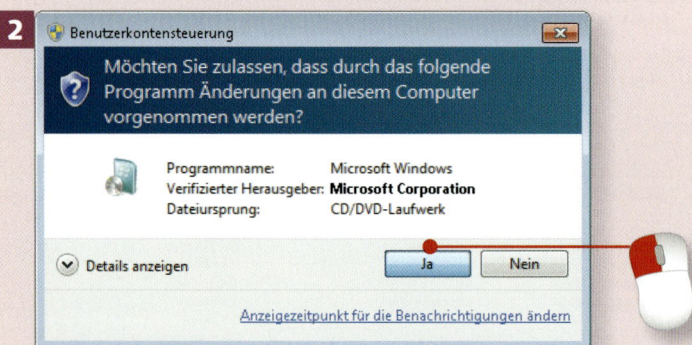

Schritt 2

Die Benutzerkontensteuerung schaltet sich dazwischen; bestätigen Sie
den Vorgang mit **Ja**.

Schritt 3

Das Installationsfenster wird eingeblendet. Klicken Sie hier auf die
Schaltfläche **Jetzt installieren.**

!

Falsche Version?

Die Version auf Ihrer DVD muss
mit der installierten Version identisch sein. Haben Sie das Service
Pack 1 installiert, ist dieses aber
nicht auf der DVD, scheitert der
Reparaturversuch. In diesem Fall
müssen Sie das SP1 zuvor deinstallieren.

Schritt 4

Sie haben die Wahl: Möchten Sie vor der Reparatur vorhandene Updates laden und installieren? Die Reparatur geht schneller, wenn Sie die Updates erst später installieren.

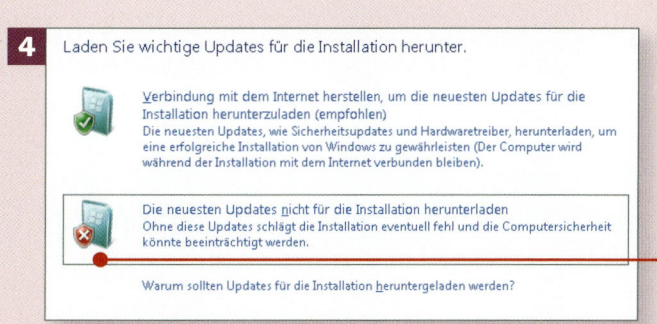

Schritt 5

Die Lizenzbedingungen werden angezeigt. Bestätigen Sie die Annahme der Bedingungen durch Setzen des Häkchens ❶ und anschließenden Klick auf **Weiter**.

Schritt 6

Wählen Sie im nächsten Schritt die Installationsart **Upgrade** aus. Damit beginnt die Reparaturinstallation. Je nach Datenmenge dauert dieser Vorgang leicht 2 Stunden und mehr.

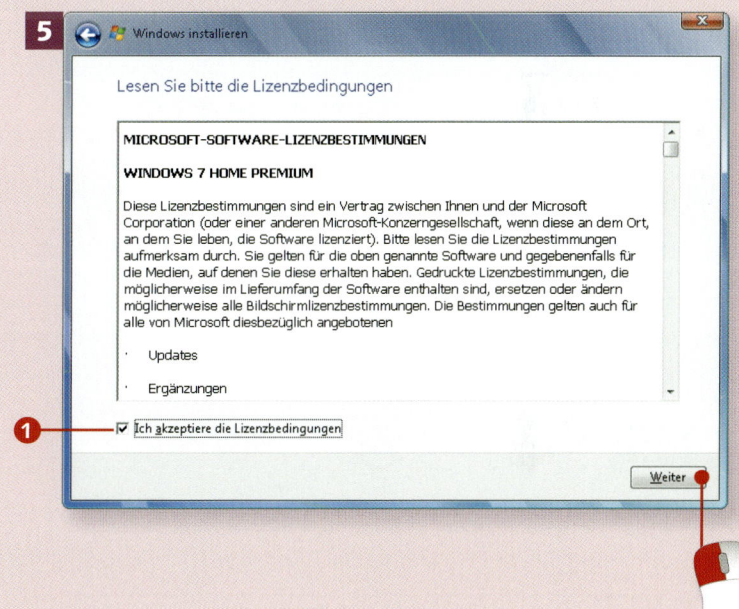

Produktschlüssel bereithalten

Zum Ende der Installation werden Sie gebeten, den Produktschlüssel für Windows einzugeben.

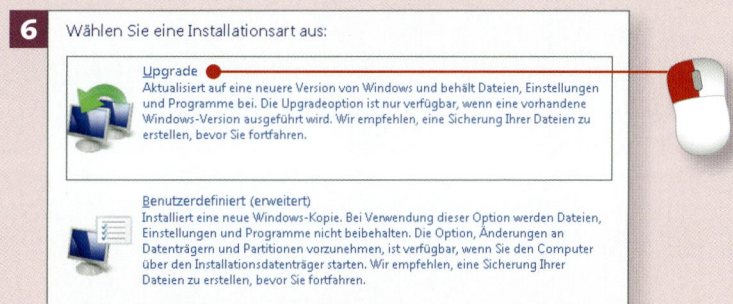

Fenster werden nicht transparent angezeigt

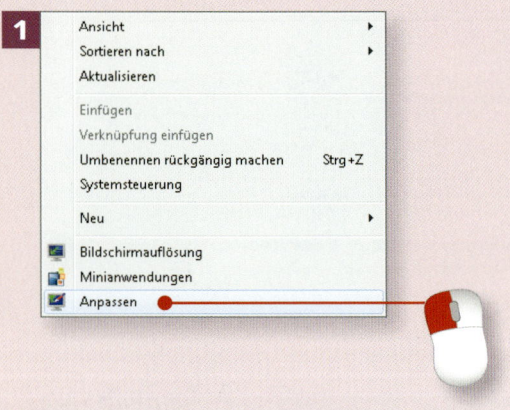

Die schicke Aero-Oberfläche ist aktiviert, dennoch werden die Fensterrahmen nicht transparent dargestellt. Des Rätsels Lösung finden Sie hier.

Schritt 1

Führen Sie zunächst einen Rechtsklick auf eine freie Stelle des Desktops aus, und wählen Sie aus dem Kontextmenü die Option **Anpassen** aus.

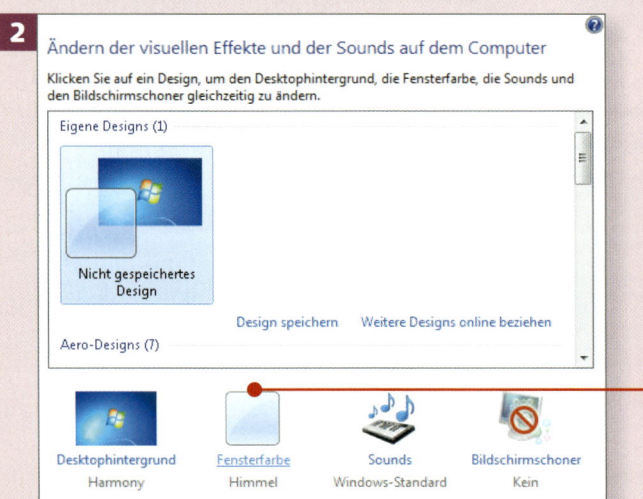

Schritt 2

Klicken Sie im sich nun öffnenden Fenster am unteren Rand auf den Menüpunkt **Fensterfarbe**.

Schritt 3

Damit die Fensterrahmen wieder transparent dargestellt werden, markieren Sie die Option **Transparenz aktivieren**. Die Änderung wird sofort wirksam.

Aero-Oberfläche

Ältere Grafikkarten können den Aero-Grafikmodus nicht darstellen. Die Transparenz kann nicht hinzugeschaltet werden.

Für gewöhnlich befindet sich die Taskleiste am unteren Bildschirmrand Ihres Desktops. Plötzlich aber prangt sie an der Seite oder oben am Fensterrand. Korrigieren Sie die Position wieder.

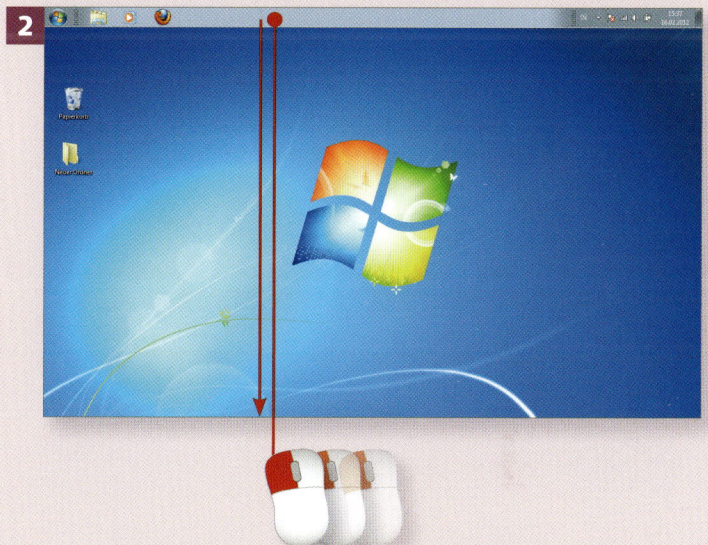

Schritt 1

Klicken Sie mit der rechten Maustaste auf eine freie Stelle der Taskleiste. Wenn der Haken vor **Taskleiste fixieren** zu sehen ist, klicken Sie auf den Eintrag, um die Fixierung aufzuheben.

Schritt 2

Klicken Sie die Taskleiste wieder an einer freien Stelle an, und führen Sie die Maus bei weiterhin gedrückter Maustaste an das untere Ende des Bildschirms. Dort angekommen, lassen Sie die Maustaste los.

Schritt 3

Nun sollten Sie die Fixierung wieder aktivieren. Führen Sie dazu einen erneuten Rechtsklick auf die Taskleiste aus, und wählen Sie den Punkt **Taskleiste fixieren** aus. Ist das Häkchen vor dem Eintrag zu sehen, ist die Fixierung aktiv.

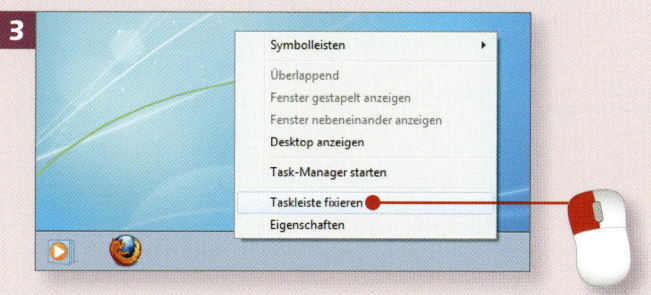

Im Task-Manager ist die Menüleiste verschwunden

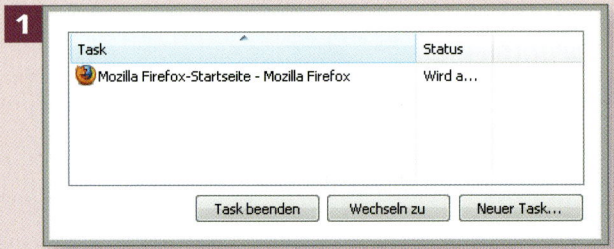

Sie öffnen den Task-Manager und stellen fest, dass die Menüleiste plötzlich verschwunden ist. Ohne Menü ist eine Bedienung praktisch nicht möglich. Aber auch hierfür gibt es eine Lösung.

Schritt 1

Der Task-Manager präsentiert sich plötzlich ohne Menüs. Was mag geschehen sein? Ein Programmfehler?

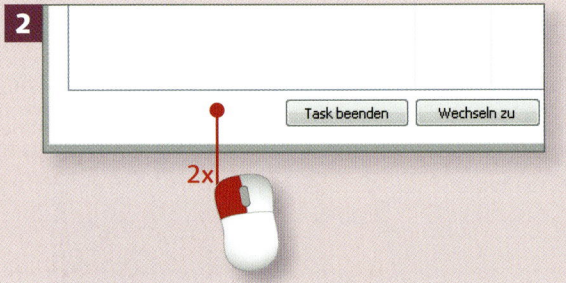

Schritt 2

Die Lösung ist recht einfach: Führen Sie einen Doppelklick neben die Schaltfläche **Task beenden** aus, und die Menüs werden wieder eingeblendet. Ein weiterer Doppelklick würde die Menüs dann wieder ausblenden.

Schritt 3

Alle Reiter und Menüpunkte sind wieder da, der Task-Manager präsentiert sich wieder im alten Gewand.

ISO-Dateien mit Bordmitteln brennen

Um ein Datenträgerabbild in Form einer ISO-Datei auf CD oder DVD zu brennen, benötigen Sie kein teures Brennprogramm. Windows selbst kann diese Aufgabe hervorragend übernehmen.

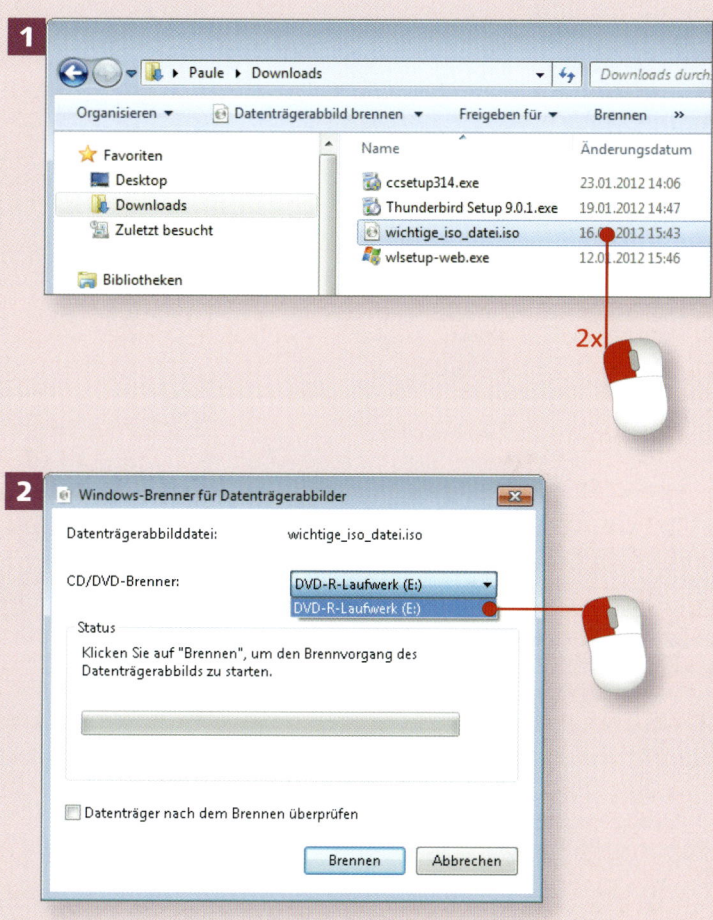

Schritt 1

Um das ISO-Brennprogramm zu starten, führen Sie einfach einen Doppelklick auf die ISO-Datei im Windows-Explorer aus.

Schritt 2

Das kleine Hilfsprogramm startet. Wählen Sie über das Dropdown-Menü das Laufwerk aus, in das Sie den zu verwendenden CD/DVD-Rohling eingelegt haben.

Schritt 3

Setzen Sie das Häkchen vor die Option **Datenträger nach dem Brennen überprüfen** ❶, und starten Sie den Brennvorgang über die Schaltfläche **Brennen**.

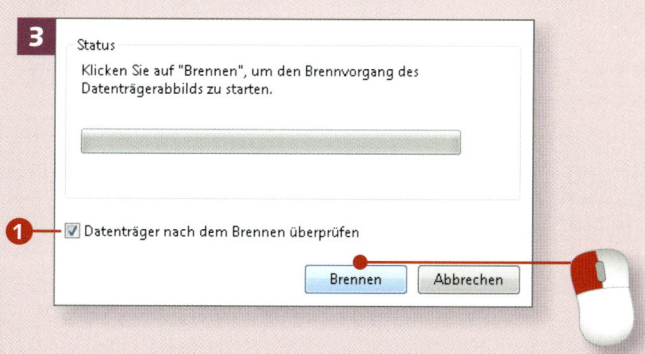

Prüfung
Die Option **Datenträger nach dem Brennen überprüfen** kontrolliert das Brennergebnis auf Fehlerfreiheit hin.

Vorgängerversionen wiederherstellen

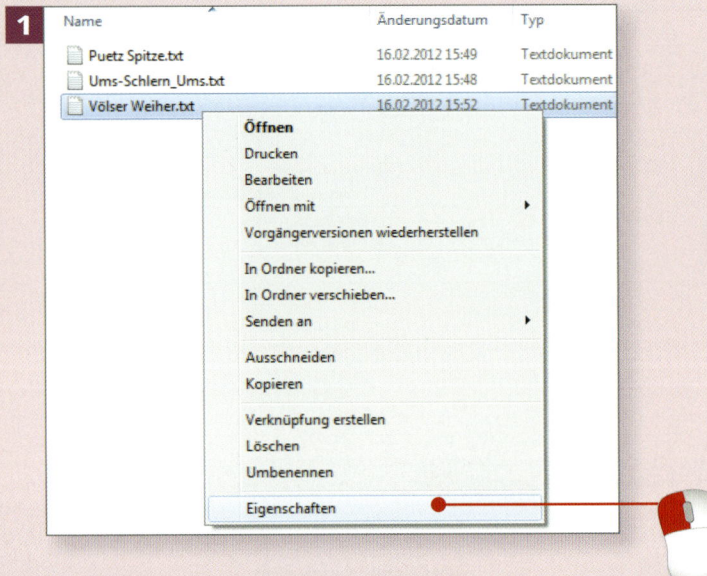

Eine Datei oder ein Ordner wurde versehentlich gelöscht oder mit einer veralteten Version überschrieben. Eine Datensicherung existiert nicht. Was nun? Ist für das Laufwerk, auf dem sich die Datei befand, der Computerschutz aktiviert, können Sie die Datei gegebenenfalls wiederherstellen.

Schritt 1

Klicken Sie im Windows-Explorer mit der rechten Maustaste auf die Datei, die Sie wiederherstellen möchten, und wählen Sie den Menüpunkt **Eigenschaften** aus.

Schritt 2

Wechseln Sie in das Register **Vorgängerversionen**. Hier werden alle verfügbaren vorherigen Versionen der Datei oder des Ordners aufgelistet.

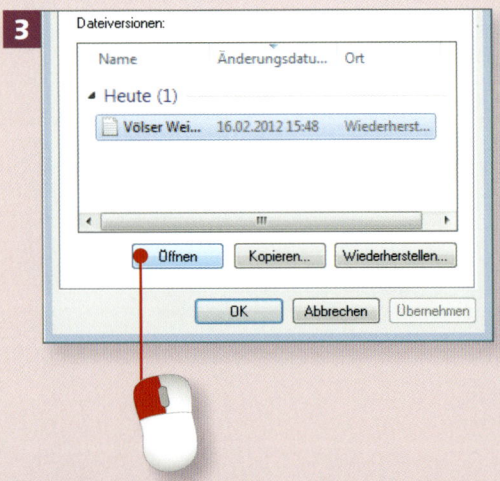

Schritt 3

Wählen Sie die passende Dateiversion aus, und klicken Sie anschließend auf **Öffnen**, um die Datei zunächst zur Kontrolle zu öffnen.

Schritt 4

Über die Schaltfläche **Kopieren** können Sie die ausgewählte Datei in ein beliebiges Verzeichnis kopieren.

Schritt 5

Haben Sie die richtige Dateiversion gefunden, können Sie diese mit einem Klick auf **Wiederherstellen** aus der Sicherung zurückholen.

Schritt 6

Die wiederherzustellende Datei überschreibt die alte Datei. Der Vorgang kann nicht rückgängig gemacht werden. Sind Sie damit einverstanden, betätigen Sie die Schaltfläche **Wiederherstellen**.

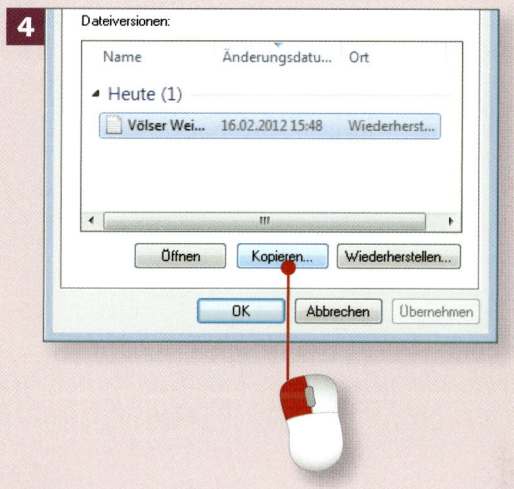

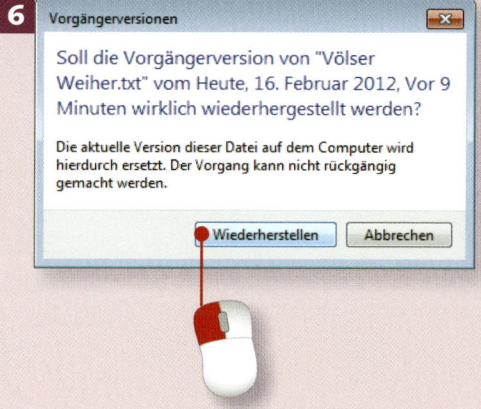

i Vorherige Versionen

Sind Dateien und Ordner sind Kopien, die automatisch im Rahmen eines Wiederherstellungspunktes oder einer Windows-Sicherung erstellt wurden.

Arbeitsspeicher auf Fehler hin überprüfen

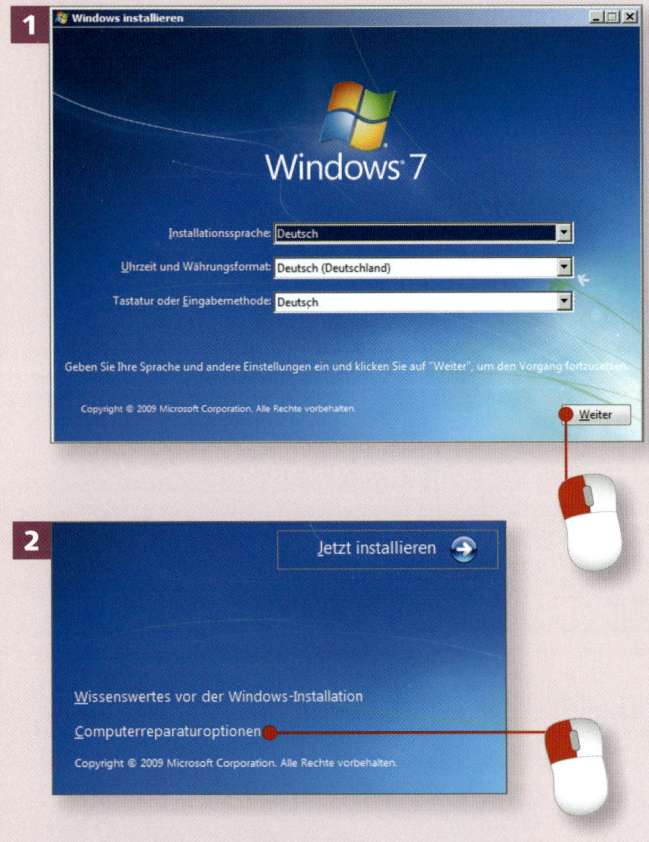

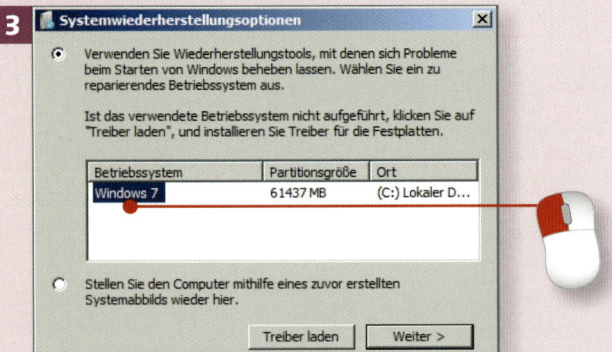

Wenn der Computer mehrfach auf einen Schlag »einfriert« und keine Aktion mehr möglich ist, kann dies an fehlerhaften Arbeitsspeicher liegen. Testen Sie Ihre Speichermodule.

Schritt 1

Legen Sie Ihre Windows-DVD ein, und starten Sie den Computer neu. Die länderspezifischen Angaben im ersten Dialog sollten bereits auf Ihr Land eingestellt sein. Bestätigen Sie sie mit **Weiter**.

Schritt 2

Die Speicherdiagnose finden Sie unter den **Computerreparatur-optionen**. Klicken Sie links unten auf den gleichnamigen Menüpunkt, um diese Optionen aufzurufen

Schritt 3

Wählen Sie aus der Liste der auf dem Computer erkannten Windows-Installationen Ihre Installation aus, und bestätigen Sie danach erneut mit **Weiter**.

Informationen

Welcher Speichertyp in Ihrem Computer verbaut ist, können Sie mit dem Programm *SiSoft Sandra* ermitteln, oder Sie entnehmen diese Angaben Ihrem Handbuch.

Schritt 4

Die Überprüfung auf Speicherfehler starten Sie mit einem Klick auf den Menüpunkt **Windows-Speicherdiagnose**.

Schritt 5

Zur Prüfung des Arbeitsspeichers muss der Computer neu gestartet werden. Wählen Sie daher die Option **Jetzt neu starten und nach Problemen suchen**.

Schritt 6

Die Diagnose läuft, und das Ergebnis der Überprüfung wird am Ende angezeigt.

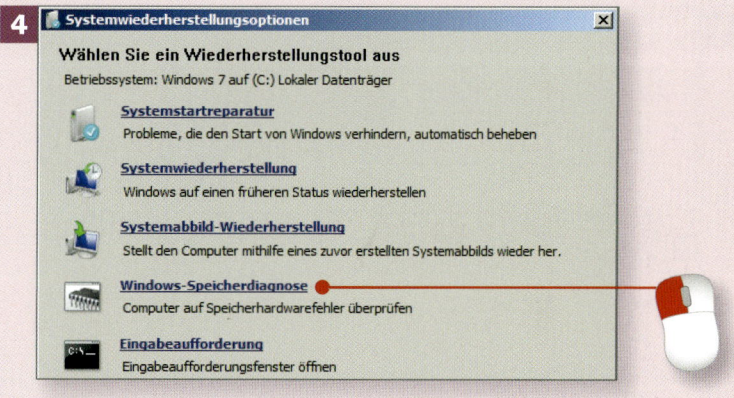

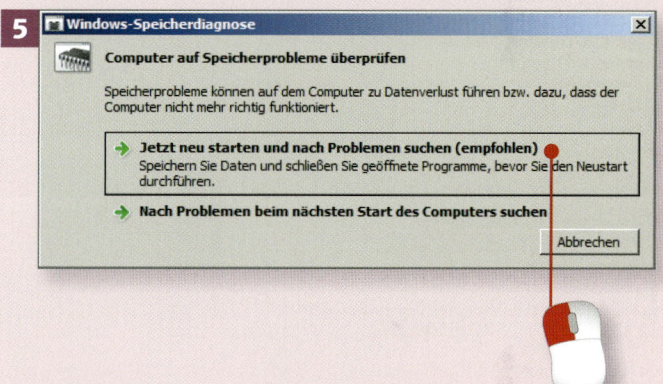

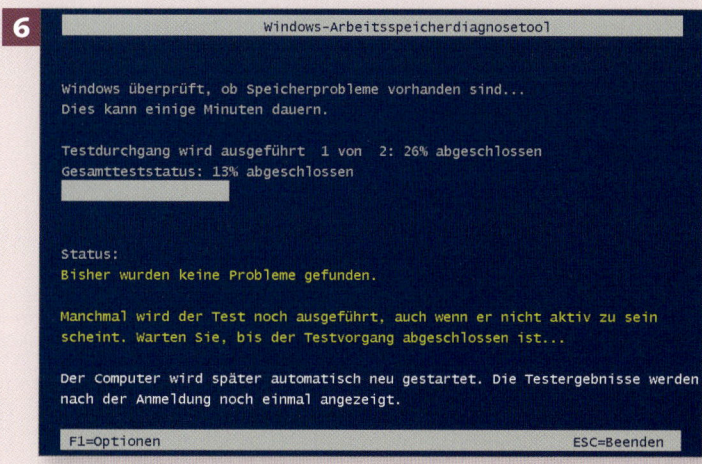

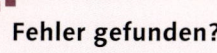

Fehler gefunden?

Speicherfehler können zu Datenverlust führen, daher sollten Sie fehlerhaften Speicher zeitnah austauschen.

Windows-Systemdateien reparieren

Mancher Fehler des Betriebssystems resultiert aus defekten Systemdateien, bedingt z. B. durch feh-
lerhafte Updates oder Computer-
schädlinge. Prüfen und reparieren
Sie Ihre Windows-Systemdateien. In
dieser Anleitung sehen Sie Schritt
für Schritt, wie Sie dazu vorgehen
müssen.

Schritt 1

Öffnen Sie das **Startmenü**, den
Menüpunkt **Alle Programme** und
schließlich den Ordner **Zubehör**.

Schritt 2

Die Eingabeaufforderung muss mit
Administratorrechten gestartet
werden. Führen Sie hierfür einen
Rechtsklick auf den Eintrag **Eingabeaufforderung** aus, und wählen
Sie die Option **Als Administrator
ausführen**.

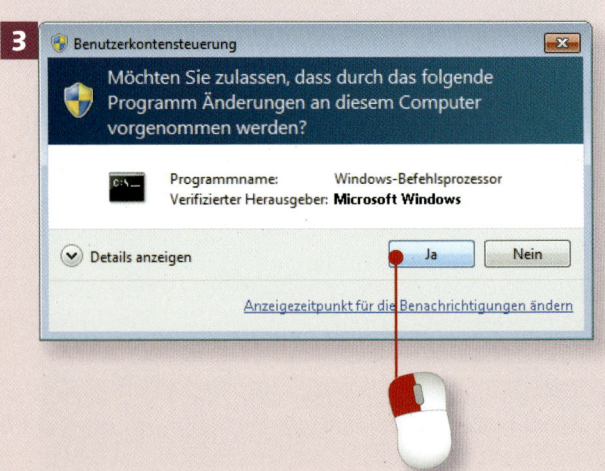

Schritt 3

Bestätigen Sie die Abfrage der Benutzerkontensteuerung mit **Ja**.

Schritt 4

Geben Sie den folgenden Befehl, gefolgt von ⏎, in die Konsole der Eingabeaufforderung ein: *sfc /scannow*.

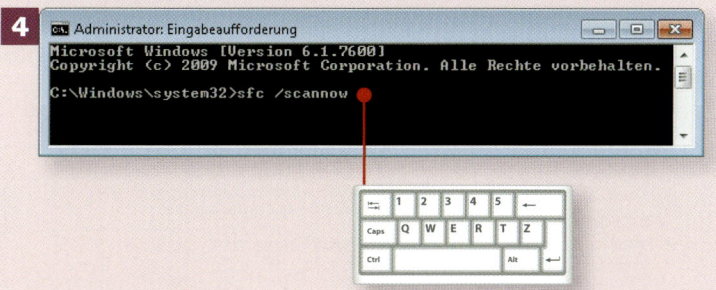

Schritt 5

Die Prüfung nach fehlerhaften Systemdateien startet. Zum Ende des Vorgangs wird ein Ergebnis angezeigt. Wurden Systemdateien repariert, wird darauf entsprechend hingewiesen.

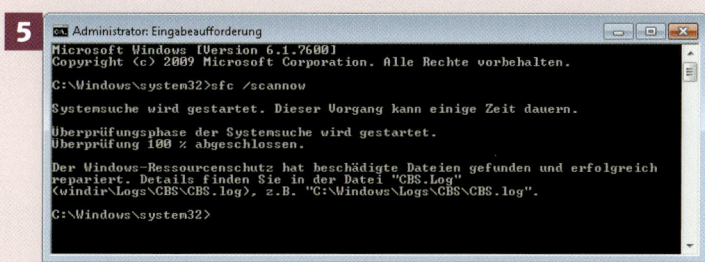

Schritt 6

Für den Fall, dass ein Kundendienst das Ergebnis der Prüfung einsehen möchte, finden Sie unter *C:\ Windows\Logs\CBS\CBS.log* eine Protokolldatei, die Sie dann z. B. per E-Mail weiterleiten können.

Protokolldatei

Das Protokoll wird nur erstellt, wenn Fehler gefunden wurden. Sie können die Datei beispielsweise mit Notepad (Editor) öffnen.

Die Ereignisanzeige zur Fehlersuche nutzen

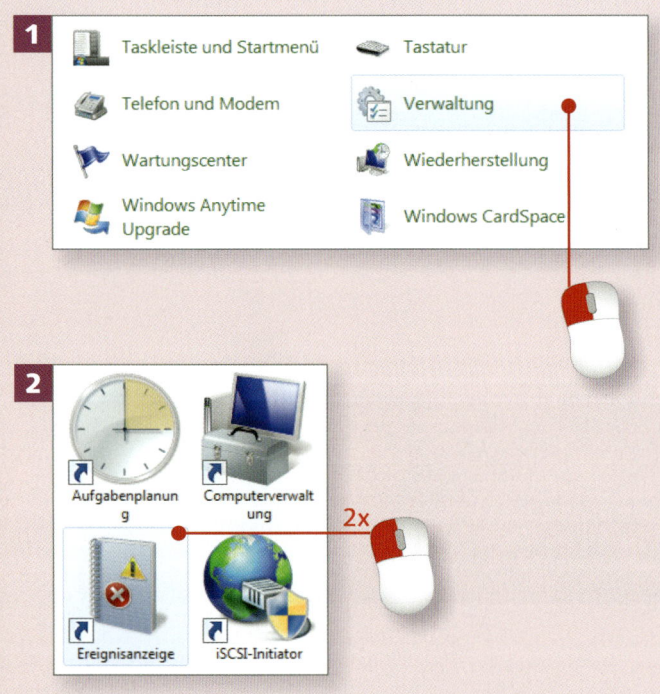

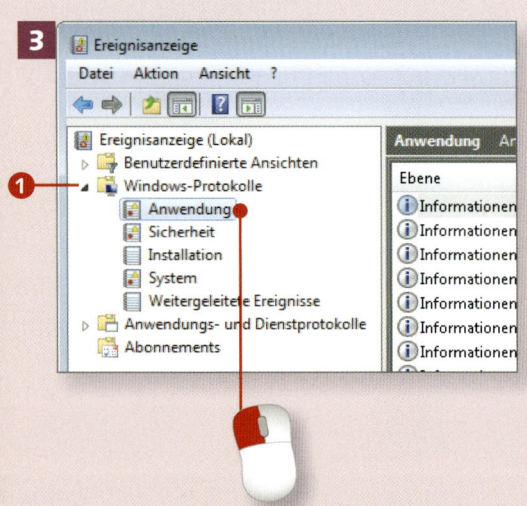

Windows protokolliert alle relevanten Systemereignisse in der Ereignis-anzeige. Tritt ein Computerfehler auf, können Sie diese Informationen zur Fehlersuche nutzen. In der Ereignis-anzeige den Überblick zu behalten, ist nicht immer ganz einfach. Aber keine Sorge. Ich zeige Ihnen in dieser Anleitung, wo Sie die entsprechenden Informationen finden.

Schritt 1

Rufen Sie im ersten Schritt die **Sys-temsteuerung** auf, und wählen Sie dort den Menüpunkt **Verwaltung** aus.

Schritt 2

Führen Sie einen Doppelklick auf das Symbol der **Ereignisanzeige** aus, um das Programm zu starten.

Schritt 3

Um Ereignisse für Programme anzuzeigen, klicken Sie zunächst doppelt auf **Windows-Protokolle** und anschließend einfach auf **Anwendung ❶**.

Schritt 4

Rote Ausrufezeichen zeigen Fehler an. Klicken Sie auf einen so markierten Eintrag ❷, werden darunter Details zum Fehler angezeigt ❸. Über den Link **Onlinehilfe** können Sie weitere Informationen abrufen.

Schritt 5

Dürfen die Informationen zum ausgewählten Fehler über das Internet versendet werden? Klicken Sie auf **Ja**, um den Vorgang zu erlauben.

Schritt 6

Liegen weitere Informationen zum Fehler vor, werden sie nun angezeigt, leider oftmals nur in englischer Sprache.

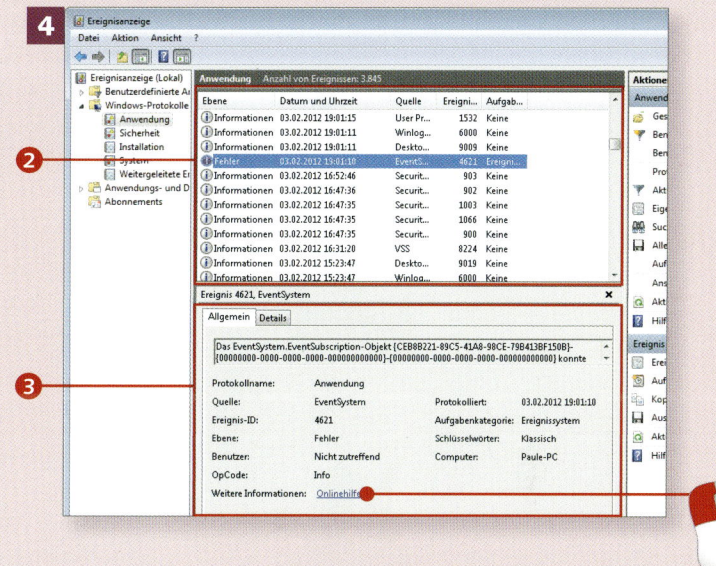

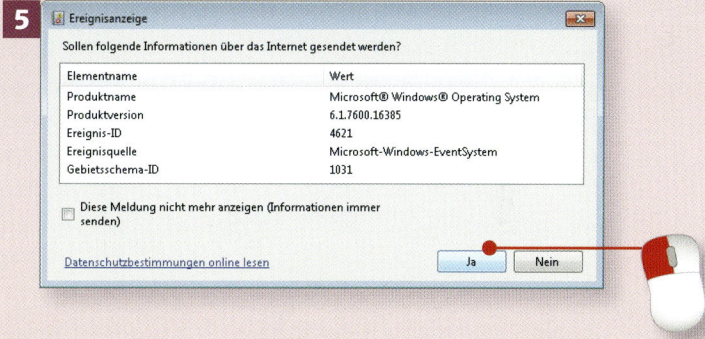

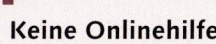

Keine Onlinehilfe

Steht keine Hilfe zur Verfügung, nutzen Sie die Detailangaben zur Suche über Google oder in Computerforen.

Glossar

Administrator  Als *Administrator* bezeichnet man den Anwender, der unter Windows die meisten Rechte besitzt. In einem Netzwerk ist er der Verwalter und kann anderen Benutzern Rechte zuteilen oder entziehen.

Arbeitsplatz  *Arbeitsplatz* wird der Hauptbildschirm von Windows genannt. Unten befindet sich die Taskleiste, und auf dem Arbeitsplatz selbst sehen Sie zu Anfang lediglich das Programmsymbol des Papierkorbs. Statt *Arbeitsplatz* wird häufig auch der Begriff *Desktop* verwendet.

Backup  Ein *Backup* ist eine Sicherheitskopie einer Anwendung oder allgemein das Anlegen einer Datensicherung. Windows 7 enthält bereits Funktionen zur Erstellung von Datensicherungen.

Bibliothek  In Bibliotheken werden Daten zu verschiedenen Themen zusammengefasst, z. B. Urlaubsbilder. Alle Bilder werden in der Bibliothek angezeigt, können sich aber an unterschiedlichen Speicherorten auf der Festplatte befinden.

Browser  Ein Programm, mit dessen Hilfe Sie sich im Internet bewegen (»surfen«) können. Die bekanntesten Browser sind der Internet Explorer, Mozilla Firefox, Google Chrome und Opera.

ClearType  Eine Technologie von Microsoft zur Glättung der Kanten bei Bildschirmschriften. Dadurch soll ein sauberes Schriftbild erreicht werden. Diese Funktion können Sie als Anwender auch deaktivieren.

Defender		Eine in Windows 7 integrierte Software zum Schutz vor Spyware und anderer unterwünschter Software. Spyware ist Software, die ohne Ihre Zustimmung Informationen sammelt oder nervige Werbung einblendet.
Defragmentierung		Windows speichert Daten nicht an einem Stück auf die Festplatte, sondern zerlegt sie in kleine Datenpakete und legt sie in sogenannten *Clustern* dort auf der Festplatte ab, wo gerade Platz ist. Bei der Defragmentierung werden die Daten neu geordnet und wieder zusammenhängend abgespeichert, wodurch der Zugriff auf die Festplatte beschleunigt wird.
Deinstallation		Die Entfernung einer Anwendung vom Computer bezeichnet man als *Deinstallation*. Siehe auch: *Installation*.
Desktop		Siehe *Arbeitsplatz*.
Drag & Drop		Sie klicken mit der linken Maustaste ein Objekt an und verschieben dieses mit weiterhin gedrückter Maustaste an eine andere Position. Lassen Sie die Maustaste wieder los, wird das Objekt an dieser Stelle abgelegt oder eingefügt. Diesen Vorgang nennt man *Drag & Drop*.
Firewall		Ein Programm, das den Computer mit Anbindung an das Internet vor Angriffen aus dem Netz schützen soll. Ein- und ausgehende Verbindungen werden überwacht und gegebenenfalls blockiert. Unter Windows 7 ist eine Firewall bereits fester Bestandteil des Betriebssystems.

Glossar

Heimnetzwerk		Ein Zusammenschluss von zwei oder mehreren Computern in einem Netzwerk. Je nach Konfiguration des Netzwerkes können alle verbundenen Computer auf Verzeichnisse und Daten der anderen Rechner zugreifen und gemeinsame Ressourcen, wie z. B. einen Drucker, nutzen.
Hotmail		Hotmail ist ein kostenloser E-Mail-Dienst der Firma Microsoft. Das Mail-Konto ist per Browser im Internet von jedem internetfähigen Computer erreichbar, kann aber auch lokal über das Programm Windows Live Mail verwaltet werden.
Icon		Siehe *Programmsymbol*.
Installation		Den Vorgang, eine Anwendung auf den Computer aufzuspielen, bezeichnet man als *Installation*. Siehe auch: *Deinstallation*.
Link	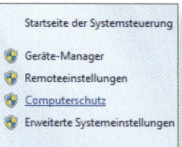	Ein Verweis auf eine andere Seite oder eine andere Stelle im Programm oder im Internet. Häufig in Textform, aber auch Schaltflächen und Grafiken können mit einem Link unterlegt sein.
Media Center		Mit dem Windows Media Center können Sie computerunterstützte Inhalte wie Musik, Video und Fernsehprogramme wiedergeben. Die Bedienung erfolgt entweder direkt am PC oder über eine eigene Fernbedienung. Unter anderem können Sie mit dem Media Center TV-Sendungen aufzeichnen.
Media Player		Ein Programm zum Abspielen von Musik-CDs und Betrachten von DVDs auf dem Computer.

Netzwerkschlüssel	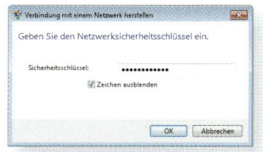	Mit einem *Netzwerkschlüssel* oder auch *Netzwerk-kennwort* ist ein Funknetz (WLAN) abgesichert. Anwender, die auf die WLAN-Verbindung zugreifen möchten, müssen zur Authentifizierung diesen Schlüssel angeben.
Packen/Entpacken	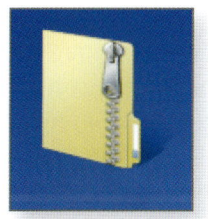	Das Komprimieren und Dekomprimieren von Daten bezeichnet man umgangssprachlich auch als *Packen* und *Entpacken*.
PDF		Abkürzung für »Portable Document Format«. Dabei handelt sich um ein Dateiformat, das zum Austausch von Informationen verwendet wird. PDF-Dateien lassen sich mit verschiedenen Zusatzprogrammen oder direkt aus Microsoft Office heraus erstellen. Um PDF-Dateien betrachten zu können, benötigen Sie einen sogenannten PDF-Reader.
Problem-aufzeichnung		Die Problemaufzeichnung ist ein kleines Programm, mit dessen Hilfe Sie alle Aktionen am Computer, teilweise mit Bildschirmabbildungen, in einer Protokolldatei aufzeichnen können. Diese Aufzeichnung wird häufig von Kundendiensten benötigt, um bei der Lösung von Computerproblemen helfen zu können.
Product Key	AC1234-ZHR439-76GH3D-IKIK65	Auch *Produktschlüssel* oder *Lizenzschlüssel* genannt; ein meist alphanumerischer Code, mit dem Sie eine Anwendung zur Vollversion freischalten können oder der zur uneingeschränkten Nutzung einer Anwendung berechtigt.
Programmsymbol		Nahezu jedes Programm verfügt über ein eigenes Programmsymbol. Nebenstehend das Symbol für Microsoft Word. Programme ohne eigenes Symbol erhalten von Windows ein Standardsymbol zugeordnet. Statt *Programmsymbol* wird häufig auch der Begriff *Icon* verwendet.

Glossar

ReadyBoost	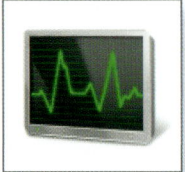	Eine Technologie von Microsoft zur Beschleunigung des Computers. ReadyBoost nutzt hierbei schnellen Flash-Speicher von USB-Sticks oder SD-Karten als Zwischenspeicher. Für eine effektive Nutzung sollte auf dem Datenträger mindestens 1 GB für Ready-Boost reserviert werden.
Registrierungs-datenbank		In der Registrierungsdatenbank speichert Windows sämtliche benutzer-, soft- und hardwarespezifischen Einstellungen. Die Datenbank ist hierarchisch aufgebaut und kann von erfahrenden Anwendern mit dem Registrierungs-Editor bearbeitet werden.
Registry		Englische Bezeichnung für die *Registrierungsdatenbank*. Siehe dort.
Schaltfläche	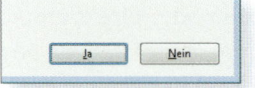	Ein Menüpunkt in einer besonderen optischen Form. Die meist rechteckigen Schaltflächen müssen vom Benutzer angeklickt werden, um eine Aktion auszuführen. Teilweise wird für Schaltflächen auch der Begriff *Buttons* verwendet.
SkyDrive		Ein kostenloser Onlinespeicher von Microsoft, der im Rahmen der Windows-Live-Dienste bereitgestellt wird. Der Dienst ermöglicht es Anwendern, Fotos und Dokumente auf einen Speicherplatz im Internet hochzuladen und anderen Benutzern zugänglich zu machen.
Startmenü		Das Startmenü öffnet sich nach einem Klick auf die Start-Schaltfläche am unteren Bildschirmrand. Hierüber können Sie Programme starten und Systemoptionen aufrufen.

Systemabbild		Ein Systemabbild ist eine exakte Kopie eines Laufwerkes, oftmals auch als *System-Image* oder *Festplatten-Image* bezeichnet. In ein Systemabbild können neben der System-Festplatte auch weitere Festplattenkopien integriert werden.
Update		Updates sind Programmverbesserungen und Erweiterungen, die vom Hersteller – meist kostenlos – zur Verfügung gestellt werden. Updates beheben oft bekannte Programmfehler oder stopfen Sicherheitslücken.
URL		Als URL (»Uniform Resource Locator«) bezeichnet man im Allgemeinen eine Internetadresse wie z. B. *www.paules-pc-forum.de*.
USB		Abkürzung für »Universal Serial Bus« (universeller serieller Bus). Mittlerweile die häufigste Schnittstelle zum Anschluss von Hardware wie z. B. Maus, Tastatur, Scanner, Drucker, Digitalkameras sowie USB-Speichersticks und externen Festplatten. Standard ist noch USB 2.0, neuere Computer verfügen zusätzlich häufig schon über die schnelleren USB-3.0-Anschlüsse.
Wechseldatenträger	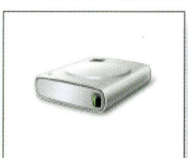	Ein Datenträger, der nicht fest in den Computer eingebaut ist, wie beispielsweise eine CD/DVD, ein USB-Stick oder eine externe Festplatte.
Windows Live		Eine Sammlung kostenloser Programme und Webdienste von Microsoft. Zu den bekanntesten Anwendungen gehören SkyDrive, Windows Live Mail, Hotmail und die Windows Live Fotogalerie. Erreichbar sind die Dienste unter *www.windowslive.de*.

Glossar

WLAN		Ein drahtloses lokales Netzwerk. (»Wireless Local Area Network«). Die Daten werden hierbei meist per Funk übertragen. WLAN ermöglicht die kabellose Nutzung des Internets z. B. über einen Laptop.
WPA/WPA2		Eine Verschlüsselungsmethode für Drahtlosnetzwerke (WLANs)

Index

Index

Index

Index

Für alle Word-Anwender in Studium, Beruf oder zu Hause

Alles verständlich und Schritt für Schritt erklärt

Mit Profi-Tipps und nützlichen Vorlagen auf CD-ROM

Christine Peyton

Word 2010

Der umfassende Ratgeber

Das komplette Word-Wissen auf mehr als 800 Seiten: vom Einstieg über die Gestaltung perfekter Texte bis hin zur Automatisierung mit VBA. Dieser umfassenden Ratgeber ist ideal zum Lernen und Nachschlagen und eignet sich sowohl für Neueinsteiger als auch für fortgeschrittene Nutzer. Unsere Autorin und Office-Expertin Christine Peyton zeigt Ihnen, wie Sie mit Word perfekt Dokumente gestalten, Briefe schreiben, wissenschaftliche Arbeiten verfassen u.v.m. Das Buch enthält viele anschauliche Screenshots, zahlreiche Schritt-für-Schritt-Anleitungen und Vorlagen für alle Einsatzgebiete der Textbearbeitung.

868 S., 2012, komplett in Farbe, mit CD, 29,90 Euro
ISBN 978-3-8421-0008-4

>> www.vierfarben.de/2477

Grundlagen, Praxistipps und Profiwissen

Mit praktischen Beispielen und Schritt-für-Schritt-Anleitungen

Formeln und Funktionen, Diagramme, Pivot, VBA u.v.m.

Helmut Vonhoegen

Excel 2010

Der umfassende Ratgeber

Dieses Buch hilft Ihnen in nahezu jeder Arbeitssituation. Falls Sie mal nicht mehr weiter wissen, aber auch, wenn Sie sich einfach nur näher für eine bestimmte Funktion interessieren. Helmut Vonhoegen zeigt Ihnen, was Sie zu Excel wissen müssen: von einfachen Formeln und Diagrammen über komplexe Berechnungen und Datenanalysen bis hin zu VBA und Makroprogrammierung. Dank der ausführlichen Anleitungen, anschaulichen Beispiele und praktischen Ratschläge wird Sie im Excel-Alltag bald nichts mehr schocken können.

908 S., 2012, komplett in Farbe, mit CD, 39,90 Euro
ISBN 978-3-8421-0030-5

>> www.vierfarben.de/2923

Inspirierende Ideen und Lösungen für eigene Präsentationen

Präsentations- und Foliendesign, Grafiken, Animationen u. v. m.

Alle Beispiele und Vorlagen sowie ausgesuchte Lernvideos auf DVD

Matthias Garten

PowerPoint

Der Ratgeber für bessere Präsentationen

Mit diesem Buch gehen Ihnen die Ideen für kreative und gelungene Präsentationen nie aus. Matthias Garten, Experte für multimediale Präsentationen, zeigt Ihnen, wie Sie mit PowerPoint zu optimalen und professionellen Ergebnissen kommen. Er erklärt, wie Sie PowerPoint nutzen, um Texte und Bilder wirken zu lassen und natürlich auch, wie Sie gekonnt auftreten. Die zahlreichen Workshops im Buch liefern leicht verständliche Anleitungen.

376 S., 2011, komplett in Farbe, mit DVD, 19,90 Euro
ISBN 978-3-8421-0001-5

>> www.vierfarben.de/2255

E-Mails versenden und empfangen

Kontakte und Adressdaten griffbereit haben

Termine und Aufgaben im Auge behalten

Jan Tittel, Thomas Giesen

Outlook 2010

Die Anleitung in Bildern

Lernen Sie Outlook 2010 von Grund auf kennen und erfahren Sie, wie Sie E-Mails schreiben, Ihr Adressbuch anlegen und ganz praktisch Ihren Terminkalender führen. Schritt für Schritt begleiten die Autoren Sie durch das Programm, sodass Sie es im Handumdrehen privat oder bei der Arbeit einsetzen und die tägliche Informationsflut locker im Griff behalten können. Das Buch eignet sich auch hervorragend für Nutzer ohne Vorkenntnisse.

280 S., komplett in Farbe, 9,90 Euro
ISBN 978-3-8421-0020-6

>> www.vierfarben.de/2881

Formeln und Funktionen richtig einsetzen

Verständliche und praktische Anleitungen

Über 400 Beispiele und Lösungen

Helmut Vonhoegen

Excel 2010. Formeln und Funktionen

Sie wollen eine bestimmte Aufgabe lösen, wissen aber nicht, welche Formel oder Funktion sich dafür am besten eignet? Dieses Buch führt Sie schnell zum Ziel. Alle Funktionen des Tabellenkalkulationsprogramms werden verständlich erklärt und ihre Anwendung anhand typischer Praxisbeispiele gezeigt. Das besondere Referenz-Layout sorgt dafür, dass Sie die gewünschten Informationen jederzeit schnell zur Hand haben. Mit diesem Buch meistern Sie spielend alle Probleme Ihres Excel-Alltags!

744 S., 2011, mit CD, 19,90 Euro
ISBN 978-3-8421-0006-0

>> www.vierfarben.de/2475

Ideal zum Durcharbeiten und Nachschlagen

Alle neuen Funktionen und Features von Excel 2010

Inkl. Formeln, Funktionen, Diagramme, Datenaustausch, VBA u.v.m.

Helmut Vonhoegen

Excel 2010

Das Handbuch zur Software

In diesem Handbuch finden Sie umfassendes Excel-Wissen für den beruflichen Alltag und den privaten Einsatz – aktuell zu Excel 2010. Sie erfahren u.a., wie Sie Tabellen gestalten und Daten grafisch aufbereiten, wie Sie Formeln zur Berechnung einsetzen und Analysen erstellen oder wie Sie Ihre Excel-Daten ausdrucken und mit anderen teilen können. Auf besonders lösungsorientierte Weise lernen Sie die wichtigsten Funktionen des Programms »on the job« kennen. Dieses Buch leitet Sie Schritt für Schritt an und ist damit Nachschlagewerk und Fundgrube für praktische Tipps zugleich.

1150 S., 2011, mit CD, 19,90 Euro
ISBN 978-3-8421-0007-7

>> www.vierfarben.de/2476

Für alle Versionen: Classic, Plus und Premium

Schnitt-Technik, Effekte, Filme auf DVD oder YouTube veröffentlichen u.v.m.

Zahlreiche Beispielvideos auf DVD

Mareile Heiting

MAGIX Video deluxe MX

Schritt für Schritt zum perfekten Video

Perfektionieren Sie Ihre Familien- und Urlaubsvideos! Dieses praktische Handbuch umfasst alles, was Sie über MAGIX Video deluxe wissen müssen, um aus Ihrem Videomaterial beeindruckende Filme zu erstellen. Mareile Heiting zeigt Ihnen, wie Sie schneiden, Effekte und Blenden gekonnt einsetzen, Szenen mit Musik unterlegen und Ihre Videos anschließend auf DVD, Blu-ray Disc oder YouTube veröffentlichen. So hinterlassen Ihre Filme garantiert Eindruck und bleiben lange in Erinnerung!

378 S., 2012, komplett in Farbe, mit DVD, 19,90 Euro
ISBN 978-3-8421-0032-9

>> www.vierfarben.de/2962

Für Fotoenthusiasten: Einfach anders fotografieren

Neue Bildideen entwickeln und kreativer fotografieren

Zahlreiche Projekte für zu Hause und unterwegs

Jacqueline Esen

Fotografieren!

Die Fotoschule zum Mitmachen

Sie fotografieren gerne, aber es mangelt Ihnen an Ideen? Dieses Buch bietet Ihnen haufenweise Fotoideen und Anregungen! Ob Sie wenig Zeit haben oder viel, ob Sie gerne drinnen oder lieber draußen fotografieren, für jeden ist etwas dabei: von kleinen Fotosnacks für zwischendurch bis zu ausgewachsenen Tages- und Monatsprojekten. Die Vollblutfotografin Jacqueline Esen weist Ihnen auf dem großen Spielplatz der Fotografie den Weg, und erklärt Ihnen wenn nötig alles haarklein. So können Sie sofort loslegen!

379 S., komplett in Farbe, 29,90 Euro
ISBN 978-3-8421-0034-3

>> www.vierfarben.de/2982

Alles Schritt für Schritt erklärt

Telefon, Internet, E-Mail, Musik,
Fotos, Videos, GPS

Die besten Tipps, die besten Apps

Hans-Peter Kusserow

iPhone 4S

Die verständliche Anleitung

So haben Sie Ihr iPhone im Griff! Schritt für Schritt zeigt Ihnen diese
Anleitung, wie Sie alle Funktionen und Einstellungen bedienen, die
das iPhone zu bieten hat. Verständlich und nachvollziehbar. Hans-Peter
Kusserow zeigt Ihnen, wie Sie das Beste aus Ihrem Telefon herausholen,
weist Ihnen den Weg durch die unfassbaren Möglichkeiten des Geräts
und empfiehlt Ihnen die besten Apps. Es gibt keine bessere Anleitung
zum iPhone.

387 S., 2012, komplett in Farbe, 19,90 Euro
ISBN 978-3-8421-0025-1

>> www.vierfarben.de/2901